복수의 민주주의와 인권국가 구현방안

통일인문학 연구총서 029
복수의 민주주의와 인권국가 구현방안

초판 인쇄 2018년 10월 10일
초판 발행 2018년 10월 15일

지은이 박솔지 · 박영균 · 이병수 · 정태욱 · 조효제 · 한상희 · 정영선 · 박민철 · 이계수
펴낸이 박찬익 ‖ **편집장** 황인옥 ‖ **책임편집** 한소아
펴낸곳 패러다임북 ‖ **주소** 서울시 동대문구 천호대로 16가길 4
전화 02) 922-1192~3 ‖ **팩스** 02) 928-4683 ‖ **홈페이지** www.pjbook.com
이메일 pijbook@naver.com ‖ **등록** 2015년 2월 2일 제305-2015-000007호

ISBN 979-11-963465-8-4 (93340)

* 책값은 뒤표지에 있습니다.
* 이 책은 2009년 정부(교육부)의 재원으로 한국연구재단의 지원을 받아 제작되었습니다.
(NRF-2009-361-A00008)

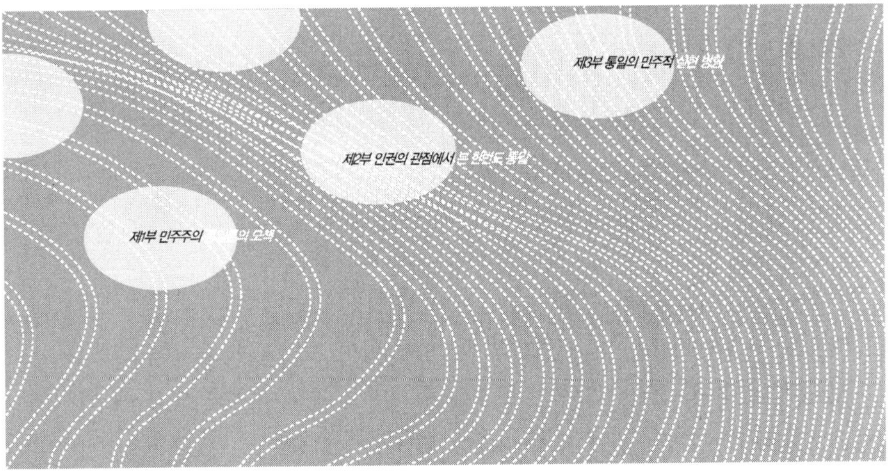

복수의 민주주의와 인권국가 구현방안

건국대학교 통일인문학연구단 기획

박솔지 · 박영균 · 이병수 · 정태욱
조효제 · 한상희 · 정영선 · 박민철
이계수 지음

029
통일인문학
연구총서

패러다임북

| 발간사 |

'통일인문학'은 분단된 한반도의 현실에 뿌리를 내린 인문학, 통일에 대한 새로운 패러다임을 모색하는 데에서 시작되었습니다. 기존의 통일 담론은 체제 문제나 정치·경제적 통합에 중점을 두거나 그것을 전제로 했기 때문에 남북관계의 변화나 국내정세의 변화에 따라 부침을 거듭해 왔습니다.

하지만 통일은 정파적 대립이나 정국의 변화를 벗어나 있어야 합니다. 통일은 특정 정치적 집단들이 다루어야 할 문제가 아니라 한반도에 살고 있는 모든 사람의 삶과 직간접적으로 연루되어 있는, 바로 그들이 다루어야 할 문제입니다. '사람의 통일'이라는 통일인문학의 모토는 바로 이와 같은 정신을 표현하고 있습니다.

통일은, 여기에 살고 있는 사람들의 삶 그 자체와 관련된 문제이자 그들이 해결해 가야 하는 문제로서, 남북이라는 서로 다른 체제에 살면서 서로 다른 가치와 정서, 문화를 가진 사람들 사이에서 소통과 치유를 통해서 새로운 삶의 체계와 양식들을 만들어가는 문제입니다.

통일인문학은 이와 같은 '사람의 통일'을 인문정신 위에 구축하고자 합니다. 통일인문학은 '사람의 통일'을 만들어가는 방법론으로 '소통·치유·통합의 패러다임'을 제안하고 이를 중심으로 한 연구를 진행하고 있습니다.

첫째, '소통의 패러다임'은 남북 사이의 차이의 소통과 공통성의 확장을 모색하는 것입니다. 이것은 '동질성 대 이질성'이라는 판단 기준에 따라 상대를 부정적으로 규정하는 것이 아닙니다. 그것은 차이의 인정을 넘어서, 오히려 '소통'을 통해서 차이를 나누고 배우며 그 속에서 민족적 연대와 공통성을 만들어가는 긍정적 패러다임입니다.

둘째, '치유의 패러다임'은 분단의 역사가 만들어낸 대립과 마음의 상처를 치유하는 패러다임입니다. 이것은 통일된 민족국가를 건설하지 못한 한민족의 분단이 만들어내는 다양한 트라우마들을 분석하고, 이런 마음의 상처를 치유하는 과정에서 상호 분단된 서사를 하나의 통합적 서사로 만들어가는 패러다임입니다.

셋째, '통합의 패러다임'은 분단체제가 만들어내는 분단된 국가의 사회적 신체들을 통일의 사회적 신체로, 분단의 아비투스를 연대와 우애의 아비투스로 전환시키는 것입니다. 이것은 남과 북의 적대적 공생구조가 만들어 낸 내면화된 믿음체계인 분단 아비투스를 극복하고 사회문화적 통합을 만들어내는 패러다임입니다.

이러한 방법론으로부터 통일인문학은 철학을 기반으로 한 '사상이념', 문학을 기반으로 한 '정서문예', 역사와 문화콘텐츠를 기반으로 한 '생활문화' 등 세 가지 축을 기준으로 사람의 통일에 바탕을 둔 사회문화적 통합을 실현하는 데 연구 역량을 집중하고 있습니다. 통일이 남북의 진정한 사회통합의 길이 되기 위해서는 정치·경제적인 체제 통합뿐만 아니라 가치·정서·생활상의 공통성을 창출하는 작업, 다시 말해 '머리(사상이념)', '가슴(정서문예)', '팔다리(생활문화)'의 통합을 필요로 하기 때문입니다.

그동안 통일인문학연구단은 이와 같은 새로운 패러다임 위에 새로운 연구방법론과 연구 대상을 정립하는 한편, 다른 한편으로 이와 같은 연구를 통해 생산된 소중한 성과들을 사회적으로 확산하기 위해 노력해왔습니다.

통일인문학연구단은 1단계 3년 동안 인문학적인 통일 담론을 학문적으로 체계화하고 정립하기 위해 '통일인문학의 인식론적 틀과 가치론 정립'을 단계 목표로 삼고 이론적 탐색에 주력하였습니다. 이를 구체화하기 위한 방안으로 재중, 재러, 재일 코리언 및 탈북자와 한국인들 사이에 존재하는 가치·정서·문화적 차이를 규명하는 '민족공통성 프로젝트'를 추진하여 국내외에서 주목하는 성과를 산출하였습니다.

나아가 2단계 3년 동안에는 전 단계에 정립한 통일인문학 이론을 사회적으로 확산하는 한편, 다른 한편으로 민족공통성 프로젝트를 기반으로 하여 통일의 인문적 가치와 비전을 정립하는 데 주력하였습니다. 게다가 더 나아가 '통일인문학 세계포럼' 등, '통일인문학의 적용과 확산'을 단계 목표로 삼아 교내외는 물론이고 해외에까지 통일인문학 개념을 확산하고자 하였습니다.

마지막으로 지난 6년간 쉼 없이 달려온 통일인문학연구단의 성과를 3단계 4년간에는 1차적으로 갈무리하는 방향으로 목표를 설정하였습니다. '포스트-통일과 인문적 통일비전의 사회적 실천'을 단계 목표로 설정하고, 통일을 대비하여 통일 이후의 '사람의 통합', '사회의 통합', '문화의 통합'을 위한 인문적 비전을 제시하고자 합니다.

앞으로 통일인문학연구단은 '민족적 연대', '생명·평화', '민주주의와 인권', '통일국가의 이념' 등과 같은 통일 비전을 연구하는 한편, 이러한 비전을 사회적으로 실현할 수 있는 방안들을 모색하고 그 실천에 나서고자 합니다.

그동안 통일인문학연구단은 통일인문학이란 아젠다의 사회적 구현과 실천을 위해 출간기획에 주력해 왔습니다. 특히 통일인문학 아젠다에 대한 단계별·연차별 연구성과가 집약되어 있는 것이 바로 『통일인문학 총서』 시리즈입니다. 현재 『통일인문학 총서』 시리즈는 모두 다섯 개의 영역으로 분류되어 출간 중입니다.

본 연구단의 학술연구 성과를 주제별로 묶은 『통일인문학 연구총서』, 분단과 통일 관련 구술조사 내용을 정리한 『통일인문학 구술총서』, 북한 연구 관련 자료와 콘텐츠들을 정리하고 해제·주해한 『통일인문학 아카이브총서』, 남북한 연구에 도움을 줄 수 있는 희귀 자료들을 현대어로 풀어낸 『통일인문학 번역총서』, 코리언의 역사적 트라우마와 그것에 대한 인문학적 치유를 모색하는 『통일인문학 치유총서』 등이 그것입니다. 오랜 시간 많은 연구진들이 밤낮을 가리지 않고 만들어 낸 연구서들이 많은 독자들께 읽혀지길 소망합니다. 바로 그것이 통일인문학의 사회적 확산이 아닐까 생각해봅니다.

마지막으로 통일인문학의 정립과 발전을 사명으로 알고 열의를 다하는 연구단의 교수와 연구교수, 연구원들께 고마움을 전합니다. 아울러 본 총서에 기꺼이 참여해주신 통일 관련 국내외 석학·전문가·학자들께도 심심한 감사를 드립니다. 또한 통일인문학의 취지를 백분 이해하시고 흔쾌히 출판을 맡아주신 출판사 관계자분들께도 감사드립니다.

사람의 통일, 인문정신을 통한 통일을 지향하며

건국대학교 통일인문학연구단장 김성민

| 서문 |

분단국가주의에 포획된 민주주의,
인권 담론을 넘어서 통일의 비전을 사유하다.

통일인문학은 단순히 통일을 인문학적으로 다루는 것을 의미하지 않는다. '통일과 인문학의 만남'은 그 동안 통일을 단순히 두 국가를 하나로 합치는 국가통합 또는 체제통합으로만 생각해왔던 학문전통에 다양한 방식의 파열음을 내면서 통일인문학이라는 새로운 비전을 창출하고자 노력해왔다. 만일 우리가 근대적인 분과학문체계를 벗어나 학문 본래의 의미에서 학문함의 의미를 생각해 본다면 우리가 하는 모든 활동은 '인간다움의 가치'를 만들어가는 것이라고 할 수 있다. 인문학은 '인간다움'을 추구하는 학문이며 '인간 그 자체'를 연구 대상으로 삼는 학문이다. 따라서 통일인문학은 통일을 '인간다운 통일'로, 국가나 체제통합을 남과 북에 살고 있는 사람들의 통합 위에서 어떻게 만들어갈 것인지를 연구하는 학문이라고 할 수 있다.

지난 9년 동안 건국대 통일인문학연구단은 칸트의 이성 비판처럼 기존의 연구전통 속에서 당연하게 간주되었던 것들을 이성의 법정 위에 세우고자 했다. 이 작업은 통일의 당위성론으로부터 시작하여 '민족'이라는 호명체계에 대한 해체 및 동일화의 욕망에 대한 탈구축 작업을 이어졌으며 최근에는 통일의 새로운 인문적 이념들에 대한 연구까지 나아가고 있다. 지난 3년 동안 본 연구단은 '민족-연대(2016)', '생명-평화(2017)', '민주주의-인권(2018)'을 중심으로 통일의 인문적 비전을 모색하고자 했다. 이것은 기존의 '민족', '생명'이라는 개념을 이성의 법정 위에 세우고 비판적 작업을 진행하는 것이자 '연대'와 '평화'라는 가치와 대면케 함으로써 '인문적 비전'으로 새롭게 탈바꿈시켜 가는 작업이기도 했다.

이 책은 이와 같은 작업 중 '민주주의-인권'에 관한 연구 작업의 산물이라고 할 수 있다. 하지만 그렇다고 해서 '민족-연대', '생명-평화'가 각각 둘의 '짝 지움'으로만 끝날 수 있는 것은 아니다. 연구의 편의상 '민족'을 '연대', '생명'을 '평화'에 접속시켰을 뿐, '민족'은 '생명', '평화'와도 만나야 하며 생명과 평화 또한 민족, 연대와 만나야 한다. 마찬가지로 이 책의 핵심적인 주제인 '민주주의', '인권'도 이전의 작업들과 아무 상관없는 것이 아니다. 그것들이 비록 민주주의-인권이라는 쌍으로 접속되어 있으나 이것은 연구의 편의상 그런 것이지 둘만의 접속으로 이와 같은 주제들이 탐구될 수 있기 때문은 아니다. 이런 점에서 '민주주의-인권' 또한 앞에서 이루어진 '민족-연대', '생명-평화'의 연구 성과들과 연결되어 있다고 할 수 있다.

2015년 이미 제출한 바와 같이 '민족', '연대', '생명', '평화', '민주주의', '인권'은 본 연구단이 제출하고 있는 '어떤 통일이냐'에서 '어떤'을 채우고 있는 이념적 가치들이다. 분단체제는 남북 학문의 장 내에서의 연구들을 지속적으로 '국가주의'로 포획하면서 연구 자체를 교란시키고 연구자들을 자기검열 속으로 몰아넣는 경향이 있다. 특히, 통일을 연구하는 학문의 장 내부에서는 연구자들 스스로가 국가주의에 포획된 자신의 연구 경향 자체를 아무런 반성이나 성찰 없이 '객관성'이나 '보편성'으로 내면화하는 경향이 있다. 이것은 거의 무의식적인 자기 확신이다. 따라서 이에 대한 '벗어남(탈)'은 매우 철저한 자기에 대한 대상화 작업 및 고도의 자기 강제적인 비판적 성찰 없이는 불가능하다.

'민족', '연대', '생명', '평화', '민주주의', '인권'과 같은 이념적 가치들 또한 마찬가지이다. 하지만 이들 각각이 작동하는 방식은 다르다. '민족'이라는 개념은 오랫동안 통일의 당위성에 대한 근거를 제시했던 가치이지만 매우 낡은 구시대적인 프레임에 묶여 있었으며 심지어 분단체제의 적대성에 근거한 '분단국가주의'를 재생산하는 데 사용되어 왔었다. 반면 '연대', '생명'은 통일과 무관하거나 심지어 민족의 가치에 근거한 통일과는 서로 양립할 수 없는 것으로 간주되는 경향이 있었다. 하지만 통일과 관련하여 가장 많이 언급되었던 '평화', '민주주의', '인권'은 무수한 연구 성과에도 불구하고 그 프레임이 북을 공격하거나 남쪽의 체제 우월성을 드러내는 개념으로 사용되어 왔다. 따라서 본 연구단에서는 이들 개념을 매우 비판적인 관점에서 다루고자 노력했다.

예를 들어 통일연구와 관련하여 다루어지는 '민주주의'는 자유민주주의와 등치되거나 심지어 자유민주주의로 환원되는 경향을 가지고 있으며 '인권'은 서구적 자유주의나 개인주의에 기초한 '프라이버시'라는 관점에서 다루어지는 경향이 강하다. 따라서 통일과 관련하여 민주주의와 인권을 제대로 다루고자 한다면 분단국가라는 상황 속에서 질식되어 왔던 민주주의의 본래적 의미를 회복하고 인권을 그 사회가 처한 상황까지를 고려하여 다층적으로 접근함으로써 체제비판 차원이 아니라 실질적인 북쪽 주민들의 인권향상에 기여할 수 있는 방향으로 나아가려는 자세가 필요하다. 이런 점에서 본 연구단은 민주주의 개념에 대한 비판적 성찰에서부터 시작하여 지금–여기서 그것을 만들어가기 위해 구체적인 방향들까지를 다루고자 했다.

이 책은 지난 2017년 11월 18일에 있었던 본 연구단의 사상이념팀 국내학술대회에서 발표된 연구논문들의 성과를 핵심으로 하여 본 연구진의 연구 작업들만이 아니라 '민주주의와 인권'에 관한 국내의 대표적인 연구 성과들을 모은 것이다. 이 책은 총 3부로 구성되어 있으며 각 부들은 '민주주의 통일론의 모색', '인권의 관점에서 본 한반도 통일', '통일의 민주적 실현 방향'이라는 주제로 묶을 수 있는 연구들을 담고 있다. 또한, 여기에 실린 논문은 총 10편으로, 각기 독립적인 논문이면서도 전체적으로는 민주주의 개념에 대한 비판적 성찰에서 시작하여 통일을 만들어가는 과정 자체가 '지금 여기서'의 민주주의와 인권의 확장으로 이어질 수 있는 실천들에 대한 모색으로까지 나아가는 방향에서 구성되었다.

1부 '민주주의 통일론의 모색'은, 총 3편의 글로 구성되어 있으며 기존의 민주주의 개념에 대한 비판 및 분단국가주의 하에서 포획된 민주주의 개념을 해체함으로써 분단국가의 민주주의에서 통일국가의 민주주의로 나아가기 위한 연구 성과들을 담고 있다.

첫 번째 글은 박솔지가 쓴 "포스트 통일 담론의 이념형, 민주주의"라는 주제의 글로, 분단체제 하에서 민주주의라는 개념이 어떻게 포획되고, 왜곡되어 왔는지를 보여주고 있다. 이 글은 분단국가주의에 포획된 민주주의가 바로 자유민주주의로서, 체제 통합적이고 국가중심적인 통일 논의의 기본틀을 형성해왔다는 점에서 분단국가주의 아래서 하위화된 '민주주의' 그 자체에 대한 논의의 재구성을 제안하고 있다. 또한, 이 글은 민주주의에 대한 개념적 정의를 다시 성찰함으로써 "데모스(demos)의 자기통치"라는 민주주의의 본래적인 이념을 기초하여 남북이 통일의 과정에서도, 통일 이후에도 민주주의를 규제적인 이념으로 작동시켜가는 민주주의적 통일론을 제안하고 있다.

두 번째 글은 앞의 글이 제안하고 있는 민주주의적 통일론의 연장선상에서 "통일의 민주주의적 비전과 주권의 정치적 형성전략"(박영균)을 모색하고 있다. 이 글은 민주주의가 자유민주주의, 인민민주주의로 환원될 수 없는, 민주주의 '들'이라는 '복수'로 존재한다는 사실로부터 출발하여 민주주의 그 자체가 "평등주의적인 등가의 논리"에 기초하면서 '자기-통치'를 추구하는 이념적 지향성을 가지고 있다는 점에 주목하고 있다. 바로 이런 점에서 이 글은 통일국가의 건설과정이 바로 '자기-통치'를 하는 주체들의 생산이라는 '주체화의 과정'으로, 또한 앞으로 건설될 통일국가의 주권을 정치적으로 만들어가는 것이라고 규정하면서 주권형성의 전략으로, 랑시에르와 라클라우-무페를 따라 '미분화의 전략'과 '적분화의 전략'이라는 두 가지의 방향을 제안하고 있다.

세 번째 글, "한반도 통일과 인권의 층위"(이병수)는 한반도 통일 과정을 보편적인 인권의 실현 과정이라고 보는 관점에서 인권의 개념이 가지고 있는 다양한 층위들을 다루고 있다. 특히 이 글은 분단체제라는 구조가 생산하는 인권 유린이란 측면에서 한반도 인권의 층위와 남북이라는 국가 차원에서의 국가폭력이라는 측면에서 북한인권, 남한인권의 층위를 구분하고 있다. 또한, 한반도를 향한 역사, 문화적 연대의식을 가지고 있는 코리언 디아스포라도 분단 및 남북과의 관계에서 독특한 인권의 층위를 가지고 있다. 따라서 이 글은 인권의 다양한 층위에 근거하여 민족자결권, 평화권, 귀환권 등과 같은 집단적 권리를 개념화하고 각각의 층위에서 인권의 실현을 모색해야 한다고 주장하고 있다.

2부 '인권의 관점에서 본 한반도 통일'은, 총 4편의 글로 구성되어 있으며 통일과 인권, 북한 인권에 대한 비판적 성찰뿐만 아니라 그 동안 분단체제의 적대성을 근거로 하여 자행되어 왔던 국가폭력의 문제들도 함께 다루고 있다.

2부의 첫 번째 글, "한반도 평화통일과 북한인권 개선"(정태욱)은 '북한인권'을 접근하는 방식을 '협력 모델'과 '규탄 모델'로 나누고 왜 '협력 모델'의 관점에서 북한인권 문제를 접근해야 하는지에 대해 다루고 있다. 특히, 이 글은 대한민국 헌법 제4조에 나오는 '자유민주적 기본질서에 의한 평화적 통일정책을 수립하고 추진해야 한다'는 규정을 '민주적 다원주의'로 재해석하면서 "민주적 다원주의"라는 관점에서 공존과 관용의 원칙에 근거한 북한인권 문제에 대한 협력모델을 사유하고 있다. 또한, 그렇기에 이 글은 "인권의 초월적 가치와 체제의 한계를 일깨우는 과정"과 "북한 고유의 인권체계에 도움을 주는 기술적 협력"이라는 이중적 접근방식을 통한 비판적 협력을 제안하고 이와 같은 비판적 협력의 구체화를 시도하고 있다.

2부의 두 번째 글은 "인권 패러다임 이론과 북한 인권문제"(조효제)로, 북한의 인권문제를 인권 이론의 관점에서 비판적으로 재검토함으로써 새롭게 정의하고 이와 같은 정의에 근거한 북한 인권문제의 해결 방향을 모색하고 있다. 오늘날 인권 담론을 지배하고 있는 패러다임은 "인권문제 해결 패러다임"이다. 하지만 전후 유엔이 결성되고 현대 인권 담론을 구축하던 초기에는 "인권조건 형성 패러다임"이 인권문제 해결 패러다임과 함께 있어야 한다는 생각이 존재했었다. 그런데 북한 인권문제를 다루는 상반된 두 가지의 경향은 인권문제 해결 패러다임과 인권조건 형성 패러다임의 어느 한 축만으로 향하는 경향이 있다. 따라서 이 글은 두 차원의 패러다임을 연계하는 방향에서 북한 인권문제를 다루어야 한다고 주장하면서 그 관점에서 북한 인권문제를 다루는 방향을 구체적으로 논의해가고 있다.

2부의 세 번째 글, "공안의 헌정사와 그 통치술"(한상희)은 우리 사회에서 '공안', 즉 '공공의 안전'이라는 말이 어떻게 각종의 시민사회를 포함한 민주화 활동을 억압하는, 초과적이자 억압적인 개념이 되고 분단국가의 통치술로 작동하게 되었는지를 다루고 있다. 또한, 이 글은 48년 체제의 형성에서부터 시작하여 최소한의 절차적 민주주의를 회복한 87년 체제 이후에도 '공안통치술'이 작동한다는 점을 밝히고 국정원을 비롯한 공안통치기관들이 어떻게 신자유주의와 결합되면서 재벌과 대기업 등 거대자본의 지원을 받으면서 전방위적인 공안통치체제를 구축했는지도 다루고 있다. 따라서 이 글은 이를 극복하기 위해서는 "헌법의 해석투쟁이 아니라, 헌법의 입법투쟁이 필요"하다고 주장하고 1990년대의 "신자유주의적 사법화"를 벗어나 "헌법의 정치화를 통한 민주주의의 완성을 지향"해야 한다고 제안하고 있다.

2부의 네 번째 글인 "북한 인권정책의 패러다임에 대한 비판적 고찰"(정영선)은 미국, 일본, 한국 등에서의 북한인권법 제정이 패권적인 대북압박, 또는 국내 정파들의 정치적 이해의 소산이라는 점을 밝히고 인권의 기본원칙에 충실한 대북 인권정책 패러다임을 제안하고 있다. 그것은 ① 서구 자유주의에 근거한 인권정책이 아니라 "북한의 역사와 전통, 그리고 문화적 특수성"을 고려한 인권정책, ② 인권의 불가분성 원칙을 따라 "자유권만이 아니라 사회권과 더불어 평화적 생존권, 자결권, 연대권 등 제3세대 인권"도 고려한 인권정책, ③ "북한주민의 실질적 인권 상황 개선이라는 실효성을 담보"한 인권정책, ④ "비폭력적이며 평화적 방법으로 해결"하는 인권정책, ⑤ "남북관계의 특수성과 역사성을 감안하는 현실적 접근", ⑥ "쌍방의 신뢰구축을 바탕으로 한 남북의 번영과 평화통일"에 입각한 인권정책 등이다.

3부 '통일의 민주적 실현 방향'은 총 3편의 글로 구성되어 있으며 해방 정국의 다양한 민주주의의 담론 지형에 대한 재구성을 통해서 당시 이들 민주주의 담론이 가지고 있는 현재적 의미를 제시하고 있을 뿐만 아니라 한국사회구성체논쟁의 담론 지형을 왜곡시킨 이분법적 분열을 분단체제의 '착시 효과'와 관련해 분석하면서 앞으로 나아갈 통일운동의 방향을 모색하고 있다. 특히, 3부의 마지막 글은 독일통일 과정에서 진행되었던 '아래로부터의 통일헌법 제정' 움직임을 소개함으로써 향후 본 연구단의 4년차 과제인 '통일헌법'의 연구 방향성을 예시적으로 보여주고 있다.

3부의 첫 번째 글은 "남북통합의 이념적 토대로서 민주주의: 해방 정국의 민주주의 담론 분석과 그 재구성을 중심으로"(박민철)라는 제하의 글로, 1945-1948년의 해방정국에서 터져 나왔던 민주주의에 대한 다양한 견해들에 대한 연구를 통해서 분단체제 하에서 질식되었던 민주주의'들'을 해방시킴과 동시에 분단체제를 극복하는 방향에서 민주주의의 가능성을 모색하고 있다. 특히, 이 글은 '좌우합작' 세력의 민주주의론에 대한 재검토를 통해서 한반도 통일과 관련된 정치철학적 입장에서 이들의 논의가 가진 의미를 밝히고 있다. 이들 논의에는 "자기통치의 주체"라는 문제의식 아래 "인민(민족)"의 호명과 연대의 원리가 작동하고 있으며, "주권의식" 및 "공화주의"에 대한 요구뿐만 아니라 "평등"에 대한 지향 또한 매우 강하게 작동하고 있었다는 점에서 그 의미가 있다.

3부의 두 번째 글, "한국사회변혁이론과 민주-통일 변혁론의 재정립"(박영균)은 1980년대 한국사회구성체논쟁의 핵심적 문제의식이었던 '계급모순과 민족모순의 결합'이라는 차원에서 NL/PD논쟁을 다루면서 NL도 PD도 '민족해방'이나 '노동해방'을 부정하지 않았으며 오히려 핵심 쟁점은 민족해방이나 노동해방이 아니라 'PDR' 그 자체에 있었다는 점을 밝히고 있다. 하지만 분단체제 하에서 이루어진 군부독재의 폭압적 탄압에 대한 반정립 속에서 NL/PD논쟁은 '반제환원론적 과잉이념화'와 '계급투쟁환원론적 과잉이념화'로 나아갔다. 따라서 이 글은 '계급모순'이나 '민족모순'의 층위 이외에 분단체제의 극복이라는 차원에서 통일운동을 설정하고 모순의 중층결정이라는 관점에서 민주-통일 변혁론을 재정립해야 한다고 주장하고 있다.

3부의 세 번째 글이자 이 책의 마지막 글은 "미완의 역사로서의 독일 통일과 아래로부터 헌법 만들기"(이계수)이다. 이 글은 동독주민들이 서독의 기본법을 채택함으로써 흡수 통일되었다고 알려진 독일통일과정에서 진행되었던 "아래로부터의 헌법제정운동"을 다루고 있다. 이것은 "시민 참여형 헌법제정운동"으로, 독일의 흡수통일이 가지고 있는 '통일후유증'과 '동독주민의 배제', '제헌 주체의 민주적 정당성'의 문제들을 넘어설 수 있는 시도였다. 하지만 동독 원탁회의의

'독일민주주의공화국 헌법 초안'과 '독일의 모든 주(州)에 의해 민주적으로 구성된 연방을 위한 평의회'의 '독일을 위한 하나의 헌법'에 대한 국내연구는 거의 없다. 따라서 국내 통일헌법 논의도 독일통일을 흡수통일의 관점에 차용하는 방식이 주류를 이루고 있다.

바로 이런 점에서 이 글은 '민주주의-인권'이라는 3년차의 주제에서 '통일헌법'이라는 4년차의 주제로 넘어가는 가교역할을 하고 있을 뿐만 아니라 4년차 연구의 방향과 본 연구단의 10년차 연구를 총괄하는 '통일헌법' 논의 기본적 관점을 보여주고 있다고 할 수 있다. '인간다움의 가치'에 근거한 통일을 추구하는 것은 기본 입장이지만 그렇다고 이 책에 실린 10편의 글들이 모두 동일한 관점과 입장을 공유하고 있는 것은 아니다. 하지만 이런 차이들이 바로 우리가 연구하는 것의 깊이와 폭을 넓힌다는 것 또한 마찬가지이다. 이런 점에서 이 책에 실린 10편의 글은 모두 성실한 연구의 결실이자 소중한 연구의 자산이며 앞으로 우리가 함께 노력할 연구의 방향이라고 할 수 있다.

본 연구단의 3년차 연구 성과는 학술대회에서 발표를 해 주시고 옥고를 다듬어 주신 선생님들이 없었다면 기능하지 않을 것이다. 옥고를 주신 여러 선생님께 감사드리며 앞으로도 사람다움의 가치 위에서 건설될 통일코리아의 미래를 열어가는 길에서 저희 연구단과 함께 하시길 기원하며 우리 또한 그 길에서 함께 하겠다는 다짐으로 그 고마움을 대신하고자 한다. 또한, 이 책은 이병수, 박민철 선생을 비롯한 본 연구단의 사상이념팀에 속해 있는 조배준, 박솔지, 박종경, 강송희, 이의진 연구원이 없었다면 나오지 못했을 것이다. 그들은 이 책의 기획에서부터 함께 했으며 주기적인 세미나 및 연락과 교정 · 교열까지 보이지 않는 곳에서 함께 했다. 이 책은 그들의 땀과 노고의 산물이라고 할 수 있다. 그들의 노고에 고개 숙여 깊은 감사를 드리고 싶다.

2018년 10월 15일

사상이념팀장 박영균

| 차례 |

제3부 통일의 민주적 실현 방향

제1부

민주주의 통일론의 모색

포스트 통일 담론의 이념형, 민주주의

박솔지

1. 서론: 국가주의에 포획된 통일 담론

한반도의 분단은 근대민족국가 수립의 열망이 좌절되는 역사 속에서 형성되었다. 일제강점기라는 식민지의 경험은 그 첫 번째 좌절이었으며, 해방 이후 두 개의 분단국가 수립은 두 번째 좌절의 과정이었다. 한반도는 '역사적 국가(historical states)'[1]라는 역사적 특수성을 가진 공간으로, 근대민족국가 수립을 향한 민족적 열망이 서구적 열망을 넘어설 수밖에 없는 존재론적 기반을 가진 곳이었다. 그렇기 때문에 '민족≠국가'[2]로 형성된 분단국가라는 역사적 결과가 한반도 민중에게 주는 좌절감은 더욱 클 수밖에 없었다.

한반도 남과 북에 수립된 두 개의 분단국가는 각각 근대민족국가 형성이라

1 한반도가 서구의 근대국가와는 달리, 고려시대 이후로 하나의 종족이 오랫동안 하나의 국가를 형성해왔다는 개념이다. 에릭 홉스봄, 강명세 옮김, 『1780년 이후의 민족과 민족주의』, 창비, 2008, 94쪽.

2 류보선, 『한국 근대 문학과 민족-국가담론』, 소명출판사, 2005, 24쪽.

는 민중의 요구를 좌절시킨 원인을 상대에게 전가했다. 그리고 '누가 민족의 대표성을 띤 국가로서의 자격을 갖췄는가를 두고' 정통성 경쟁을 벌였다. 국가 정통성을 둘러싼 남북 간의 경쟁구도는 상대방을 향한 적대적 이데올로기의 양산으로 이어졌으며, 근대국민국가의 정치적 주체로 확립되었어야 할 민족(nation)을 대신하여 국가를 가장 상위에 두는 분단국가주의[3]로 나아갔다.

분단국가주의는 남북의 적대적 정통성 경쟁관계를 끊임없이 재생산함으로써, 분단된 두 사회를 경직시키는 구조적 틀로 작동했다. 손호철과 김윤철은 국가주의(statism)를 해방 이후 한국정치를 특징짓는 여러 가지 요소 중에서도 가장 중요한 것으로 꼽는다. 그것은 한국정치가 해방 이후 억압적인 독재정권하에서 주로 전개되어 왔으며, 한국정치를 특징짓는 또 다른 특징적 요소인 민주화 운동 역시 억압적 독재정권에 대한 저항의 과정으로서 전개되었기 때문이다.[4] 국가주의는 정치·경제·이데올로기적 층위에서 각각 지배담론을 형성하였다. 국가에 의해 생성되고 유포되는 국가주의는 국가가 최고의 가치와 선으로써 규정되는 담론으로 국가 자체에 대한 정의와 의미구성, 그리고 각 상황에서의 국가의 역할에 대한 정의를 포함하고 있는 담론이다.[5]

한국정치의 전개과정에서 국가는 지속적으로 통치 이데올로기로서 국가주의를 고취시켜왔다. 그리고 국가주의 고취과정에서 남북 간의 적대적 대립구도를 활용하였다. 그렇게 형성된 분단국가주의는 민족주의, 민주주의, 자유주의를 비롯한 다양한 정치이념과 담론들을 국가주의의 하위항목으로 전락시켰다.

문제는 한반도 분단현실을 극복하기 위해 제시되는 통일 담론 역시 국가주

3 '분단국가주의'는 "분단국가 권력이 다른 한쪽의 권력에 대해 적용하는 적대성·배타성", 그리고 "제 권력의 최고성"을 통해서 작동하며 분단국가 내의 국민을 국가로 일체화시킨다(강만길, 『21세기사의 서론을 어떻게 쓸 것인가』, 삼인, 2002, 215쪽).

4 조희연 편, 『한국의 정치사회적 지배담론과 민주주의 동학』, 함께읽는책, 2003, 237쪽.

5 조희연 편, 위의 책, 242~243쪽.

의 이데올로기로부터 자유롭지 못했다는 데에 있다. 기존 통일논의는 주로 민족동일성을 앞세운 당위적 통일론과 체제통합을 내세운 흡수통일론으로 진행되어왔다.

서보혁은 한반도를 둘러싸고 변화한 시대적 조건에 따라 새로운 통일 논의의 필요성을 제기하면서, 기존 통일론이 가진 한계들을 지적하고 있다. 서보혁은 기존 통일론을 ① 민족주의 통일론과 그 변용 ② 국가주의 통일론 ③ 실용주의 통일론으로 구분하면서, 이를 극복하기 위한 대안적 통일 담론으로 보편적 통일론을 제시하고 있다. 인권과 민주주의와 같은 인류 보편적 가치들을 한반도 전역에서 구현하는 과정으로서의 통일을 정의함으로써, 시대적 변화를 반영함과 동시에 기존 통일론이 갖지 못했던 포용성을 확보하기 위한 시도이다.[6]

박영균 역시 기존 통일론에 대한 비판적 논의를 전개하고 있는데, 그는 기존 통일론의 핵심적 문제로 두 국가를 통합하는 국가체제 중심적 통일론으로 전개되었다는 점을 들고 있다. 국가주도 통일론은 두 개의 분단국가가 지배하는 현 시스템의 부정과 통일 국가의 주도권을 둘러싼 정통성 경쟁이 필연적으로 내재되어 있기 때문에, 통일을 기능주의적인 체제통합과 국가통합 차원에 머물게 함은 물론이고 분단체제를 지속시키는 상호 적대성을 심화시킨다는 것이다.[7]

이러한 논의들은 기존 통일을 둘러싼 논의가 현재 한반도의 실질적 분단극복과 통일과정에 동력으로써 작동하지 못하고 있다는 사실을 반영하고 있다. 특히 냉전 해체 이후 한국사회의 주된 통일 논의인 흡수통일론은, 북의 체제를 인정하지 않는다는 점에서 이승만 정권의 반공적 '북진통일론'과 동일선상

6 서보혁, 「보편주의 통일론과 인권·민주주의 친화형 남북관계의 탐색」, 『세계지역연구논총』 제32집, 한국세계지역학회, 2011, 26쪽.

7 박영균, 「통일의 인문적 비전–소통으로서의 통일론」, 『시대와 철학』 제24권 제3호, 한국철학사상연구회, 2013, 213~216쪽.

에 있는 담론으로 볼 수 있다. 소련 해체라는 국제정치질서의 변동은 체제우월성에 근거한 흡수통일론 논의를 가속화시켰다. 그러나 흡수통일론은 자본주의와 자유민주주의에 입각한 하나의 체제로의 통일을 강조하는 논의로, 오히려 남북 간의 분단 적대성을 심화시킴과 동시에 남북관계 악화에도 일조한다는 점에서 분단국가주의에 포획된 통일 담론에 불과하다.

분단 이후 70여 년이 지난 지금, 어느 한 쪽의 가치를 배제하고 일방의 가치를 강조하는 통일론은 남북관계의 평화적 진전을 방해할 수밖에 없다. 우리가 지금 한반도 통일의 평화적 진전을 위해 요청해야 할 통일론은 상호 간의 차이를 승인하고 평등성을 보장할 수 있는 것이어야 한다.

서보혁은 보편주의 통일론을 내세우면서, 대안적 통일 담론의 전개에 있어 인권과 민주주의에 친화적인 남북관계가 전제되어야 함을 주장하고 있다.[8] 그러나 이때의 민주주의 역시, 분단국가 수립과정에서 이미 국가주의의 하위 이데올로기화 된 '자유민주주의'적 논의에 머무르고 있다는 점에서 남과 북을 아우르는 실질적 대안담론으로서는 한계를 갖는다. 한반도의 두 분단국가는 분단과정에서 하나의 민주주의만을 국가의 이데올로기로 승인하였고, 이를 각 국가 구성원에게 강요했다. 남은 자유민주주의를, 북은 인민민주주의를 선택함으로써 민주주의의 담론을 각각 단수화(單數化)시켰으며, 이를 따르지 않는 어떤 정치적 주체도 허용하지 않았다.

그렇기 때문에 보편적 가치와 결합된 한반도 통일의 논의를 전개하기에 앞서, 국가주의에 포획되었던 각 담론의 지형을 재구성할 필요성이 제기된다. 분단국가는 모든 담론을 국가화하고, 그 담론들을 국가정통성 경쟁 과정으로 편입시킴으로써 민주의 이름으로 민주주의를 제약하고 통일의 이름으로 통일을 저해하는 기형적 담론체계를 구축하였다. 기존 통일론의 한계를 극복하기 위한 통일론의 전개는 분단국가주의의 근본적 문제를 극복하는 방식의 가

8 서보혁, 앞의 논문, 11쪽.

치지형의 재구성에서 출발되어야 한다는 필요성이 여기에 있다.

따라서 이 연구에서는 한반도 분단극복과 통일과정의 실제적인 역할을 수행할 수 있는 통일 담론의 한 지형으로서의 민주주의 논의를 재구성할 것을 제안한다. 민주주의 논의의 재구성은 분단의 적대성을 끊임없이 소환함으로써 분단체제를 유지·작동시키는 분단국가주의의 약화와, 분단극복과 통일과정에서 남북 주민의 실질적인 삶의 질 확대라는 목표를 두고 진행될 것이다. 분단국가주의의 약화와 민주주의의 확장이라는 과제는 남북 모두에 해당하는 문제이다. 다만 보다 구체적이고 실천적인 논의의 재구성을 위해 본 논문에서는 한국사회의 민주주의 문제에 중점을 두고 논의를 전개할 것이다.

이를 위해 2장에서는 분단국가주의와 그로 인해 억압된 민주주의 문제를 논의한다. 이어 3장에서는 '데모스의 자기통치'라는 민주주의 원리의 재구성에 대한 논의를 통해 우리가 통일의 가치지향으로 삼아야 할 민주주의의 원리를 모색한다. 그리고 4장에서는 한국의 민주화과정과 분단체제의 상관관계를 짚음으로써 민주주의의 논의와 통일의 논의의 병행접근의 필요성을 검토할 것이다. 마지막으로 결론에서는 분단극복과 통일의 규제적 이념으로서 '민주주의'의 문제를 정리하면서, 통일 담론의 새로운 이념형으로서 민주주의의 필요성을 제시하고자 한다.

2. 분단국가주의와 억압된 민주주의

분단국가주의는 '민족=국가' 형성이라는 한반도의 근대적 과제가 좌절되면서, '민족의 대표자'라는 정통성을 두고 대립하는 두 개의 주권자가 한반도에 등장하는 과정에서 형성되었다. 분단국가주의는 분단국가의 주권자가 자신이 속한 '반쪽'의 국가를 사실상 완결된 민족국가로서 여기도록 했다. 그리고 이를 위해서 국가가 선택하지 않은 다른 한 편의 일체의 것을 적대시하고, 그것의 존재를 부정하거나 말살하려는 모순된 태도를 양산했다.[9] 국가를 최

고의 가치로 삼아 그 권위 하에 모든 다른 가치들을 종속시키는 체계를 형성한 것이다.[10]

그렇게 분단된 두 개의 국가는 한반도 민중에게 '국민' 또는 '인민'이 될 것을 강요했다. 이로써 해방정국[11]의 역동적인 정치공간 속에서 다양한 담론체계로 각축을 벌이며 서로 경쟁해온 민주주의의 담론이 분단국가 아래 단수화(單數化) 된 것이다.

민주주의를 둘러싼 해방정국 당시의 담론들은 자유주의적 민주주의, 사회주의적 민주주의를 넘어 다양한 스펙트럼을 띠고 있었다. 각 담론들은 일제 식민 지배를 벗어나 새로운 사회 건설과 '자주독립국가수립'의 실현이라는 현실적 목표를 두고 각 정치세력 간의 연합과 대립의 매개의 역할을 했다. 그러나 이러한 논의들은 비판과 보완이라는 지속적인 상호 긴장관계를 통해 한반도 현실에 부합하는 민주주의로 재구성될 기회를 잃게 되었다. 남은 자유민주주의를, 북은 인민민주주의를 국가의 이념체계로 선택함으로써 각각의 체제에서는 국가가 선택한 민주주의만을 유일한 민주주의로 규정한 것이다.

분단국가는 '안보 위협'이라는 한반도의 적대적 분단 상태의 조건을 통해 모든 판단의 최종심판자로서의 강력한 역할을 수행했다. 따라서 분단된 남과 북은 스스로가 선택한 이데올로기적 기반이 갖는 차이와는 별개로, 양쪽 모두 경직된 정치·사회·문화·경제 체계를 형성하게 되었다.[12]

---

9 서중석, 『배반당한 한국민족주의』, 성균관대학교 출판부, 2004, 83~84쪽.

10 건국대학교 통일인문학연구단, 『통일의 기본가치와 인문적 비전』, 선인, 2015, 114쪽.

11 1945년 8월 15일부터 분단국가가 수립되는 1948년 8월 15일까지의 시기를 이른다. 이 시기는 식민지 기간 동안 억압되었던 민족적 열망과 정치적 이상의 실현의 요구가 폭발적으로 분출되는 시기였다. 동시에 또 한편으로는 해방과 함께 시작된 분단, 그리고 그 과정 속에서 외부세력에 의해 강한 규정을 받을 수밖에 없는 조건으로 인하여 그 열망과 이상의 실현이 왜곡되고 억제될 수밖에 없는 시기이기도 했다. 해방정국 시기, 민주주의는 시대의 화두였고 다양한 사상 조류들이 논의되고 상호작용하는 열린 공간이 조성되었다.(이경구 외, 『한국의 근현대, 개념으로 읽다』, 한림대학교 한림과학원, 2016, 156~157쪽.)

12 김성보는 『북한의 역사 1-건국과 인민민주주의의 경험 1945~1960』(역사비평사, 2014)를 통해 초기 북 사회를 인민민주주의사회로 규정하면서, 당시를 다원화에 방점이 찍혀 있던

한반도 이남의 분단국가, 대한민국에서 채택된 민주주의는 반공적인 미국식 자유민주주의였다. 1948년 단독정부 수립을 전후로 하여 대한민국 정부와 미군정은 대대적으로 미국식 민주주의를 선전했다. 그리고 이때를 기점으로 대한민국에서는 반공 이데올로기를 근간으로 한 미국식 민주주의 이념만이 민주주의로 규정되었다. 자연히 이와는 다른 이념과 결합한 형태의 민주주의 논의는 접할 수 없게 되었다.[13]

일제강점기와 해방정국 시기에도 반공의 입장에 섰던 사람들은 존재했다. 그러나 이들의 노선은 분단국가수립 이후 이승만과 자유당의 극우반공주의와는 그 양상이 달랐다. 전자가 공산주의에 대해 비판적이기는 했지만, 이들은 적어도 독립운동 과정의 공산주의자들이 기여한 공로를 인정했다. 또한 그들이 정치세력의 한 부분을 차지해야 한다는 데 이견이 없었다. 그러나 후자의 경우, 자기 집단의 이익과 생존을 위해 반공을 철저히 이용했다. 그들은 공산주의는 물론이고 자유주의와 사회주의와 민족주의자들도 '적'으로 규정하고 분단국가주의를 통해 탄압하였다.[14]

한국은 국가의 이념으로 '자유민주주의'를 앞세웠지만, 실제적으로는 극우반공주의로 무장하여 민중의 자유와 민주주의를 억압하였다. 분단의 적대성을 활용한 이분법적인 판단 논리는, 마땅히 정치적 주체로서 형성되었어야 할 특정 사회 구성원을 주권자에서 배제하는 근거로 작동하였다. 한반도 이

시기로 평가한다. 1950년대 말 이전까지 인민민주주의사회 단계의 북은 정치·사회적으로는 사회주의 세력을 중심으로 하되, 다양한 세력이 공존하는 통일전선의 권력 형태를 취했다. 또 경제적으로는 국영기업과 협동조합, 사영기업과 개인소유가 공존하는 혼합경제의 형태를 갖춘 사회였다. 이 논문에서 김성보의 논의를 수용하되, 분단 이후로는 결과적으로 북 역시 경직된 사회로 귀결된 측면에 주목하여 논의를 전개하였다. 인민민주주의사회 수립과정이자 북의 사회주의 체제 형성기의 세부적인 시기 구분, 그리고 그 변화과정에 대한 분석, 이후 전개된 북 사회의 경직·획일화 과정은 김성보의 논의를 참조.

13 박지영, 「복수의 '민주주의'들-해방기 인민(시민), 군중(대중) 개념 번역을 중심으로」, 『대동문화연구』 제85집, 성균관대학교 동아시아학술원, 2011, 62쪽.

14 김동춘 외, 『반공의 시대-한국과 독일, 냉전의 정치』, 돌베개, 2015, 196쪽.

북의 구성원은 적대와 금단의 대상이 되었음은 물론이고, 좌익적 색채를 띤 모든 정치세력은 한국사회에서 절멸의 대상으로서 정치과정에서 '배제'되었다. 이러한 정치적 주체의 배제과정에서 분단국가는 '분단의 아비투스'[15]를 통해 '분단 트라우마'[16]를 지속적으로 작동시켰고, 이는 남북 상호 적대성 강화를 통한 분단체제와 분단국가에 대한 대중의 자발적 순응과 적응의 메커니즘을 형성했다.

분단 이후에 지속된 남북의 적대적 대립은, 군사적 대치상황을 근간으로 국가안보를 절대시하여 국가주의 통치방식이 남북 사회에 자리 잡는 토양이 되었다. 한반도의 상시적인 정치군사적 대립의 조건은 다양한 국가에서 나타났던 반공주의와는 다른 한국의 독특한 반공주의 지형을 형성하였다.

한국전쟁을 거치면서 한국의 반공주의는 내부의 적을 절멸시키는 전체주의적 양상을 띠게 되었다. 이는 국가권력이 '외부의 적'인 북의 실질적 위협과 대립이라는 현실과, 현 체제에 대한 비판 세력인 '내부의 적'에 대해 다른 어떤 국가들보다 더 폭력적이고 공격적인 방식을 취하는 것이 용인된다는 것을 의미한다. 한국의 반공주의는 사실상 반북주의와 같은 의미를 갖고 있으며, 그렇기 때문에 냉전 질서의 해체 이후에도 여전히 분단체제 속에서 작동하고 있는 것이다.[17]

분단국가주의는 이러한 토양 속에서 상대방에 대한 적대성을 활용하여 국

---

15 "'분단의 아비투스'는 분단이라는 역사가 만들어내는 신체와 사물, 아비투스와 장의 관계를 통해서 이루어지는 '분단 질서', '분단구조'의 지배체제가 상징폭력에 의해 신체에 아로새겨지는 성향과 믿음의 체계들이다. 남과 북에서 작동하는 분단의 아비투스는 남과 북에 대한 어떤 믿음 속에서 작동한다. 여기서의 분단 적대성은 단순한 이데올로기도, 의식도 아니며 그것은 내면화되어 있고 신체에 아로새겨져 있는 어떤 것이다. 자기검열과 거의 직접적이고 즉각적인 타자로서의 북에 대한 이해 불가능성과 기괴한 이미지의 형성은 이런 아비투스의 산물로 볼 수 있다." '분단의 아비투스'에 대한 자세한 논의는 건국대학교 통일인문학연구단, 『분단의 아비투스와 남북소통의 길』, 경진, 2015 참조.

16 '분단 트라우마'에 대한 자세한 논의는 박영균, 「분단의 트라우마에 관한 시론적 성찰」, 건국대학교 통일인문학연구단, 『분단트라우마와 치유의 길』, 경진, 2015 참조.

17 김동춘 외, 앞의 책(2015), 176~177쪽.

가의 기형적 폭력구조를 정당화시켰다. 남북 구성원에게 비합리적인 증오와 원한의 감정을 뿌리내리게 한 것이다.[18] 이러한 분단국가주의의 작동원리는 남과 북에서 합리적 의사소통을 통한 공론장의 형성을 가로막았다. 이렇게 형성된 분단국가의 경직성은 기형적 사고체계를 양산하였다. 상대를 국경을 두고 대립하고 있는 하나의 국가로서 객관화하지 못할 뿐 아니라, 극도로 왜곡된 일면을 부각시켜 상대에 대한 이미지를 형성한 것이다. 예를 들어 북에서는 '남조선'은 헐벗고 굶주리는 사람이 길가에 허다한 '썩고 병든 빈부격차의 사회'라는 단일한 이미지로 남을 묘사하였다.[19] 그리고 남에서는 '같은 민족'이라는 차원을 넘어서, 북의 주민들을 늑대, 돼지, 뿔 달린 괴물 등 같은 인류 보편적으로 이해할 수 없는 집단으로 인식하게 하였다.[20]

조현연은 한국사회에서 가장 오용되고 남용된 정치적 개념으로 '자유주의'와 '민주주의'를 제시한다. 한국의 자유주의는 서구에서 등장한 자유주의와 달리 절대주의의 억압과 봉건질서의 구속으로부터의 해방이라는 이념적 기준점을 가지지 않는다. 이때의 자유주의는 '자유주의의 적'으로 설정된 공산주의와의 극한적 대결과 그것을 위한 일체의 국가 통제를 합리화하는 자유였다. 민주주의의 담론 역시 박정희의 '한국식 민주주의'와 같이 권위주의 독재정권의 정치적 외피로 활용되었다.[21] 그리고 그 핵심에는 분단체제 속에서 신성화되고 절대화된 안보국가의 통치논리가 있었다. 안보라는 이름 아래 통치세력은 내부의 적대 세력을 탄압하고 통제했으며, 국가폭력을 통한 민주주의의 억압은 정당화되었던 것이다.[22]

대한민국은 자유민주주의에 의거한 헌법질서를 가지므로 원론적으로는 좌

18 이병수 외, 『통일을 상상하라—통일에 관한 13가지 색다른 상상력』, 한국문화사, 2017, 80~81쪽.

19 이병수 외, 위의 책, 134~136쪽 참조.

20 서중석, 앞의 책, 67쪽.

21 조희연 편, 앞의 책, 295~296쪽.

22 김동춘, 『전쟁정치-한국정치의 메커니즘과 국가폭력』, 길, 2013, 2부 4장의 논의를 참조.

익 극단주의와 우익 극단주의가 모두 인정되어야 한다. 그러나 한국에서 좌익과 진보세력에 대한 처벌은 이중삼중으로 이뤄진 반면, 극우 세력의 반사회적 발언이나 행동에 대한 처벌은 거의 이루어지지 않았다. 한국전쟁기 반공의 이름으로 정부가 민간인 대량학살을 저질렀지만, 또 반공을 구호로 내세운 군사쿠데타가 두 번이나 발생하여 그 정권 아래에서 수없이 많은 국가폭력, 간첩조작, 의문사, 고문 등의 범죄들이 자행되었지만, 이들은 제대로 단죄 받은 적이 없다. 한국의 자유민주주의와 절차적 민주주의는 언제나 반북과 반공이라는 명분하에 얼마든지 제약되고 중단될 수 있는 민주주의였던 것이다.[23]

이렇듯 한국의 지배 이데올로기로서 선택된 자유민주주의는 본질적으로 냉전반공주의에 근거한 것이었으며 사실상 '반북'주의와 다름없다. 분단의 적대성을 담지하고 있는 한국의 자유민주주의는 국가에 의해 공세적으로 재해석되고 재규정되어 왔으며, 그 과정에서 국가주의에 반하는 정치적 주체들을 끊임없이 금단의 영역으로 몰아세우고 배제시켰다. 또한 민주주의 그 자체의 내용도 선거와 의회제라는 틀에 한정시킴으로써 '민주주의=자유민주주의=절차적 민주주의=선거주의'라는 인식체계를 형성하였다. 물론 이마저도 '긴급한 국가적 위기 상황'이라는 안보의 논리 앞에서는 빈번하게 무력화되었으며, 선거가 이루어지는 정치지형의 폐쇄성과 왜곡성 자체는 문제시 되지 않았다. 즉, 한국의 자유민주주의는 자유와 민주의 이름으로 '자유'를 제약하고 '민주'를 억압해온 것이다.

조희연은 분단체제의 이러한 특성을 '분단효과'로 이야기하고 있다. 분단효과는 한국의 지배세력과 저항세력 각각에게 상이한 방식으로 영향을 미쳤다. 지배 세력에게 있어 분단체제는 통치 권력의 권위주의적 관성을 제공했다. 지배세력이 분단현실을 활용하여 쉽게 남북대결을 강조하고, 이를 통해

23 김동춘 외, 앞의 책(2015), 416~417쪽.

반공주의적 동원과 민주주의에 대한 억압이 비교적 수월하게 작동할 수 있도록 하는 효과를 발생시킨 것이다. 이러한 '분단효과'는 한국사회에서 여전히 유효하게 작동하고 있다. 지배세력은 '분단효과'를 통해 저항세력을 친북세력 혹은 종북 세력이라고 낙인찍었다. 이로 인해 한국의 저항세력은 부단히 '레드콤플렉스'에 시달려야 했고, 이데올로기적 자기검열을 함과 동시에 저항을 수행해야 했다.[24]

분단국가의 형성과정에서 지배적인 통치 이데올로기로 작동해온 분단국가주의는 복수의 민주주의를 단수화 시키고, 분단국가를 기형적이고 경직된 사회로 만들었다. 분단국가주의가 분단의 적대성을 앞세워 양산해내는 이데올로기적 기형성과 전체주의적 폭력성은, 분단국가 내부의 민주주의의 억압과 비인간적 사회로의 이행을 지속시켰다. 분단 이후 한국사회에서는 상대방을 낙인찍거나 배제하는 방식의 정치가 자행되었다. 이러한 정치적 현실은 한국사회 민중 내부의 공동체의식을 해체하고, 시민사회의 공론장 형성을 가로막았다. 또한 다양성이 배제된 일원적 사고방식을 고착화하려는 경향을 가짐으로써, 사회 발전과 사회 구성원의 삶을 저해했다.[25]

분단체제 형성이라는 실존적 조건으로 인해, 한반도에서 실현되어야 할 민주주의의 문제들은 계속적인 억압에 직면해온 것이다. 따라서 분단의 극복과정은, 그동안 분단 자체가 양산하는 민주주의가 억압된 현실을 타개하는 과정이 되어야 한다. 나아가 분단국가 아래 단수화 되었던 민주주의를, 통일과정과 그 이후에 가치지향으로 삼아야할 민주주의 담론으로서, 민주주의 그 자체에 대한 재구성으로 나아가야 할 필요성이 제기되는 것이다.

---

24 조희연, 『투 트랙 민주주의-제도정치와 운동정치의 병행접근』 1권, 서강대학교 출판부, 2016ㄱ, 202~203쪽.

25 서중석, 앞의 책, 82~84쪽.

3. 민주주의 원리의 재구성: 데모스의 자기통치

민주주의는 인류 역사에서 가장 오래된 정치담론이자, 현대 정치의 중심 화두이다. 민주주의의 시선에서 인류의 역사를 되짚어보면, 역사는 민중이 '인간해방'과 '자기통치'라는 이상을 실현해 오는 지난한 과정이었다고 할 수 있다. 인간은 오랜 세월 신분질서 아래에서 억압되었던 신체적·정신적 구속을 해제해왔으며, 스스로를 사회의 동등한 구성원이자 정치의 평등한 주체로 세워나가는 역사를 만들어왔다. 그리고 그 노력의 결과, 현재 '자기통치'의 이념을 향한 인간의 욕망은 정치과정에서의 1인 1표제 확립이라는 절차적·형식적 평등권을 쟁취했다.[26]

그러나 역사상 가장 오랫동안 진행되어온 논의임에도 불구하고, 민주주의를 둘러싼 논쟁은 여전히 현재진행형이다. 이는 민주주의가 역사 속에 존재하는 명문화된 담론이나 하나의 완성된 정치제도가 아니라는 점을 반증한다. 이러한 민주주의에 대한 논쟁의 핵심에는 바로 '민주주의를 어떻게 규정할 것인가'의 문제가 있다.

일반적으로 민주주의는 하나의 정체(政體), 법과 제도 또는 특정한 지배형식에 한정하여 이해되는 경향이 있다. 이와 같은 경향성은 근대민족국가의 수립 이후 대다수의 국가가 대의된 주권을 통해 운영되는 민주주의 정체를 채택함으로써 형성되었다.

하지만 민주주의는 '데모스의 자기통치'라는 어원만이 존재하는 정치적 형식으로 존재할 뿐, 어떤 하나의 내용으로 정리되지 않는다. 이에 대해 웬디 브라운(Wendy Brown)은 "민주주의라는 말은 누구나, 그리고 모두가 자신의 꿈과 희망을 싣는 텅 빈 기표(empty signifier)"라고 말했다.[27] 이것은 민

26 1인 1표제의 정치적 평등권을 획득의 역사도 그리 오래된 것은 아니다. 여성의 투표권은 1893년 뉴질랜드에서 처음 획득되었다. 1918년 영국, 1920년 미국, 1946년 프랑스, 1971년 스위스, 그리고 2015년 사우디아라비아에서 여성참정권이 허용되었다.(사라 가브론(Sarah Gavron) 감독, 아비 모건(Abi Morgan) 각본, 영화 「서프러제트(Suffragette)」, 2015.)

주주의가 '텅 빈 기표'이기 때문에 다양한 이념과 결합될 수 있으며, 그에 따라 여러 가지의 민주주의 유형으로 존재할 수 있다는 것을 의미하는 것이다.

그러나 민주주의가 정치적 양식 형태라고 해서 민주주의가 내재 하고 있는 방향성과 이념적 지향이 부재하다고 볼 수는 없다. 민주주의는 인간적 삶의 양식이지만, 근본적인 수준에서 하나의 인간적 이상을 담고 있는 이념체계이기도 하다.

민주주의의 어원에는 민주주의가 추구하는 이념적 지향성에 대한 내용이 담겨있다. 민주주의는 그리스어 '데모스(demos)'와 '크라토스(kratos)'의 합성어인 '데모크라티아(democratia)'에서 유래하는 말이다.[28] 여기서 데모스는 인민, 크라토스는 힘이라는 뜻을 가지고 있다. 그러므로 데모크라티아라는 단어가 표현하고 있는 뜻은 '인민의 힘'이다. 고대 그리스에는 민주정을 이르는 데모크라티아 말고도 당대의 여러 정체(政體)들을 이르는 단어들이 등장했는데, 군주제를 뜻하는 '모나키(monarchy)'와 과두제를 뜻하는 '올리가키(oligarchy)'가 바로 그것이다.

모나키와 올리가키에는 데모크라티아와는 달리 크라토스가 아닌 접미사 '아르케(arche)'가 붙어 있다. 여기서 아르케는 처음, 시초라는 뜻을 가진 말로, 어떤 근본적인 원리와 원인을 의미한다. 아르케가 붙어 만들어진 정체는 그 체제의 통치 권력의 구성원리가 각기 존재하고, 그것은 정체의 이름을 통해 설명된다. 예를 들어, 군주 정체인 모나키에서 지배자는 군주 단 한 사람만이 가질 수 있다. 따라서 모나키에서 통치원리는 군주 한 사람의 권력이고, 권력이 군주를 통해서 구현된다는 것을 의미한다.

이와 달리 데모크라티아에는 통치원리에 대한 규정이 없다. 이는 '아르케 없음'으로 표현될 수 있다. 데모크라티아에 아르케가 없다는 것은 곧 데모크

---

27 조르주 아감벤 외 6인, 김상운 외 2인 옮김, 『민주주의는 죽었는가?—새로운 논쟁을 위하여』, 난장, 2010, 85쪽.

28 데이비드 헬드, 박찬표 옮김, 『민주주의 모델들』, 후마니타스, 2013, 17쪽.

라티아에는 통치권력에 대한 지위와, 통치수단의 장악 등에 대한 원리와 근거가 부여되어 있지 않다는 것을 의미한다. 데모크라티아에는 오직 '인민의 힘'이라는 뜻만 주어져 있는 것이고, 통치자가 특정 누군가로 정해지는 원리는 존재하지 않는다. 즉, 통치의 권한이 피지배자의 외부에 존재하는 어떤 특정 지배자에게 주어지는 것이 아니라, 통치권자와 피통치권자가 일치한다는 것을 뜻하는 것이다.

그렇기 때문에 민주정에서 정치체제의 운영은 오직 데모스의 능력과 역량에 의해 좌우된다. 데모스에게는 주어진 원리와 정해진 질서인 아르케가 존재하지 않으며, 이것은 민주정이 다른 정체와는 달리 지식, 재산, 혈통, 성별과 같은 특정한 조건이 위계를 가지고 존재할 수 없다는 것을 의미하기도 하는 것이다. 즉 민주주의의 원리에서는 어떤 것도 다른 대상을 억압하거나 배제할 근거로서 작동할 수 없다는 것과 같은 말이며,[29] 원론적으로 민주주의 그 자체와 아르케는 공존 불가능하다는 것이다. 따라서 데모크라티아에는 애초부터 주어진 정체의 구성원리나 방향성이 따로 있는 것이 아니라, '인민=데모스'의 힘 또는 강제력이라는 것만 존재한다. 데모크라티아에서는 어떠한 윤리적 판단과 기준도 미리 주어지지 않는다.[30] 민주주의의 어원이 담고 있는 정치적 이념은, 모든 것을 정치적 주체인 데모스가 직접 결정하고 실현하는 직접적인 자기지배이며, 동시에 그 누구나 정치적 주체가 될 수 있는, 지배자와 피지배자의 동일화라는 것이다.

그러나 민주주의는 바로 이러한 아르케 없는 힘의 원리에 기반하고 있는 정체라는 이유로, 고대 그리스 이후 오랫동안 비판의 대상이 되어왔다. 고대 정치철학자 플라톤과 아리스토텔레스는 근본 없는 데모스의 불완전성을 경계하며 민주주의에 대한 비판을 가했다.

---

29 고병권, 『민주주의란 무엇인가』, 그린비, 2011, 17~27쪽 참조.

30 조르주 아감벤 외, 앞의 책, 14쪽.

플라톤은 『국가(politeia)』 8권에서 민주정체에 대한 비판적 시선을 드러내는데, 그 핵심적 이유는 민주정이 '멋대로 할 수 있는 자유'를 주고 있기 때문이다.[31] 물론 플라톤은 '정치적 평등의 근거로서의 자유'와 '말할 수 있는 자유'에 대해서는 긍정적으로 보고 있다. 그러나 '일상적인 사회적 삶에서 자유'는 만족할 줄 모르는 욕망이기 때문에, 지나친 자유가 사회질서를 무력화하고 혼란의 상태로 이끌어 갈 것으로 보고 있는 것이다.[32]

아리스토텔레스 역시 아르케 없는 민주주의가 갖는 문제에 대해 우려를 표하고 있다. 아리스토텔레스는 한편으로 개별적 판단보다 집합적 판단이 우월하다는 점을 인정하면서도 그 집합적 판단의 주체를 모든 데모스에게 무차별적으로 줄 경우, 그 중 일부가 노예나 짐승과 같을 수 있으므로 모든 데모스에게 권한이 부여되어서는 안 된다는 입장을 고수한다.[33]

플라톤과 아리스토텔레스의 관점에서 정치는, 사회의 '공공선', '정의', '덕'이라는 가치를 지키고 안정적 사회질서를 유지시키는 것이다. 그래서 이들이 보기에 민주정은 아르케 없는 '데모스의 힘'이라는 불확실성에 기반하고 있는 정체이고, 그 불확실성은 사회의 안정성을 위협할 가능성이 크다. 따라서 불확실성의 근원인 데모스에 대한 통제가 불가피하다는 주장을 하는 것이다.

플라톤과 아리스토텔레스의 주장처럼 민주주의는 분명 불확실성을 내재한다. 다수결의 의사결정으로도 모든 구성원이 전체적 합의 수준을 형성하기 어렵기 때문이다. 그리고 그렇게 완전한 합의를 형성하지 못한 결정에 대해서는 언제든지 반론과 재론이 제기될 수 있다. 하지만 이는 다양성으로 인해 빚어지는 정치적 의사결정의 불확실성이며, 역으로 그 불확실성이 바로 민주주의가 갖는 특유의 역동성이라고 볼 수 있다. 플라톤 이래 수많은 민주주의의 비판자가 있었음에도 불구하고, 고대에서 현대에 이르기까지 민주주의가

31 플라톤, 박종현 옮김, 『국가·정체』, 서광사, 1997, 537쪽(8권 558a).

32 손병석, 「플라톤과 민주주의」, 『범한철학』 제78집, 범한철학회, 2015, 58쪽.

33 아리스토텔레스, 천병희 옮김, 『정치학』, 숲, 2009, 162~163쪽(128 I a39-128 I b I 5).

주요 정치 담론으로서 살아남을 수 있었던 것은 바로 '역전의 가능성'을 갖는 역동성 때문이다. 플라톤과 아리스토텔레스의 입장에서 '아르케 없음'은 심각한 결함이었지만, 그 결함은 역으로 민주정이 다른 어떤 정체도 갖지 못하는 역동성과 능동성을 갖추고 있다는 것을 의미한다. 실제로 역사의 과정에서 민주주의는 당대의 질서가 가진 질곡을 짚어내고, 새로운 질서로의 전환을 창조해온 원동력이었다.

그럼에도 여전히 '과도한 민주주의'에 대한 불만은 지속되고 있다. 현대사회에서도 명문대, 정규직과 같은 아르케는 존재하고 있다. 그리고 '민주주의의 불만자들'은 오히려 능력 없는 자들이 과도한 평등을 요구하는 것에 대해 문제를 제기한다.[34] 랑시에르는 이러한 현상을 '민주주의에 대한 증오'로 표현하며, 그 본질적 지점에 존재하는 '정치를 공동체를 지도하는 기술'로 보는 시각을 지적한다.[35] 그리고 정치는 끊임없이 질서를 흔들고 불일치를 만들어내는 것, 그를 통해 규정된 질서 속에서 '자격 없는 자'로 배제되었던 데모스가 자신을 정치적 주체로 등장시키는 과정이라고 재규정한다. 여기서 민주주의는 어떤 통치형태와 사회생활 방식도 아니다. 공공의 논의에서 배제되었던 정치적 주체들이 발언을 요구하는 것, 그를 위해 정치제도의 갱신을 요구하는 실천 자체이다. 따라서 민주주의는 혼란을 야기하는 위협적인 요소가 아니라, 끊임없이 이의를 제기하며 끊임없이 갱신되는 운동과 같은 것이다.[36]

민주주의는 아무나의 권력이고, 평등은 정치의 전제이다.[37] 치안은 정해진 질서의 특정한 자리로 사람을 묶어세우고 말할 수 있는 권한을 규제한다. 그러므로 정치는 기존의 질서체계를 유지시키려는 '치안'과는 구별되어야 한

---

34 이유미, 「여성혐오의 먹잇감이 된 페미니즘」, 2015.03. 제2호 http://todayboda.net/article/6654(2017.03.03.)

35 자크 랑시에르, 양창렬 옮김, 『정치적인 것의 가장자리에서』, 길, 2008, 16쪽.

36 양창렬, 「자크 랑시에르-제도도 이념도 아닌 민주주의론」, 『진보평론』 제68집, 메이데이, 2016, 74~75쪽.

37 양창렬, 위의 논문, 66쪽.

다.[38] 치안은 데모스의 정치를 통해 낡은 것, 불합리한 것, 몫이 없는 것, 배제된 것, 억압된 것이 고발되고 균열이 발생할 때 깨진다. 완전한 안정이라는 가면을 쓴 치안이 정치에 의해서 가면이 벗겨질 때, 비로소 새로운 질서가 형성된다.

민주주의는 '누구나'인 데모스가 통치자가 되는, '데모스의 자기통치'를 의미한다. 자기통치의 실현은 데모스 바깥에서 주어져 강제되는 질서·근거·원리·위계가 아닌, 오직 자기 내부의 역능(力能)을 통해서만 실현될 수 있다. 분단국가주의를 통해 억압되었던 한반도의 민주주의가 나아가야 할 방향은 바로 이 지점에 있다. 분단체제에서 민주주의의 억압과 왜곡은 국가와 안보라는 아르케의 도입과 적용의 과정을 따라 진행되었다. 분단된 국가에서 국가·안보라는 아르케를 통해 타율적으로 통제된 질서를 깨는 것, 그리고 그 질서를 통해 배제되고 억압되었던 자들의 목소리를 내게 하는 것이 새롭게 구성되어야 할 민주주의의 이념형이다.

4. 민주화와 분단체제 해체의 상관관계

'데모스의 자기통치'라는 민주주의의 이념의 기준에서 볼 때, 한반도 분단체제라는 질곡을 해체할 수 있는 힘은 민주화 과정 속에 있다. 실제로 한국의 민주화는 분단국가의 억압적인 시스템을 해체하는 과정이었고, 민주화가 진전될 때마다 통일과 남북관계 개선에 대한 요구가 활성화되었다. 1960년 4월 혁명 이후, 거리에는 '가자 북으로, 오라 남으로'라는 통일을 요구하는 구호가 등장했다. 1987년 6월 항쟁 이후에는 북한 바로알기 운동, 문익환 목사와 임수경의 방북 등 각종 통일운동이 전개되었다. 1997년 민주개혁세력을 표방한 정치세력이 여당으로 수권한 이후에는 2000년과 2004년 두 차례의 남북정상

38 자크 랑시에르, 앞의 책, 16쪽.

회담이 성사되었고, 남북 간의 각종 민간교류사업 또한 활성화되었다.[39]

한국 정치과정에서의 이러한 경향성은 단지 민족적 당위성 때문에 드러나는 현상이라고 할 수 없다. 분단체제 형성 이후 국가는 분단의 적대성을 활용하여 국가와 안보를 앞세워 민주주의의 억압과 퇴행을 정당화했다. 한국사회에서 '북'은 언제나 최대의 금기로서 존재해왔고, 분단국가는 금기를 활용해 정권에 비판적인 목소리를 가진 자들을 배제시켰다. 한국의 헌정사상 최초의 헌법인 제헌헌법이 가장 민주적인 헌법이었으며, 그것이 그 이후로 지속적으로 개악되어왔다는 역사적 아이러니가 이를 증명하고 있다.

대한민국은 정치적 이념으로 자유민주주의를 선택했다. 하지만 자유민주주의의 핵심은 주권자의 힘에 의해 아래로부터 강제되는 절차와 제도였음에도, 분단체제 속에서 한국의 진보·중도·좌익적 색채의 정치세력들은 이승만 정권 이래로 배제되어 왔다.[40] 한국의 권위주의 정권은 북과의 전쟁대비와 그를 위한 내부 동원 및 통제를 경제성장을 위한 동원과 동시에 진행시켰다. 그리고 이 과정에서 국가의 산업화에 장애물이라고 판단되는 노동조합 활동이나 노동쟁의 등이 '안보'와 '성장'이라는 명목으로 억압되었다.[41] 반공법, 사회안전법, 국가보안법은 사상까지 통제하는 법으로 군림하며 국가의 일상적인 폭력을 정당화했다. 그렇기 때문에 국가의 억압적 질서에 도전하는 모든 과정에서 '북'이라는 금기에 발목을 잡혀야만 했던 배제된 자들이 금기의 해체를 요구하게 된 것이다.[42]

민주화는 한 사회에서 치안을 통해 유지되고 있는 기존의 질서를 깨나가는 과정이라고 할 수 있다. 질서의 유지를 위해 국가는 금기를 설정하고, 그것을

---

39 서중석, 앞의 책, 81쪽.

40 조희연, 앞의 책(2016ㄱ), 211쪽.

41 김동춘, 「분단이 낳은 한국의 국가폭력」, 『민주사회와 정책연구』 제23호, 민주사회정책연구원, 2013, 137쪽.

42 김동춘, 위의 논문, 112쪽.

통한 배제의 정치를 집행한다. 그로써 치안은 유지되는 것이다. 역으로 치안을 깨고 민주화로 가는 길에서 국가가 설정한 금기의 해체는 필수적이다. 그렇기 때문에 한국의 반독재민주화 투쟁이 국가가 휘두른 배제의 정치에 항거하면서, 금단의 영역을 침범하고 허물려는 시도로 이어진 것은 자연스러운 일이다. 한국사회에서는 분단의 적대성이 약화되어야 분단국가주의가 휘두르는 '안보정치'가 무력화 될 수 있기 때문이다.

그래서 분단의 극복과정은 분단체제 속에서 희생되고 배제되었던 국가폭력의 피해자들을 국가와 사회의 구성원으로 복권 및 복귀시키는 과정이 되어야 한다. 이것은 그동안 한국사회에서 이분법적이고 적대적인 기준으로 배제와 금단의 정치를 작동시켜온 물리적·사상적 장치들을 해체하는 것이 동반되어야 함을 의미한다.[43]

한국사회는 민주화 과정을 통해 분단국가주의의 권위적이고 억압적인 통치에 항거하며 새로운 정치·사회·문화적 조건을 형성했고, 한편으로 냉전의 해체라는 국제정세의 변화에 힘입어 남북관계 개선과 분단체제의 적대성 완화라는 결과를 맞이할 수 있었다. 직선제 쟁취로 표상되는 절차적 민주주의의 최소 기준은 민주화를 통해 복귀되었고, 정치적 자유주의가 확대 보장되었다.[44] 여기에 각종 사회적·경제적 자유주의도 더불어 확장되었다. 개발독재국가로부터 통제받았던 자본과 시장에 대한 자유화와 시민사회 단체의 정치활동 활성화 등 다방면에서의 변화들이 진행되었다.

문제는 정치적 자유화와 동시에 진행된 경제적 자유화가 80년대 후반부부터 시작된 신자유주의 개방화의 과정 속에서 내부적 모순에 봉착하면서 드러나기 시작했다. 최장집이 『민주화 이후의 민주주의』에서 지적한 것처럼 87

---

43 조희연, 앞의 책(2016ㄱ), 341쪽.

44 권위주의 정권 아래 제한되었던 정치적 자유주의는 대통령 직선제, 대통령 5년 단임제 도입, 대통령의 국회해산권 폐지, 국회 국정감사권 부활, 헌법재판소 수립 등 제도적인 차원의 대의민주질서 체계 수립을 통해 확장될 수 있게 되었다.

년 이후 한국사회는 신자유주의 개방정책의 확장 과정 속에서 계급 간 불평등 구조가 심화되었다.[45] 본격적인 자본시장의 개방화는 김영삼 정권의 세계화 담론과 국가경쟁력 강화론과 함께 시작되었다.[46] 1996년 OECD 가입을 시작으로 시장 개방화가 진행되면서 농산물 시장 개방, 국·공유화 기업의 민영화, 도로 및 철도 민영화, 대학 구조조정 정책 도입 등 민중의 삶을 위협하는 정책들이 실시되었던 것이다. 이러한 변화는 정치적 자유화 과정 속에서 성장한 민중·노동세력과의 치열한 갈등으로 격화되었다.[47] 이러한 신자유주의 정책의 추진은 87년 민주화의 주도세력이었던 민주개혁세력의 집권 이후에도 지속되었다. 그 결과 한국사회는 사회 양극화, 실업 문제, 고용 불안정성의 확대가 보다 심화되었고 계급 간 불평등 구조 역시 빠른 속도로 심화되어갔다.

독재정권의 그늘 아래 민중들이 열망했던 '더 나은 삶'에 대한 욕망은 지속되는 생존조건의 악화라는 현실 속에서 민주개혁세력에 대한 실망으로 되돌아갔다. 87년의 민주화를 통해 수립한 '민주적 제도'들은 민중의 안정성을 보장해주지 못했다. 1인1표제라는 대의적 시스템으로서 갖는 87년 민주화의 한계지점이었다. '대의'된 권력의 대표자들은 민중의 삶을 지켜주지 못했다. 오히려 서민의 삶을 더욱 벼랑 끝으로 내몰았고, 심지어 사회양극화를 양산하는 정치적 결정과정은 '민주적 제도'들에 의해 정당화 되었다. 그리고 이틈을 비집고 보수 권위주의 정권이 선진화의 프레임을 들고 정권 교체에 성공하게 된다.[48]

---

45 최장집, 『민주화 이후 민주주의-한국 민주주의의 보수적 기원과 위기』, 후마니타스, 2010, 8쪽.

46 손호철, 『신자유주의 시대의 한국정치』, 푸른숲, 1999, 170쪽.

47 1996년 말 진행된 노동계의 총파업과 노동법 개악 반대투쟁이 1996년 말 안기부법 개악 반대투쟁과 결합하면서 국민적 투쟁으로 확장되었다.(조희연, 앞의 책(2016ㄱ), 377쪽 참조.)

48 조희연, 『투 트랙 민주주의-제도정치와 운동정치의 병행접근』 2권, 서강대학교 출판부, 2016ㄴ, 91~96쪽.

이들 신보수세력의 출발은 신자유주의 개혁 전면화에 대한 대중의 실망감과 좌절감에 있었지만, 정작 이들이 민주개혁세력에 대한 공격과 보수재집권을 위해 활용한 주요 담론은 '대북 퍼주기' 논란이었다. 남북교류의 포문을 열었던 김대중 정권의 햇볕정책과 노무현 정권의 남북교류 사업 모두 '퍼주기' 사업의 대표로 지적되었으며 '경제에 무능한 정권'이라는 지탄이 쏟아졌다. 민중이 체감하는 경제적 위기의 핵심은 신자유주의식 정책이었지만, 마치 그 경제 위기에 남북교류 사업이 큰 역할을 한 것처럼 둔갑한 것이다. 그리고 신보수세력은 무능한 정권과 대비되는 '실용주의', '경제대통령' 등의 구호를 들고 집권에 성공했다.[49]

재등장한 개발주의 담론은 '종북'이라는 이름으로 소환된 분단 적대성과 결합하여 다시 정권에 비판적인 목소리를 탄압하는 논리로 활용되었다. 보수세력 집권 후 남북관계가 악화되면서 약화되었던 '국가안보' 논리가 다시 활성화 되었고, 남북의 평화적 관계 개선에 대한 요구와 권위적인 정권의 복귀에 대한 비판 등은 색깔론에 의해 단죄되기에 이르렀다. 기무사와 국가정보원을 통한 민간인 사찰과 정치활동 탄압 등 과거 군부독재 시절의 분단국가주의 시스템 역시 부활했다.[50]

87년 민주화의 한계점은 바로 이 지점에서 분단극복의 과제와 만나게 된다. 87년의 민주화는 직선제 개헌이라는 최소한의 절차적 민주주의 복권의 단계에서 더 폭발적으로 나아가지 못했고, 나아가 분단체제를 유지·작동시켜온 국가보안법과 같은 물리적 장치들을 모두 해체시키지는 못하였다.

한국사회에서 일련의 민주화 과정은 분단체제의 국가주의를 약화시킴과 동시에, 남북 간 적대성을 약화시키고 통일의 논의를 활성화시켰다. 이는 적대성의 레토릭을 통해 한국사회의 민주주의를 억압했던 분단국가의 약화과

49 조희연, 위의 책(2016ㄴ), 198쪽.

50 김동춘, 앞의 논문, 128쪽.

정이기도 했다. 그러나 분단국가주의는 분단의 적대성을 활용한 신보수주의 세력에 의해 다시금 강화되었으며, '민주주의의 완성'이라고 믿었던 87년의 민주화 시스템은 '분단국가주의'를 대표하는 권력의 창출을 정당화시켜 주었다. 신보수세력의 등장과 집권은 한반도의 통일을 요원하게 만들었을 뿐 아니라, 권위주의적 통치방식의 회귀를 통한 민주주의의 퇴행까지 만들어냈다.

이는 한국의 민주화와 분단체제의 상관관계를 보여주고 있다. 존재론적으로 한국사회의 반민주성을 강제하는 분단체제의 해체 없이는 한국의 민주화는 온전히 진전되어 갈 수 없다는 것이다. 지구화 시대의 한국사회가 직면한 정치·사회·경제·문화의 문제들은 한반도 분단체제라는 독특한 조건에서 굴절되며, 민주주의의 문제 역시 분단체제 극복의 과제와 연동되어 있다는 것이다. 그러므로 한반도에서 민주주의의 확장과 분단체제의 극복은 하나의 통합된 과제로서 인식되어야 하고, 동시적으로 진행되어야 할 문제인 것이다.

5. 결론: 분단극복과 통일의 규제적 이념으로서 '민주주의'

지금까지 한국사회의 주된 통일 담론이 가진 핵심적 문제는 ① 분단국가의 반공적인 자유민주주의적 관점에 천착한 논의라는 점, ② 체제통합적 관점에서 남북의 차이를 인정하지 않는 통일론이었다는 점, ③ 분단의 적대성을 활용한 분단국가주의 논의의 연장선에 있는 통일론이라는 점으로 정리할 수 있다. 그렇기 때문에 새로운 통일 담론은 국가주의를 지양하는 관점에서 국가중심적·체제통합적 접근을 탈피하여, '제한된 정치적 주체'에게 맡겨진 한국의 대의제적 정치시스템을 극복하는 차원에서 재구성되어야 한다.

백낙청은 분단체제를 반민중적이고 비자주적인 것으로 규정하면서, 분단체제 약화 과정에서 성취될 민주개혁과 분단체제 종식을 통해 실현될 '민중주도성' 강화에 대한 기대감을 드러낸다.[51] 백낙청이 제시하는 '변혁적 중도주의'는 민(民)이 중심이 되는 분단체제 변혁의 전략이다. 진보와 보수가 연대하는 광범위한 세력형성을 구축하고, 이들 다수 대중이 분단체제 극복과정에 참여함으로써 민주개혁과 분단체제 약화를 동시에 만들어갈 수 있다는 하나의 기획인 것이다.[52] 이는 남과 북 어느 한 쪽도 분단체제 아래에서는 하나의 완결된 체제로서 존재할 수 없다는 문제의식의 연장선에 있는 기획이다. 남과 북 각 사회는 모두 '동시에 극복되어야 할' 현실의 문제들을 갖고 있으며 여기에서 합의점을 도출하고 발전시켜 나갈 때 진정한 해결로 이어질 수 있다는 것이다.[53]

이러한 백낙청의 문제의식의 연장선상에서 본 연구는 민주주의의 확장과 분단체제 극복의 상관관계에 주목하였다. 남과 북의 민주주의와 한반도 통일의 과제는 상호 변증법적 관계에 놓여 있으며, 그렇기 때문에 분단국가주의의 담론 체계에 갇혀있던 통일과 민주주의에 대한 각 담론의 연동과 재구성이 필요하다는 것이다.

그러나 백낙청의 '변혁적 중도주의'는 자유민주주의적 체제통합 관점에 천착하고 있는 기존 통일 담론과는 뚜렷한 차별성을 갖고 있으면서도, 한편으로는 한국의 민주화 과정에서 긍정적 역할을 해온 급진적이고 근원적인 변혁의 움직임을 간과하고 있다. 또한 중도주의를 기반에 둔 민(民)의 참여 확대는 자칫 대의제적 한계성을 극복하지 못한 직접민주주의의 문제를 유발할 수 있다. 그렇기 때문에 본 연구에서는 분단국가주의 아래 획일화 된 민주주의 논의를 복수로 확장시킴과 동시에 '데모스의 자기통치'를 기반으로 하는 민주주의 논의의 재구성을 시도하였다.

이종석은 한반도 분단구조 해체의 필연성을 제기하면서, 얼마나 빨리 얼마나 올바르게 분단구조가 해체되는가에 결정적 영향을 미치는 것은 바로 분단국가 내의 행위 주체들의 태도라고 규정했다.[54] 행위 주체, 즉 '데모스'가 갖

---

51 백낙청, 『분단체제변혁의 공부길』, 창비, 1994, 33쪽.

52 백낙청, 『어디가 중도며 어째서 변혁인가』, 창비, 2009, 56~57쪽.

53 백낙청, 앞의 책(1994), 5쪽.

는 특유의 역동성을 믿고 민주주의를 얼마나 확장시키는 가에 따라 분단체제 해체의 속도와 양태가 달라질 수 있다는 것이다. 이를 상상하는 것은 결코 어렵지 않다. 민주주의가 확장될수록 한국사회에는 상호 수평적 소통을 중시하는 정치문화가 자리잡혀나갈 것이다. 그리고 이러한 변화의 과정은 남과 북이 상호 적대성을 강화하는 방식이 아니라, 상대방의 차이와 입장을 존중하는 소통의 확장으로 이어질 수 있다.[55]

민주주의는 역사의 과정 속에서 데모스의 정치적 삶의 내용과 경계가 사회 구성원들의 관계 속에서 달라질 수 있다는 가능성을 증명해 주었다. 그렇기 때문에 민주주의는 보편적 삶의 양식이자 정치체제로서 받아들여질 수 있었던 것이다.[56] '포스트 통일 담론'이라는 통일 담론으로의 새로운 접근은 이러한 가능성의 제고를 목표로 진행되었다. 분단극복과 통일 과정의 논의인 통일 담론은 현재적 '과정'을 넘어 통일 '이후' 한반도 주민들의 삶의 변화까지 포괄할 수 있는 규제적 이념으로 확장되어야 한다는 것이다. 따라서 포스트 통일 담론의 이념형으로서 제시되는 민주주의의 재구성은 통일 이후의 사회가 분단국가주의 아래 억압되고 왜곡되었던 '데모스의 자기통치'가 실현되고, 그 과정에서 선택적으로 배제되었던 특정 정치적 주체들이 복권되며, 나아가 대의된 주권체계의 한계를 넘어선 직접민주주의의 절차와 가치들이 발굴되고 일상적으로 작동하는 과정에 기여해야 한다.[57]

분단체제라는 치안의 질서 속에서 한반도의 데모스는 왜곡된 '정치의 장' 안에 억압되었다. 분단 이후 한반도는 내부적으로 작동한 분단국가주의뿐 아니라, 동아시아 지역질서를 둘러싼 미·중·일·러의 역학관계 속에서 국가주

54 이종석, 『한반도 평화통일론』, 한울, 2012, 30쪽.

55 박솔지, 「민주주의적 통일론 연구: 민주주의와 통일의 변증법적 관계에 관한 고찰」, 건국대학교 대학원 석사학위논문, 2017, 75쪽.

56 조희연, 앞의 책(2016ㄱ), 62~92쪽 참조.

57 박솔지, 앞의 논문, 70쪽.

의와 체제경쟁 중심의 적대적 경쟁관계에서 자유롭지 못했다. 그렇기 때문에 분단체제 극복의 전략으로서 통일의 과정은 민(民)의 주도성이 확장되는 자기통치 실현의 과정이 되어야 함과 동시에 그 자체로 변혁성을 담지한 새로운 정치적 장의 창출과정이어야 한다. 지금 우리가 한반도 통일의 평화적 해법을 위해 요청하는 민주주의는 상호간의 차이를 승인함과 동시에 특정 집단이 배제되지 않는, 누구에게나 평등한 민주주의다.[58]

민주주의는 '자기통치'라는 데모스의 실천과 행위양식을 목적으로 하는 동적인 개념이다. 인간이 역사의 과정에서 만들어온 민주주의의 정치적 이상은 정치적인 것의 전면화였고, 정치의 일상화였다. 통일 이후 한반도에서 구현될 민주주의의 구체적 양태는 규정되지 않는다. 다만, 한반도 분단체제 극복의 과정에서 민주주의의 정치적 이상을 회복시키고, 동시에 그 이념의 구현을 위한 통일 과정으로의 부단한 노력은 계속되어야 할 것이다.

58 박솔지, 위의 논문, 6쪽.

참고문헌

강만길, 『21세기사의 서론을 어떻게 쓸 것인가』, 삼인, 2002.

건국대학교 통일인문학연구단, 『분단의 아비투스와 남북소통의 길』, 경진, 2015.

건국대학교 통일인문학연구단, 『분단트라우마와 치유의 길』, 경진, 2015.

건국대학교 통일인문학연구단, 『통일의 기본가치와 인문적 비전』, 선인, 2015.

고병권, 『민주주의란 무엇인가』, 그린비, 2011.

김동춘 외, 『반공의 시대-한국과 독일, 냉전의 정치』, 돌베개, 2015.

김동춘, 「분단이 낳은 한국의 국가폭력」, 『민주사회와 정책연구』 제23호, 민주사회정책연구원, 2013.

김동춘, 『전쟁정치-한국정치의 메커니즘과 국가폭력』, 길, 2013.

김성보, 『북한의 역사 1』, 역사비평사, 2014.

데이비드 헬드, 박찬표 옮김, 『민주주의 모델들』, 후마니타스, 2013.

류보선, 『한국 근대 문학과 민족-국가담론』, 소명출판사, 2005.

박솔지, 「민주주의적 통일론 연구: 민주주의와 통일의 변증법적 관계에 관한 고찰」, 건국대학교 대학원 석사학위논문, 2017.

박영균, 「통일의 인문적 비전-소통으로서의 통일론」, 『시대와 철학』 제24권 제3호, 한국철학사상연구회, 2013.

박지영, 「복수의 '민주주의'들-해방기 인민(시민), 군중(대중) 개념 번역을 중심으로」, 『대동문화연구』 제85집, 성균관대학교 동아시아학술원, 2011.

백낙청, 『분단체제변혁의 공부길』, 창비, 1994.

백낙청, 『어디가 중도며 어째서 변혁인가』, 창비, 2009.

사라 가브론(Sarah Gavron) 감독, 아비 모건(Abi Morgan) 각본, 영화 「서프러제트(Suffragette)」, 2015.

서보혁, 「보편주의 통일론과 인권·민주주의 친화형 남북관계의 탐색」, 『세계지역연구논총』 제32집, 한국세계지역학회, 2011.

서중석, 『배반당한 한국민족주의』, 성균관대학교 출판부, 2004.

손병석, 「플라톤과 민주주의」, 『범한철학』 제78집, 범한철학회, 2015.

손호철, 『신자유주의 시대의 한국정치』, 푸른숲, 1999.

아리스토텔레스, 천병희 옮김, 『정치학』, 숲, 2009.

양창렬, 「자크 랑시에르-제도도 이념도 아닌 민주주의론」, 『진보평론』 제68집, 메이데이, 2016.
에릭 홉스봄, 강명세 옮김, 『1780년 이후의 민족과 민족주의』, 창비, 2008.
이경구 외, 『한국의 근현대, 개념으로 읽다』, 한림대학교 한림과학원, 2016.
이병수 외, 『통일을 상상하라-통일에 관한 13가지 색다른 상상력』, 한국문화사, 2017.
이유미, 「여성혐오의 먹잇감이 된 페미니즘」, 2015.03. 제2호, http://todayboda.net/article/6654(2017.03.03.).
이종석, 『한반도 평화통일론』, 한울, 2012.
자크 랑시에르, 양창렬 옮김, 『정치적인 것의 가장자리에서』, 길, 2008.
조르주 아감벤 외 6인, 김상운 외 2인 옮김, 『민주주의는 죽었는가?-새로운 논쟁을 위하여』, 난장, 2010.
조희연 편, 『한국의 정치사회적 지배담론과 민주주의 동학』, 함께읽는책, 2003.
조희연, 『투 트랙 민주주의-제도정치와 운동정치의 병행접근』 1권, 서강대학교 출판부, 2016.
조희연, 『투 트랙 민주주의-제도정치와 운동정치의 병행접근』 2권, 서강대학교 출판부, 2016.
최장집, 『민주화 이후 민주주의-한국 민주주의의 보수적 기원과 위기』, 후마니타스, 2010.
플라톤, 박종현 옮김, 『국가·정체』, 서광사, 1997.

통일의 민주주의적 비전과 주권의 정치

박영균

1. 들어가며: 통일의 민주주의적 비전과 논의의 어려움

한반도의 통일과 관련하여 민주주의적 비전을 말하는 것은 매우 어렵다. 그것은 현재의 분단을 극복하고 앞으로 건설할 통일국가가 '민주주의국가'이어야 한다는 명제에 대해 찬성하거나 반대하기 때문이 아니다. 통일국가가 민주주의국가이어야 한다는 것은 진부해 보일 정도로 당연하다. 남쪽뿐만 아니라 북쪽에서도 1980년대 들어 '고려민주연방제'라는 통일방안을 들고 나온 점에서 보듯이 '민주주의'는 남북이 공유하는 통일의 비전이다. 따라서 통일국가의 기본이념이 민주주의이어야 한다거나 통일 그 자체가 민주주의를 실현하는 과정이 되어야 한다는 주장에 이견은 없다.

하지만 그럼에도 불구하고 우리는 통일의 민주주의적 비전을 말하는 데 어려움을 겪는다. 왜일까? 가장 먼저 제기될 수 있는 답변은 '민주주의'라는 기표의 동일함에도 불구하고 발화하는 자가 누구이며 그들이 위치해 있는 사회정치적 맥락이 무엇인가에 따라 그 의미가 다르기 때문에 '민주주의' 그 자체에 대한 논의에서 공통의 대화 틀을 찾을 수 없다는 것이다. 하지만 이것은 '민주주의'를 논의하는 장에서만 특별하게 문제가 되는 것은 아니다. 대부분의 단어들은 그것이 놓이는 문장과 텍스트, 콘텍스트 속에서만 온전한 의미를 획득한다. 따라서 이와 같은 문제들은 통일의 민주주의적 비전을 말할 때만 겪는 문제가 아니다.

우리는 민주주의를 논의할 때와 달리 '통일의 민주주의적 비전'을 말할 때, 더 많은 어려움을 겪는다. 그렇다면 이때의 어려움은 발화 상황이나 텍스트에 의해 결정되는 기표/기의의 미끄러짐이나 차이의 차이화가 유발하는 의미 결정의 지체 현상 때문에 발생하는 것이 아니다. 오히려 문제는 이와 전혀 다른 상반된 차원에서 발생하는 것처럼 보인다. 통일의 민주주의적 비전을 말할 때에, 민주주의라는 의미의 차이들은 '차이들'로 남는 것이 아니라 남과 북의 체제대결로 전화하기 때문이다.

예를 들어 이제까지 이루어진 통일의 민주주의적 비전에 관한 논의들 대부분은 기본적으로 이 논의가 '자유민주주의', 또는 '자유민주적 기본질서'에 근거한다는 점을 명시적으로 밝히고 있다.[1] 하지만 이들 논의의 내용들이 '자유민주주의' 또는 '자유민주적 기본질서'의 틀을 벗어난 사회주의적이거나 민족주의적인 것들을 포괄하는 경우에서도 사람들은 '자유민주주의' 또는 '자유민주적 기본질서'라는 점을 분명히 밝힌 다음 논의를 전개하고 있다.[2] 이것은

1 대표적으로 "통일합의서"의 필요성을 주장하는 이효원은 "대한민국 헌법에 따라 자유민주주의와 법치주의를 바탕으로 한 통일을 전제"로 하면서 "통일과정을 통하여 남북한이 새롭게 창조하는 국가공동체의 이념과 국가작용의 기본원리를 제시하고 구체화"한 것이 통일합의서라고 주장하고 있다(이효원, 「남북한 통일합의서의 법적 쟁점과 체결방안」, 『法曹』 제60권 제11호, 법조협회, 2011, 7쪽). 이것을 일차적으로 현행헌법 제4조에서 "자유민주적 기본질서에 입각한 통일"이 명시되어 있기 때문이기도 하지만 많은 논의들이 '자유민주주의'를 전제로 하는 경우가 많다(대표적으로 장영수, 「통일헌법 제정의 기본방향」, 『유럽헌법연구』 제21권, 유럽헌법학회, 2016, 402쪽을 보라).

2 성낙인은 "자유민주주의에 입각한 국가형태의 구축이 불가피"하다고 하면서도 그 "자유민주주의가 인민민주주의를 배척하는 자유민주주의가 아니라 인민민주주의까지 포섭하는 자유민주주의여야 한다"고 주장하고 있다(성낙인, 「통일헌법의 기본원리 소고」, 『서울대학교 法學』

명시적이라는 점에서 의식적이다. 따라서 이들 논의가 직면하는 진정한 어려움은 남과 북의 두 국가 중 하나의 민주주의로 자신을 일체화시키는 분단국가주의[3]의 덫에 말려든다는 점에 있다.

분단국가주의는 두 국가 중 어느 하나의 정체성만을 강요한다. 자유민주주의라는 남쪽에서 요구하는 체제적 틀을 벗어나서 민주주의 일반의 관점에서 논의를 전개한다고 믿는 연구자조차 이와 같은 정체성을 의식하지 않을 수 없다. 따라서 통일의 민주주의적 비전에 대한 논의는, 애초의 의도와 상관없이 남과 북 사이에서의 체계 경쟁 및 분단국가주의의 대립을 반복할 수밖에 없다. 즉, 통일의 민주주의적 비전은 민주주의에 대한 논의이면서도 그것이 '통일'을 만들어가는 데 기여하는 논의가 되어야 하는데, 이런 경우에는 역으로 전화되어 분단을 오히려 강화하는 효과를 생산하는 것이다.

그러므로 '통일의 민주주의적 비전'을 제대로 논의하기 위해서는 무엇보다도 먼저 '남이거나 북'이라는 양자택일적 이분법에서 벗어나 한반도 전체성을 보는 "인식론적 전환"이 필요하다. 송두율이 말했듯이 휴전선은 국경선과 달리 일시적이고 잠정적인 경계선으로, 언젠가는 사라질 운명을 타고났다. 하지만 바로 그렇기 때문에 휴전선은 한편으로 남과 북이 서로 무관심해질 수 없는, 긴밀하게 결합되어 있다는 전체성을 드러내면서도 다른 한편 이 전체성을 부정적으로, 서로에 대한 적대적 관계로 전화시킨다.[4] 문제는 이런 상

제53권 제1호, 서울대학교 법학연구소, 2012, 433쪽). 또한, 그는 자유민주주의와 사회민주주의의 상위개념으로 "민주적 기본질서"를 상정함으로써 민주적 기본질서에 따라 통일헌법의 민주주의가 형성되어야 한다는 주장을 펴고 있다(성낙인, 『헌법학』, 법문사, 2012, 142쪽). 마찬가지로 박영호도 "민주주의의 요소 중 자유만을 강조하는 민주주의는 우리 헌법 전체에서 나타난 민주주의의 입장을 축소하는 것으로 타당할 수 없다"고 하면서 "현행 헌법 제4조가 자유민주주의에 기초한 통일을 요구하는 것은 북한의 인민민주주의적 통일에 대응한 것이라고 이해"해야 한다고 주장하고 있다(정철, 「통일헌법의 권력구조」, 『법학논총』 제25권 제2호, 2012, 172~173쪽).

3 "분단시기 역사인식의 대표적 예가 정통론이다. 남과 북의 정부가 각각 자신의 정부만이 합법적이고 한국 전체를 대표하는 중앙정부고 상대방의 정부는 괴뢰 또는 괴뢰집단이라고 주장하는 것이다."(서중석, 『배반당한 한국민족주의』, 성균관대학교출판부, 2004, 25쪽).

호 적대적이면서 부정적인 전체성을 상호 평화적이면서 긍정적인 전체성으로 전화시키는 것이다.

긍정적인 전체성은 '남이거나 북'이라는 양자택일 위에서 한반도라는 전체를 사유하는 것이 아니라 거꾸로 한반도라는 전체성에 근거하여 '남'을 사유하고 '북'을 사유하는 것이다.[5] 하지만 이를 위해서는 두 번의 단계를 거쳐가야 한다. 첫째 단계는 남의 자유민주주의, 북의 인민민주주주의 중 어느 한쪽의 민주주의만 특권화하는 것이 아니라 양자의 민주주의를 모두 다 민주주의의 일종으로 받아들이는 복수화의 전략을 취하는 것이다. 민주주의의 '복수'라면 남의 민주주의도, 북의 민주주의도 어느 쪽으로 특권화되지 않기 때문에 양자 간의 적대성은 더 이상 작동하지 않는다.

하지만 이것만으로 통일에 대한 사유가 시작될 수 있는 것은 아니다. 남과 북의 민주주의를 서로 다른 국가들 사이에 존재하는 다양한 차이들이나 시스템처럼 나와 무관한 대상으로 만들어버리면 '한반도'라는 전체성 또한 사라지기 때문이다. 통일의 사유는 남과 북이라는 '둘'이 '둘'로만 존재하는 것이 아니라 '하나', 즉 '한반도'라는 전체성으로 묶여 있다는 데서 출발한다. 남북관계는 〈남북기본합의서〉에서 보듯이 "나라와 나라 사이의 관계가 아닌 통일을 지향하는 과정에서 잠정적으로 형성되는 특수 관계"이다. 따라서 통일의 민주주의적 비전은 남과 북의 민주주의를 '복수'화하는 것뿐만 아니라 이 둘을 하나로 묶을 수 있는 공통의 비전을 찾아낼 때에서만 제대로 시작될 수 있다.

---

4 송두율, 『민족은 사라지지 않는다』, 한겨레신문사, 2000, 128쪽.

5 대표적으로 송두율은 '주체적 세계화'를 말하면서 그것은 "남과 북이 서로가 체제로서, 또 서로가 상대방을 환경으로 설정하여 동적 안정성을 유지한다는 사고"(송두율, 『미완의 귀향과 그 이후』, 후마니타스, 2007, 221쪽)라고 규정하고 있다. 또한, 그는 "민족 간 내부거래"를 이야기하면서 "이익사회(Gesellscaft)의 관점이 아니라 공동사회(Gemeinscaft)의 관점"에서 이루어진 연대를 만들어가는 '상호인정의 정치(Politik der Anerkennung)'를 주장하고 있다(송두율, 『21세기와의 대화』, 1998, 한겨레신문사, 69쪽).

그러므로 이 글은 우선, 남의 자유민주주의와 북의 인민민주주의를 벗어나 '민주주의' 그 자체가 가지고 있는 고유한 특징이 무엇인지를 논의함으로써 민주주의가 단수로 존재하는 것이 아니라 복수로 존재한다는 것을 밝힐 것이다. 둘째, 이들 복수로서 민주주의, 즉 민주주의'들'은, 그런 다양한 차이에도 불구하고 자신만의 독특한 논리체계와 작동메커니즘이 있다는 것을 밝힘으로써 향후 통일한반도, 또는 통일국가 건설과 관련하여 남과 북이 함께 지향해야 할 민주주의적 비전을 제시할 것이다. 셋째로, 이를 통해서 이 글은 통일국가를 만들어가는 과정이란 결국 '주체화'로서, 통일국가의 주권을 정치적으로 만들어가는 것이며, 이를 위해 남과 북의 민주화를 이중의 차원에서 추진해야 한다고 주장하고 있다.

2. 민주주의, '무-근거', '무-형상'으로서 '데모스의 권력'

일반적으로 사람들은 '남=민주주의, 북=공산주의'라는 말을 쓰지만 이는 사회과학적으로 완전히 틀린 이야기이다. 민주주의는 정치체제를 가리킨다면 공산주의는 사회경제체제를 가리키기 때문이다. 그런데도 이와 같은 도식이 작동하는 것은 분단체제 때문이다. 따라서 남과 북의 정치-경제체제를 비교할 때, 우리가 취해야 할 자세는 남과 북의 두 정치-경제체제로부터 거리를 두고 양자 모두를 객관화하는 것이다. 즉, 의식적으로 남과 북을 비교하는 작업을 일단 괄호 안에 묶어서 옆으로 내놓고 액면 그대로를 받아들이는 것이다. 물론 그렇다고 이와 같은 객관화 작업이 양자에 대한 비판을 거두어들여야 한다고 주장하는 것은 아니다.

문제는 양자의 주장을 '괄호 묶기'로 빼놓고 난 이후에야 비로소 분단국가주의의 덫을 벗어날 수 있으며 그 이후에 제대로 된 비판을 수행해갈 수 있다는 점이다. 제대로 된 비판은 나의 논리에서 타자를 비판하는 방식이 아니라 그 타자의 논리 속으로 들어가서 그것이 가진 내적 모순과 현실의 부조리를 고발하는 내재적 비판이 되어야 한다. 남과 북의 국호는 각각 '대한민국(大韓民國)', 'Republic of Korea'과 '조선민주주의인민공화국', 'Democratic People's Republic Of Korea'이다. 이것을 액면 그대로 받아들이면 남과 북은, '공화국(Republic)'이면서 '민주주의(Democracy)'를 동일하게 자신들의 정치이념으로 채택하고 있다.

'republic'은 '사적인 것(res privata)'에 대비하여 사용되었던 '공적인 것(res publica)'이라는 말에서 나온 것으로, 공적인 것과 공적 정신, 그리고 이를 구현한 법률에 의한 통치를 의미한다. 또한, 'republic'의 번역어인 '공화(共和)'는 중국의 주나라 시대에 여왕의 폭정에 대항하여 제후들이 왕을 몰아내고 함께 나라를 다스렸다는 '공화시대'에서 유래한 것으로, '함께 다스린다'는 뜻을 가지고 있다. 하지만 공화국이라고 해서 모든 나라들이 민주주의를 정치이념으로 채택하고 있는 것도 아니며 민주주의라고 해서 그것이 동일한 것도 아니다. 하지만 사람들은 이를 동일한 것으로 생각하는 경향이 있다.

대부분의 사람들은 '민주주의' 하면 하나의 '보편적 이념형(ideal type)'을 떠올린다. 그리고 이런 이념형을 잣대로 하여 '진짜'와 '거짓'을 구분하고 자신에게 익숙하거나 부합하는 민주주의만을 민주주의로 간주하면서 이를 보편적이라고 내세우는 도그마에 빠져들게 된다. 하지만 현실적으로 존재하는 다양한 국가들의 정치 형태를 보면 사람들이 생각하는 민주주의의 보편적 이념형을 말하기란 그렇게 쉬운 일이 아니다. 예를 들어 영국처럼 입헌군주제+의회민주주의를 채택하는 경우도 있고 미국처럼 대통령을 연방단위로 한 간선제를 통해 선출하는 민주주의도 있다. 이것은 각 나라가 현재의 민주주의를 만들어 온 역사 및 사회문화적 맥락들이 다르기 때문이다.

하지만 그렇다고 해서 이와 같은 민주주의의 다양체들이 각국이 처해 있는 상황에 의해 우연적이고 자의적으로만 생산된 것은 아니다. 사실, 이들 다양체들은 민주주의 그 자체가 가지고 있는, 다른 정체와 다른 고유한 특징에서 나온다. 만일 과거의 군주제적 통치상황이었다면 지금처럼 이렇게 많은 차이를 가진 다양한 정치 형태들은 존재하기 어려웠을 것이다. 따라서 민주주의의 다양체들이 존재한다는 것은 단점이 아니다. 물론 그렇다고 이들 국가가 구현하고 있는 민주주의'들'에 대한 비교 평가를 할 수 없다는 것을 의미하는 것은 아니다. 아니, 보다 정확하게 말하면 그 역으로, 다양하기 때문에 비교 평가를 진행할 수 있다. 그런데 이 때 문제가 되는 것은 그 기준이 무엇인가라는 점이다.

대부분의 서구사회에서 이루어지는 비교 평가의 기준은 대의제적 시스템을 기본으로 한 국민의 기본권 행사 및 정당 시스템, 삼권분립, 입헌주의 등과 같은 정치체제이다. 하지만 이런 정치체제의 기능주의적 구성 및 이에 근거한 평가는 특정한 방식의 권력구성이나 체제 형태만을 기능적으로 고려함으로써 민주주의가 가지고 있는 본래적 고유성을 살리지 못하고 있다. 특히, 이런 비교 평가들은 기본적으로 현대의 민주주의를 '국민의 주권'을 대표하는 대표자를 선출하고 그들에게 권력을 위임하는 방식으로 작동하는, '간접 민주주의' 또는 '대의제적 민주주의'만이 가능하다는 암묵적 전제를 깔고 있다. 물론 현대사회처럼 복잡하고 광역화된 세계에서 과거 아테네의 도시국가와 같은 민주주의를 구현해야 한다는 것은 시대착오적이다.

하지만 그렇다고 해서 민주주의=대의제일 수밖에 없다는 결론이 나오는 것은 아니다. 대의제를 기본적인 골간으로 하면서도 '주민발안권', '소환권'과 같은 직접 민주주의적 요소들을 추가해가는 방식도 얼마든지 존재하기 때문이다. 게다가 더 큰 문제는 이와 같은 '민주주의=대표(재현, representation)민주주의'라는 등식은 근대 정치철학자들의 고심했던 문제, (인)민의 주권과 대표된 주권 간의 간극과 충돌, 괴리가 있다는 사실에서 출발하여 이를 극복할 수 있는 문제를 핵심적 화두로 삼았던 문제설정 자체를 제거해버리는 경향을 가지고 있다는 점이다.[6] 오늘날의 민주주의는 '대표-재현의 시스템으

6 홉스-로크-루소로 이어지는 사회계약론의 역사를 이런 관점에서 평가해볼 수도 있다. 루소의 인민주권론 및 일반의지의 구축은 바로 이와 같은 괴리를 문제설정의 핵심으로 삼고 있다.

로서 민주주의'일 수밖에 없다는 생각에 갇혀버리면 우리가 가진 주권의 문제는 그 주권을 위임하는 절차의 정당성 문제로만 환원되어버리기 때문이다.

하지만 주권을 가진 자들은 (인)민이지만 그들의 주권을 위임받은 자들이 그들의 주권을 제대로 반영하지 못할 때, 현실적으로 주권을 행사하고 있는 것은 (인)민이 아니라 주권을 위임받은 대표자들이며 '주권재민(主權在民)'의 원칙은 더 이상 작동할 수 없게 되어 버린다. 대의제적 민주주의의 발전에도 불구하고 오늘날 '정치적 무관심'이 확산되고 투표율이 전반적으로 하락하는 것은 주권의 위임-통치라는 시스템이 제대로 기능을 하지 못하기 때문이다. 따라서 랑시에르, 바디우, 네그리 등 오늘날 많은 비판적 정치철학자들은 '대표-재현의 시스템으로서 민주주의'를 비판하면서 민주주의 본래의 이념을 되살려내고자 노력하고 있다. 이들이 공통적으로 착목하고 있는 것은 민주주의라는 이념 그 자체가 가진 고유한 특성이다.

군주제를 가리키는 'monarchy(mono+archē)'와 과두제를 가리키는 'oligarchy(olig+'archē)'는 모두 다 근본적인 원리나 원인, 원질 등을 의미하는 'archē'라는 접미어로 취하고 있는 반면 민주주의를 의미하는 'democracy'는 'archē'를 가지고 있지 않다. 민주주의는 인민을 뜻하는 'demos'와 지배, 힘을 뜻하는 'kratos'의 합성어 'democratia'로부터 유래되었다. 따라서 군주제와 과두제는 어원상 그 정치의 구성이나 작동에 있어서 근거를 제공하는 원리를 가지고 있는 반면 민주주의는 그 어떤 원리나 근거를 가지고 있지 않다. 즉, 민주주의는 다른 정체들과 달리 '무-근거', '무-원인', '무-형상'의 정치체제로서, 내용적으로는 어디에나 열려져 있는 것이다.[7]

민주주의는 '데모스의 지배'라는 점을 제외하고는 그 어떤 가치나 의미를

네그리는 근대 주권론에서 나타나는 이와 같은 문제를 '초월성과 대표성'의 문제로 규정하고 "루소의 민주주의 공화제가 홉스적인 모델을 닮은 것"은 우연이 아니라고 하면서 "루소의 직접 대표제"는 "총체성의 대표제에 의해 압도"되었다고 평가하고 있다(안토니오 네그리·마이클 하트, 윤수종 옮김, 『제국』, 이학사, 2002, 129~131쪽).

7 고병권, 『민주주의란 무엇인가』, 그린비, 2014, 21~34쪽.

담고 있지 않다. 여기서 의미를 채우는 것, 그것에 어떤 가치를 부여하고 내용을 만들어가는 것은 '데모스'들이다. 군주제나 과두제는 특정한 원리나 근거에 기반하고 있기 때문에 그것에 따라 정체가 구성되어지는 반면 민주주의에서 '아르케'는 미리 결정되어 있는 것이 아니다. 그것은 오로지 인민의 힘에 의해 역으로 결정된다.[8] 따라서 민주주의 그 자체는 어떤 '선'도 보장하지 않는다. 민주주의는 그것에 접합되어 있는 대중의 인식이나 의지의 상태에 따라 '대중 파시즘'과 같은 '악'을 생산할 수도 있으며 '인권'과 결합된 보편적 가치를 생산할 수도 있다. 그것을 결정하는 것은 민주주의적 형식을 통해서 구성된 '데모스의 권력' 그 자체이다.

바로 이런 점에서 민주주의는 '텅 빈 기표(empty signifier)'라고 할 수 있다. 웬디 브라운은, "민주주의라는 말은 누구나, 그리고 모두가 자신의 꿈과 희망을 싣는 텅 빈 기표"라고 말한다.[9] 사람들은 모두다 민주주의를 말하지만 그들이 말하는 민주주의는 모두 다르다. 사람들은 그가 처한 경제적 상황, 그가 추구하는 가치 서열에 따라 각자의 방식들로 민주주의라는 기표에 내용을 부여한다. 데모스의 권력은 이런 실천들 중에서 가장 많은 사람들을 하나의 집단적 힘으로 묶어세운 권력이라고 할 수 있다. 사람들이 가진 이해관계와 그들이 추구하는 가치들은 매우 다양하다.

하지만 이들의 이해와 가치를 접합시키는 것이 있으며 그들이 접합되어 '다수의 권력', '데모스의 권력'으로 전화하였을 때, 그들을 하나의 권력으로 접합시키고 있는 가치는 그 정치를 이끄는 보편성이 된다. 민주주의가 역사적으로 자유주의, 민족주의, 사회주의 등등과 결합함으로써 자유민주주의, 인민민주주의, 사회민주주의와 같은 다양한 기표들의 미끄러짐과 차이들을

8 조르주 아감벤, 「민주주의라는 개념에 관한 권두노트」, 조르주 아감벤 외, 김상운 외 옮김, 『민주주의는 죽었는가?-새로운 논쟁을 위하여』, 난장, 2010, 14쪽.

9 웬디 브라운, 「"오늘날 우리는 모두 민주주의자이다……"」, 조르주 아감벤 외, 김상운 외 옮김, 『민주주의는 죽었는가? - 새로운 논쟁을 위하여』, 난장, 2010, 85쪽.

생산했던 것은 바로 이 때문이다. 또한, 1970년대 후반 서구에서 성장하기 시작한 신사회운동이 여성주의나 반인종주의, 생태주의와 같은 새로운 전망 속에서 민주주의와 결합했던 것도 마찬가지이다.

그러므로 오늘날 민주주의라는 더 이상 '단수'로 존재할 수 없다. 오히려 그것은 더 많은 복수화, '차이의 차이화'를 요구하고 있다. 왜냐하면 날로 증가하는 현대사회의 복잡성은 보다 다층적이면서도 중층적으로 겹쳐지는 사회적 장 속에서 출현하는 다기한 사회 문제들을 해결하기 위한 민주주의적 실천들을 요구하고 있기 때문이다. 따라서 이런 복수로서의 민주주의 및 민주주의의 다양체들은 민주주의가 가진 약점이 아니라 오히려 민주주의만이 가지고 있는 역능으로서 장점이라고 할 수 있다. 하지만 민주주의를 단수화할 때, 발생하는 문제는 바로 이와 같은 개방성과 장점이 사라진다는 것이다.

3. 민주주의의 내적 논리, 복수의 민주주의와 평등의 논리

오늘날 남쪽에 살고 있는 많은 사람들에게 있어서 통일국가의 정치체제가 자유민주주의체제이어야 하거나 아니면 적어도 통일에서의 준거틀이 되어야 한다는 것은 자명하다. 게다가 그들 대부분은, 그와 같은 입장이 1945년 분단 이후, 한국 정부, 특히 이승만-박정희-전두환-노태우 정부와 같은 극우보수정권이 취한 일관적인 입장이라고 생각하는 경향이 있다. 하지만 박정희 정부에서 발표된, 남북의 최초 합의문이라고 할 수 있는 〈7.4남북공동성명〉에서의 '통일의 3대 원칙'은 '자주·평화·민족대단결' 원칙으로, 여기에는 '민주'라는 원칙이 아예 언급되고 있지도 않다.

그런데 김영삼 정부에서부터 박정희 정부가 합의했던 '자주·평화·민족대단결'이라는 3대 원칙은 '자주·평화·민주'라는 3대 원칙으로 바뀌기 시작했다. 따라서 통일과 관련된 '민주'라는 원칙이 제기되었던 것은 극우보수정권이 아니라 오히려 1987년 6.10민주항쟁 이후 '민주주의'를 내세웠던 '민간정부'였다. 물론 〈7.4남북공동성명〉 이후, 통일과 관련하여 '민주'라는 원칙을 처음으로 언급했던 것은 1982년 당시 전두환 대통령의 국정연설이었다. 하지만 그 때만 하더라도 '민주'는 김영삼 정부가 내세운 '자유민주주의'와는 질적으로 달랐다. 그 당시만 하더라도 '민주'라는 원칙은, 통일을 "어디까지나 민족자결의 원칙에 의거하여 겨레 전체의 자유의사가 반영되는 민주적 절차와 평화의 방법으로 성취"해야 한다는 의미로, 남북이 통일을 만들어갈 때 준거해야 하는 '원칙'이었다.

또한, '민족화합민주통일방안'에 대한 설명에서도 전두환 정부는 통일국가의 상을 "민족·민주·자유·복지의 이상을 추구하는 통일민주공화국"이라고 표현했을 뿐, 자유민주주의라는 표현을 직접적으로 사용하지는 않았다. 그러나 1994년 '8.15경축사'에서 당시 김영삼 대통령은 "자유민주주의의 승리를 선언"하면서 통일은 "자유민주주의가 바탕이 되어야" 한다는 점을 분명히 했다. 그것은 1990년대 현실사회주의권의 해체 및 1991년 서독에 의한 동독의 흡수통일이라는 동서냉전체제의 해체와 더불어 진행된 서방 자본주의의 승리라는 세계사적 분위기를 반영하고 있었다.

그러나 남북분단을 극복하고 건설하는 국가의 이념적 지향이 '자유', '민주'의 원칙에 근거해야 한다는 것과 통일은 '자유민주주의'가 바탕이 되어야 한다는 것은 완전히 다른 이야기이다. '자유', '민주'라는 가치는 남과 북이 모두 받아들일 수 있는 가치이다. 하지만 자유민주주의를 전제로 할 경우, 그것은 남북 간의 체제경쟁이라는 적대적 대립으로 빠져들 수밖에 없다. 또한, 민주주의를 자유민주주의로 환원할 경우, 민주주의는 자유주의라는 틀에 구속될 수밖에 없다. 하지만 인민민주주의, 사회민주주의, 자유민주주의 또한 복수의 민주주의'들' 중 하나로 상대화하면, 민주주의는 자유주의, 사회주의, 여성주의, 생태주의와 같은 다양한 이념들과의 결합을 통해 다양성을 확보할 수 있다.

물론 그렇다고 해서 민주주의가 자기만의 고유한 논리나 자율적 작동메커니즘을 가지고 있지 않은 것은 아니다. 민주주의는 특정한 가치를 '절대선'으로 규정하지 않는다. 하지만 민주주의는 하나의 고유한 자기 논리를 가지고 있는데, 그것은 다름 아닌 평등주의에서 나오는 '등가의 논리'이다. 민주주의는 모든 권력이 인민으로부터 나온다는 것, 정치공동체 내부의 모든 사람들이 주권자라는 것을 선언하는 데에서 출발한다. 따라서 민주주의가 다른 정치체제와 다른 것은 그것이 추구하는 가치나 선/악에 있는 것이 아니다. 그것이 다른 정치체제와 다른 것은 모든 사람들이 주권자로, 그들은 무조건적으로 평등하다는 점을 하나의 출발점이자 전제로 받아들이고 이로부터 출발한다는 점에 있다.

랑시에르가 말했듯이 민주주의에서 "평등은 도달해야 할 목표가 아니라 전제하고 입증해야 하는 출발점이다. 해방하는 행위는 약속된 평등으로 향하는 수단들의 집합이 아니다. 그것은 지금 여기에서 불평등주의적 전제들을 거부하고 평등과 불평등이 대결하는 모든 현장에서 구체적으로 그 전제들을 논박하는 데 몰두하는 실천들의 집합이다."[10] 마찬가지로, 자유주의와 민주주의를 결합시키면서도 이를 보다 급진화하고 있는 라클라우-무페도 "민주주의 논리란 평등주의적 상상을 그 어느 때보다 광범위한 사회적 관계로 등가적으로 전치시킨 것일 뿐이며, 그리고 그런 민주주의 논리는 그 자체로 종속관계와 불평등 관계를 제거하는 논리일 뿐"이라고 주장하고 있다.[11]

물론 이들이 오늘날 민주주의의 문제를 진단하는 방식이나 이를 돌파해가는 전략은 서로 완전히 다르다. 하지만 이런 전략적 상반성에도 불구하고 이들은 민주주의가 평등주의적 논리에 근거하고 있다는 점에 동의하며 이를 주요한 논의의 출발점으로 삼고 있다. 랑시에르가 보기에 국가는 끊임없이 '다자(多者)의 지배'라는 형식을 통해서 '정치(politics)'를 '치안(police)'으로 바

10 랑시에르, 양창렬 옮김, 『정치적인 것의 가장자리에서』, 길, 2008, 34쪽.

11 에르네스토 라클라우·샹탈 무페, 이승원 옮김, 『헤게모니와 사회주의 전략』, 후마니타스, 2013, 320~321쪽.

꾸어 놓는다. 치안은 사람들에게 그 사회에서 위치해야 할 각각의 자리를 부여하고 그 질서를 따라 전체 사회의 정치 공동체를 구성해낸다. 따라서 다자의 법을 공동체적 삶의 원리로 전환하는 과정에서 다자에 속하지 못한 자는 몫이 없는 자로 배제되고 '치안'은 몫이 있는 자와 몫이 없는 자를 가르는 구획선이 된다.

랑시에르가 평등주의적 논리에서 주목하는 것은 바로 이 지점이다. 여기서 배제된 자, 박탈된 권리는 애초 출발되었던 민주주의의 논리를 위배한다. 왜냐하면 민주주의란 지배할 수 있는 능력을 가진 자와 그렇지 않은 자들을 구분하고 아르케를 가지거나 인식한 자들의 권위 아래 사람들을 결집시킴으로써 하나의 특수한 정체를 만들어가는 것이 아니라 애초부터 지배하는 자와 지배받는 자의 구분이 없는, 그리하여 "통치할 어떤 자격도 갖지 않았다는 사실"만을 유일한 공통성을 가지고 있다는 점에 있기 때문이다.[12] 따라서 몫이 없는 자가 자신의 몫을 주장하고 나설 때, 치안은 다시 정치로 전환되며 이때 '정치적인 것(the political)'이 출현한다.

반면 라클라우-무페에게 있어서 민주주의 전략이란 '헤게모니 전략'이어야 한다. 그들이 보기에 사회는 애초부터 적대적으로 분열되어 있다. 하지만 인간은 사회적 존재이기 때문에 연대하며 이들 적대를 봉합하고 하나의 공동체로 묶어내고자 한다. '사회적인 것(the social)'은 바로 이곳에서 출현한다. 모든 담론들은 적대적으로 분열되어 있기 때문에 사람들은 담론성의 영역을 지배하기 위한 시도를 지속적으로 수행하며 이 때 그들은 "의미를 부분적으로 고정하는 특권적인 담론 지점들"을 형성해낸다. 라클라우-무페는 이렇게 다양한 의미들을 꿰매는 지점들을 "결절점"(라캉의 용어를 사용로는 "누빔점")이라고 부른다.[13] 하지만 그럼에도 불구하고 '사회적인 것'은 애초부터 불

---

12 랑시에르, 앞의 책, 241쪽.

13 에르네스토 라클라우·샹탈 무페, 앞의 책, 205쪽.

가능한 대상을 구축하려는 노력이다.

라클라우-무페가 주목하고 있는 지점은 바로 여기다. 그들은 "합의의 모든 형태가 헤게모니적 접합의 결과이며 그것이 항상 자신의 완전한 실현을 방해하는 외부를 갖고 있다는 점"[14]에서 출발한다. 즉, 민주주의는 바로 이 외부와의 관계를 통해서 기존의 구조를 헤게모니적으로 '탈구축(decons-truction)'하는 것이다. 여기서 특권적 위치를 점하는 중심은 존재하지 않는다. "민주주의 혁명은 평등주의적 상상에 의해 뒷받침되는 전치의 논리가 작동하는 지형이지만 평등주의적 상상이 작동할 방향을 미리 규정하지 않는다."[15] 따라서 그들은 이런 "게임의 공간으로서의 정치적인 것의 영역"이 가진 "하나의 이름"을 "헤게모니"라고 명명하면서[16] 담론투쟁을 통한 헤게모니의 접합 전략을 제안하고 있다.

그러므로 랑시에르와 라클라우-무페는 모두 다 '평등성', '평등의 논리', '평등주의적 상상력'이라는 민주주의의 내부의 논리로부터 출발한다. 또한, 그렇기에 민주주의를 단수로 다루는 것이 아니라 '복수'로 다루며 심지어 이런 복수의 민주주의들 사이에서 전개되는 투쟁과 전복, 탈구축의 과정을 민주화의 과정으로 본다. 하지만 그렇다고 해서 이들이 이런 투쟁과 전복, 탈구축의 과정들이 방향성을 가지고 있지 않은 것은 아니다. 그것은 우연적이고 무작위적이고 돌출적인 것처럼 보이지만 사실은 하나의 방향을 가지고 있다. 그것은 바로 '주체화(subjectivation)'이다. 아르케 없음이라는 무-근거, 무-형상으로서 민주주의가, 그럼에도 불구하고 '자기-통치(self-ruling)라는 민주주의의 이념과 만나는 것은 이 때문이다.

---

14 에르네스토 라클라우·샹탈 무페, 위의 책, 24쪽.

15 에르네스토 라클라우·샹탈 무페, 위의 책, 288쪽.

16 에르네스토 라클라우·샹탈 무페, 위의 책, 327쪽.

4. 자기-통치로서 민주주의와 주권의 정치적 형성 전략

벤하비브처럼 랑시에르와 라클라우-무페도 "모든 국가는 자신의 외부뿐만 아니라 내부에서도 타자를 갖고 있다"[17]는 점을 매우 중요한 출발점으로 삼고 있다. 여기서 민주주의는 언제나 두 개의 민주주의로 존재하는데, 한편으로 그것은 대표된 자의 민주주의와 대표되지 않은 자의 민주주의로 존재하며 다른 한편으로, 시민의 민주주의와 비시민의 민주주의로 존재한다. 즉, 근대 민주주의는 "대표자 정치만을 제도화된 정치"로 만들었고 "(인)민 자신의 정치를 '비정치'로" 만들었기 때문에 "(인)민의 지위는 … 대의자를 뽑는 선출의 주체로 형식화"될 뿐이며 "(제도화된) 정치와 (인)민(정치) 간의 괴리"가 깊게 패여 있을 수밖에 없었던 것이다.[18]

바로 이런 점에서 랑시에르와 라클라우-무페는, 근대사회계약론자들처럼 정치공동체에 소속된 모든 구성원들이 주권을 가지고 있다는 것을 전제하지 않는다. 오히려 그들이 보기에 주권은 '(제도화된) 정치'와 '(인)민(정치)' 간의 괴리가 만들어내는 어긋남과 투쟁이 생산하는 '주체화' 속에서 만들어지는 것이다. 양자의 괴리 속에서 이런 주체화를 가능하게 만드는 것은 민주주의가 작동하는 내재적 논리인 평등주의적 '등가의 논리'이다. 비시민으로 배제된 자, 몫이 없는 자들은 평등의 논리를 따라 자신의 권리와 몫, 발언을 요구한다. 따라서 랑시에르가 보기에 "민주주의는 통치 형태도, 사회적 삶의 방식도 아니며 정치적 주체들이 존재하기 위해 거치는 주체화 양식"[19]이다.

또한, 라클라우-무페에게서도 "정치란 이미 존재하는 이해관계를 기록하는 데 있는 것이 아니라 정치적 주체를 형성하는 결정적인 역할을 수행"[20]하는

---

17 세일라 벤하비브, 이상훈 옮김, 『타자의 권리: 외국인, 거류민, 그리고 시민』, 철학과 현실사, 2008, 41쪽.

18 조희연, 「한국적 '급진민주주의론'의 개념적·이론적 재구축을 위한 일 연구」, 급진민주주의 연구모임 데모스 엮음, 『민주주의의 급진화』, 데모스, 2011, 47~50쪽.

19 랑시에르, 앞의 책, 17쪽.

데 있다. 기존의 권력은 '주권재민'이라는 전제 속에서 그 주권을 작동시키는 특정한 제도를 구상하거나 법치주의적인 방식으로 국가권력을 행사하는 정치적 형식 및 합의를 도출하는 절차에만 민주주의를 가두어 두려고 한다. 하지만 "'(인)민 주체의 정치'와 '대표자 정치' 간의 괴리는 근본적으로 (인)민이 구성하는 '사회'와 대표자의 정치로 표현되는 '정치' 간의 근원적 괴리를 의미"[21] 하며 기존의 지배적 담론질서에 대항하여 더 보편적인 권리를 담고 있는 접합적 실천들을 구축하는 행위들로 나아갈 수밖에 없다. 이런 점에서 민주주의는 다시 한 번 아르케를 가지고 있지 않은 '텅 빈 기표'로 정의된다.

하지만 그것은 "하나의 비어 있는 기표를 결절점으로 해 특정한 이데올로기적 사슬, 그리고 이를 기반으로 한 특정한 질서의 형성이란 분산되고 흩어진 대중으로부터 하나의 집합의지를 만들어가는 구체적이고 활동적인, 나아가 대단히 정치적이며 헤게모니적인 실천 과정"[22]으로 등장한다. 따라서 랑시에르에게도, 라클라우-무페에게도, 주권은 이미 태어날 때부터 주어져 있는 것이 아니다. 그들에게 주권은 기존 지배자들의 통치에 대항하여 그 스스로 자신을 통치하고자 하거나 주어진 정치공동체에서 다수가 취하는 입장을 따라 배제되어 왔던 권리들을 찾아내 이를 보편화하는 투쟁의 과정에서 만들어지는 것이다.

여기서 민주주의는 '평등의 논리' 안에서 작동하지만 그 안에 머무르지 않으며 '자기-통치'라는 이념을 향해 나아간다. 주권은 주어진 것이 아니라 바로 이 '자기-통치'를 향해 나아가는 투쟁 속에서 정치적으로 형성되는 것이다. 랑시에르도, 라클라우-무페도 '정치적인 것'에 대해 말하는 것은 이 때문

---

20 에르네스토 라클라우·샹탈 무페, 앞의 책, 23쪽.

21 조희연·김동춘·유철규, 「'민주화 이후 민주주의'의 복합적 갈등과 위기에 대한 새로운 접근」, 조희연·김동춘 편, 『복합적 갈등 속의 한국 민주주의: '정치적 독점'의 변형 연구』, 도서출판 한울, 2008, 48쪽.

22 이승원, 「민주주의와 헤게모니」, 급진민주주의 연구모임 데모스 엮음, 『민주주의의 급진화』, 데모스, 2011, 180~181쪽.

이다. "아르케 논리와의 단절"[23]을 수행하는 것은 다수의 목소리에 의해 배제되거나 지배되었던 '타자'들이 그 스스로 자신의 몫을 주장하는 목소리를 냄으로써 자기 스스로 자기 삶의 통치자가 되어가는 것이며 헤게모니의 접합적 실천을 전개하는 것은 소수자들의 권리를 포함하여 "평등과 자유를 위한 민주주의 투쟁을 더 넓은 범위의 사회적 관계들로 확장"[24]시키는 것이다.

그러므로 복수의 민주주의로서 민주주의가 가지고 있는 다양체는, 그런 차이들에도 불구하고 하나의 공통성을 공유하고 있다. 그것은 다름 아닌 '자기–통치'라는 이념이다. "(인)민의 자기통치, 평등한 참여, 자기권력 상태는 언제나 실현되지 않은 이상으로 존재하고 민주주의가 실현된 현실적 모습이 어떠해야 하는가를 명확히 고정된 형태로 표현할 수 없다는 점에 민주주의의 고유한 특징이 있다. 실현되지 않은 이상으로서의 민주주의가 '비어 있는 기표'로서의 성격을 갖는 것이다."[25] 하지만 이와 같은 '이상으로서의 민주주의'는 지속적으로 '현실로서의 민주주의'에 대한 도전을 만들어냄으로써 민주주의를 언제나 새롭게 만든다.

즉, 주권은 이런 새롭게 만드는 과정이며 이런 투쟁 속에서 이루어진 '주체화' 속에서 형성되는 것이다. 또한, 그런 점에서 "민주주의는 하나의 정치제도가 아니라 계급적·사회적 투쟁을 통해서 새롭게 구성되는 역사적·현재적 구성물"[26]이다. '통일의 민주주의적 비전'은 민주주의를 복수화함으로써 분단체제가 생산하는 분단국가주의를 벗어난다. 그러나 그러면서도 남과 북은 자유민주주의냐 인민민주주의냐가 아니라 그것을 벗어난 '데모스의 권력'이라

23 랑시에르, 앞의 책, 240쪽.

24 에르네스토 라클라우·샹탈 무페, 앞의 책, 20쪽.

25 조희연, 「한국적 '급진민주주의론'의 개념적·이론적 재구축을 위한 일 연구」, 급진민주주의연구모임 데모스 엮음, 『민주주의의 급진화』, 데모스, 2011, 53쪽.

26 조희연·김동춘·유철규, 「'민주화 이후 민주주의'의 복합적 갈등과 위기에 대한 새로운 접근」, 조희연·김동춘 편, 『복합적 갈등 속의 한국 민주주의: '정치적 독점'의 변형 연구』, 도서출판 한울, 2008, 56쪽.

는 차원에서 '자기-통치'라는 민주주의의 이념을 공유하며 통일국가의 주권을 형성해가는 정치 전략을 함께 만들어갈 수 있다.[27] 통일의 민주주의적 비전이 주어진 주권의 차원이 아니라 주권의 정치적 형성 전략이라는 차원에서 접근해야 하는 것도 바로 이 때문이다.

여기서의 주권은 남쪽과 같은 국민주권도, 북쪽과 같은 인민주권도 아니다. 그들 모두를 뛰어넘는 '자기-통치'로서 (인)민주권이다. 백낙청이 '국가연합'이라는 비교적 장기간의 과도기를 설정하고 이 과정에서 시민참여에 의한 통일국가를 만들어가야 한다고 주장하는 것은 통일국가의 건설 과정이 곧 통일국가에서 살아갈 사람들의 주권을 형성해가는 과정이기 때문이다.[28] 따라서 '통일의 민주주의적 비전' 또한 '결과로서의 통일'이라는 관점에서 민주주의를 접근할 것이 아니라 오히려 '과정으로서의 통일'이라는 관점에서 통일국가의 주권을 정치적으로 형성해가는 전략의 차원에서 접근할 필요가 있다.

그러나 이와 같은 주권의 정치적 형성 전략은 단 하나의 방향만을 가지고 있는 것은 아니다. 랑시에르와 라클라우-무페는 '아르케 없음'과 '평등의 논리'를 공유하면서 이에 따른 '주체화' 전략을 제시하고 있지만 그 방향은 전혀 다르다. 랑시에르의 전략은 오늘날 국민국가의 주권 구성이 가지고 있는 외부, 즉 내부에서 배제된 자들의 주권이나 권리를 '정치화'함으로써 총체적 형상을 한 권력을 해체하고 그들 각자가 삶의 통치자가 되는 데 있다. 반면 라클라우-무페의 전략은 제도정치와 운동정치 사이의 상호 전화 메커니즘에 주목하면서 보다 보편적인 가치와 권리를 담고 있는 운동들의 접합을 통해서 기존의 지배를 대체하는 새로운 헤게모니를 탈구축해내는 데 있다.

---

27 통일을 이와 같은 '데모스의 자기-통치'라는 관점에서 다루고 있는 글로는 박솔지, 「포스트 통일 담론의 이념형, 민주주의」, 『통일인문학』 제72집, 건국대학교 인문학연구원, 2017이 있으며 한국의 민주화운동과 관련하여 분단체제의 극복과 통일운동을 다룬 글로는 박영균, 「한국사회변혁이론과 민주-통일 변혁론의 재정립」, 『통일인문학』 제72집, 건국대학교 인문학연구원, 2017이 있다.

28 백낙청, 『어디가 중도며 어째서 변혁인가』, 창비, 2009, 146~151쪽.

그러므로 랑시에르가 나아가는 방향은 한 사회를 묶는 중심을 기반으로 하여 주변화되어 있는, 몫 없는 자들의 목소리와 권리 주장을 통해서 집중화되어 있는 권력을 해체함으로써 우두머리가 없는, 자기 스스로 자기를 통치하는 아나키적 세계를 향해 나아가는 '미분화의 전략'이라면 라클라우–무페는 중심에 의해 배제된 소수자들의 권리 주장과 목소리를 지배권력에 대항하는 담론투쟁 및 이들 담론들의 접합을 통해 저항적 연대[29]를 구축하고 헤게모니를 확보해가는 '적분화의 전략'이라고 할 수 있다. 따라서 남과 북이 '통일의 민주주의적 비전'과 관련하여 취해야 할 주권의 정치적 형성 전략 또한 이 두 방향을 동시 병행적으로 취해야 한다.

5. 나가며: 이중과제로서 통일과 규제적 원리로서 민주주의

통일이 어떻게, 어떤 식으로 일어날지는 알 수 없다. 많은 사람들이 흡수통일이냐 아니면 대등통일이냐, 연방제적 통일방안이냐 연합제적 통일방안이냐를 둘러싼 논의를 진행해 왔다. 하지만 이것은 현재의 시점에서 보다 좋거나 가능한 통일방안이 무엇인가를 둘러싼 논의일 뿐, 앞으로 도래할 통일의 형태나 경로를 결정하는 것은 아니다. 독일의 통일도 흡수통일을 기획하고 추진했기 때문에 일어난 것은 아니다. 하지만 많은 사람들이 통일을 떠올릴 때, 그것의 결과만을 생각할 뿐, 그것이 지난한 과정의 산물이라는 점을 종종 망각하는 경향이 있다.

'통일의 민주주의적 비전' 또한 마찬가지이다. 통일국가가 자유민주주의에 더 가까운 체제가 될 것인지 인민민주주의에 더 가까운 체제가 될 것인지, 아니면 양 체제를 지양한 사회민주주의에 더 가까운 체제가 될 것인지를 알 수는 없다. 하지만 분명한 것은 통일국가가 보다 더 많은 자유와 평등을 실현

29 통일의 민주주의적 비전이라는 관점에서 민족적 연대를 다룬 글은 박영균, 「통일의 변증법과 민족적 연대의 원칙」, 『통일인문학』 제61집, 건국대학교 인문학연구원, 2015를 참조하시오.

한, 보다 더 민주적인 국가가 되어야 한다는 점이다. 또한, 그렇게 하기 위해서는 통일국가를 만들어가는 시민들의 '시민성(citizenship)'이 보다 보편적인 가치를 담고 있는 주체이자 주권자가 되어야 한다는 점이다. 바로 이런 점에서 체제나 제도로서의 민주주의냐를 둘러싼 논쟁보다 '데모스의 권력'으로서 '자기-통치'라는 이념에 근거한 '주권의 정치적 형성 전략'은 체제대립을 벗어나 남북의 공통적 지향을 확보할 수 있다는 장점이 있다.

게다가 이와 같은 주체의 형성 전략은 남북의 두 정치체제가 공통적으로 공유하고 있는 대의제적 한계를 근본적으로 벗어나 있다는 미래지향적이라는 장점을 가지고 있다. 대한민국의 헌법 1조에는, 대한민국이 "민주공화국"이자 "대한민국의 주권은 국민에게 있고, 모든 권력은 국민으로부터 나온다"고 규정되어 있다. 하지만 주권의 실질적 행사는 국민의 주권을 대리한 대표자를 선출하는 데 국한되었다. 반면 절차적-형식적 민주주의를 비판하고 인민의 권력을 선언했던 조선민주주의인민공화국의 헌법에는 아예 주권의 원천에 대한 규정도 없이 "조선민주주의인민공화국은 전체 조선인민의 리익을 대표하는 자주적인 사회주의국가"라고 규정하고 있을 뿐이다. 여기서 인민은 조선의 관료사회처럼 통치자들에 의해 보호되어야 할 대상일 뿐이다.

그러므로 남북의 정치체제를 비교하면서 상대의 문제점을 근거로 자신의 체제를 합리화하는 것은 '피장파장의 오류'로, 분단국가주의를 반복하는 것일 뿐이다. 통일은 이런 틀을 벗어나 더 나아가야 한다. 통일은, 통일민족국가 건설이라는 근대적 과제를 통해 근대적 과제를 완수하는 것이 아니다. 그것은 근대적 한계 그 자체를 극복하는 '탈근대적 실천 과정'이 되어야 한다. 한반도의 통일은 '상상된 정치공동체'로서 새로운 민족국가를 건설하는 것이다. 그러나 그렇기 때문에 통일은 근대적 과제에 속하며 근대민주주의가 가지고 있는 한계와 문제를 고스란히 가지고 있다. 하지만 오늘날 세계화는 이와 전혀 다른 지평을 열어놓고 있다.

현재 한국에 거주하는 만 15세 이상 등록된 이주민만 하더라도 127만을 훌

쩍 넘어서 130만을 향해 가고 있다. 따라서 한반도의 정치공동체는 더 이상 과거와 같은 전통적인 민족주의를 기반으로 하여 만들어질 수 없다. 그것은 민족이라는 환상체계를 통일의 동력으로 삼으면서도 "보편적 이념의 통제"를 받으면서 "민족주의 이념이 곧 민주주의 실현에 구체적인 동력으로 작동"하도록 하는 것이다.[30] 따라서 백낙청은 통일의 과제를 "근대적응과 근대극복"이라는 "이중과제"로 규정[31]하고 있으며 송두율은 통일을 "위험사회와 분단사회"라는 "이중의 위험"을 극복하는 것으로 규정하고 있다.[32]

그런데 '자기-통치'로서 민주주의라는 규제적 이념을 따르는 '주권의 정치적 형성 전략'은 바로 이와 같은 과제를 수행하는 것이라고 할 수 있다. 이런 점에서 민주주의는 간접민주주의나 직접민주주의, 의회주의와 반의회주의, 형식적 민주주의와 실질적 민주주의 어느 한편에 머무르지 않는다. 그것은 통일국가 건설과 관련하여 '데모스의 권력'으로서 '자기-통치'라는 규제적 이념을 따라 움직이기 때문에 근대민주주의가 가지고 있는 (인)민주권과 대표된 주권 사이의 간극을 지속적으로 극복하고자 하는 '주권의 정치적 형성 전략'이라고 할 수 있다. 또한, 그렇기 때문에 그것은 자유주의와 사회주의라는 근대적 이념들뿐만 아니라 생태주의나 페미니즘, 그리고 자유-평등과 같은 인류성에 근거한 인권운동과의 결합을 통해서 통일국가 그 자체를 통치하는 주권의 형식을 재발명해 내고 그 스스로를 주권자로 정립해 과정 그 자체가 될 것이다.

---

30 박민철, 「통일의 동력으로서 민족이라는 새로운 '환상체계'」, 『한국학연구』 제52권, 고려대학교 한국학연구소, 2015, 93쪽.

31 이남주, 「전지구적 자본주의와 한반도 변혁」, 이남주 엮음, 『이중과제론: 근대적응과 근대극복의 이중과제』, 창비, 2009, 59~60쪽; 백낙청, 「한반도에서의 식민성 문제와 근대 한국의 이중과제」, 이남주 엮음, 『이중과제론: 근대적응과 근대극복의 이중과제』, 창비, 2009, 43쪽.

32 송두율, 『21세기와의 대화』, 한겨레신문사, 1998, 41쪽.

참고문헌

고병권, 『민주주의란 무엇인가』, 그린비, 2014.

랑시에르, 양창렬 옮김, 『정치적인 것의 가장자리에서』, 길, 2008.

박민철, 「통일의 동력으로서 민족이라는 새로운 '환상체계'」, 『한국학연구』 제52권, 고려대학교 한국학연구소, 2015.

박솔지, 「포스트 통일 담론의 이념형, 민주주의」, 『통일인문학』 제72집, 건국대학교 인문학연구원, 2017.

박영균, 「통일의 변증법과 민족적 연대의 원칙」, 『통일인문학』 제61집, 건국대학교 인문학연구원, 2015.

박영균, 「한국사회변혁이론과 민주-통일 변혁론의 재정립」, 『통일인문학』 제72집, 건국대학교 인문학연구원, 2017.

백낙청, 「한반도에서의 식민성 문제와 근대 한국의 이중과제」, 이남주 엮음, 『이중과제론: 근대적응과 근대극복의 이중과제』, 창비, 2009.

백낙청, 『어디가 중도며 어째서 변혁인가』, 창비, 2009.

서중석, 『배반당한 한국민족주의』, 성균관대학교출판부, 2004.

성낙인, 「통일헌법의 기본원리 소고」, 『서울대학교 法學』 제53권 제1호, 서울대학교 법학연구소, 2012.

성낙인, 『헌법학』, 법문사, 2012.

세일라 벤하비브, 이상훈 옮김, 『타자의 권리: 외국인, 거류민, 그리고 시민』, 철학과 현실사, 2008.

송두율, 『21세기와의 대화』, 한겨레신문사, 1998.

송두율, 『미완의 귀향과 그 이후』, 후마니타스, 2007.

송두율, 『민족은 사라지지 않는다』, 한겨레신문사, 2000.

안토니오 네그리·마이클 하트, 윤수종 옮김, 『제국』, 이학사, 2002.

에르네스토 라클라우·샹탈 무페, 이승원 옮김, 『헤게모니와 사회주의 전략』, 후마니타스, 2013.

웬디 브라운, 「"오늘날 우리는 모두 민주주의자이다……"」, 조르주 아감벤 외, 김상운 외 옮김, 『민주주의는 죽었는가?- 새로운 논쟁을 위하여』, 난장, 2010.

이남주, 「전지구적 자본주의와 한반도 변혁」, 이남주 엮음, 『이중과제론: 근대적응과 근대극복의 이중과제』, 창비, 2009.
이승원, 「민주주의와 헤게모니」, 급진민주주의 연구모임 데모스 엮음, 『민주주의의 급진화』, 데모스, 2011.
이효원, 「남북한 통일합의서의 법적 쟁점과 체결방안」, 『法曹』 제60권 제11호, 법조협회, 2011.
장영수, 「통일헌법 제정의 기본방향」, 『유럽헌법연구』 제21권, 유럽헌법학회, 2016.
정철, 「통일헌법의 권력구조」, 『법학논총』 제25권 제2호, 2012.
조르주 아감벤, 「민주주의라는 개념에 관한 권두노트」, 조르주 아감벤 외, 김상운 외 옮김, 『민주주의는 죽었는가? - 새로운 논쟁을 위하여』, 난장, 2010.
조희연, 「한국적 '급진민주주의론'의 개념적·이론적 재구축을 위한 일 연구」, 급진민주주의 연구모임 데모스 엮음, 『민주주의의 급진화』, 데모스, 2011.
조희연·김동춘·유철규, 「'민주화 이후 민주주의'의 복합적 갈등과 위기에 대한 새로운 접근」, 조희연·김동춘 편, 『복합적 갈등 속의 한국 민주주의: '정치적 독점'의 변형 연구』, 도서출판 한울, 2008.

한반도 통일과 인권의 층위

이병수

1. 들어가는 말

통일과 평화, 혹은 통일과 인권의 관계를 바라보는 시각에는 그 동안 이분법적 우선론이 존재해왔다. 통일을 분단 이전의 민족공동체 회복이라는 정형화된 민족주의의 틀 속에서 사유함으로써 평화나 인권의 가치를 부차화하거나 통일의 가치에 종속시키는 시각이 그 하나라면, 통일을 한반도에 국한된 특수한 가치로 보고, 평화나 인권의 가치를 통일보다 상위의 보편적 가치로 보는 시각이 다른 하나이다. 이 두 관점은 모두 통일을 민족주의의 틀 속에 가두어버리고, 한반도 통일과 보편적 가치의 실현을 이분법적으로 대립시킨다는 점에서 공통점을 지닌다. 그러나 보편적 가치를 한반도에 실현하려는 노력과 한반도의 분단을 극복하려는 노력은 상충되지 않는다. 분단 문제를 성찰하면서 통일의 과정을 실천하는 길은 한반도에서 인권과 평화를 실현하는 길과 다르지 않다. 왜냐하면 평화와 인권이 비록 보편적 가치라 하더라도, 분단이 한반도 평화와 인권을 구조적으로 침해하는 한, 한반도의 분단현실에서 요구되는 평화와 인권은 분단 극복 및 통일의 노력과 연동될 수밖에 없기 때문이다. 한반도 통일을 인류 보편적 가치를 실현하는 과정으로 이해할 때, 인권의 문제를 한반도의 분단체제 극복과 통일과의 관계 속에서 고민할 필요가 있다.

한반도 통일과 관련하여 인권의 층위를 문제 삼는 것도 그러한 고민의 일단이다. 식민지배와 이산 그리고 전쟁과 분단체제 등 한반도의 특수한 역사적 맥락은 인권문제를 동일한 층위에서 접근하는 것을 어렵게 만들고 있다. 한반도 역사적 특수성을 고려할 때 인권문제는 분단체제 하의 남북한 주민, 그리고 해외에 거주하는 코리언 디아스포라 등을 포함하는 중층적이고 복합적 접근이 요구된다. 이를테면 흔히 일컬어지는 북한 인권문제만 하더라도 식민주의의 유산은 물론이고 분단체제의 특성상 남한 인권과 연루될 수밖에 없으며, 한반도 전체의 평화공존과 나아가서 코리언 디아스포라의 인권문제와도 밀접히 관련되어있다. 뿐만 아니라 오늘날 우리의 집단적 삶의 터전에 지울 수 없는 각인으로 남아 있는 식민지 지배의 상처, 분단체제로 인한 외세의 간섭과 전쟁가능성, 여러 나라에 흩어진 코리언 디아스포라들이 겪는 인권차별과 남북을 자유롭게 오가지 못하는 출입국 통제 등은 인권의 집단적 차원과 관련되어 있기 때문에 자유권과 사회권 등 체제적 특성과 관련되거나, 개인적 권리의 층위에서만 접근할 수 없도록 만들고 있다. 2장에서 인권의 층위가 의미하는 바를 두 측면에서 제시하고, 3장과 4장에서 그 각각을 다루었다.

2. 인권의 보편성과 인권의 층위

근대 이후 인권 담론을 통해 알 수 있는 것은 인권이 선험적으로 주어진 것이 아니라, 역사적 과정을 통해 그 내용을 심화하고 범위를 확장하여 왔다는 점이다. 인권은 고정불변의 완성된 개념이라기보다 역사적 과정을 통해 발전해 온 개념이며, 지금도 계속해서 변화하고 있다. 이런 점에서 인권의 보편성은 완결된 것이 아니라 역사성을 지니며 끊임없이 확장되는 개방성을 지닌 것이다. 인권을 복수형의 "Human Rights"로 표시하는 것은 인권이 단일한 하나의 권리가 아니라 역사적으로 새로운 권리를 계속 받아들임으로써 그 개념적 지평을 확장해온 권리임을 나타낸다. 초기의 인권 개념은 자유권(시민적·정치적 권리)에 제한되었으나, 그 후 인권의 개념은 더욱 확대되어 사회권(경제적·문화적 권리)과 연대권(평화권·발전권·민족자결권, 환경권 등) 등으로 발전되어왔다. 그리고 인권의 내용적 심화와 범위의 확대를 가져온 원동력은 기존체제로부터 배제되고 소외된 사람들의 부단한 저항과 투쟁이었다. 새로운 인권의 등장은 바로 그 인권의 부재로 억압과 고통을 받는 이들의 저항과 투쟁이 초래한 결과였다. 인권은 애초부터 억압받는 자의 단어이며 권리를 박탈당하거나 무권리 상태에 있는 자를 자각시키고 그 요구를 실정법으로 제정하여 제도적으로 보장해 가는 해방적 성격을 가진 것이다.[1] 이런 점에서 인권담론은 인간본성에 대한 형이상학적 논변이 먼저 기준으로 선정되었기 때문에 가능했다기보다, 기본적 권리를 침해당한 개별존재들의 비극적 체험에서 비롯된다. 인권은 역사적 체험의 소산이지 결코 철학의 산물이 아니며, 인권에 대한 인식의 확산 역시 현실의 인권운동에 의해서 촉발되었다.[2]

인권이 역사적 과정을 통해 그 내용과 범위가 확대되어온 발생적 성격 때문에, 그 역사성을 어떻게 이해하느냐에 따라 인권의 보편성에 대한 다양한 철학적 해석이 가능하다. 그런데 인권의 보편성에 대한 긍부정적인 다양한 해석에도 불구하고 진보, 보수를 막론하고 대부분의 사람들이 인권의 보편성을 긍정적으로 수긍하는 이유는 무엇일까? 한 마디로 그것은 인권이란 말이 지니는 위력에 있다. 인권이 갖는 힘의 원천은 무엇보다 그 이념적 성격에

1 정근식 외, 『한국형 인권지표의 모색』, 경인문화사, 2004, 189쪽.

2 임홍빈, 『인권의 이념과 아시아가치론』, 아연출판부, 2003, 26쪽.

있다. 보편적 인권은 국적, 인종, 문화, 연령, 성별에 무관하게 모든 인간이 인권의 주체로서 무조건적으로 누려야 마땅한 권리를 의미한다. 즉 인권 "보장에서 예외를 두어서는 안" 되며, 그 어떤 자격조건이나 "어떠한 유보도 없이 전면적으로 구현되어야 하는 권리"라는 의미에서, 인권은 "절대적인 것이자 무한한 것으로서의"[3] 이념적 성격을 지닌 것이다. 인류역사상 한 번도 실현되지 못했지만 이러한 인권의 이념성은 인간이라면 누구도 부인하기 어려운 직관적 설득력을 지니며, 그 때문에 이러한 이념성에 배치되는 기존질서의 인권침해 대한 저항과 투쟁을 정당화하는 원천이 된다. 또한 인권이란 말이 지닌 위력은 국제적, 국내적 차원의 인권 규범의 법적 제도화에 있다. 물론 현실 속에서 구현되는 그 어떤 인권규범이라도 인권의 이념성을 전면적으로 구현하기란 불가능하기 때문에 항상 이념성과의 간극을 지닐 수밖에 없다. 그러나 국제적 인권규범이 역사적 현실 속에서 인권의 이념이 제한적으로 구현된 것임에도 불구하고, 심지어 강대국 중심의 인권정치로 활용되고 있음에도 불구하고 보편적 위력을 갖는 이유는 그 제도적 사실성에 기반하고 있기 때문이다. 1948년 세계인권선언 이후 인권침해 문제를 국제적인 차원에서 규제하는 초국가적 인권규범의 제도화가 이루어졌는데, 이는 인권의 보편적 이념성 자체가 아니라 2차 세계대전 이후의 국제적 역학관계의 변화와 연동된 자유권, 사회권, 연대권 등에 대한 일종의 정치적 합의로 볼 수 있다. 그럼에도 불구하고 인권 규범에 기반한 국제인권기구의 권고나 압력은 국제법적 구속력을 지니며, 이러한 경험적 현실은 인권의 보편성에 대한 믿음을 견고하게 하는 데 일조한다.

요컨대 인권이 지닌 위력은 인류역사와 더불어 계속해서 실현되어야 할 절대적이자 무한한 이념성 근거하고 있는 동시에 구속력 있는 초국가적 인권규범의 제도적 사실성에 기반한다. 인권의 이러한 특성에 비추어 볼 때, 인권의

---

3 정정훈 지음, 『인권과 인권들』, 그린비, 2014, 259~260쪽.

보편주의 대 상대주의 등에 대한 철학적 논쟁은 부차적이다. 오히려 인권은 그 내용과 범위를 확대해 가는 유동적, 맥락적 개념이므로 해당 사회의 구체적인 역사적 맥락에서 어떤 문제가 해결해야 할 핵심적 문제이며, 또한 그러한 해결을 통해 인권의 내용과 범위의 확대에 어떻게 기여할 수 있는지가 더 중요하다. 따라서 인권은 보편적 가치이지만, 해당 사회의 구체적 시공간의 맥락에 따라 그 쟁점과 개선의 과제가 무엇인지를 주체적으로 파악할 필요가 있다. 이런 점에서 분단체제의 특수성에서 비롯되는 인권침해의 성격을 무엇인지 파악하고 한반도 통일과정에서 인권의 보편적 가치를 어떻게 실현할 수 있는지에 대한 구체적 고민이 요구된다.

이 글에서 말하는 인권의 층위란 북한 인권, 남한 인권, 한반도 인권, 코리언 디아스포라 인권, 코리아 인권 등 층위별 인권범주 구분을 가리키면서도, 인권의 개인적 차원과 층위를 달리하는 집단적 차원을 가리키는 말이기도 하다. 첫째, 인권의 층위별 범주는 남한 주민, 북한 주민, 코리언 디아스포라로 구별되는 민족구성의 상이한 부분에 따라 '남한 인권', '북한 인권', '코리언 디아스포라 인권'으로 구분될 수 있으며, 남북한 인권을 포괄할 때는 '한반도 인권'으로, 민족 전체의 인권을 포괄할 경우 '코리아 인권'으로 지칭할 수 있다. 이러한 인권 층위의 구별은 기본적으로 20세기 한민족의 역사가 결과한 민족구성의 세 부분에 기초한 것이며, 각 층위의 인권범주는 그 자체로 고립적으로 존재하는 것이 아니라 분단체제를 중심으로 계층적 연관관계를 형성하고 있다. 이러한 범주적 층위구별이 중요한 이유는 체제적 선입견이나 부정적 의미의 인권정치가 작동함이 없이, 층위별 맥락을 고려한 인권문제의 실상과 다른 층위의 인권범주와의 연관성을 파악하고 그 해결책을 모색하는 개방된 논의가 가능하기 때문이다.

이러한 인권 층위의 구별에서 특히 문제가 되는 범주는 '북한 인권'이다. 1970, 80년대의 경우, 국제사회에서 관심이 된 한반도의 인권문제란 주로 남한의 인권상황이었다. 그러나 1990년대 중반 이후 북한의 극심한 식량난 속에서 엄청난 수의 아사자와 탈북자가 발생한 것을 계기로 한반도 인권에 대한 국제사회의 관심은 북한 인권문제로 바뀌었다. 그와 동시에 '북한 인권' 문제는 지난 20년 동안 국내외적으로 북한체제를 고립적으로 대상화하여 북한체제 자체가 반인권적이라는 정치적 함의를 동반한 채 논의되어왔다. 그렇기 때문에, 3장에서 상세히 다루겠지만, 북한 인권의 의미와 범위를 새롭게 규정하거나, 정치적 함의를 동반한 북한 인권이란 용어를 아예 사용하지 말자는 주장까지 나오는 등 여전히 북한 인권이란 용어를 둘러싼 개념의 애매함이 사라지지 않고 있다.

코리언 디아스포라는 살아온 역사적 환경과 현재의 조건들에 의해 독특성을 가지기 때문에 '코리언 디아스포라'와 남북 주민들이 처한 인권 상황은 구분된다. 코리안 디아스포라의 인권은 크게 거주국 내 정치경제적, 문화적 소수자의 위치에서 오는 차별적 인권상황과, 강제적 이산이나 분단체제 등 한반도와의 관계에서 비롯되는 인권침해 상황으로 나눌 수 있다. 여기서 코리언 디아스포라 인권은 후자를 의미한다. 식민지와 분단으로 얼룩진 20세기 한반도 역사에서 숱한 코리안 디아스포라가 발생했지만, 한반도와 관련하여 그들이 지니고 있는 역사적 문화적 유대에 기초한 권리를 인정받지 못하고 있는 한편, 분단체제의 제약 아래 출입국상 통제를 받는 등 인권침해 현상이 빈번했다. 코리언 디아스포라의 인권까지 염두에 둔다면, 한반도 인권이란 말보다, 코리아 인권이란 말이 더 적절할 것이다. 코리아 인권의 시각에서 인권의 범주는 남북한 인권, 한반도 인권, 코리언 디아스포라 인권을 포괄한다.

둘째, 인권의 층위란 말은 인권의 개인적 차원(개인적 권리)과 집단적 차원(집단적 권리)이라는 구별되면서도 상호 연관된 측면을 지칭하는 데도 사용될 수 있다. 집단적 권리(collective rights)는 어떤 개인이든 소속된 집단적 현실의 문제와 관련되기 때문에 개인적 권리의 보장과 분리가 불가능하다. 그럼에도 불구하고 우리는 인권을 개인만이 지닌 보편적 권리로 인식하는 경향이 강하다. 인권에 대한 이러한 통념적 이해의 배경에는 집단적 권리를 인정하지 않고 개인적 권리에만 편중된 자유주의적 인권관이 자리 잡고 있다. 그러나 인간의 개별적 삶의 터전은 집단적 현실에 있기 때문에 집단적 권리가 보장되지 못할 경우, 인간 개개인의 존엄과 인간다운 삶이 부인되기 쉽다. 일제 식민지배의 경험이 실증하듯 이민족 지배로 인한 주권국가의 상실은 민족 구성원 개개인의 인권을 유린했다. 개인의 권리만을 인권으로 보는 자유주의적 접근은 역사적으로 내용과 범위를 확장해온 인권의 역사성과 이념성에 비추어 볼 때 불충분할 뿐만 아니라 제3세계의 집단권 요구를 외면한다는 점에서 부적절하며, 강대국 중심의 이데올로기라는 한계를 지닌다.

특히 집단적 권리는 서구국가가 강조하는 개인주의적 인권개념과 달리 제국주의적 수탈과 불공정한 국제질서로부터 차별과 불이익을 당하고 있는 제3세계에서 주로 주장되었다. 20세기 후반에 제3세계는 신국제경제질서(NIEO)를 주창하고 발전권과 연대권 같은 제3세대 인권을 제안했다. 그것은 국제질서의 본질을 이루고 있는 제국주의적 불법을 시정하려는 관념이다.[4] 요컨대 3세대 인권이라 일컬어지는 집단권은 제3세계가 서구에게 요구하는 것으로 식민주의의 결과로 생겨난 정치, 경제, 사회적 측면의 국제적 불평등 문제를 시정하고자 하는 권리주장이라고 할 수 있다. 제3세대 인권은 선진국과 개도국간의 경제발전의 현격한 격차, 평화에 대한 위협, 그리고 자신들의 정체성에 대한 위기감 등에 따라 후진국들의 요구가 집단적인 권리의 요구로 나타난 것이다. 그러나 아직까지 이러한 제3세대 인권은 국제인권법의 지위를 갖추지 못하고 있다. 그 주요한 이유는 평화권과 발전권이 실현되려면 서방 선진자본주의 국가나 군사 강대국의 양보가 있어야 하는데 현실에서는 그것이 받아들여지지 않고 있기 때문이다.[5]

3세대 인권의 특징인 집단적 성격이 인권의 중요한 요소로 부각됨으로써

---

4 이재승, 「법의 시각에서 본 인권의 역사」, 『역사비평』 제103호, 역사문제연구소, 2013, 51쪽.

5 정영철·손호철, 「'보편적' 인권의 역사와 북한 인권 문제」, 『현대정치연구』 제7권 제1호, 서강대학교 현대정치연구소, 2014, 268쪽.

주로 개인 권리로 이해되어 온 인권은 그 내용과 범위가 크게 확장되었지만, 불평등한 세계 정치경제 구조의 변혁을 요구하는 제3세대의 집단권은 아직까지 국제적인 규약이나 국제적 실행제도를 구비하고 있지 못하다. 이는 식민주의의 부정적 영향력이 아직까지 현존하고 있다는 증좌이기도 하다. 그럼에도 불구하고 인권의 보편성 실현에서 중요한 3세대의 집단적 권리는 특히 한반도 통일과 관련하여 관건적 의미를 지닌다. 왜냐 하면 민족자결권, 평화권, 디아스포라의 귀환권 등 집단적 권리는 분단체제로 인해 한반도 차원에서 그 실현이 저지되고 있기 때문이다. 그 자체가 식민주의의 결과라고 할 수 있는 분단은 그 동안 민족 자결권(the right of people to self-determination)의 실현을 저지해왔고, 한반도의 평화적 생존권도 위협해왔으며, 코리언 디아스포라의 귀환권도 억제해왔다. 민족자결권, 평화권, 귀환권의 침해는 모두 분단체제와 밀접한 관련을 맺고 있다. 이런 의미에서 분단극복과 한반도 통일은 남북 주민들의 자유권과 사회권의 확대뿐만 아니라 분단으로 인해 침해된 이러한 집단적 권리를 실현하는 것이라고 바꾸어 말할 수도 있다.

3. 인권의 범주들: 한반도 인권, 북한 인권, 코리언 디아스포라 인권

갈퉁(Johan Galtung)의 폭력이론은 평화학 뿐만 아니라 인권학에도 영향을 주었다. 평화학과 인권학은 근본적 차원에서 폭력의 문제를 다룬다는 점에서 공통점이 많다. 구조적 폭력이 있을 때, 그것은 평화뿐만 아니라 인권의 침해로 연결되기 쉽다. 구조적 폭력의 존재로 인해 개인의 주체행위가 억압당하면 성취 가능한 법률상 권리와 사실상 권리 간에 격차가 발생한다. 이를 구조적 폭력에 의한 구조적 인권침해라 할 수 있다.[6] 오늘날 한반도 현실에

6 조효제, 『인권의 지평』, 후마니타스, 2016ㄱ, 82~86쪽.

서 구조적 폭력은 분단체제라고 할 수 있다. 남북을 막론하고 분단체제 안에서 무수히 많은 인권침해가 양산되었다. 분단체제는 인권유린이 분단체제의 정치경제, 그리고 법제와 문화를 통해 정상적으로 작동하고 정당화된다는 점에서 구조적 폭력이다. 백낙청에 따르면 분단체제는 "그냥 이웃나라와는 무언가 본질적으로 다른 두 개의 분단사회를 망라하는 특이한 복합체"이며, 체제라는 이름에 값하는 "일정한 지속성, 즉 자기 재생산능력"을 갖고 있다.[7] 분단체제가 두 분단국가를 망라하는 복합체라면, 하위체제인 남북 사회는 상위체제인 분단체제의 반인권적인 구조적 폭력성에서 모두 자유로울 수 없다.

따라서 남북에서 비민주적인 정치체제가 형성되고 인권침해가 일어나는 것은 분단의 당연한 귀결이다. 분단과 억압체제의 동시-구성은 남북한 모두에서 인권침해를 정당화하는 주요한 구성요소인 국가주의, 안보중심주의, 경제성장우선주의가 지배한다.[8] 적대적 체제가 대립하는 분단현실에서 자기 국가체제의 생존과 안보를 우선시하는 국가주의적 경향은 남북 모두에서 강화될 수밖에 없다. 한반도는 전쟁이 종결되지 않은 상태에 있기 때문에 두 분단국가에서 엄청난 군사비 지출과 군사적 대치상태가 일상화되어 있다. 남북한이 적대적으로 팽팽히 맞서 있는 상황에서 국가안보가 일차적 목표가 됨으로써, 사상과 표현의 자유, 집회 시위의 자유 등 인권유린이 광범하게 이루어질 수밖에 없다. 또한 남북의 상호 적대적 경쟁에서 동력을 제공 받은 경제성장우선주의는 반인권적 노동통제나 사회복지의 축소 등을 초래할 수밖에 없다.

서보혁은 분단체제의 구조적 폭력이 남북 인권에 미치는 영향을 세 가지 경우로 나눈다. 하나는 분단체제가 독립변수로서 남북 인권 상황에 직접적인 영향을 주는 경우다. 즉 분단 이후 남북주민 모두가 상호간 적대와 대결로 평화로운 삶이 제약되고 전인적인 사유가 불가능한 것은 분단체제에 의한 직

---

7 백낙청, 『분단체제 변혁의 공부길』, 창작과비평사, 1994, 17~19쪽.

8 박순성, 「북한 인권 문제와 한반도 분단체제」, 『북한연구학회보』 제18권 제2호, 북한연구학회, 2014, 293쪽.

접적이고 구조적인 인권침해이며, 이는 국가주의에 의해 조장되어왔다. 분단체제가 인권에 미치는 두 번째 방식은 그것이 매개변수로 작용하는 경우다. 즉 남북의 정치체제와 의식·관행 등이 인권 상황에 영향을 미칠 때 그 중간에서 분단체제가 간접적인 영향을 미치는 방식이다. 통치의 정당성 위기를 남북 간 군사적 대치를 명분으로 돌파하려는 데서 보듯, 분단체제 그 자체로 인권에 영향을 주기보다는 정치체제가 인권에 미치는 독립적 영향을 매개하는 역할을 한다. 셋째, 분단체제가 남북 인권상황에 직간접적 영향을 미치기보다는 하나의 선행조건(initial condition), 즉 정책 환경으로 작용하는 경우다. 분단체제는 남북 정치체제, 교육수준, 경제발전 등과 같은 요소들이 대내 인권상황에 영향을 미칠 때 하나의 환경을 조성한다.[9]

'한반도 인권'의 범주는 이처럼 인권을 침해하는 분단체제의 구조적 폭력이 남북 사회 모두에 작동하고 있기 때문에 성립가능하며, 나아가 분단체제의 극복과 한반도 주민 전체의 인권향상은 분리될 수 없다는 가치론적 지향을 지닌 개념이기도 하다. 그런데 남북을 포괄하는 '한반도 인권' 범주와 별도로 '북한 인권' 나아가 '남한 인권'을 설정할 필요가 있는가? 박석진은 '북한 인권'이 있다면 , '남한 인권', '미국 인권', '일본 인권' 등 모든 용어들이 있어야 하지만, 그 밖의 다른 용어들은 정치적으로 보편화되어 있지 않는 상황에서 '북한 인권'이라는 용어는 '북한'의 인권 상황을 특수화하고 대상화하고 있기 때문에 적절한 용어가 아니라고 주장한다. 그래서 남북관계는 분단체제의 특성상 서로 밀접하게 연관되어 있으므로 어느 한 쪽의 인권 상황만 단독으로 해결되기 힘들다는 점에서 '한반도 인권'만이 적절한 용어라고 말한다. 그에 따르면 '한반도 인권'이란 말은 '북한 인권'이나 '남한 인권'이라는 말처럼 한 사회의 인권 상황만을 대상화하지 않고 남북 공동의 인권 상황을 함께 증진해나가고 공동의 연관성과 상호의존성을 고찰한다는 점에서 더 발전적인 개

9 서보혁, 「분단체제와 인권문제: 북한인권 논의의 재설정」, 『통일인문학』 제61집, 건국대학교 인문학연구원, 2015, 474~482쪽.

념이다.[10]

분단체제의 특성상 한반도 전체의 인권 문제를 논하는 것이 더 발전적이고 생산적이라는 점은 두말할 필요가 없을 것이다. 하지만 비록 북한 인권이란 용어가 국내외적으로 정치적 활용의 대상이 되어왔지만, 남북관계 개선과 한반도 통일과의 유기적 관련 속에서 접근하는 분단체제적 안목이 필요할 뿐, 굳이 용어를 폐기할 필요가 있을 지 의문이다. 물론 북한 인권 상황만을 별도로 대상화하여 그 발생 원인을 북한체제의 근본적 결함에서만 찾는 것은 분단체제의 규정력을 염두에 두지 않고, 인권을 자유권에만 국한시킨다는 점에서 일면적이다. 뿐만 아니라 북한 인권문제만을 분리시켜 접근함으로써 북한 체제전환 압박, 남한의 인권문제의 은폐, 반북이데올로기의 확산 등 인권을 정치적으로 활용하는 부정적 의미의 인권정치라는 혐의에서 자유롭지 못하다. 그럼에도 불구하고 북한의 인권침해의 발생 원인을 북한의 체제적 특성을 넘어 남북의 두 분단국가를 포괄하는 분단체제의 구조적 폭력성에서 바라보는 관점은 북한 체제의 인권억압적인 요인을 배제하지 않는다. 남한과 북한의 인권침해가 분단체제의 구조적 폭력과 밀접히 관련이 있다고 하더라도 자본주의 정치경제체제와 북한식 사회주의 정치경제체제라는 고유한 조건에 따라 남북 인권문제와 북한 인권문제는 차별성을 갖고 있다. 남북한의 인권 상황이 동일하지 않다는 것은 남북의 정치경제체제 및 경로의존성, 그리고 그때마다 작용하는 대외적 국제정세와 밀접한 관련을 지닌다는 의미다. 따라서 북한 인권문제의 원인에 대해서는 북한체제적 요인과 분단체제적 요인을 함께 균형적으로 접근할 필요가 있지만, '남한 인권'과 구별되는 '북한 인권' 범주는 유효하다. 분단체제의 구조적 폭력이 작동하고 있는 한, 북한 인권을 다루든 남한 인권을 다루든 분단체제가 가하는 구조적 인권침해를 제외하는 논의는 절름발이 공론에 불과[11]할지라도, 각각의 고유한 체제에서 비롯되는

---

10 박석진, 「'북한인권'에 대한 진보적 인권운동의 고민」, 『인권법평론』 제5호, 전남대학교 법률행정연구소 공익인권법센터, 2009, 249쪽.

인권침해의 차별적 양상이 있는 한, 남한 인권, 북한 인권이란 범주는 분석적 설명력을 지닌다.

이런 맥락에서 북한 인권범주는 분단체제의 규정력과 더불어 북한의 고유한 체제적 조건과 경로의존성, 그리고 국제정세로 인해 북한지역 내의 주민들이 처한 인권상황으로 규정될 수 있다. 물론 남한 인권범주도 유사하게 규정할 수 있다. 그렇다면, 탈북자 문제나 남북 간의 인도적 문제는 북한 인권범주에 포함되는가? 서보혁은 북한 인권을 북한 내의 인권뿐만 아니라 탈북자 문제와 이산가족, 납북자, 국군포로 등 전쟁과 분단으로 파생된 인도적 문제를 포함해 이해할 필요가 있다고 주장한다. 북한 인권을 '북한 내의 인권'이라고 정의할 경우, 지리적 공간이 한정됨으로써 그에 포함되지 않은 당사자들의 인권을 소외시키는 우를 범할 수 있으며, 북한 인권을 북한지역 내 문제로만 한정함으로써 북한 인권문제에 대한 대상화의 오류에 빠질 수 있기 때문이다.[12] 그러나 '탈북자 문제'와 '남북간 인도적 문제'를 남북이 인권대화를 통해 해결해야 할 공동의 인권문제로 위치지운다면, 북한 인권문제를 '북한 내의 인권'으로 한정시키더라도 반드시 탈북자의 인권을 소외시키거나, 북한 인권문제를 대상화시키는 오류에 빠진다고 할 수 없다. 북한 인권문제의 심각성을 인정한다고 하더라도, 전쟁이나 분단 상황과 관련되어 있는 이들 문제를 북한 인권문제에 귀속시키는 것은 북한 인권 범주의 애매함을 가중시킬 수 있다. 물론 북한 인권문제를 '북한주민의 인권문제'로 위치지우는 것은 한반도 인권 내의 한 층위로서 분석적 설명을 위한 것일 뿐, 분단체제의 영향을 받는다는 점을 부인하거나 북한 정권을 압박하는 차원과는 다른 문제이다. 남북한 인권을 말할 경우, 특정국가나 체제와 결부시켜 대상화하지 않고 분단체제 아래 두 분단국가에서 삶을 영위하고 있는 남한 주민과 북한 주

---

11 김병로·서보혁 편, 『분단폭력』, 아카넷, 2016, 255쪽.

12 서보혁, 『코리아 인권』, 책세상, 2011, 162쪽.

민의 인권을 의미하는 것으로 규정할 수 있다.

민족 전체의 인권을 포괄하는 코리아 인권 범주의 설정은 코리언 디아스포라를 민족의 한 구성부분이자, 남북 주민과 또 다른 통일의 민족적 주체로 보는 관점에 입각해 있다. 그 동안 한반도 통일문제에서 코리언 디아스포라의 민족적 의의는 간과된 채 주로 다문화주의적 시각에서 논의되거나, 민족적 의의를 인정한다고 하더라도 통일문제는 남북한의 문제로만 다루어져온 경향이 있었다. 그러나 코리언 디아스포라는 거주 국가에 따라 독특한 변용 과정을 겪기는 했지만 한반도에서 기원한 문화와 역사를 자신들의 집단 정체성의 기초로 하고 있을 뿐만 아니라, 식민지 시대와 분단시대를 거치면서 민족과 정치공동체가 일치하지 않는 20세기 한반도의 역사적 조건을 남북 주민과 더불어 공유하고 있다. 근대민족국가 형성에 실패한 후, 남북주민에게 국가는 분단 상황에서 새롭게 만들어지는 것으로 경험되었고, 해외에 거주하는 코리언에게 국가는 자신이 살고 있는 거주 지역에 따라 결정되었다. 요컨대, 국가와 민족의 불일치 상황은 코리안 디아스포라만이 아니라 남과 북의 주민 모두에게 해당된다.

나아가 코리언 디아스포라는 거주국 사회와의 관계에서 하나의 정치공동체를 지향하는 정치적 자결권을 추구하지는 않지만, 한민족과의 관계에서는 역사적, 문화적 유대뿐만 아니라 정치적 차원의 판단과 의지가 작동하고 있다. 코리언 디아스포라는 남북 국가 한 쪽에 소속되어 적대와 갈등에 직접 연루된 직접적 당사자가 아니지만, 한반도와 관련된 분단-통일의식이라는 정치적 차원의 지향을 분명 지니고 있다. 그들은 거주국뿐만 아니라 한반도에 의해 이중적으로 규정된 존재로서, 인종적이고 문화적인 특성을 지닌 에스닉적 존재라기보다 통일한반도에 대한 관심과 아울러 정치적 판단을 내리는 '민족적' 주체라고 할 수 있다.[13] 이때 통일은 남북의 통합만이 아닌 코리

13 건국대학교 통일인문학연구단 편, 『코리언의 분단·통일의식』, 선인, 2012, 22쪽.

언 디아스포라와의 연대와 유대를 만들어가면서 민족적 합력을 창출한다는 의미를 동시에 지닌다.

한반도와의 역사적·문화적 연대의식이 강하고 통일한반도를 지향하는 코리언 디아스포라의 정체성을 전제로 할 때, 한민족의 외연적 민족구성에 따라 '남한 인권', '북한 인권'과 구별되는, '코리언 디아스포라 인권'을 별도의 범주로 설정할 수 있다. 앞서도 말했지만 코리언 디아스포라의 인권은 거주국 내의 차별적 인권 상황보다, 강제적 이산이나 한반도와의 관계에서 비롯되는 인권침해 상황과 관련된다. 특히 이 글에서 주목하는 코리언 디아스포라의 인권문제는 한반도와의 역사적, 민족적 유대를 인권적 맥락에서 이해하는 방안이다. 코리언 디아스포라의 국내이주가 국제적 노동이주 맥락뿐만 아니라 역사적 문화적 유대라는 민족적 연결성이 중요한 요인으로 작용하는 점에서 알 수 있듯이, 이들의 민족적 동일화 욕구는 매우 강렬하다. 하지만 출신국가의 경제적 지위, 분단체제의 적대성에서 비롯된 이데올로기적 선입견 등이 복합적으로 개입한 탓에, 이들의 역사적 문화적 유대에 기초한 권리가 낮은 수준에 머물러 있다.

4. 인권의 집단적 차원: 민족자결권, 평화권, 귀환권

우선, 민족자결권은 한반도의 자유로운 정치적 자기결정권을 제한하는 분단 상황을 극복하는 데 핵심적 위치를 지닌다. 3세대 인권의 원조격이면서 집단권리 개념을 앞장서 개척해 온 민족자결권은 21세기에도 큰 영향을 지니고 있다. 비서구권이 국제무대에서 제국주의 비판을 거리낌 없이 설파하던 1950년대 들어, 민족자결권을 국제인권 기준에 포함시키자는 요구가 봇물처럼 터져 나왔다. 국제인권장전의 두 기둥인 경제적·사회적·문화적 권리에 관한 국제규약(A규약), 그리고 시민적·정치적 권리에 관한 국제규약(B규약)이 1966년에 각각 채택되었는데 두 문헌의 1조가 똑같은 내용으로 작성되었을 정도였다.("모든 인민은 자결권을 가진다. 이 권리에 기초하여 모든 인민은 그들의 정치적 지위를 자유로이 결정하고, 또한 그들의 경제적·사회적·문화적 발전을 자유로이 추구한다.")[14]

A와 B 두 인권규약 1조에서 드러나듯 민족자결권은 대외적으로 정치적 지위를 자유롭게 결정할 수 있는 외적인 자결권과 대내적으로 정치적·사회적·문화적 발전을 자유롭게 추구할 수 있는 내적인 민족자결권으로 구분되어 있다. 여기서 한반도 통일과 관련하여 우선적으로 중요한 것은 외세의 억압에서 벗어나 자국의 운명을 스스로 결정하는 정치적 자결권이라 할 수 있는 대외적인 민족자결권이다. 외적인 민족자결권은 식민지배로부터의 독립, 외세의 간섭 배제, 통일국가의 실현 등의 요구가 민족사적 과제가 되어왔던 20세기 한반도 역사에서 매우 중요한 의미를 지닌다. 무엇보다 민족자결권은 일제의 식민지배에 대항하는 과정에서 민족해방의 정당성을 호소할 수 있는 국제법적 근거로 작용했다. 일제하 민족해방운동은 곧 새로운 주권국가를 세우기 위한 국가건설운동이었으며, 한국인들은 주권국가를 원했던 절실한 이유는 주권국가가 있어야만 비로소 그 국가의 구성원인 민중 개개인이 스스로 삶의 주인이 될 수 있다고 믿었기 때문이다.[15] 그런 점에서 민족의 자결권은 민족 구성원의 개개인의 인권과 직결된다. 현재 분단 상태를 벗어나지 못하고 있는 한반도에서 집단적 자기결정권의 실현은 여전히 중요한 함의를 지닌다. 우리의 정치적 지위를 자유롭게 결정할 수 없게 만드는 분단 자체가 자결권의 침해라고 할 수 있기 때문에 민족자결권의 실현은 분단극복과 연관될 수밖에 없다.

1991년 유엔동시가입 이후 남북이 국제법상 각각 국가로 승인을 받고 있는

14 조효제, 〈민족자결권을 다시 생각한다〉, ≪한겨레신문≫, 2014. 04. 29.

15 조효제, 「인권 패러다임 이론과 북한 인권 문제」, 『다문화사회연구』 제9권 제2호, 숙명여자대학교 다문화통합연구소, 2016ㄴ, 30쪽. 물론 대외적 정치적 자결권이, 무조건적인 것이 아니라 인권침해의 가능성 때문에 민주적 의사소통에 기반해야 한다는 의미가 포함되어 있다.

오늘날 국제질서에서 민족자결권의 실현은 어떻게 가능한가? 그것은 남북기본합의서에서 합의한 통일지향의 특수관계를 발전시키는 길뿐이다. 분단국가인 남북한에서는 분단의 고착화와 상호 대립의 심화에도 불구하고 같은 민족이라는 관념은 거의 도전을 받지 않았다. 여전히 남북은 하나의 민족이라는 의식이 뿌리 깊으며, 다만 분단 상황으로 인해 서로 다른 체제에 살고 있다는 관념이 강하다. 남북이 합의한 남북기본합의서도 이런 사정이 반영되어 있다. 남북기본합의서의 전문은 남북관계를 "나라와 나라 사이의 관계가 아닌 통일을 지향하는 과정에서 잠정적으로 형성되는 특수 관계"이자 "평화 통일을 성취하기 위한 공동의 노력을 경주"하는 관계로 규정하고 있다. 통일지향의 특수 관계라는 것은 남북이 외국처럼 독립적인 국가관계가 아니라, 언젠가 하나로 합쳐야할 과도적 존재로 인식되고 있음을 말한다. 민족자결권의 실현은 남북 교류 및 협력의 진전이 이루어지고 궁극적으로는 통일을 향해 남북관계를 발전시키는 의미를 지닌다. 달리 말해 남북이 서로의 국가성을 승인하면서도 같은 민족이라는 지점에서 출발하면서 서로 교류협력하고 소통의 역량을 증대시키는 의미를 지닌다. 남북관계가 분단국가의 상호승인과 국가관계의 정상화로부터 출발해야 하지만, 그렇다고 해서 민족성을 배제한 채, 남북관계를 단순한 국가 간의 관계로 환원해야 한다는 것은 아니다. 또한 남북이 같은 민족으로서 통일을 이루어야 하는 관계일지라도, 이것이 남북의 국가 간 관계를 부정하는 것이 되어서도 안 된다. 민족자결권의 실현은 분단된 두 국가의 실효적 지배 상태를 인정하면서도 민족의 통일을 만들어가는 의지와 노력에 다름 아니다.

둘째, 평화권은 강대국의 반대로 현재 국제인권법의 지위를 지니지 못하고 있지만, 전쟁불안이 상시화된 한반도 분단체제에서는 절실히 요구되는 집단적 권리이다. 남북한 주민들은 남북의 평화공존과 화해 없이 인권도 존립할 수 없다는 것을 분단 이후의 역사적 과정을 통해 뼈저리게 경험해왔다. 한반도 현실의 역사적 경험뿐만 아니라 원래적으로 평화와 인권의 가치는 결코 분리될 수 없는 관계를 지닌다. 인권이 중요한 가치이듯이 평화 역시 중요한 가치이며, 이 둘은 결코 대립되거나 분리된 것이 아니라 서로 유기적으로 연계되어 있다. 평화와 화해의 환경이 조성되어 있지 않은 상황 그 자체가 인권이 유린될 수 있는 토양을 제공하기 때문이다.[16] 남북의 평화공존과 화해는 한반도 전체의 인권을 개선하는 데 필수적이지만, 이처럼 모두가 동의하는 평화가 하나의 '인권'으로서, 침해당할 수 없는 '권리'로서 구성되는 것은 다른 차원의 문제이다. 추상적인 가치였던 '평화'가 '권리의 문장'으로 구성되는 순간, 평화권의 주체는 누구이며, 그 권리의 보장을 누구에게 요구할 수 있는지와 같은 제도적 규범이 요구되기 때문이다.[17]

분단체제 아래 전쟁가능성에 지속적으로 노출되어 있는 한반도에서 평화는 절박한 생존의 문제이기 때문에 평화를 단순한 정의(正義)가 아니라 권리의 차원에서 요구하려는 객관적 가능성이 그 어느 지역보다 높다. 실제로 한국 사회에서 평화권 담론은 국제사회의 북한 인권 압박에 대한 대항담론으로 등장했다. 평화권을 통해 인권에는 자유권을 넘어서는 다양한 권리가 있으며, 그 각각이 보장될 수 있는 방식으로 북한 인권문제에 접근해야 한다는 대항담론이 구성된 것이다. 대항담론은 평화와 인권의 대립이라는 기존 프레임에서 인권 내부에서 동등한 자격을 가진 권리간의 문제로 프레임을 재설정함으로써, 평화 역시 보편적 인권의 지위를 획득하면서 강력한 담론적 효과를 가질 수 있었다.[18] 이처럼 평화권이라는 낯선 용어는 2000년대 이후 한국

16 홍민, 「북한 주민의 일상생활과 인권의 사회적 구성」, 『북한학연구』 제7권 제1호, 동국대학교 북한학연구소, 2011, 131쪽. 인권은 다른 좋은 사상·이념·세계관, 예를 들어 민주주의, 사회정의, 평화, 특정 이념, 평등, 휴머니즘 등과 어깨를 나란히 하고 있으며, 이들과 적절히 결합되거나 적절한 역할분담을 할 때 순기능을 한다.(조효제, 『인권의 문법』, 후마니타스, 2007, 33쪽.

17 임재성, 「평화권, 아래로부터 만들어지는 인권」, 『경제와 사회』 제91호, 비판사회학회, 2011, 177쪽. 유엔차원에서 평화권이 구속력 있는 조약으로 발전하지 못한 이유는 핵무기 보유국이나 서구의 강대국들은 핵전쟁의 위협을 제거해야 한다는 선언의 내용이 무력행사라는 정치적 '선택지'를 택하는 것에 방해가 될지도 모른다는 우려를 가졌기 때문이다.(180~182쪽)

인권 및 평화운동 과정에서 중요한 인권 개념 가운데 하나로 부상하였다. 한반도 현실에서 평화권이란 용어는 인권의 역사에서 증명되듯, 새로운 권리의 등장이 그 권리의 부재로 고통 받는 이들의 저항적 언어라는 점을 여실히 보여주고 있다. 평화권은 국내외적으로 북한인권 문제가 한반도 평화를 위협하고 긴장을 고조시키는 방식으로 제기되자, 한반도의 전쟁가능성을 새로운 권리의 이름으로 막으려는 저항적 인권운동의 맥락에서 등장하였기 때문이다. 결국 한반도에서 평화권의 실현은 궁극적으로 전쟁의 가능성을 봉쇄하는 평화체제 구축과 한반도 비핵화를 동반하는 분단체제 극복과정과 긴밀하게 연관되어 있다.

셋째, 자국 내 자유로운 이동, 출국권, 귀국권 등 이동권은 분단체제를 극복하는 데 필수적인 민족 상호간의 접촉과 교류의 전제조건이다. 이동권은 1948년의 세계 인권선언과 1966년의 시민적·정치적 권리에 관한 국제규약(B규약)에 정식화됨으로써, 국제인권법상 개인의 자유권으로 보장되고 있다. 하지만 이동권은 분단체제를 살고 있는 남북주민에게는 해당되지 않음은 물론, 코리언 디아스포라 역시 마찬가지로 분단체제의 법제상 출입국에 통제를 받고 있다. 그 대표적인 사례가 조선적 재일 조선인의 한국방문을 금지하는 것이다. 조선적 선택의 다양한 동기에도 불구하고 친북성향으로 일괄 규정함으로써 지난 10년 동안 그들의 한국 입국이 허락되지 않았다. 대부분이 남한지역 출신인 그들에게 잠재적 종북, 혹은 안보위협의 명분으로 이동의 권리가 보장되지 못한 것이다.

최근 한반도 통일과 관련하여 이동권의 중요성을 강조하는 서로 다른 두 방향의 논의가 주목된다. 우선, 최원은 민족국가를 탈구축하는 차원에서 한

---

18 임재성, 위의 글, 185~187쪽. 평화권 담론은 곧 이어 평화권을 다른 모든 인권들의 전제조건으로 보는 입장과 인권 자체의 우선순위는 존재할 수 없지만 한반도 특수성을 고려한 평화권의 정책적 우선성이 필요하다는 입장으로 나뉘어졌다. 그러나 두 입장은 현실적으로는 모두 평화권이 한반도에서 우선적으로 추구해야 할 권리라고 강조했기 때문에 사회적 효과는 크게 다르지 않았다.(188~189쪽)

민족 여부에 구애됨이 없이 한반도에 거주하는 모든 이들에게 개방되어야 한다는 보편적 시민권의 차원에서 이동권에 주목하고 있다. 그는 통일 코리아를 정초한다는 것이 한반도 안에 매우 다양한 이질적인 인구들, 즉 수많은 코리언 디아스포라들, 동아시아 및 그 외 지역의 외국인 인구들이 한반도에 함께 거주하게 되는 것이므로, 이동권의 근대적 개념틀을 넘어서서, 코리언 민족에 속하든 그렇지 않든 간에, 한반도에 머무는 사람들이라면 누구나 누려야할 시민권을 제도화할 필요가 있다고 주장한다. 이 점이 분단과 통일의 문제와 관련해서 중요한 까닭은 통일 코리아가 진정으로 인권공동체가 되기 위해서는 단순히 근대의 민족국가의 건설로만 귀결되어서는 안 되며 민족국가를 탈구축하는 정치를 동시에 그 안에서 작동시켜야 하기 때문이다.[19]

근대적 민족국가의 틀에서는 한민족과 외국인 이주민을 차별할 수밖에 없기 때문에 한민족 소속 여부와 무관하게 동일한 시민권을 부여해야 그의 주장은 원칙적 정당성에도 불구하고, 코리언 디아스포라가 처한 특수한 역사적 배경과 당면한 현실에 대한 적절한 대응책이 되기 어렵다. 한반도 역사와 문화에 연루되어 있는 코리언 디아스포라의 특수성을 고려한다면, 그들의 귀환권을 우선적으로 문제 삼을 수밖에 없다. 특히 출입국과 관련된 귀환권의 우선적 고려는 식민 지배를 당하고 강제로 분단되고, 전쟁을 치르면서 그들의 의지와 관계없이 해외로 이산하게 된 과거 역사의 부정의에 대한 원상회복의 문제이지, 외국인 이주민과의 차별적 사안으로 볼 문제는 아니다. 이들의 권리에 대한 우선적 고려는 식민지배로 인해 강제로 이산해야 했던 식민주의의 부정적 유산을 극복하는 문제이다. 집단적 권리는 식민주의가 남긴 국제적 불평등 문제의 시정과 관련되며, 코리언 디아스포라의 귀환권 부여도 식민주의의 부정의를 원상회복하는 집단적 인권의 맥락에서 이해될 필요가 있다.

이런 점에서 코리언 디아스포라의 역사적, 민족적 유대에 근거한 고국권이

19 최원, 「인권의 정치의 관점에서 본 분단과 통일」, 『통일인문학』 제61집, 건국대학교 인문학연구원, 2015, 142~144쪽.

라는 새로운 권리 개념을 제안하는 논의가 주목을 요한다. 이재승은 자국으로의 귀환권이 반드시 국적국에만 제한되는 것이 아니라 역사적, 민족적 유대를 지닌 경우로 확대함으로써 고국권이란 새로운 개념을 제안한다. 이때 고국은 코리언의 현재 국적과 관계없이 그들의 역사적 민족적 유대를 통해서 확정된다. 이를테면 재일 코리언의 조상이 역사적 민족적 유대가 있다는 사실을 통해 원천적 지위로서 고국권이 그들에게 인정된다. 따라서 역사적 민족적 유대에 입각한 고국권을 보유한 자에게는 다양한 수준의 귀환권을 보장해야 한다는 것이다. 이는 앞서 말한 식민주의의 역사적 부정의에 대한 원상회복의 차원을 지닌다. 그러나 우리의 재외동포법은 한국국적을 가진 외국영주권자인 재외국민과 외국국적동포만을 재외동포라 규정하고, 무국적 고려인이나 조선적 동포들을 범주적으로 배제하고 있다.[20] 이는 역사적 민족적 유대에 입각한 고국권을, 따라서 국제법상 인정되는 귀환권, 이동권을 부정하는 것이다. 코리언 디아스포라의 지위를 설명하는 고국권은 분단과 강제이산을 극복하려는 실천적 개념이며, 한민족의 집단적 권리로서 고국권은 분단체제의 극복을 지향하는 통일조국에 대한 권리, 즉 통일권(the right to re-unification)에 다름 아니다.[21]

5. 나가는 말: 인권대화와 인권자력화

이상에서 한반도 통일과 관련된 인권의 층위를 분단체제를 중심으로 계층적 연관관계를 형성하는 '남한 인권', '북한 인권', '코리언 디아스포라 인권' 등 층위별 범주, 그리고 개인적 인권과 상호연관 되면서도 층위를 달리하는 집단적 인권, 두 측면에서 살펴보았다. 본문에서 다루지 않았지만, 코리아

20 이재승, 「분단체제 아래서 재일 코리언의 이동권」, 『민주법학』 제52호, 민주주의법학연구회, 2013, 201~204쪽.

21 이재승, 위의 글, 217쪽.

인권문제 해결에서 가장 핵심적 것은 정부차원의 인권 대화와 민간차원의 인권역량 강화라고 할 수 있다.

우선, 남북의 인권 대화는 상대체제를 상호인정하지 않는 한 불가능하다. 남북은 상이한 체제로 인해 인권관의 차이가 분명한데, 어느 한편의 인권관을 앞세우는 것으로는 갈등만 증폭시키기 때문이다. 북한 인권 상황을 비판하더라도, 그것이 남한의 기준이거나 남한 인권 상황의 우월성에 기초한다면, 북한 인권 개선의 실효성을 담보하기도 어렵다. 분단국가의 어느 한편에 의해 자신에게 익숙한 인권관을 중심으로 제시될 때 그것은 다시금 분단의 적대성을 생산할 수밖에 없다. 그런 점에서 분단 이후 남북이 합의한 내용을 인권 대화의 기본으로 삼을 필요가 있다. 통일은 어느 일방이 아니라 남북이 함께 만들어간다는 점에서 분단 이후 남북의 당국자들이 공식적으로 발표하고 공유한 합의문들을 인권 대화의 기준으로 삼을 만하다. 이를 기준으로 삼는다면 체제의 차이와 관련된 서로 다른 인권만을 앞세우는 것보다, 이산가족 등 남북 사이의 인도적 현안이나 앞서 논한 민족자결권, 평화권, 고국권 등 집단적 인권을 우선적 의제로 삼을 수 있다. 이들 권리는 체제 차이와 무관하게 남북관계 개선과 평화체제 수립 등 인권문제로 인한 갈등은 줄이고 협력의 가능성은 높일 수 있는 특성을 지닌다. 또한 인권대화의 공약수는 미리 결정되는 것이 아니라 남북의 화해협력 및 상호소통, 남북관계의 진전과 맞물리면서 정립될 필요가 있다. 인권의 보편적 가치가 한반도적 맥락에서 구체적으로 실현되는 방식은 남북관계의 진전 및 상호협력의 정도와 비례하여 점진적으로 확대되는 데 있기 때문이다. 인권은 각자의 가치체계의 틀 내에서 절대화되는 것이 아니라 남북관계 개선의 방향에서 유연하고 개방된 방식으로 해석될 필요가 있다. 인권 대화는 서로의 소통과정에서 각자의 해석과 의미부여를 서로 교환하면서 새로운 규칙을 미래적으로 만들어내는 것을 목표로 할 필요가 있다.

다음으로 인권의 보편적 가치를 한반도에 구체적으로 실현하는 통일의 과제는 한반도 주민들의 인간다운 삶을 실질적으로 보장하는 제반 권리들을 확장하는 과제에 다름 아니다. 즉 인권의 보편적 가치를 통일과정에서 구체적으로 실현한다는 것은 체제중심의 관점이 아니라 남북주민이 실질적으로 누려야 할 권리의 관점에서 통일을 바라본다는 것을 의미한다. 정치, 경제, 문화 등의 분야에서 억압과 차별, 소외와 배제를 제거하고 남북 주민에게 인권이 확장되는 과정을 통일이라고 할 수 있다. 남북 주민의 권리 확장이 인권이 실현되는 핵심이라고 할 때, 그 권리를 누려야 할 당사자들인 남북 주민들의 인권 역량강화 혹은 자력화(Empowerment)를 요구한다. 이는 일상적인 삶과 사회조직 곳곳에 모세혈관처럼 스며들어 인권의 감수성을 마비시켜온 분단체제를 염두에 둘 때, 지속적이고 지난한 과제임에 틀림없다. 그러나 인권 달성에 있어 권리주체의 자력화는 필수적이다. 왜냐 하면 '자력화'를 통해 권리의 주체가 스스로의 권리 의식을 내면화하고 권리를 적극적으로 주창할 수 있는 주체로 성장하지 못하면, 설령 위로부터 혹은 외부로부터 권리가 주어진다 하더라도 그것이 안정적인 인권존중 정치체제로 발전할 가능성이 낮기 때문이다.[22] 스스로 자신의 권리를 "적극적으로 주창할 수 있는 주체"란 인권의 실증법적 제도화를 넘어 인권의 지속적 확장을 담보하는 근본조건일 뿐만 아니라, 남북 주민들이 다양한 영역의 남북교류와 소통과정을 통해 인권의 보편적 가치를 실현하는 주체로 자신을 정립한다는 말이기도 하다.

22 조효제, 앞의 글(2016ㄴ), 22쪽.

참고문헌

건국대학교 통일인문학연구단 편, 『코리언의 분단·통일의식』, 선인, 2012.

김병로·서보혁 편, 『분단폭력』, 아카넷, 2016.

박석진, 「'북한인권'에 대한 진보적 인권운동의 고민」, 『인권법평론』 제5호, 전남대학교 법률행정연구소 공익인권법센터, 2009.

박순성, 「북한 인권 문제와 한반도 분단체제」, 『북한연구학회보』 제18권 제2호, 북한연구학회, 2014.

백낙청, 『분단체제 변혁의 공부길』, 창작과비평사, 1994.

서보혁, 『코리아 인권』, 책세상, 2011,

서보혁, 「분단체제와 인권문제: 북한인권 논의의 재설정」, 『통일인문학』 제61집, 건국대학교 인문학연구원, 2015.

이재승, 「법의 시각에서 본 인권의 역사」, 『역사비평』 제103호, 역사문제연구소, 2013.

이재승, 「분단체제 아래서 재일 코리언의 이동권」, 『민주법학』 제52호, 민주법학연구소, 2013.

임재성, 「평화권, 아래로부터 만들어지는 인권」, 『경제와 사회』 제91호, 비판사회학회, 2011.

임홍빈, 『인권의 이념과 아시아가치론』, 아연출판부, 2003.

정근식 외, 『한국형 인권지표의 모색』, 경인문화사, 2004.

정영철·손호철, 「'보편적' 인권의 역사와 북한 인권 문제」, 『현대정치연구』 제7권 제1호, 서강대학교 현대정치연구소, 2014.

정정훈 지음, 『인권과 인권들』, 그린비, 2014.

조효제, 『인권의 문법』, 후마니타스, 2007.

조효제, 〈민족자결권을 다시 생각한다〉, ≪한겨레신문≫ , 2014. 04. 29.

조효제, 『인권의 지평』, 후마니타스, 2016,

조효제, 「인권 패러다임 이론과 북한 인권 문제」, 『다문화사회연구』 제9권 제2호, 숙명여자대학교 다문화통합연구소, 2016.

최원, 「인권의 정치의 관점에서 본 분단과 통일」, 『통일인문학』 제61집, 건국대학교 인문학연구원, 2015.

홍민, 「북한 주민의 일상생활과 인권의 사회적 구성」, 『북한학연구』 제7권 제1호, 동국대학교 북한학연구소, 2011.

제2부

인권의 관점에서 본 한반도 통일

한반도 평화와 북한 인권 개선

- 민주적 다원주의의 제안

정태욱

1. 머리말

북한 인권에 접근하는 방법은 크게 두 범주로 단순화 하여 생각해 볼 수 있다. 하나는 '협력 모델'이고 다른 하나는 '규탄 모델'이다. 협력 모델은 북한 체제를 인정하면서 점진적 개선을 추구하는 것이고, 규탄 모델은 북한 체제를 기본적으로 부정하면서 북한 체제의 변화를 추구하는 것이다. 그 동안 김대중 정부와 노무현 정부가 협력 모델에 의거하였다면, 이명박 정부와 박근혜 정부는 규탄 모델에 의거하였다고 말할 수 있겠다.

김대중 정부와 노무현 정부는 남북 간의 평화 정착을 기대하며, 우선적으로 인도적 지원에 주력하였다고 말할 수 있다. 이러한 정책은 한반도 긴장완화에는 기여한 바가 있었으나, 군사적·정치적 대립을 넘지 못하였으며, 결국 대북 인도적 지원 이상의 북한 인권문제에 대한 의제설정에는 미치지 못하였다. 반면에 이명박 정부와 박근혜 정부는 북한 체제의 변화 혹은 교체를 추구하며, 북한 주민들의 자유와 해방을 위한 정책을 취해왔다고 할 수 있다.

이러한 정책은 북한 인권문제에 대한 대내외적 경각심을 불러일으키는 성과는 있었다고 할 수 있으나, 북한 정권 교체 관련 남북의 적대감과 긴장을 고조시키는 문제가 있고, 북한 인권문제의 실질적 개선에 도움을 주기보다 오히려 인도적 지원마저 위축시키는 결과를 낳았다고 할 수 있다.

협력 모델은 잘 될 경우에는 북한 인권 개선에 실질적 개선이 가능할 수 있고, 실패할 경우에도 한반도의 정세를 악화시키지 않고, 최소한 인도적 지원으로 북한 주민의 장기적 신뢰형성에 도움을 줄 수 있다는 장점이 있다. 기본적으로 이 모델은 한반도 평화, 즉 한반도 주민 전체의 평화적 생존권에 방점을 두고 있는 것이다. 규탄 모델은 북한 정권에 경각심을 불러일으켜 인권 개선의 반사적 효과를 거둘 수도 있고, 잘될 경우 북한 체제 교체와 북한 주민들의 해방을 성취할 수 있으나, 잘 안 될 경우 인권의 실질적 개선도 없이 인도적 지원마저 줄어들게 되는 단점이 있으며, 극단적인 경우에는 한반도의 적대관계를 심화시켜 전쟁위기를 야기할 수도 있다. 대북 삐라 살포가 초래한 문제도 그렇고, 또 국제형사재판으로써 북한 통치자들을 처벌한다는 국제사회의 움직임도 그렇다.

정부가 정책을 취하는 데에 있어서 가장 중요한 것은 개선에 앞서 악화의 방지라고 생각한다. 북한 주민의 인권을 개선하고자 하는 노력이 한반도 전체 주민의 평화적 삶을 위협하게 되어서는 곤란하다고 생각한다. 북한 주민을 압제의 공포로부터 구하려는 노력이 도리어 한반도 주민 전체에게 전쟁의 공포를 가중시키는 것이 되어서는 안 된다고 생각한다. 이런 점에서 협력 모델이 타당하다고 생각한다. 다만, 그 협력 모델이 북한 체제의 인권적 변화에 대한 미래의 전망을 보여주지 못한다면, 그것은 충분하다고 할 수 없을 것이다.

이에 대하여 필자는 협력 모델에 기초하되, 비판 및 대안적 입장을 가미한 대북 인권론을 전개해 보고자 한다. 필자는 이를 우리 헌법에 근거하여 '민주적 다원주의' 모델이라고 부르고자 한다. 정부로서는 단순한 협력 모델 이상의 것을 추구하기 어려울지 모른다. 하지만, 민간 차원에서는 그보다는 한발 더 나아가야 한다고 생각한다.

2. 민주적 다원주의

우리 헌법에 대북 인권정책에 대한 직접적 규정은 없으나, 필자는 그에 대한 지침을 헌법 제4조에서 찾고자 한다. 동 조항은 "대한민국은 통일을 지향하며, 자유민주적 기본질서에 입각한 평화적 통일 정책을 수립하고 이를 추진한다"고 규정하고 있다.

사람들은 이 '자유민주적 기본질서'를 북한을 자유민주주의로 바꾸라는 것으로 이해하기도 한다. 그리고 대북 인권정책도 그런 기조 하에서 생각한다. 이는 곧 서두에서 언급한 '규탄 모델'이다. 그런데 그렇게 될 경우 그 결과는 흡수통일일 것이며, 그것도 지금 상황에서는 '강제적' 흡수통일을 뜻하게 될 것이다.

그러나 위 조항에서도 볼 수 있듯이, 우리 헌법의 자유민주적 통일정책의 궁극적 목표는 '평화통일'이다. 즉 평화통일에 반하는 흡수통일은 불가하다. 우리 헌법상의 자유민주적 통일정책은 평화통일과 조화롭게 해석되어야 한다. 그리하여 우리 헌법상의 통일정책은 자유민주주의를 추구하되, 평화통일의 범위로 제한되는 것으로 보아야 할 것이다.

필자는 이와 같은 평화통일을 위한 자유민주적 정책에서 대북 인권 정책의 원칙을 찾고자 한다. 그것은 평화와 공존을 위한 '협력 모델'에 가깝다고 할 수 있다. 그러나 단순한 협력 모델은 아니고, 자유민주적 협력 모델이라고 할 수 있다. 북한에게 바로 우리 자유민주주의를 적용하지는 않지만, 남과 북의 상호관계는 공존과 다원성이라는 자유민주주의의 원칙에 따르는 것이어야 한다. 필자는 이러한 원리를 '민주적 다원주의'라고 부르고자 한다.

민주적 다원주의를 요약해 보면, 이는 민주주의를 남과 북 사이의 관계에서 적용하고, 남과 북은 다시 각기 고유의 민주주의적 원리를 각 주민들에게 적용하는 것이라고 할 수 있다. 다만, 남과 북의 민주주의적 고유성은 한반도 전체의 민주적 틀을 해치지 않는 범위 내에서 허용된다. 이러한 민주주의는 남북의 다원성을 긍정하고 북한에 대한 관용을 요구한다. 하지만, 이는 북한에 대한 무조건 긍정은 아니다. 북한도 한반도의 민주적 다원주의를 수용해야 하는 것이다. 즉 북한도 남북의 다원성을 긍정하고, 남한에 대한 관용의 원리를 체화해야 한다. 즉 북한은 그 절대주의적이고 자기중심적 세계관에서 탈피하지 않으면 안 되는 것이다.

3. 민주적 다원주의에서의 북한 인권 개선론

민주적 다원주의에서의 북한 인권 개선론은 비판적 협력론이라고 할 수 있다. 이는 북한 체제의 근본적 한계—북한 고유의 인권체제의 가능성—북한 인권 개선을 위한 기술적 협력으로 분설해 볼 수 있다.

먼저 한반도 민주적 다원주의는 남북 모두에 대한 근본적 비판을 가능케 한다. 민주적 다원주의는 기본적으로 인간 역사를 다원성과 개방성의 관점에서 본다. 그리고 인간의 한계, 국가의 오류가능성을 겸허하게 인정한다. 그리고 그 개선과 시정가능성을 과제로 삼는다. 이는 북한 유일체제, 폐쇄적 체제에 대한 커다란 도전과 각성으로 작용할 것이다. 그러나 이는 북한에 대한 일방적 비난은 아니다. 이는 남한 체제에도 똑같이 적용되는 것이다. 남한의 자유민주주의, 남한의 개인적 권리 중심의 인권체제가 절대적이고 유일무이하다고 생각하는 것은 또 다른 '유일사상'이며, 자기도취의 오류이다. 어떤 체제이든 체제의 한계를 인식하고 진리 앞에 겸허해질 때, 그 체제의 인권의 미래는 긍정적이라고 생각한다.

민주적 다원주의의 인권비판은 비난을 위한 비난도 아니고, 상대를 흡수하기 위한 비난도 아니다. 남과 북은 서로의 한계를 지적하면서 동시에 상호 고유한 인권체제의 가능성을 인정해야 한다. 민주적 다원주의는 인권의 보편성을 폐쇄성과 단일성으로 오해하지 않는다. 인권의 보편성을 개방성과 다원성의 관점에서 이해한다. 민주적 다원주의는 각기의 체제가 시행착오를 거치면서 고유한 인권의 길을 갈 수 있다는 믿음에 기초한다. 예컨대 남한이 자유주의적 차원에서 인권체제를 형성해 가고 있다면, 북한은 공동체주의적 차원에서의 인권체제를 형성해 갈 수도 있다.

민주적 다원주의에서 각 체제의 고유성은 배타성과 무관심을 의미하지 않는다. 각 체제는 서로 다를지라도 기본적으로 민주주의와 인간 존엄이라는 궁극적 가치를 지향한다는 점에서 동반자라고 할 수 있다. 민주적 다원주의의 상호 관용과 존중은 동시에 상호 고통에 대한 연민과 동정을 의미한다. 나아가 민주적 다원주의에서의 각 체제의 발전은 서로에게 영감과 자극을 주어 상승 작용을 낳을 수 있다. 다원성이 진보와 연결되는 이유이다. 현재 북한 체제가 매우 열악한 상황에서, 북한 인권 개선에 대한 남한과 국제사회의 관심은 당연하다. 그러한 관심은 협력과 지원으로 나타날 수도 있고, 북한 체제에 대한 비판으로 나타날 수도 있다. 다만, 그러한 비판이 북한에 남한의 인권체제, 즉 자유주의적 인권체제를 이식하려는 차원으로 전개된다면, 이는 민주적 다원주의의 틀을 넘는 것이라고 할 것이다.

이하에서는 위 비판적 협력론의 3단계를 분설해 보도록 한다.

3.1. 북한 체제에 대한 비판적 관점

민주적 다원주의가 한반도 남북 공존과 관용의 틀로 수용된다면, 이는 북한 체제에 대한 근본적 성찰의 계기가 될 수 있을 것이다. 이는 민주적 다원주의의 철학적 배경에서 이해될 수 있다. 민주적 다원주의의 정치철학은 자유주의, 즉 리버럴리즘이라고 할 수 있다.[1] 여기서는 리버럴리즘의 역사 속에

1 이하에서 자유주의 대신 리버럴리즘이라는 원어를 쓰고자 한다. 이는 현재 우리 사회에서 자유주의는 친(親)미, 친(親)자본 보수주의와 동일시되는 경향이 강해, 현대 Liberalism의

응축된 중요한 특징을 '오류가능성'의 인식론과 '관용'의 가치론에서 찾고자 한다.

(1) 오류가능성과 관용

먼저 '오류가능성'의 인식론이다. 리버럴리즘은 기본적으로 '인간의 한계'에서 출발한다. 인간 인식에서 실패의 가능성, 실천에서 시행착오의 가능성을 인정하지 않는 이론은 리버럴리즘의 범주에 들 수 없다. 리버럴리즘의 원조라고 할 수 있는 칸트는 우리의 미래는 '인간의 계산가능성' 너머에 있어, 행위의 결과만 보고 한 사람에 대한 윤리적 평가를 내릴 수 없다고 하였다.[2] 롤즈(John Rawls)도 모든 인간은 그 인지적 한계로서 '판단의 부담'에서 자유로울 수 없다고 말하고 있다.[3] 포퍼(Karl Popper)의 과학철학은 참된 인식은 오직 '오류가능성'과 '반증가능성'에 문을 열어 둘 때만 가능한 것임을 말해주고 있다.[4] 즉 폐쇄적인 절대 진리를 주장하는 이론은 그 자체로 진리가 될 가능성이 부정되는 것이다. '의심' 즉 '비판'에 문을 열어 놓고, 끊임없이 수정과 개선을 염두에 두지 않는 어떤 이론도 진리와 친할 수 없다는 인식이 리버럴리즘의 인식론이다.

이러한 오류가능성, 반증가능성이 곧 무책임한 상대주의 그리하여 진실을 방기하는 허무주의로 오해되어서는 안 된다. 리버럴리즘에서 최고의 권위가 있다면 그것은 바로 진실과 진리이다. 다만, 그 중에 으뜸가는 진리와 진실은 바로 인간의 한계성, 즉 '오류가능성'이라는 것이다. 리버럴리즘에서의 오류

정치철학을 반영하는 데에 한계가 있다고 생각했기 때문이다.

2 칸트의 실천철학의 개요에 대하여는 오트프리트 회페, 이상현 옮김, 『임마누엘 칸트』, 문예출판사, 1997, 213쪽 참조.

3 판단의 부담(burden of judgement)에 대하여는 존 롤즈, 장동진 옮김, 『정치적 자유주의』, 동명사, 1998, 71~72쪽.

4 포퍼의 과학철학적 인식론에 대하여는 칼 포퍼, 『추측과 논박: 과학적 지식의 성장』 1, 2, 민음사, 2001, 2002.

가능성과 반증가능성이란 우리 인간들의 인지가 진실과 진리에 미치지 못함을 얘기할 뿐, 진실과 진리의 가치를 부정하는 것이 아님에 주의해야 한다. 리버럴리즘이 회의주의와 친하다면, 그 회의주의는 우리에게 감춰진 무지를 일깨워, 모순된 현실의 생생한 리얼리티에 대면케 하려는 것이지, 우리를 인식론적 오리무중으로 이끄는 것이 아니다.[5] 리버럴리즘에서 회의와 의심을 강조하는 까닭은 오히려 모든 허위와 당파성을 배제하여 진실에 충실하고자 하는 것이다. 따라서 이 오류가능성은 지적 허무주의가 아니라 지적 겸허를 의미하는 것이며, 반증가능성은 지적 허약성이 아니라 지적 성실성을 의미하는 것이다.

리버럴리즘의 오류가능성과 반증가능성은 곧 시행착오의 원리와 연결된다. 그리고 우리 모두에게 '틀릴 권리'에 대한 인정을 요구하게 된다. 인간은 오류에서 배우고, 오류를 통하여 비로소 진리를 깨달을 수 있다는 인식이다. 이리하여 리버럴리즘에서 사상과 양심의 자유, 학문과 교육의 자유, 언론과 출판의 자유는 핵심적 지위에 놓이게 되는 것이다. 서가의 책들에 진리보다 오류가 더 많고, 언론에는 진실보다 선동이 더 많을 수도 있다. 하지만, 바로 그와 같은 오류의 현실을 진리의 과정으로 인정하는 데에 리버럴리즘의 특징이 있다. 즉 현실의 지배적인 세계관과 공식적 견해를 의심해 볼 수 있고, 그와 다른 의견을 얘기할 수 있는 자유의 공간이 확보되지 않는다면 진리가 숨 쉴 수 없다는 것이 리버럴리즘의 관점이다.

현대 리버럴리즘의 또 하나의 특징은 '관용'이다.[6] 이는 앞서 얘기한 인식론적 겸허, 오류가능성의 인식론과 연결된다. 관용에 대한 올바른 이해는 인권에 있어 결정적이다. 사람들은 관용을 흔히 우월한 자가 열등한 자에게 '시혜'를 베푸는 것으로 이해한다. 그러나 리버럴리즘이 말하는 관용은 값싼 동

5 슈클라의 리버럴리즘에 대하여는 정태욱, 『자유주의 법철학』, 한울 아카데미, 2007, 참조.

6 리버럴리즘에서 관용에 대한 간명하면서도 종합적인 설명으로는 마이클 월저, 송재우 옮김, 『관용에 대하여: 야만이 아니라 문명의 방식으로 답하라』, 미토, 2004.

정이 아니며, 그런 '시혜'로는 인권을 말할 수 없다. 리버럴리즘의 관용은 서로의 한계에 대한 인식, 즉 인간의 '오류가능성'에 대한 고백에서 비롯하는 것이다. 그리하여 관용은 남의 일에 함부로 간섭하지 않는 절제, 타인을 어려워하는 태도를 의미한다.

이러한 관용은 곧 상호 존중을 뜻한다. 개인들의 현상적 차이는 크지만, 존재론적 차이는 미미한 것이다. 근본적으로 모든 인간은 '틀릴 수 있는 존재', '잘못할 수 있는 존재'라는 점에서 공통적이다. 인간의 차이란 태양 앞에서 밝기를 다투는 촛불들과 같이 사소한 것이 된다. 아무리 천재적인 과학자도 언제든 치명적 오류에 빠질 수 있으며, 아무리 성인군자라고 하여도 일순간 타락의 나락으로 떨어질 수 있는 것이다. 반대로 아무리 둔재의 사람에게도 지혜의 빛이 빛날 수 있으며, 아무리 저열한 인간에게도 사랑의 감흥은 존재할 수 있는 것이다. 인간의 존재론적 대동소이함은 반대로 현상적인 차이를 긍정하는 것이기도 한다. 즉 서로가 다르지만 차별 없이, 같은 인간으로, '따로 또 같이' 공동체의 구성원으로 함께 살아감을 긍정하는 것이다.

이러한 관용과 다양성은 곧 폭력의 배제, 강제의 배제와 연결된다. 차이를 무시하고, 타자를 제압하는 폭력 속에서 다양성과 다원성은 존재할 수 없다. 리버럴리즘은 가능한 한 넓은 공존과 다양성을 추구하여, 패권주의에 반대한다. 누구도 삶의 진리에 대하여 절대적 인식을 할 수 없다고 할 때, 공존과 다양성의 유지가 곧 진리에 가깝게 가는 유일한 과정이 된다. 인식론적 한계를 다양성과 다원성 속에서 보완하고, 오류가능성을 상쇄해 나갈 것을 기대하는 것이다. 이는 곧 화이부동(和而不同), 구동존이(求同存異)의 협동체계를 의미한다. 강제가 필요한 경우는 다만, 그러한 공존과 협동체계를 파괴하는 폭력을 방지하고 그로부터 공존과 협동체계를 보호하기 위할 때뿐이다. 그리하여 슈클라가 얘기하였듯이, 리버럴리즘은 무엇보다 '잔혹함', '가혹함'을 가장 큰 악덕으로 생각한다.[7] 인간 사회에 무엇이 진리인지 알기는 어렵지만, 가능한 한 폭력을 최소화하는 것이 리버럴리즘의 제일의 가치가 된다.

이러한 폭력의 최소화는 곧 국가권력의 문제를 상기시킨다. 주지하듯이 막스 베버는 국가의 특징을 물리력의 독점에서 구하였다. 그러한 특성은 무정부적 폭력 사회를 지양하기 위한 조직 원리로서 의미가 있다. 그러나 그 결과 "누가 감독자를 감독할 것인가?"라는 법철학의 고전적 문제, 즉 국가폭력의 관리의 문제가 대두하게 된다. 그리하여 리버럴리즘은 한 사회의 가장 강력한 국가의 힘이 무절제한 폭력으로 떨어지지 않도록 하는 데에 최대한의 노력을 기울이게 된다. 법치국가 내지 법치주의, 국가권력에 대한 통제, 즉 견제와 균형의 원리가 그것이며, 그것으로써 인권의 보호막을 삼는 것이다.

(2) 북한 체제의 한계

민주적 다원주의와 그 철학적 기초인 리버럴리즘은 북한 체제에 대한 '현상적' 비판이 아니라 '근본적' 비판을 가능케 한다. 북한 인권 실패와 현황에 대한 보고는 이미 많이 나와 있다.[8] 여기서는 다만 북한 체제의 실패의 원인을 위와 같은 철학의 빈곤이라는 관점에서 진단해 보고자 한다.

리버럴리즘은 어떤 권위도 무오류일 수 없고, 따라서 끊임없이 진리와 진실의 관점에서 재검토되고 시정되어 나갈 것을 예정한다. 그러나 북한은 그 점을 인정하지 않는다. 체제와 권위의 정당화에만 급급하여 삶의 진실에 겸허하지 못하였고, 역사의 미화에만 몰두하여 역사적 진실은 외면하였던 것이다. 이렇게 진실과 진리로부터 멀어지면서 북한 사회에 성찰이 사라졌고, 성찰이 사라지면서 결국 체제의 파국이라는 귀결을 맞이하였던 것이다.

오랜 동안 북한 사회의 키워드들이 되어 왔던 주체농법, 대안의 사업체계, 천리마 운동 등은 그 시작에서는 사회 발전을 위한 새로운 시도이자, 진리 추구의 과정이었다고 생각된다. 그러나 그것이 절대화되고 교조화되면서 어

---

7 이에 대하여는 주디스 슈클라, 사공일 옮김, 『일상의 악덕』, 나남, 2011.

8 대표적인 것으로 통일연구원 북한인권센터, 『2017 북한 인권 백서』, 통일연구원, 2017.

느덧 그 자체가 목표가 되고 진리가 되어 버렸다. 최고 통치자의 권위가 진리의 자리를 대신하고, 오류가능성은 권위에 대한 불충실로, 반증가능성은 권위에 대한 도전으로 간주되었던 것이다. 새로운 가능성, 상황에 따른 변화의 시도는 '불경하고 위험한 것'으로 배제되고, 무익하고 타성에 젖은 노역만이 지속되면서 북한 인민들의 삶은 질곡으로 빠져 들었던 것이다.

통치자의 권위와 공동체의 일체성은 소망스러운 것일 수 있다. 김일성의 항일투쟁 및 국가 건설에서의 역할, 나아가 김정일의 고난의 시기에서의 역할도 공동체의 유산으로 기록될 수 있을 것이다. 공동체의 정체성에 대한 인민들의 명예감과 경건성은 의미 있는 사회적 삶의 불가결한 부분일 수 있다. 그러나 통치자가 공동체의 전부일 수는 없다. 통치자의 삶이 각인의 삶을 대체할 수는 없다. 그것은 결국 인민들의 삶의 소외에 불과할 것이다. 이는 김일성과 김정일이 얘기하고 북한 헌법에도 명시되어 있는 '이민위천(以民爲天)'의 사상과도 맞지 않는 것이다. 진정한 지도자라면 자신의 교시와 사상이 인민들의 삶에서 유리된 허례허식으로 강요되고, 인민들의 주체성이 '생활총화' 속에 박제화 되는 것을 원하지는 않을 것이다. 충성과 애국의 이름으로 무고한 주민들이 무의미한 희생을 강요당하는 것을 바라지는 않을 것이다.

김일성을 위시한 그 지도자들의 무오류성의 신화는 인간적으로 재해석되어야 한다. 그들의 권위는 진리와 정의를 위한 헌신으로 이해될 수도 있겠지만, 동시에 대표적인 시행착오의 예로서도 인식될 필요가 있다. 결코 무오류의 절대선으로 신격화되어서는 안 될 것이다. 관련하여 북한 헌법의 전문(前文)과 중국 헌법의 전문을 비교할 필요가 있다. 양자 모두 자민족의 영광과 혁명에 대한 자부심으로 가득 차 있지만, 중국의 것에는 "진리를 견지하고 착오를 수정하여(坚持真理, 修正错误)"라는 구절이 명시되어 있는 반면, 북한의 것에는 오직 김일성과 김정일의 '불패의 전설', '승리의 신화'만이 나열되어 있을 뿐이다.

또한 오류가능성의 인식론, 즉 인식론적 겸허가 없는 곳에 관용이 들어서기 어렵다. 절대화된 교조주의가 지배하는 곳에서 차이에 대한 인정과 다양성에 대한 포용을 기대하기는 어렵다. 절대선에 대한 자부심이 강하면 강할수록 그와 다른 것에 대한 거부감 혹은 분노도 커질 수 있다. 유일하고도 절대적인 진리를 보존하고 선양하기 위해서는 그에 방해되는 것은 제거되어야 한다. 그것이 진리에 대한 헌신이고, 그를 위한 희생은 숭고한 순교로 찬양된다. 이러한 이데올로기는 폭력의 신성화로 귀결될 수 있다. 이는 마르크스-레닌주의 폭력혁명론, 기독교의 십자군 전쟁, 이슬람의 지하드 투쟁 등 모든 근본주의 세계관에서 공통적으로 발견되는 현상이다.

또한 관용이 사라지고 다원성이 무시되는 사회에서는 사람들 사이의 '차이'가 '차별'로 변질되기 쉽다. 서로 다르지만 다 같이 약하고, 서로 불행과 행복을 공유하는 같은 인간이라는 동등성 대신 '참된 인간' 대 '비인간적 존재', '정상적인 존재' 대 '비정상적인 존재'라는 '선긋기'가 대두할 수 있다. 공동체의 일체성과 사상적 무장이 강조되면 될수록 '선 밖의' 인간들에 대한 분노 혹은 피해의식은 더욱 커지고, 그들에 대한 비인간적 대우를 당연시하게 된다. '민족을 배반한 반혁명분자들'은 '인간쓰레기'들이며, 그들에게 인권이란 존재할 수 없다는 인식이 나올 수 있는 것이다.

관용 대신 차별, 다원성 대신 획일성이 들어서면, 국가의 진리 독점이 강화되고 국가권력은 더욱 팽창된다. 진리와 정의의 화신이 된 국가는 그 힘의 한계를 모르게 된다. 국가권력에 대한 견제와 균형은 사라지고, 국가의 명예와 영광의 원리가 지배하게 된다. 이는 혁명의 정당성과 역사적 필연성을 주장하며 민주집중제로써 모든 권력을 장악한 공산체제에서 종종 발견되는 것이기도 하다. 이러한 체제에서는 국가의 가치를 모르는 불평불만의 '반동분자'를 강제노동을 통해 개조시키는 것은 불가피하며 지당한 일이 될 수 있다. 노동교화소의 가혹함 그리고 '정치범수용소'의 끔찍함은 그러한 산물이라고 할 것이다.[9]

야만으로부터 벗어나는 가장 중요한 지표가 바로 폭력의 최소화이며, 문명

국가로 가는 가장 중요한 지표가 바로 국가권력의 절제와 통제라는 점에 대한 북한 당국의 인식이 절실하다. 국가권력에 대한 법적 한계 설정, 즉 법치주의는 반드시 남한과 같은 자유민주적 헌정질서만이 아니라 모든 체제를 순화하고 문명화하는 데에 필요한 것이다.

이에 관하여도 중국의 헌법과 북한의 헌법은 비교된다. 중국의 헌법은 '의법치국(依法治國)'과 '사회주의 법치국가(法治國家)'를 명기하고 있으며, '모든 국가기관과 무장역량, 각 정당과 각 사회단체, 각 기업·사업 조직 모두는 반드시 헌법과 법률을 준수해야한다. 일체의 헌법과 법률을 위반하는 행위는 반드시 추궁한다. 어떠한 조직이나 개인도 헌법과 법률의 특권을 초월할 수 없다.'라고 하여 입헌주의의 원리, 법에 의한 국가권력의 통제의 이념을 확실하게 명시하고 있다(중국 헌법 제5조). 그에 반하여 북한의 경우에는 사회주의 법률제도의 완비와 사회주의 법무생활을 말하고 있을 뿐, 국가권력에 대한 법적 통제에 대한 인식은 보이지 않는다. 대신 법을 '국가관리의 기본무기'로 규정하고 있다(북한 헌법 제18조).

3.2. 북한 체제의 인권적 개선 가능성

지금까지 리버럴리즘의 철학에 입각하여 북한 체제의 인권적 결함과 근본적 한계를 지적하여 보았다. 그러나 이러한 입장이 '패권주의'로 갈 필요는 없다. 북한의 미래에 대하여 어떤 정답을 주입하는 것으로 오해될 필요는 없다. 우리가 북한 인권 체제를 비판할 수 있지만, 새로운 인권 체제를 만들어 가는 것은 바로 북한 인민들과 당국의 몫이다. 바로 민주적 다원주의를 지향하는 것이다. 다른 한편 리버럴리즘의 철학은 북한 인권에 대한 비판만이 아

9 북한은 정치범수용소의 존재를 부정한다. 그러나 국제사면위원회 등 세계 인권단체들은 북한의 정치범수용소의 존재에 대하여 확신하고 있다. 현재 북한은 점차 정치범수용소를 줄여나가는 것으로 관측되고 있다. 통일연구원 북한인권센터, 앞의 책, 2017, 360~370쪽 참조.

니라 동시에 우리가 북한 인권에 접근하는 방법을 돌아보는 데에도 필요하다. 혹시 우리의 입장을 절대화하는 무오류성을 전제하는 것은 아닌지, 북한에 고유한 인권적 가능성을 배제하는 자기중심주의에 젖어 있는 것은 아닌지 돌아보게 하는 것이다. 그와 같은 자기 성찰이 병행될 때, 비로소 남북 상호적인 민주적 다원주의가 가능할 것이다.

(1) 북한 체제에 대한 장기적 관점

오류가능성의 인식론은 북한 인권체제의 근본적 결함을 말해주는 것이지만, 동시에 북한 체제의 문제를 상대화시키는 것이기도 하다. 북한을 인권이라는 법정의 피고인으로 생각하고, 우리는 검사 혹은 판사로 생각하는 것은 자기중심적 착각이다. 민주적 다원주의와 리버럴리즘은 북한만이 아니라 우리 모두 인권적 결함이 있음을, 결국은 모두 다 같은 피고인의 지위에 있음을 말한다. 그리고 동시에 남과 북이 모두 인권적 가능성이 있음을 말한다.

어떤 체제이든 인식론적 겸허를 상실하면, 현실의 문제를 체제의 영광으로써 무마하려는 욕구가 언제든지 발생할 수 있다. 예컨대 중세 가톨릭이 교조화되면서 진실과 진리가 아니라 교황의 권위, 즉 교황의 무오류성에 집착하고, 교황의 권위와 신의 영광을 높이기 위한 위조, 거짓은 오히려 정당하고 가치로운 것으로 간주된 바가 있다. 북한 권위주의 체제의 문제점은 북한에만 특유한 것이 아니라 인류 사회에 편재(遍在)한 징후라는 점은 충분히 이해될 필요가 있다. 그럴 때, 북한에 대하여 공평하며, 또 인권 문제를 이해하는 보편적 관점이 설 수 있다.

또한 이렇게 인간의 한계, 체제의 한계, 오류가능성, 시행착오를 인간의 일반적 문제로 인식하게 되면, 북한의 역사와 현재에 대한 우리의 시야도 넓어질 수 있다. 북한 체제의 문제를 단순히 '사악함'의 결과가 아니라 '실패'의 문제로 인식할 가능성이 생긴다. 남한의 역사가 놀라운 변화와 성취를 보였듯이, 북한의 역사도 커다란 변화와 굴곡을 겪어 왔다. 즉 우리의 역사가 시행착오를 거치면서 발전해 왔다고 할 수 있듯이, 북한의 역사에도 빛과 그림자가 있을 수 있는 것이다. 비록 현재 북한이 몰락한 '폐가'와 같이 되었다고 하여 과거 북한에 어떤 희망의 시도도 없었다고 치부한다면, 그것은 일방적인 편견을 내보이는 것일 수 있다.

실제로 북한 역사에는 적어도 두 차례 남한에 비하여 나름의 우월성을 주장할 수 있었던 '감격시대'가 있었다. 그것은 첫째로 해방 직후 한국전쟁 직전까지이고, 둘째는 전쟁 후 복구 기간 즉 1950-60년대 재건의 기간이다.

해방 직후 북한의 실험은 적어도 1950년까지는 세계 사회주의 혹은 근대화의 역사에서 하나의 '특별한' 성취였다. 찰스 암스트롱(Ch. Amstrong)에 따르면 북한은 그 짧은 기간에 '빈농의 보호와 여성 권리의 강조, 봉건잔재의 청산, 토지개혁'이라는 혁명을 이룩하였으며, 그것은 다수의 북한 인민들의 기억 속에 역사적 승리로 각인되었다. 또한 이러한 성취는 기본적으로 단순히 소련의 배후조종이 아니라 만주 항일독립 투쟁 시 건설된 소비에트에서의 경험에서 유래한 것이며, "우리의 말과 글을 사랑해야 한다. 한글을 알지 못하는 것은 인민의 수치이다."라는 구호처럼 소련식 사회주의라기보다 민족주의의 산물이었다.[10] 근대 서양 자본주의가 프로테스탄트의 윤리(베버)에 의한 것이었다면, 북한 근대화의 윤리는 '애국주의와 반제국주의로 엮어진 공산주의'였다.

6.25 전쟁 이후 북한의 국가 재건 또한 놀라운 성과였다. 한국전쟁 당시 거의 모든 도시와 산업시설이 파괴된 북한이 한 세대로 지나지 않아서 이룩한 경제발전은 당대 일급의 경제학자를 현혹시키기에 충분하였다. 케인즈 이래 영국을 대표하는 경제학자였던 조운 로빈슨(Joan Robinson)은 1964년 북한을 직접 방문하고는 '한국의 기적'이라는 말을 썼다.[11] 우리 '한강의 기적'

10 찰스 암스트롱, 김연철·이정우 옮김, 『북조선 탄생』, 서해문집, 2006, 105쪽.

을 이미 북한이 선취하였던 것이다. 로빈슨은 북한을 "슬럼이 없는 도시", "빈곤이 없는 국가"라고 표현하며, 제2차 세계대전 이후 어떤 경제적 발전도 이에 비견될 만한 것이 없다고 하면서 북한의 발전을 높게 평가하였다. 로빈슨은 남과 북의 현격한 차이를 지적하며, 남북의 인민들에게 사실대로 말하고 선택하라고 하면, 당연히 북한이 선호될 것이라고도 말하였다. 지금 남과 북의 상황을 생각하면 격세지감을 느끼게 한다.

덧붙이자면, 미국 브루스 커밍스도 "전쟁고아들은 물론, 모든 아동들에 대한 따뜻한 보살핌, 대학교육을 받은 여성들이 남성들을 능가하는 사실 등과 같은 여성 지위의 급격한 변화, 무상 주택, 비교적 수준 높은 국가차원의 예방의학, 최근 기근 이전까지 대부분의 선진국과 비교할 만한 낮은 유아사망률과 평균수명, 조직화된 매춘이 없다는 것, 매수하기 힘든 경찰"이라며, 북한의 성취를 요약한 바 있다.[12]

물론 그러한 성취들은 결국 지속가능하지 못한 것이었다. 인식론적 겸허와 관용의 원리를 상실하고 교조주의와 권력의 절대화가 진행되면서 결국은 총체적 부실과 퇴락을 불러 온 것이다. 과거 북한이 도달한 역사에 비추어 보면 지금 북한의 모습은 가히 '영락(零落)'이라고 말할 수 있다. 하지만, 우리가 북한 인권 문제에 분개할 때, 북한 사람들 자신은 얼마나 수치스러울지 생각할 필요가 있다.

아무리 영락하였다고 하여도 모든 국가와 민족은 나름의 최소한의 명예감을 지니고 있다. 그리고 그러한 명예감은 새로운 출발과 도전을 위한 토양이 될 수 있다. 그 최소한의 자존감을 부정하면서 인권적 성과를 얻으려는 것은 마치 뿌리를 자르면서 열매를 구하는 격이라고 할 것이다. 현재 북한의 참담함이 북한 역사의 전부가 아니며, 과거 북한에도 성취의 역사가 있었다는 사

11 J. Robinson, "Korea 1964 : Economic Miracle", Collected Papers Vol.3, Oxford; Basil Blackwell, 1975, pp.207~215

12 브루스 커밍스, 남성욱 옮김, 『브루스 커밍스의 북한』, 따뜻한 손, 2005, 280쪽.

실, 또 미래의 북한에게도 아직 기회가 있다는 사실을 같이 얘기하지 않는다면, 우리는 북한의 역사에 공평하지 않을 뿐 아니라, 민주적 다원주의에도 충실하지 않게 될 것이다.

인류의 모든 역사가 시행착오의 역사라고 할 수 있다면, 북한의 실패의 역사 또한 시행착오의 역사일 수 있다. 세계 문명의 발전의 역사에 승리와 패배가 교차하였다면 북한의 역사도 그런 것이다. 중국의 역사도 멀게는 청말 환난의 시대, 그리고 공산 혁명 이후에도 수천만 명의 희생을 부른 대약진운동과 문화혁명의 소용돌이 그리고 천안문 사태 등 시행착오의 연속이 아니었던가? 그러나 지금 중국은 그 모든 실패와 상처에도 불구하고 민족적 자부심을 잃지 않고 계속 도전하여 이제 또 하나의 세계적 패권국가로 부상하고 있다. 물론 미래는 또한 알 수 없다. 그러나 그것은 우리 남한, 서구 선진국의 경우에도 마찬가지이다.

(2) 북한 고유의 인권 체제의 잠재력

반복하지만, 북한 인권에 대한 비판이 북한을 반드시 우리와 같은 자유민주적 체제로의 변경을 요구하는 것으로 오해될 필요는 없다. 앞서 관용의 결여라는 차원에서 북한 체제의 근본적 한계를 지적하였지만, 동시에 그 관용의 원리에 따라 다시 북한의 고유한 발전 가능성이 인정되어야 한다. 모두가 우리와 같을 수 없다는 다양성의 인식, 그리고 다원성 속에서 진리가 온전하게 구현될 수 있다는 신념은 남북 관계에서도 적용되어야 하는 것이다.

북한이 완전히 붕괴하고, 남한으로 흡수통일되지 않는 이상, 북한의 체제를 우리가 책임질 수는 없다. 북한 인민들은 자유민주체제를 전혀 경험해 보지 못하였다. 인식론적 겸허와 힘의 절제라는 보편적 가치는 북한이 수용할 수 있을지언정 다당제 경쟁 민주주의와 자본주의 시장원리라는 자유민주체제는 북한에게는 아주 낯선 것이며, 위험한 것일 수도 있다. 우리의 요구는 일차적으로 북한이 그들의 체제를 개선하고 그의 고유한 길을 찾는 씨앗을 심는 일에 국한되어야 할 것이다. 그것을 어떻게 수용하고 발전시킬지는 북한의 몫으로 남겨두어야 할 것이다.

우리는 국제인권법이 자명하다고 생각한다. 그리고 그 내용도 일의적(一義的)이라고 생각한다. 하지만, 인권의 보편성을 획일성과 단일성으로 오해해서는 안 된다. 인권의 보편성은 개방성과 다원성의 차원에서 이해되어야 한다. 현대 국제인권법 체계 자체가 역사적 산물이라는 점을 잊어서는 안 된다. 현대 서구식의 인권이 지배적인 체제라고 하여도 역사의 미래는 누구도 장담할 수 없다. 서구 인권 체제는 유럽 봉건질서 혹은 구체제에 맞선 근대 시민혁명의 성과로 비로소 탄생한 것이며, 다시 유럽의 전체주의와 소련의 공산주의 등을 극복하면서 발전하여 온 시대의 산물이다. 인간이 '역사의 완성'을 얘기할 수는 없다. 인권의 미래에 대하여도 마찬가지이다.

세계인권선언 정립 당시에도 이미 자유권 중심의 인권관과 사회권 중심의 인권관의 대립이 있었다. 이후 그 양 흐름은 결국 종합되지 못하고, 경제적/사회적/문화적 인권 규약, 시민적/정치적 인권규약으로 분리 발전하였다. 미국의 경우 전자는 아직도 비준을 미루고 있으며, 중국은 후자에 가입하지 않고 있다. 또한 탈식민지주의와 저개발국들의 자의식이 커지면서 이른바 연대의 권리(right to solidarity) 즉 발전권(right to development), 평화권(right to peace), 환경권(right to healthy environment)이라는 새로운 인권 패러다임이 등장하였다. 그리하여 이제 소위 인권의 '세대론'은 거의 공리로 인식되고 있다. 즉 인권은 제1세대 즉 자유권에서 제2세대 사회권 그리고 제3세대 연대권으로 발전해 가고 있다는 것이다. 이처럼 인권의 보편성은 역사적으로 형성되어 가는 개방적 개념으로 이해되어야지 폐쇄적이고 완결된 것으로 주장될 수는 없다.

또한 국제인권 규범의 해석과 적용에서도 각 나라의 문화와 역사가 존중되어야 한다는 문화 다양성의 논의도 주목할 필요가 있다. 법인류학에서 처음

제출된 법 다원주의(legal pluralism)와 정치철학에서 제기된 다문화주의(multiculturalism)가 이미 국제인권법에도 큰 영향을 미치고 있다. 싱가포르의 리콴유 수상 등이 내세웠던 '아시아적 가치(Asian Values)'는 그 대표적인 예라고 할 것이다. 이 아시아적 가치는 1993년 비엔나 유엔인권대회의 중요한 화두가 되었고, 결국 인권의 보편성과 함께 인권의 문화적, 역사적 다원성을 같이 존중하는 차원으로 정리되었다.

같은 문화권 내에서도 국가적 전통과 역사에 따라 국제인권규범의 적용에서 편차가 나타날 수 있다. 유럽인권재판소는 EU 통합의 인권규범체제를 발전시키는 데에 있어, 획일성이 아니라 유연성을, 통일성이 아니라 다양성을 인정하는 쪽으로 나아가고 있다. 소위 '판단재량(판단여지: margin of appreciation)'라는 이론은 그렇게 발전된 법리이다.[13] 유럽은 인권의 보편성을 부정하지는 않지만, 그 구체적인 적용은 나라의 전통과 문화에 따라 달리 할 수 있음을 긍정한 것이다. 그리고 이러한 법리는 최근에 일반적인 국제인권법의 차원에서도, 그리고 국제사법재판소(ICJ)에 의하여도 그 적용가능성이 시사되고 있다.[14]

물론 북한의 인권상황은 한도를 넘는 심각한 것이고, 따라서 관용의 대상이 될 수 없다고 말할 수도 있다. 오류가능성이 허무주의적인 회의주의가 아니고, 관용의 원리도 무원칙한 상대주의는 아니듯이, 민주적 다원주의도 인권문제에 대한 책임회피는 아니다. 남북이 모두 자신의 명예를 국제적으로 제시할 만큼의 기본적 인권체제는 갖추어야 한다. 그에 미달하는 부분은 바로 주민들의 고통이며, 체제의 수치이고, 국제사회의 불행이다. 인권의 초월적 기능, 즉 체제에 대한 한계설정 기능은 인정되어야 하며, 북한 체제의 인

13 판단재량에 대한 일반적 설명은 정경수, 「인권의 보편성과 문화적 다양성의 공존: 유럽인권협약 해석의 판단여지를 중심으로」, 『국제법평론』 제29호, 국제법평론회, 2009, 153~176쪽.

14 이에 대하여는 Yuval Shany, "Toward A General Margin of Appreciation Doctrine in International Law?", European Journal of International Law, November 2005, pp. 907~940.

권적 결함은 반드시 개선되어야 한다.

하지만, '한도를 넘는 부분'에 대한 비판이 '본질 자체에 대한 부정'으로 이어지는 것은 관용의 원리를 넘어선다. 북한 인권 상황에 결함이 크다고 하여, 북한 체제를 근본적으로 부인하는 것은 민주적 다원주의에 반한다. 물론 북한 인민들이 자주적 결단과 행동으로 체제를 근본적으로 변혁하는 것을 막을 이유는 없다. 다만, 그것을 외부에서 주문하고 강제할 수는 없다는 것이다. 민주적 다원주의는 일차적으로 체제를 부정하는 차원이 아니라 일정한 한계를 지켜줄 것을 주문하는 것이라고 할 수 있다. 이는 북한 인권 체제의 본질에 대하여 우리가 어떤 종국적 유권해석을 내리려는 오만함을 경계하자는 것이며, 우리가 먼저 관용의 원리에 충실할 것을 주문하는 것이다.

다시 설명하자면, 북한 인권 개선의 목표, 즉 북한이 지향해야 하는 인권체제가 무엇인가에 대하여 두 가지 상이한 관점이 있을 수 있다. 그 하나는 북한을 우리 남한, 즉 서구식의 자유주의 인권체제로 만들려는 관점이고, 다른 하나는 그와 달리 우리와는 다르지만, 북한 나름으로 추구할 수 있는 괜찮은 인권체제가 있을 수 있음을 인정하는 것이다. 여기서 전자는 일종의 '근본주의'라고 할 수 있다. 그러나 민주적 다원주의는 그러한 근본주의에 반대하는 것이다.

이러한 관점의 대표적인 예로서 존 롤즈(John Rawls)의 『만민법(The Law of Peoples)』을 들 수 있다.[15] 그는 비록 현대 서구 자유주의의 우월성을 믿더라도, 그것을 그대로 다른 사회에 강요하는 것은 곤란하다고 보았다. 그리하여 서구 자유체제 이외의 다른 '괜찮은(decent) 비자유적 체제'의 가능성을 긍정하고, 그러한 체제와 서구 자유체제가 상호 공존하는 미래를 상정하였던 것이다. 여기서 롤즈는 비자유주의적 체제에 자유주의적 체제에서의 인권목록을 모두 요구하지 않는다. 그 중에서 가장 기본적인 최소한의 인권

15 존 롤즈, 장동진·김만권·김기호 옮김, 『만민법』, 아카넷, 2009.

목록만 제시한다. 즉 자유주의와 비자유주의의 민주적 공존, 합당한 다원주의(reasonable pluralism)의 공통분모로서의 인권을 생각하는 것이다.

한편 최근 이슬람권 학자들은 그러한 입장을 더욱 발전시켜서 기본적 인권 목록을 이슬람의 관점에서 제시하기도 한다. 즉 롤즈식의 최소한의 인권은 서구적 관점에서 시작하여 이슬람까지 포용하려는 것이라면, 방향을 역으로 하여 이슬람의 관점에서 시작하여 서구를 포용하는 방식을 제시하는 것이다. 그리하여 그들은 오히려 제3세대 인권, 즉 건강한 환경권, 발전권, 평화권이라는 연대의 권리 그리고 그에 대한 개인의 책무를 인권의 핵심으로 제시한다.[16]

북한의 미래상으로 보다 적실성 있는 것으로는 역시 중국의 공동체주의-사회주의적 인권체제일 것이다. 중국의 인권관은 사회적 경제적 인권을 자유권보다 중시하고, 인권의 보호막으로서의 주권을 강조하고, 각 나라의 고유한 역사와 문화에 의한 특수성("중국 특색의 인권")을 내세운다는 점에서 북한의 인권관과 매우 유사하다. 중국의 미래에 대한 Wei Pan의 구상, 즉 '민주주의 없는 협의체적 법치주의 체제' 혹은 '민본(民本)체제'의 구상도 북한에 참고가 될 수 있을 것으로 생각한다.[17]

3.3. 북한 인권 문제에 대한 기술적 협력

이상에서 본 바와 같이 북한 인권 문제에 대한 민주적 다원주의의 비판적 협력을 위해서는 이중적 접근이 필요하다. 하나는 인권의 초월적 가치와 체제의 한계를 일깨우는 과정이고 다른 하나는 북한 고유의 인권체계에 도움을 주는 기술적 협력의 과정이다.

---

16 Jason Morgan-Foster, "Reverse Moderate Relativism Applied : Third Generation International Human Rights from an Islamic Perspective", April 5, 2004; bepress Legal Series, Working Paper 235, 인터넷 문서, http://law.bepress.com/expresso/eps/235

17 이에 대하여는 정태욱, 『한반도 평화와 북한 인권』, 한울 아카데미, 2009 참조.

북한 인권 문제에 대하여는 먼저 국제적 개입을 들 수 있다. 국제적 개입에는 유엔이 대표적이다. 유엔은 위의 양 측면의 방법을 다 활용하고 있다고 말할 수 있다. 유엔이 북한 인권 문제를 비판적으로 다루어 온 역사는 짧지 않다. 2003년부터 유엔 인권위원회(2008년 이후는 인권이사회)에서, 2005년부터는 유엔 총회에서도 북한 인권 결의문이 계속 채택되었고, 마침내 2013년 북한 인권의 '반인도적 범죄' 여부를 조사하는 '북한 인권 조사위원회(COI; Commission of Inquiry on Human Rights in the Democratic People's Republic of Korea)'가 구성되었고, 2014년 북한 통치자를 국제형사법정에 세워야 한다는 조사보고서를 발표하기에 이르렀다. 유엔인권이사회와 유엔총회는 그 보고서를 기초로 북한 인권문제를 유엔 안보리에서 다루도록 하는 결의를 채택하였고, 마침내 안보리의 의제로 상정되었다. 극단적인 경우에는 북한 인권문제에 대하여 안보리가 강제조치, 즉 인도적 개입의 조치를 내릴 수도 있는 상황이 된 것이다.

그러나 유엔인권레짐은 북한 인권에 대한 협력적 관계도 구축하고 있다. 북한은 1981년 국제인권규약의 핵심인 자유권규약과 사회권규약에 가입하였으며, 이후 1990년 아동권리협약, 2001년 여성차별철폐협약, 2014년 아동성매매 등에 관한 권리협약 선택의정서 그리고 최근 2016년 12월에 장애인권리협약에도 가입하였다. 또한 유엔 인권이사회의 국가별 보편정례검토(Universal Periodical Review)에도 나름 충실히 응하고 있다. 2009년 제1차 정례검토를 받았으며, 167개의 권고사항 가운데 50개항을 거부하고, 나머지 117개 사항 가운데에서는 81개항을 수용, 6개항을 부분수용, 15개항을 유의, 15개항을 거부하였다. 2014년 제2차 정례검토가 있었으며, 268개항의 권고사항 가운데 83개항을 거부하고, 나머지 185개항을 검토한 후 113개항을 수용, 4개항 부분수용, 58개항 유의, 10개항을 거부하였다. 북한이 수용한 사항 가운데에는 국가인권기구국제조정위원회, 유엔인권최고대표사무소와의 기술협력, 식량권특별보고관의 방북 등이 있었다.[18]

하지만, 지금까지 유엔 인권레짐의 비판적 협력은 가시적 성과를 내지 못하고 있다. 그 이유는 북한의 소극적인 자세에도 원인이 있지만, 동시에 유엔이 북한에 유독 엄격하였다는 점도 지적될 수 있을 것이다. 인권규탄결의안이 유엔인권이사회와 유엔총회에서 최근 10년 이상 계속하여 채택되고 있는 나라는 북한이 거의 유일하다.[19] 내전이나 전쟁이 아닌 상황에서 인권 문제로 국가통치자를 인도에 반하는 죄를 물어 국제형사법정에의 제소를 권고한 것도 매우 이례적이다. 2015년 북한 인권에 대한 유엔인권최고대표사무소의 현장 사무소가 서울에 설치되었지만, 주로 위임된 임무가 북한 최고 통치자의 반인도 범죄 소추 조사로 된 것도 아쉬운 부분이다. 유엔 결의안은 북한에 대한 '창피주기'와 '낙인찍기' 효과가 있었으며, 북한은 인권에 대한 성찰보다 방어적 거부 반응을 앞세웠다.

다만, 유엔 인권최고대표사무소는 기본적으로 각국의 정부들이 인권 보호의 일차적 책임을 지고 있음을 전제하고, 사법행정의 기술적 지원, 입법 개선, 선거절차, 현장에서의 인권실현 등을 중요한 업무로 삼고 있다. 따라서 서울에 설치된 현장사무소 유엔 인권최고사무소가 단지 북한의 '반인도적 범죄'에 대한 소추 작업만에 그치지 않고, 비판적 협력의 새로운 가능성을 보여줄 잠재력도 있다고 생각한다. 예컨대 조사의 엄밀성과 공정성이라는 차원에서 '정치범 수용소의 유일한 탈출자'인 신동혁, 그리고 최근 '탈북 아이돌'로 떠오른 박연미의 문제점들[20] 등에 대하여도 조사할 수 있다면, 그 현장사무

---

18 서보혁, 「북한의 인권정책 변화와 남북인권협력」, "국제 북한인권 동향과 남북 인권협력", 참여연대 토론회, 2014. 11. 26., 12~15쪽 참조.

19 2016년 유엔총회에서 인권결의안이 나온 대상국은 미얀마, 이란, 북한, 시리아이었다. 2017년에는 11월 15일 현재는 이란, 시리아이나, 11월 14일에 유엔 총회 제3위원회에서 북한에 대한 인권결의안이 채택되어, 총회에서도 곧 대북 인권결의안이 통과될 예정이다.

20 박연미는 신동혁에 이어 현재 국제사회에서 가장 유명세를 타고 있는 탈북자이다. 박연미는 국내 '이만갑' 프로그램의 스타일 뿐 아니라, Freedom Factory라고 하는 북한 인권 운동 영어 인터넷 방송을 운영하고, 저명 온라인 강의인 TED에 출연하였고, 오슬로 자유 포럼에서도 강연하였으며, 2014 세계 젊은 지도자 회의(One Young World Summit)에 초청받아

소는 북한의 협력을 이끌어내는 주요한 계기가 될 수도 있다고 생각한다.

더 나아가 유엔의 대북인권결의안이 규탄결의안에서 벗어나 유엔과의 인권협력을 촉구하는 결의안으로 대체될 수 있다면, 이는 북한 인권 문제에서 새로운 전기를 마련할 수도 있을 것이다. 유엔의 원칙적 입장을 번복하기 어렵다면, 유엔인권이사회는 규탄결의안을, 유엔총회는 협력촉구 결의안을 내는 식의 분업을 할 수도 있을 것이다. 참고로 캄보디아의 경우 1993년부터 2003년까지 매년 인권결의안이 채택되었으나, 2004년과 2005년은 기술협력결의안으로 대체된 바 있다. 물론 이는 캄보디아가 유엔에 대하여 우호적 태도를 보였기 때문에 가능한 일이었다.

반면에 중국의 경우 1989년 천안문 사태 이후 세계에서 인권유린국으로 낙인찍혔고, 유럽은 유엔 무대, 특히 유엔인권위원회에서 중국 인권에 대한 결의문 채택을 줄기차게 시도하였다. 그러나 1990년부터 1997년까지 계속된 시도에서 한 번도 성공하지 못하였다. 중국은 거의 모든 경우 안건 제출 자체를 막는 '부동의(no action)' 결의안을 제출하여 인권위원회 다수 회원국들의 지지를 얻어 냈다.[21] 중국은 유엔에서의 수세적 대응에 그치지 않고, 1995년부터 유럽 국가들과 인권대화를 시도함으로써 유엔 무대에서의 인권결의안 시도를 대체하고자 하였다. 결국 유럽연합은 1997년 덴마크 등 일부 유럽 국

연설하였고, 2014 BBC 선정 올해의 여성 100인에 포함되기도 하였다. 현재 유튜브 상에는 박연미의 강연과 인터뷰들이 많이 올라와 있다. 그런데 호주의 저널리스트 Mary Ann Jolley는 박연미를 대상으로 프로그램을 제작하기 위하여 취재를 한 결과, 그녀의 증언이 너무 모순이 많고, 작위적이라는 점에 크게 실망하고, 오히려 그녀를 탄핵하는 글을 발표하였다. 그에 따르면 박연미의 증언 가운데 특히 충격적이고 감동적인 부분은 별로 신빙성이 없어 보인다. 메리 졸리는 박연미의 해명도 실었는데, 박연미는 자신의 증언의 불일치를 미숙한 영어 능력 등의 탓으로 돌리고 있다. Jolley, Mary Ann, *The Diplomat*, "The Strange Tale of Yeonmi Park : A high-profile North Korean defector ha harrowing stories to tell. But are the true?", 2014. 12. 10., http://thediplomat.com/2014/12/the-stra nge-tale-of-yeonmi-park/

21 유일하게 1995년 중국은 '부동의' 표결에서 실패하였으나, 인권결의안 채택은 결국 1표 차이로 부결되었다. 자세한 내용은 Baker, Philip, "Human Rights, Europe and the People's Republic of China", *The China Quarterly* Vol.169, 2002, p.53.

가들의 최후의 안건 상정 시도가 실패로 돌아간 이후, 더 이상 EU국가들이 공동으로 유엔에 상정하는 일은 없도록 하고, 대신 중국과 인권대화를 진행하기로 정책을 변경하였다. 유럽은 이후 매년 두 차례 정기적으로 중국과의 인권 대화를 진행하고 있다.

유엔 인권레짐이 그 노선을 임의로 바꾸기 어렵다면, 인권레짐이 아닌 다른 유엔 기구를 통하여 북한 인권문제에 대한 기술적 협력을 할 수도 있다. 예를 들어 지속가능발전 2030의제(SDGs)를 활용하여 인권관련 기술협력 프로그램을 진행하는 방법도 생각할 수 있다. 북한은 유엔총회에서 이수용 외무성 장관의 연설을 통해 의제 채택을 지지한 바 있다. 구체적으로 2030의제 문서 제67항에 언급되어 있는 '기업과 인권의 이행원칙' 등을 활용할 수 있을 것이다.[22] 나아가 세계보건기구(WHO)나 유엔환경계획(UNEP) 등 유엔 전문기구나 프로그램의 기술협력을 통해 보건권 및 환경권 등에 대한 협력부터 시작할 수도 있을 것이다.

더 나아가 유엔만이 아니라 예컨대 교황과 같은 세계의 정신적 지도자가 북한과 관계를 개선하면서 협력적 조언을 하는 것도 의미있는 방법이라고 생각한다. 실제로 현 프란치스코 교황은 북한 문제에 큰 관심을 가지고 있는 것으로 알려져 있으며, 문재인 대통령이 교황에게 남북 간의 중재역할을 부탁하였다는 보도도 있다.[23]

궁극적으로 민주적 다원주의를 위해 남북 간의 인권적 협력이 중요하다고 할 것이다. 그동안 남북은 1972년의 7.4공동성명, 1991년 남북 기본합의서 채택, 2000년의 6.15공동선언, 2007년 10.4공동선언 등 상호 인정과 화해 협력의 초석들을 놓아 왔다. 그러나 특별히 한반도 전체를 아우르는 인권에 대한 비전 제시는 따로 없었다. 이 문제를 정부가 다룰 경우 자칫 상호 내정

22 한동호·도경옥·이성훈, 『인권개선을 위한 기술협력』, 통일연구원, 2015, 92쪽.

23 ≪중앙일보(인터넷)≫, 〈문 대통령, 교황에게 남북정상회담 중재 요청〉, http://news.joins.com/article/21597554, 검색일 2017. 11. 15.

간섭의 문제를 불러일으킬 수 있기에 조심스러울 수밖에 없다고 생각한다. 하지만, 향후 남북 공동선언에는 한반도 인권 헌장과 같은 개념틀을 모색해 볼 수도 있다고 생각한다.

민주적 다원주의에 입각한 인권 대화는 원리적으로 남과 북 쌍방향의 소통과 협력으로 되어야 할 것이다. 최근에 제정된 북한인권법에는 남북 인권대화를 명문화하고 있다. 즉 제7조 제1항에서 "정부는 북한 인권증진에 관한 중요사항에 관하여 남북인권대화를 추진하여야 한다"고 규정하고, 제2항에서 남북인권대화의 대표직도 예정하고 있다.

그러나 북한인권법에서 남북인권대화는 주변적 과제일 뿐이다. 북한인권법의 주된 관심은 한편에서는 북한인권기록센터와 같이 북한 인권침해에 대한 조사와 향후 과거청산을 위한 준비에, 다른 한편으로는 대북 인도적 지원에 있다고 할 수 있다. 그리고 그 실질적 목적은 인권재단을 설립하여 대북 인권 관계의 물적 토대를 형성하는 데에 있다고 생각한다. 아직 북한인권법은 구체적인 시행단계로 들어가지는 못하고 있다. 북한인권법이 민주적 다원주의라는 청사진 속에서 구현될 수 있기를 희망해 본다. 대북 인도적 지원의 지속적인 시행을 통해 대북 신뢰관계를 구축하는 것이 그 첫걸음일 수도 있다고 생각한다.

4. 맺음말

북한의 근본 문제는 과거의 실패에서 교훈을 찾지 못하는 데에 있기도 하지만, 동시에 미래의 비전을 찾지 못한 데에도 있다고 생각한다. 비록 헌법 개정을 통하여 '인권'이라는 용어는 새롭게 추가되었지만, 그 체제가 지향해야 할 미래상, 예컨대 '비자유주의적인 인권질서'의 상은 아직 찾지 못하였다고 생각한다. 사람들은 그에 대하여 남한처럼 바꾸면 된다는 식으로 간단한 처방을 내린다. 하지만, 그러한 남한의 자기중심주의를 드러내는 것에 불과할 수 있으며, 북한 인권 개선에 도움이 되기보다 오히려 상황을 악화시킬 수 있다.

북한은 리버럴리즘을 전혀 경험해 보지 못했다. 북한이 경험한 것은 조선 유교적 군주제, 일본의 천황 군국주의, 전체주의적 공산주의가 전부이다. 그러한 체제는 모두 공동체주의적 성격이 강하고 개인주의란 오히려 금기사항이 된다. 현재 북한에는 우리 남한과 같은 자유분방한 사회문화를 견디어 낼 내성이 없다고 보아야 할 것이다. 그것을 우리가 주문하는 것은 일방적이며 무리한 요구가 될 것이다. 북한이 알지 못하는, 또 북한이 원하는 것도 아닌 길을 가라고 재촉하면서 '훈계'를 듣지 않는다고 비판하는 것은 온당한 일이 아닐 것이다. 그에 앞서 북한의 역사적 전통에 비추어 보다 합당한 길을 고민하고 추천하는 것이 우선적 과제일 것이다.

북한의 인권현실을 비판하고 개선을 도모함에 있어 서구식의 자유주의적인 인권 이념만이 아니라 비자유주의적인 인권의 이념도 있을 수 있음을 생각해야 한다. 즉 북한이 추구할 만한 비자유주의적인 인권질서의 가능성을 열어 두어야 한다. 그리고 북한이 스스로 그러한 자신의 고유한 목표와 이념에 비추어 현재 부족한 부분을 고치도록 주문하는 것이 필요하다고 생각한다. 그리고 그와 같은 북한 인권개선론이야말로 남북 간 민주주의의 원칙에 부합하는 관점이라고 생각한다.

북한이 만약에 그러한 관점을 수용한다면, 그것 또한 우리 헌법의 자유 민주주의의 승리라고 말할 수 있다. 즉 북한이 비록 서구식의 자유주의를 취하지는 않지만, '공존'을 수용하는 것이며, 그것은 결국 자유민주주의의 근본적 가치인 '관용'을 인정하는 것이기 때문이다. 그렇게 되면, 남과 북이 서로 다르지만, 반드시 배척하지는 않는, 오히려 서로 자신을 돌아보고, 또 상호 보충하는 민주적 다원주의에 입각한 '연합(혹은 연방)국가'의 역사를 가능케 할 수 있을 것이다.

참고문헌

통일교육원 북한인권센터, 『2017 북한 인권 백서』, 통일연구원, 2017.

브루스 커밍스, 남성욱 옮김, 『브루스 커밍스의 북한』, 따뜻한 손, 2005.

서보혁, 「북한의 인권정책 변화와 남북인권협력」, "국제 북한인권 동향과 남북 인권협력", 참여연대 토론회, 2014. 11. 26.

오트프리트 회페, 이상현 옮김, 『임마누엘 칸트』, 문예출판사, 1997.

정경수, 「인권의 보편성과 문화적 다양성의 공존 : 유럽인권협약 해석의 판단여지를 중심으로」, 『국제법평론』 제29호, 국제법평론회, 2009.

존 롤즈, 장동진·김만권·김기호 옮김, 『만민법』, 아카넷, 2009.

존 롤즈, 장동진 옮김, 『정치적 자유주의』, 동명사, 1998.

찰스 암스트롱, 김연철·이정우 옮김, 『북조선 탄생』, 서해문집, 2006.

한동호·도경옥·이성훈, 『인권개선을 위한 기술협력』, 통일연구원, 2015.

Baker, Philip, "Human Rights, Europe and the People's Republic of China", *The China Quarterly*, Vol. 169, 2002.

J. Robinson, "Korea 1964 : Economic Miracle", Collected Papers 제3권, Oxford ; Basil Blackwell, 1975.

Jason Morgan-Foster, "Reverse Moderate Relativism Applied : Third Generation International Human Rights from an Islamic Perspective", April 5, 2004.

Yuval Shany, "Toward A General Margin of Appreciation Doctrine in International Law?", European Journal of International Law, November 2005.

≪중앙일보(인터넷)≫, 〈문 대통령, 교황에게 남북정상회담 중재 요청〉, http://news.joins.com/article/21597554, 검색일 2017. 11. 15.

bepress Legal Series, Working Paper 235, 인터넷 문서, http://law.bepress.com/expresso/eps/235

Jolley, Mary Ann, The Diplomat, "The Strange Tale of Yeonmi Park : A high-profile North Korean defector ha harrowing stories to tell. But are the true?", 2014. 12. 10., http://thediplomat.com/2014/12/the-strange-tale-of-yeonmi-park/

인권 패러다임 이론과 북한 인권문제

조효제

1. 들어가면서

공식 차원에서 한국에서의 북한 인권 논의는 시대에 따라 강조점을 달리하며 진화해 왔다. 대북 화해협력정책을 추진하던 시기에는 북한 인권을 정면으로 다루지 않는 경향이 있었다. 그 후 화해협력 기조를 유지하되 북한 인권문제를 거론해야 한다는 시각이 등장했다가, 북한이 핵실험을 실시하고 남북긴장이 고조되면서 북한체제 모든 모순의 핵심에 인권문제가 있다는 인식이 등장했다. 현재 북한 인권은 남북관계뿐 아니라 국제적으로도 심각한 쟁점이 되어 있다. 식량권, 표현 자유, 생명권, 이동 자유, 정치범 수용소, 고문 및 비인도적 행위, 자의적 체포와 구금, 정보 제한 등 광범위한 인권침해 상황이 보고되었다.[1]

1 국제엠네스티, 『통제된 사회, 단절된 삶: 북한 내 휴대전화 사용 및 외부세계 정보제한 실태』. 국제엠네스티, 2016; 김양희, 「북한 식량권의 연구 동향 및 과제」, 『통일인문학』 제60집, 건국대학교 인문학연구원, 2014; 승재현·임예준, 『반인도 범죄로부터 북한주민 보호를 위한 국제사회의 보호책임(R2P)에 관한 연구』, 형사정책연구원, 2014; 허만호, 「국제인권법을

긴 논쟁 끝에 한국에서도 2016년 북한 인권법이 제정되었고 서울에 유엔 북한 인권사무소가 개설되기에 이르렀다.[2] 그러나 북한 인권이 중요한 의제가 되었다 해도 여전히 북한의 모든 문제를 안보와 직결시키는 '안보화' 경향은 변하지 않았다. 그런 점에서 적어도 남한에서는 북한 인권이 중차대한 의제가 되었을 때조차 그것이 순수한 인도적 의미에서의 독립변수로 취급되었다고 보기 어려우며, 독립변수로 취급되었다 하더라도 진정한 의미에서 인권을 탈정치적 관점에서 다루었다고 보기도 어렵다. 본고를 집필하던 중 북한의 5차 핵실험이 임박했다는 보도 그리고 2016년 7월 미국 정부가 의회에 제출한 〈북한 인권침해 및 검열 보고서〉에서 김정은 위원장을 비롯한 개인과 조직을 직접 제재하기로 했다는 보도가 나왔다. 이런 갈등적 상황에서 인권 논의가 안보 논의의 부차적 요소로 치부되거나, 북한 비판의 압박수단으로 사용될 여지가 더욱 커졌다. 그러나 상황이 아무리 엄중하다 해도 인권은 삶의 궁극적 근거인 인간 존엄이 달려 있는 사안이므로 편의적으로 취급하거나 자의적으로 유보할 수 있는 성질의 것이 아니다. 남북관계가 악화될수록 남북한 양측의 인권이 동시에 악화될 개연성이 크므로 이런 시기일수록 남북한 전체의 인권에 더욱 관심을 가져야 하는 것이다. 본고는 기본적으로 이 같은 인식에 기반을 두고 북한 인권을 '인권의, 인권에 의한, 인권을 위한' 원칙으로써 분석하려는 시도이다.

지금까지 주로 북한학·통일학 전문가나 사회과학의 다양한 분과학문 연구자들이 북한 인권문제를 천착해 왔다. 이런 연구들은 남북관계, 통일, 비핵화, 지정학, 외교, 경제협력, 인도적 지원, 평화체제, 개발 등의 맥락에서 북한 인권의 양상분석 및 개선방안을 제안하는 접근방식을 취했다. 이에 반해

기준으로 바라본 북한의 정치범 수용소」, 『사회과학 담론과 정책』 제4권 제1호, 경북대학교 사회과학연구원, 2011 참조.

2 백범석·김유리, 「유엔 북한인권 조사위원회 설립의 이해와 전망」, *The Asan Institute for Policy Studies Issue Brief*, No. 50, 2013, pp.1~11 참조.

인권 자체를 연구하는 '인권학' 전공자가 인권 원칙·원리로부터 출발하여 북한 인권문제를 하나의 쟁점사례로 분석한 연구는 상대적으로 적었다.[3] 두 접근은 동일한 대상을 취급하므로 결과적으로 유사하다고 볼 수 있지만, 강조점과 방법론에 있어 일정한 차이가 있다. 전자는 대체로 국제관계학에서 '영향으로서의 권력'을 연구하는 방식을 차용하여 국제사회의 외부 행위자가 특정 국가행위자의 행동변화에 영향을 끼칠 수 있는 동학과 방안을 분석한다.[4] 전자는 또한 인권을 주로 시민적·정치적 권리 개념으로 조작화하여 분석하는 경향이 있다. 이때 북한 인권문제는 한반도 안보와 대북정책이라는 거시적 고려에 부수되는 하위 변인으로 취급되곤 한다.

그러나 후자의 인권학에서는 북한 인권을 다룰 때 규범의 차원에서 국제적으로 인정되는 '보편적' 인권론에서 출발하지만 인권의 해석과 이행에 있어서는 다양한 변용이 가해질 수 있음을 인정한다. 후술하겠지만 오히려 인권학 전공자들은 인권을 규범적 보편성에 근거해 이해하면서도 그것의 실행에 있어서는 맥락을 고려한 유연한 대응을 감안하는 경향이 있다. 또한 후자는 시민·정치적 권리를 넘어 경제·사회·문화적 권리 및 연대권까지 포괄하는 상호연결된 일체로서의 전일적 인권을 지지한다. 양자 간의 이런 차이는 각 측이 선호하는 용어에서도 일정 부분 드러난다. 전자에서는 전략, 로드맵, 시나리오, 단계별 목표, 행동계획과 같은 개념어들이 자주 등장한다. 이는 미국민주주의진흥재단(NED) 같은 기관에서 개도국의 민주화 지원프로그램을 기술할 때 흔히 사용하는 어휘들이다. 하지만 인권학이나 국제 인권엔지오에서 이런 기술적 용어를 사용하는 경우는—'행동계획'을 제외하고는—흔치 않다.

본 연구는 북한 인권에 대해 또 하나의 구체적 대안을 제출하기보다, 이 주제를 인권학의 관점에서 원론적으로 재검토하고자 한다. 따라서 본고는 북

---

3 서보혁, 『북한 인권: 이론·실제·정책』, 한울 아카데미, 2007.

4 박형중, 『북한의 개혁·개방과 체제변화: 비교사회주의를 통해 본 북한의 현재와 미래』, 해남, 2004.

한 인권을 규범적이고 이론적인 차원에서 새롭게 바라보는 시각을 제공하는 것에 일차적 목표를 둔다. 북한 인권에 관한 개념상의 명료성을 확보하고 그 논리의 연장선상에서 대안적 접근의 가능성을 시사할 것이다. '바쁠수록 돌아가라'는 말이 있듯이, 북한 인권과 같이 현실적 함의가 중차대한 문제일수록 그것의 원칙과 대강(大綱)을 세우는 일은 중요하다.

본고의 구성은 다음과 같다. 우선 북한 인권의 권리주체와 의무주체를 명확히 설정하고, 인권원칙상 각 주체들에게 어떤 지위와 역할이 기대되는지를 분석한다. 그런 후 인권 달성에 있어 상호 보완적 관계에 있는 양대 패러다임을 소개한다. 지금까지 인권문제 해결을 중시해 온 패러다임이 인권 담론의 주류적 접근이었다면, 최근 재발견되고 있는 패러다임에서는 인권침해를 야기하는 근본원인을 찾아 인권이 달성될 수 있는 조건을 형성하는 데에 초점을 둔다. 그런 후 양대 패러다임에 비추어 보아 과거 화해협력정책이 북한 인권에 어떤 함의가 있었는가라는 질문에 대해 잠정적인 평가를 제시할 것이다. 마지막으로, 북한 인권문제의 궁극적 해결을 위해 인권문제 해결 패러다임과 인권조건 형성 패러다임을 결합할 때 고려해야 할 사항들을 설명하고 결론을 내린다.[5]

2. 권리의 주체와 의무의 주체

모든 인권 논의는 권리의 주체와 의무의 주체를 명확히 설정하면서 시작한다. 북한 인권 논의 역시 권리와 의무의 주체를 확정하고, 그것이 인권 원칙에 있어 무엇을 의미하는가를 적절히 인식하는 것에서 출발해야 한다.

5 본 연구자는 북한 인권을 보편적 인권의 시각으로 이해하며, 유엔을 비롯한 국제사회가 북한 인권문제에 대해 적극적 행동에 나선 것을 지지하는 입장을 취한다. 그리고 북한 인권의 국제적 의제화를 위해 활동해 온 국내외 인권단체들의 인도주의적 정신을 긍정적으로 평가한다.

2.1. 권리의 주체

북한 인권문제에 있어 궁극적 당사자는 권리 주체로서의 북한 주민들이다. 북한 인권을 다룬 연구에서 북한 주민은 인권 개선의 '객체'로만 묘사되는 경우가 많으며, 북한 주민을 '권리의 주체'로서 논의의 중심에 두는 연구는 많지 않다. 대다수 연구에서 북한 주민은 고통과 비참을 겪고 있는 객체이자 외부 개입을 필요로 하는 무기력하고 피동적인 존재로 그려진다. 스스로의 역량으로 변화를 이끌 수 있는 주체가 아니라 동정 받고 구출되어야 할 피해자로 묘사되곤 한다. 이것은 '대상화의 오류'로 이어지기 쉽다. 북한 주민은 인권 개선의 대상일 뿐만 아니라 '권리의 주체'라는 점을 명확히 하면서 모든 논의를 시작해야 할 것이다. 이는 북한 주민이 현 단계에서 스스로 권리를 적극적으로 요구·주장하느냐 혹은 일정 수준의 권리의식을 보유하고 있느냐 여부와 상관없이 그러하다.

대상화의 오류는 단순히 서사방식의 문제만이 아니라 두 가지 문제를 추가로 발생시킨다. 하나는 권리 주체들의 진정한 욕구를 적극적으로 탐색하지 않거나, 그것을 통상적 인권 담론의 틀 내에 프레이밍하여 이해하려는 태도이다. 북한 주민이 자국 정부 및 국제사회에 대해 자신의 인권을 주창할 수 있는 주체라고 우리가 인정한다면, 북한 인권 논의는 북한 주민들의 인권을 보호하고 증진하는 것 이상의 고려를 포함해야 한다. 우선 북한 주민들이 현 시점에서 시급하게 갈구하는 특정한 인권 욕구가 있을 수 있다. 이것은 외부에서 평가하고 추정하는 인권 상황과 중첩될 수도 있고 그렇지 않을 수도 있다. 이런 점들은 탈북자의 개별 증언이나 방문자의 단편적 관찰만으로 포착하기 어렵다. 모든 사회에는 그 사회의 맥락에 부합하고, 그 사회의 현 상황에 대응하는 특유한 형태의 저변의 욕구와 변화에 대한 갈망이 있을 수 있다. 예를 들어, 중동의 인권 전문가들은 흔히 정교분리, 세속주의, 그리고 자유주의적 톨레랑스 정신이 현대 이슬람 사회에서 가장 시급한 인권 요소들이라고 지적한다.[6] 이런 진단은 아랍 독재국가의 인권 상황에 대해 외부세계가 시급한 문제라고 간주하는 인권침해 의제들과 미묘한 차이가 있음을 보여준다. 북한 주민에게도 이러한 통찰이 적용될 수 있다. "상황을 정의하는 데 있어서의 진정한 차이점 …… 상이한 세계관, 상반되는 이데올로기, 다양한 사법·행형 시스템 구조들, 이런 것에 더하여 경제·정치·교육·종교·사회생활의 특정한 측면을 강조하는 문화적으로 다양한 방식들"로부터 파생되는 특정한 인권문제와 인권욕구를 정교하게 탐색할 필요가 있다.[7] 단, 이런 접근은 북한 당국이 내세우곤 하는 '우리식 인권'이라고 하는 상대주의적 인권론의 함정과 구분될 필요가 있다. 요컨대, 독재 정권이 내세우는 자기류의 인권 정당화 논리에 빠지지 않으면서 권리 주체로서 북한 주민이 현 단계에서 원하는 특정한 주관적 욕구를 인정하고, 그것을 지원하는 노력이 인권개선 활동에 포함되어야 한다는 것이다.

또 하나는 북한 주민을 침묵하는 희생자로만 볼 때 이들의 주체적·능동적 이니셔티브—그것이 아무리 미약하다 하더라도—의 가능성을 전혀 고려하지 않는 우를 범할 수 있다. 한 사회가 진정으로 변화하려면 다소 시간이 걸리더라도 그 변화의 동기와 동력이 내부로부터 비롯되어야 한다는 것이 역사가 주는 교훈이다. 2003년의 이라크 전쟁과 2011년의 리비아 사태 이후 이들 사회에서 발생한 무질서와 인권상황 악화를 보면 이 점이 잘 드러난다.[8] 북한 주민들이 그 사회의 잠재적·실제적 변화를 추동할 수 있는 역량을 가진 권리의 주체라면 장기적 관점에서 그들의 자력화(empowerment)를 돕겠다는 외

---

6 Monshipouri, Mahmood, *Islamism, Secularism, and Human Rights in the Middle East,* Boulder: Lynn Rienner Publishers, 1998.

7 Pollis, Nicholas P, "Conformity, compliance, and human rights", Human Rights Quarterly Vol. 3, No. 1, 1981, pp.93~105.

8 Ali, Fathi·Morten Koch Andersen·Ahlam Chemlali·Jens Modvig·Henrik Ronsbo ·Mette Skar, *Consequences of Torture and Organized Violence: Libya Needs Assessment Survey,* Copenhagen: DIGNITY Danish Institute Against Torture, 2014.

부의 시각과 자세가 무엇보다 중요하다.

권리 주체인 북한 주민의 권리를 인권원칙에 의거하여 추정해 본다면 다음과 같은 목록을 제시할 수 있다. 이것은 북한 주민도 세계 인류의 일부라는 상식적인 전제에서 출발한다. 북한 주민은 유엔헌장과 세계인권선언, 그리고 북한이 가입하고 비준한 모든 국제인권 기준을 누릴 권리가 있다.[9] 북한 주민은 북한 당국 및 외부세계에 대해 국제적으로 인정된 모든 인권을 요구할 권리가 있다. 북한 주민은 불가분성, 상호의존성, 상호연결성의 인권원칙으로써 시민적·정치적 권리로부터 경제적·사회적 권리 및 연대적 권리에 이르는 권리 일체를 요구할 수 있다. 북한 주민은 기본적 의식주에 대한 권리가 있다. 북한 주민은 외부 제재에 따른 부수적 피해를 입지 않을 권리가 있다. 따라서 북한 주민의 생활고를 가중시킬 수 있는 제재는 설령 인권의 이름으로 행해진다 하더라도, 반인권 정책에 속한다. 북한 주민은 자국 내 인권의 불안정성을 증가시키는 외부 개입을 반대할 권리가 있다. 북한 주민은 자신들에게 직접적 영향을 미치는 외부 개입에 대한 정보를 제공받고 그것의 정당성을 질문할 권리가 있다. 북한 주민은 인도적 지원을 받을 권리가 있다. 만일 정치적 고려에 의해 인도적 지원을 중단한다면 그것은 북한 주민의 인권을 직접 침해하는 심각한 인권유린 행위가 된다. 따라서 북한 인권 개선요구와 인도적 지원중단을 동시에 추진하는 것은 양립 불가능한 모순이다. 북한인은—남한인과 마찬가지로—평화를 누릴 권리가 있다. 동일한 논리로써, 북한 주민은 자국의 핵무기 개발로 인한 대내외적 리스크로부터, 그리고 대내외적 전쟁 위협으로부터 자유로울 권리가 있다. 즉, 북한 주민은 핵무기를

9 북한이 가입하거나 비준한 국제인권조약은 다음과 같다. 시민적·정치적권리에관한국제규약(1981 비준), 경제적·사회적·문화적권리에관한국제규약(1981 비준), 어린이·청소년권리협약(1990 비준), 여성차별철폐협약(2001 비준), 장애인권리합약(2013 가입), 성매매및음란물에관한어린이·청소년권리협약의정서(2014 비준). 다음을 보라. http://tbinternet.ohchr.org/_layouts/TreatyBodyExternal/Treaty.aspx?CountryID=47&Lang=EN (검색일: 2016. 05. 01.).

개발하는 북한 당국에 대해 반핵·평화를 요구할 권리, 그리고 북한의 핵개발을 빌미로 한반도에 긴장을 고조시키는 외부개입을 반대할 권리가 있다. 이 점은 북한 주민이 외견상 정권의 핵개발을 찬성하는 것처럼 보이는 현상과 상관없이 그러하다. 그리고 북한 주민은 정보에 대한 자유로운 접근과 민주주의를 요구할 권리가 있으며, '권리를 가질 권리'가 있다.

2.2. 의무의 주체

북한 인권문제를 해결할 의무가 있는 주체는 크게 보아 북한 당국, 국제사회, 그리고 한국으로 나눌 수 있다. 우선 북한 당국은 북한 주민들의 인권 보호와 증진에 있어 일차적 책임이 있고, 국제법상으로나 현실적으로나 북한 인권에 있어 유의미한 변화를 일으킬 수 있는 핵심주체이다. 현재 북한 인권 문제가 국제적으로 첨예한 쟁점으로 부각되어 있는 사실 자체가 북한 당국이 주민들의 인권보장 의무를 크게 방기했음을 의미한다. 유엔의 조사와 인권이사회의 결의안에 따르면 북한 당국의 전근대적이고 억압적인 정치·경제 체제 및 독재와 반인권 정책이 북한 주민들의 열악한 인권 실태에 직접적인 원인이 되었다고 할 수 있다.[10] 따라서 북한 당국은 자국의 정치와 경제를 친인권적으로 변화시켜야 할 책무를 진다. 21세기의 새로운 주권 개념으로 등장한 '책임으로서의 주권론'(sovereignty as responsibility)에 따르면, 국가주권이란 국가가 자국의 관할권 내에서 절대적이고 궁극적인 통치권을 배타적이고 무제한으로 행사할 수 있다는 전통적 의미가 아니라, 자국민을 보호할 일차적 책임이 해당 국가에 귀속된다는 의미로 재정의된다.[11] 이렇게 본다

10 UN General Assembly 2014, Report of the Commission of Inquiry on Human Rights in the Democratic People's Republic of Korea, Human Rights Council, A/HRC/25/63, 2014; UN General Assembly 2016, Resolution adopted by the Human Rights Council, 2016: Situation of human rights in the Democratic People's Republic of Korea, Human Rights Council, A/HRC/RES/31/18, 2016.

면 북한 당국은 스스로 그토록 중시하는 국가 주권을 존중받기 위해서라도 자국민의 인권 보호에 적극 나서야 할 것이다.[12] 또한 외부의 비판과 개입을 무조건 '반공화국 책동'으로 치부할 것이 아니라, 애초 왜 그러한 비판과 개입논리가 등장하게 되었는지를 인식하고 적절한 행동을 취해야 한다.

전술한 '책임으로서의 주권론'에서는 만일 국가가 자국민의 인권을 보호할 의무 주체로서의 책임을 지속적으로, 구조적으로, 체계적으로, 광범위하게 위반할 경우에는 국제사회에 인권 보호의 의무가 발생한다고 가정한다. 이것은 의사결정의 영향과 직결된 기초 단위의 주체가 적절히 수행할 수 없는 사안만을 외부 혹은 상위의 주체가 담당해야 한다는 '보충성의 원리'(subsidiarity)와 일맥상통하는 것이다. 현재 국제사회가 북한 인권문제에 개입하는 양상은 미국이나 일본처럼 독자적으로 북한 인권법을 제정하여 시행하는 단독행동 유형, 유엔을 통한 다자간 행동 유형, 유럽연합처럼 양자간·다자간 행동의 결합 유형으로 나뉜다. 국제사회의 대북한 인권 개입은 수년간 지속적으로 강도가 높아지다가 최근 들어 국제인권레짐에 의한 압박 중 가장 높은 수준인 국제형사재판소 제소까지 거론되고 있는 실정이다.[13] 그런데 실질적 효과를 기준으로 판단한다면, 외부의 개입 특히 제재와 압박에 초점을 두는 경성 개입은 '권리 주체로서 북한 주민의 중심성'과 '의무 주체로서 북한 당국의 중심성', 두 기본 축을 손상하지 않는 범위 내에서 최적화를 지향해야 한다. 예를 들어, 북한 당국이 자행하는 인권침해를 이유로 체제 붕괴론 혹은 (흡수) 통일

---

11 Deng, Francis M·Sadikiel Kimaro·Terrence Lyons·Donald Rothchild·I, *William Zartman Sovereignty as Responsibility: Conflict Management in Africa*, Washington DC: The Brookings Institution, 1996.

12 피식민 경험에 극도로 민감한 약소국 북한은 '서방식'과 '우리식'이라는 이분론적 사고를 통해 배제의 논리를 견지하면서 인권보다 국가주권 및 내정불간섭 원칙에 집착하는 경향이 심하다. 이무철 「'북한 인권문제'와 북한의 인권관: 인권에 대한 북한의 시각과 정책에 대한 비판적 평가」, 『현대북한연구』 제14권 제1호, 북한대학원대학교, 2011, 144~187쪽.

13 서보혁, 「유엔 북한 인권 정책의 특징과 추세」, 『현대정치연구』 제6권 제1호, 서강대학교 현대정치연구소, 2013, 145~175쪽.

론을 곧바로 제기한다면, 그것의 실효성에 대한 의구심은 차치하고라도, 북한 주민들의 인권을 보호할 의무가 있는 일차적 주체—북한 당국—가 유명무실하게 되었을 때 초래될 수 있는 예측불가능한 수준의 인권침해를 고려하지 않은 무책임한 주장이 될 수 있다. 독재 정권의 인권침해에 의한 고통의 크기와, 권력의 부재와 무질서에 의한 고통의 크기는 직접 비교가 불가능하며, 둘 다 회피해야만 하는 반인권적 상황이라는 공통점이 있을 뿐이다.

한국은, 북한 인권 문제에 관한 한, 통상적인 의미에서 국제관계상의 국가 행위자와는 구분되는 특수 행위자이다. 분단 현실과 남북한의 헌법 규정, 그리고 통일을 향한 민족적 지향이라는 심층 조건이 존재하기 때문이다. 국제인권레짐에서 남한의 역할을 논하는 기존의 연구들은 주로 통상적 의미에서의 국가 행위자로서 남한의 역할을 강조하는 경향이 있었다. 그러나 북한 인권 문제는 남한의 '외부'에서 야기된 쟁점이지만 남한 국내의 주요 영역들에 즉각적으로 영향을 끼치며, '코리아 리스크'를 생성하는 상수에 해당하는 요인이다. 이 모든 상황은 남북관계의 특수성에서 기인한다. 1992년의 남북기본합의서는 남북관계를 "나라와 나라 사이의 관계가 아닌 통일을 지향하는 과정에서 잠정적으로 형성되는 특수관계"로 규정한다. 이런 관점에서 본다면 남한은 베일리스 매닝이 말한 '국제적이자(international) 동시에 국내적인(domestic)', 즉 인터메스틱(intermestic) 개념으로 설명될 수 있는 국가행위자라 할 수 있다.[14] 따라서 한국 정부는 대북 관계에 관한 한, 국제행위자와 국내행위자의 특징을 동시에 보유한, '국내외 연계 국가행위자'로 정의하는 것이 정확하다.

국내외 연계 국가 행위자인 한국은 북한 인권문제와 관련하여 네 차원의 의무를 지닌 주체이다. 첫째, 국제 사회의 일원으로서 국제인권레짐을 중심으로 유엔을 포함한 정부 간 기구 및 인권엔지오와 공조하고 남북, 역내, 국

14 Manning, Bayless, "The congress, the executive and intermestic affairs: Three proposals", *Foreign Affairs,* Vol. 55, No. 2, 1977, p.309.

제적 차원에서 복합적 행동을 취할 의무.[15] 둘째, 북한 주민의 권리 주체성과 북한 당국의 의무 주체성이 강화되는 방향으로 국제 사회의 개입을 조율하고 조정할 의무. 셋째, 북한 인권 문제를 둘러 싼 논란이 남한 국내의 인권상황 악화를 초래하지 않도록 관리할 의무. 만일 북한 문제를 구실로 남한 사회 내의 시민적 자유를 제한한다면 그것 자체가 한국 국민에 대한 인권침해일 뿐만 아니라, 북한 인권 문제 해결에 악영향을 미치는 정책의 악순환으로 이어질 위험이 있음을 직시해야 한다. 넷째, 한국 내에서 인권을 모범적으로 이행함으로써 한국의 인권 소프트파워를 늘려야 하는 적극적 의무. "중국, 일본 등 강대국에 둘러싸인 우리가 동아시아에서 그 나름대로 핵심 역할을 수행하려면 연성 국력의 신장이라는 관점에서 인권과 민주주의를 전파하는 선도적인 역할을 수행해야 한다."[16] 이런 의무에는 탈북자의 인권 보호도 포함된다.[17]

한국이 인권 소프트파워의 도덕적 정당성 없이 북한 인권문제를 제기할 때 그것은 필연적으로 인권의 정치화 논쟁으로 비화될 수밖에 없다. 유럽연합(EU)이 인권 가치를 스스로 모범적으로 구현하는 '규범권력성'을 통해 북한 인권문제에 영향력을 행사하면서도 국제사회에서 인권 문제의 정치적 도구화 가능성을 낮추고 있는 선례를 적극 참고할 필요가 있다.[18] 인권의 도덕적 정당성 기준은 객관적인 단순비교뿐만 아니라, 각 체제가 스스로 설정한 정당성의 내적 기준에 의해서 평가되어야 한다. 예를 들어, 한국이 '자유민주적 기본질서'라는 헌법상의 체제 정당성 기준을 설정해 놓고도 자유와 민주주의

15 서보혁, 앞의 글(2013), 참조.

16 김수암, 「평화적 개입수준의 설정과 전략의 모색」, 윤영관·김수암 편, 『북한 인권 개선 어떻게 할 것인가: 평화적 개입전략과 국제사례』, 한울 아카데미, 2010, 231쪽.

17 김성경, 「북한이탈주민의 월경과 북·중 경계지역: '감각'되는 '장소'와 북한이탈여성의 '젠더'화된 장소 감각」, 『한국사회학』 제47집 제1호, 한국사회학회, 2013, 221~253쪽.

18 박성은, 「규범확산 메커니즘에 관한 연구: EU의 대북한 인권정책을 중심으로」, 『국제정치논총』 제54권 제2호, 한국국제정치학회, 2014, 47~80쪽.

의 방어에 적합한 수준의 인권을 보장하지 않는다면 인권 소프트파워는 작동하기 어렵고, 북한 인권 문제를 논하는 정치 담론 역시 조야한 체제비교 논쟁을 벗어나기 어렵게 된다.[19] 상기한 셋째와 넷째 의무에 따르면 북한 인권 문제와 남한 인권 문제는 상당 부분 내재적으로 연결된 사안이다. 요컨대, 한국 내의 인권을 지속적으로 향상시키지 않으면서 북한 인권만 개선하려고 한다면 그런 정책은 실효성을 담보할 수 없고, 인권을 정치화한다는 비판을 받을 수밖에 없다.[20] 만일 한국의 시민적 자유와 정치적 권리가 악화되는 와중에 북한 인권에 적극적으로 개입한다면 인권을 체제공세의 수단으로 삼는다는 인상을 줄 수밖에 없고, 그것은 역으로 북한의 반발과 도발을 초래할 가능성이 크다. 북한의 태도 경화는 다시 한국 사회 전반에 안보심리에 따른 위축효과를 야기한다. 따라서 남한 내의 인권 소프트파워를 증가시키는 것은—비단 한국 국민의 인권 증진뿐만 아니라—남북 관계에서의 재귀적 리스크(reflective risk)를 관리한다는 측면에서도 중요하다. 남북한 관계의 국내외 연계적 특성을 감안한다면 양자의 인권은 '국가 간 민주적 평화이론'과 '국내 민주적 평화이론'이 교차·중첩되는 사례라 할 수 있다.[21]

---

19 Nye Jr., Joseph S, "Think again: Soft power", Foreign Policy, 2016, http://foreignpolicy.com/2006/02/23/think₩-again₩-soft₩-power/ (검색일: 2016. 4. 16.)

20 북한 인권 논의에 있어 인권문제 해결 패러다임과 인권조건 형성 패러다임을 총체적으로 결합하려 한 대표적 구상으로 '코리아 인권' 개념이 제시되어 있다. 이것은 "남북한이 국제인권 원리와 상호존중의 정신 아래 인권 개선을 위해 협력해 나가는 과정과 그 결과가 한반도 차원에서 나타나는 상태"를 의미한다. 서보혁, 『코리아 인권– 북한 인권과 한반도 평화』, 책세상, 2011, 171쪽. 코리아 인권에 접근하는 경로에는 맥락적 보편주의, 역사구조주의, 포괄적 접근이 포함된다.

21 조효제, 『조효제 교수의 인권 오디세이』, 교양인, 2015ㄱ, 46~51쪽; Davenport, Chris–tian, *State Repression and the Domestic Democratic Peace,* Cambridge: Cambridge University Press, 2007.

3. 인권문제 해결 패러다임 대 인권조건 형성 패러다임

3.1. 인권문제 해결 패러다임

인권을 달성하는 가장 통상적이고 전통적인 방법론은 인권이 침해된 상태를 시정하는 것이다. 이를 '인권문제 해결 패러다임'이라고 칭할 수 있다. 이 패러다임에서는 인간의 기본욕구를 정당한 법적 요구자격(entitlement)으로 인정해 주지 않거나, 혹은 법과 제도가 존재하더라도 그것이 작동하지 않거나, 그것이 무시·위반될 때 인권이 침해된다고 가정한다.[22] 이 같은 패러다임 내에서 인권문제를 해결하는 다양한 방법들이 발전되어 왔다. 여기에는 국제적 인권 기준설정, 국내 법·제도 수립, 침해 및 이행의 감시, 인권 관련 정보 확산, 외교 협상, 대중의 압력, 경제 제재, 더 나아가 극단적인 경우 인도적 군사개입 등이 포함된다.[23] 인권문제 해결 패러다임의 핵심에는 사법적 특히 '형사사법적'(criminal justice) 관점이 자리 잡고 있다. 이것은 법적 관할권이 명확한 영역에서 발생한 인권침해 사안을 처리하는 방식이며, 법적 기본권으로 발전해 온 고전적 인권에서 흔히 동원되는 방식이다. 법적 관할권과 구속력이 명확치 않은 국제관계에서도 인권침해를 국내에서처럼 형사사법적으로 처벌하고자 하는 오랜 숙원이 가시화한 것이 국제형사재판소의 설립이었다. 그러나 명확한 법적 관할권을 수립하기 어려운 국제관계에서는 국제 행위자들 상호 간에 국제인권기준을 안정적이고 예측 가능한 수준에서 이행하기 위한 국제인권레짐의 구축과 이행이 더욱 선호되었다.

다시 말해, 인권문제 해결 패러다임에는 형사사법적 경성 접근으로부터, 인권 정보의 확산, 교육, 설득, 문화접변 등의 연성 접근, 그리고 그 중간에

---

22 Steiner, Henry J.·Philip Alston·Ryan Goodman, *International Human Rights in Context: Law, Politics, Morals. Third Edition,* Oxford: Oxford University Press, 2007.

23 Haas, Michael, *International Human Rights: A Comprehensive Introduction. Second Edition,* New York: Routledge, 2014, pp.12~13.

위치하는 국제인권레짐 등 다양한 방식들이 공존한다. 지금까지 북한 인권문제를 명시적인 인권의 문제로 접근한 거의 모든 관점들은 크게 보아 '인권문제 해결 패러다임'에 속해 있었다고 볼 수 있다. 2차 대전 이후 국제 인권이 발전해 온 궤적도 바로 이 패러다임이었다.

3.2. 인권조건 형성 패러다임

인권문제 해결 패러다임이 인권 달성의 보편적이고 주류적인 방법론으로 인정된 반면, 근본적 차원에서 그보다 훨씬 더 중요하다고 볼 수 있는 '인권조건 형성 패러다임'은 인권 담론에서 오랫동안 무시되고 망각되어 왔다. 그러나 이런 현실은 유엔 창립부터 1960년대의 국제인권규약 제정까지 전후 20년간 국제인권 담론에서 수용되었던 초기의 문제의식과는 큰 괴리가 있다.

20세기 후반부 국제인권의 기준설정과 규범 확산에 다대한 역할을 수행했던 유엔은 설립 초기부터 인권 달성에 있어 두 차원의 방법론이 필요함을 인정했다. 우선, 유엔은 정책적 차원에서 인권 국제기준의 설정과 그것을 조약으로 체계화하는 경로를 택했다. 이것이 오늘날 국제인권레짐의 기본 틀이 되었다. 그러나 유엔은 좀 더 깊은 차원에서 인권을 달성할 수 있는 거시적 근본조건에 대해서도 처음부터 분명한 인식을 갖고 있었다.

예를 들어, 1945년 유엔헌장의 전문(前文)은 다음과 같이 시작한다. "국제연합의 인민들은 우리 일생에 두 번이나 말할 수 없는 슬픔을 인류에 가져온 전쟁의 불행에서 다음 세대를 구하고, 기본적 인권, 인간의 존엄 및 가치, 남녀 및 대소 각국의 평등권에 대한 신념을 재확인하며, 정의와 조약 및 기타 국제법의 연원으로부터 발생하는 의무에 대한 존중이 계속 유지될 수 있는 조건들을 확립함으로써, 더 많은 자유 속에서 사회적 진보와 생활수준의 향상을 촉진할 것을 결의하였다." 즉 유엔의 목적인 안보(평화), 인권 및 발전을 달성하기 위한 방법으로서 정의와 국제법을 피상적으로 존중하는 것이 아니라 그것들이 존중될 수 있는 심층 조건들을 확립하겠다고 한 것이다. 1966년 제정된 가장 포괄적인 국제인권법인 국제인권규약 A, B의 전문에는 공통적으로 다음과 같은 내용이 포함되어 있다. "세계인권선언에 따라 공포와 결핍으로부터의 자유를 향유할 수 있는 자유인의 이상은 모든 사람이 자신의 시민적, 정치적 권리뿐만 아니라 경제적, 사회적 및 문화적 권리를 향유할 수 있는 조건들이 형성되는 경우에만 달성될 수 있음을 인정하며……."

더 나아가, 1948년의 세계인권선언은 3조부터 27조 사이에 개별 권리들을 열거한 다음, 권리 보장의 조건을 다룬 28조에서 "모든 사람은 이 선언에 나와 있는 권리들과 자유가 온전히 실현될 수 있는 **사회적·국제적 질서** 내에서 살아갈 자격이 있다"고 선포했다. 즉, 인권 달성을 위해서는 개별 권리가 보장되어야 하지만, 그 개별권리들을 보장하기 위해서는 법제도의 수립만으로는 미흡하고, 보다 깊은 차원에서 권리의 향유를 가능하게 하는 심층적 조건과 사회적·국제적 질서가 갖춰져야 한다는 점을 공식적으로 강조한 것이다. 개별 권리들을 확보하는 '인권문제 해결 패러다임'은 인간 존엄성을 보장하는 필요조건에 불과하고, 그것을 넘어 '인권조건 형성 패러다임'이 작동해야만 인간 존엄성을 보장하는 충분조건이 된다고 보는 인식이 반영되었다고 할 수 있다. 인권조건 형성에는 역사구조적 조건의 충족, 친인권 이데올로기 정향, 국제정치 역학관계의 친인권적 배열, 반편견적 사회심리적 의식과 태도, 그리고 국가의 민주적 성격과 민주주의의 수준('좋은 민주주의') 등이 포함된다.[24]

그러나 현대 국제인권 담론의 발생 초기에 이토록 강조되었던 인권조건 형성 패러다임은 냉전과 지정학적 경쟁, 국익 추구 하위개념으로서 인권의 도구화 때문에 지난 반세기 동안 국제인권에서 거의 완전히 잊혀졌다. 그와 동

24 조효제, 「인권달성의 근본 조건」, 『민주주의와인권』 제15권 제3호, 전남대학교 5.18연구소, 2015ㄴ, 229~273쪽; 조효제, 『인권의 지평: 새로운 인권 이론을 위한 밑그림』, 후마니타스, 2016.

시에 국제인권 조약법 체계가 인권담론에서 정전적(正典的) 방법론의 지위를 획득했다. 더 나아가, 근본적 차원에서 인권의 달성을 방해하는 거대 권력이 존재하는 문제가 있다. "권리의 향유를 가로막는 수많은 문화적·정치적·경제적 장벽들이 존재한다. 이러한 장벽은 권리를 차단하는 권력이 큰 영향력을 발휘하고 있음을 뜻한다."[25] 즉, 인권조건 형성 패러다임을 추구하려면 현존 사회적·국제적 질서 하에서 패권적 지위를 점하는 자본주의와 미국 중심의 세계질서에 근본적 차원의 문제 제기를 할 수밖에 없었으므로 이 패러다임에 의한 인권 달성은 이상적이긴 하나 실천불가능한 방법론으로 치부되었고 그 결과 망각의 길을 걷게 된 것이다.

그 결과 현대 인권은 개별 권리들을 중심으로 한 인권문제 해결 패러다임에 치중하게 되었고, 그것마저 최소한으로 해석하는 풍토가 인권담론을 지배하게 되었다. "인권은 최소 기준을 설정하지, 이상적인 사회적·정치적 세상을 그리려고 하지 않는다. 인권은 대부분의 정치적 결정을 개별 나라의 지도자들과 유권자들의 손에 맡겨둔다."[26] 이런 입장은, "권리들과 자유가 온전히 실현될 수 있는 사회적·국제적 질서 내에서 살아갈 자격이 있다"고 한 세계인권선언 28조의 정신을 미시적 개별 권리의 보장으로 환원시키고, 최소주의적 법적 권리로서의 인권관으로 축소시킨 것이다. 2차 대전 종전 직후에 형성되었던 현대 인권 담론의 기원을 역사적으로 복원해 보면, 인권문제 해결 패러다임과 그것의 실행체계인 국제인권레짐이 인권달성의 근본조건을 회피·우회하면서 '유사 형사사법적'(pseudo-criminal justice) 형태로 발전해 온 과정이 드러난다.[27] 이와 비슷한 관점에서 프리먼은 제도화된 인권

25 Ackerly, Brook, "Feminist and activist approaches to human rights", Michael Goodhart ed, *Human Rights: Politics and Practice. Second Edition*, Oxford: Oxford University Press, 2013, p.33.

26 Nickel, James W., 조국 옮김, 『인권의 좌표』, 명인문화사, 2010, 6쪽.

27 Hoffmann, Stefan-Ludwig ed, *Human Rights in the Twentieth Century*, Cambridge: Cambridge University Press, 2011.

이 인간의 권리를 보호하는 것처럼 보이지만 현존 권력체제를 덜 위협하는 방식으로 보호한다고 비판한다.[28]

이런 역사적 과오에 대한 반성으로서 최근 십여 년 사이 국제 인권담론에서 회자되기 시작한 개념이 인권의 근본조건(root cause)에 관한 탐구이다.[29] 이와 더불어 인권문제 해결 패러다임과 인권조건 형성 패러다임이 결합하지 않으면 근본 차원에서의 인권 달성은 요원하며, 개별권리조차 안정적으로 보장할 수 없다는 새로운 인식이 등장했다.[30] 요컨대 인권의 심층적 달성을 위해서 인권조건 형성 패러다임을 오늘의 시각으로 재발견하고 그것에 적극적 의미부여를 할 필요가 있게 된 것이다.

인권의 양대 패러다임에는 각각 일장일단이 있다. 인권문제 해결 패러다임에서는 이미 역사적·법적으로 주어진 인권 개념의 바탕 위에서 어떤 권리가 침해되었는지, 직접 원인제공자가 누구인지, 어떻게 처벌할 것인지, 피해자에 대한 어떤 조치가 가능할지를 주로 따진다. 인권침해를 '행위중심의 인과관계'로 분석하고, 법제도의 구비와 그것의 준수 여부를 법리적으로 가릴 수 있는 방법론적 측면에 강점이 있으나, 인권이 침해되는 근본 차원의 조건과

28 마이클 프리먼, 김철효 옮김, 『인권: 이론과 실천』, 아르케, 2005.

29 Marks, Susan, "Human rights and root causes", *The Modern Law Review*, Vol. 74, No. 1, 2011, pp.57~78.

30 이러한 문제의식에 근거한 연구 성과 중 일부만 예를 들어본다면, 고문(Kelly, Tobias, "The UN Committee Against Torture: Human rights monitoring and the legal recognition of cruelty", *Human Rights Quarterly*, Vol. 31, No. 3, 2009, pp.777~800), 인신매매(Poucki, Sasa, The Quest for Root Causes of Human Trafficking: A Study on the Experience of Marginalized Groups, With a Focus on the Republic of Serbia, Ph. D. Thesis, Rutgers University, 2012), 여성 인신매매(La Strada International, *Violation of Women's Rights: A Cause and Consequence of Trafficking in Women*, Amsterdam: LSI, 2008), 젠더 불평등(Cerise, Somali and Francesca Francavilla, *Trafficking the Root Causes of Gender Inequalities in the Post-2015 Development Agenda*, Paris: OECD Development Centre, 2012), 민주주의 이행기 인권(Horowitz, Shale and Albrecht Schnabel eds, *Human Rights and Societies in Transition: Causes, Consequences, Responses*, New York: United Nations University Press, 2004) 등이 있다.

비가시적 장벽을 다룰 수 있는 이론적 자원이 부족하다.

이와 반면 인권조건 형성 패러다임에서는 인권의 향유를 가로막는 역사·사회 구조, 정치·경제 체제, 국제질서, 사회심리적 정향, 민주주의의 수준 등 근본원인을 따진다. 이것은 인권침해를 '설명중심의 인과관계'로 분석하고 인권을 거시적으로 달성할 수 있는 여건을 구조적으로 분석하고 그러한 조건 형성을 위한 진단적 측면에 강점이 있다. 그러나 통상 '인권'으로 개념화된 특정 사회문제를 구체적으로 해결할 수 있는 실행적 연결고리와 전문화된 수단이 미흡하다.

그러므로 인권문제 해결 패러다임은 사법적 접근의 테두리를 넘어 인권을 달성할 수 있는 '환경과 여건'에 대한 사회과학적 인식을 수용해야 하며, 인권조건 형성 패러다임은 인권을 실질적으로 보호할 수 있는 전문적·법적 방법론과의 공조 방안을 모색해야 한다. 따라서 인권의 달성을 위해서는 두 패러다임이 유기적으로 연결되면서 상호보완 관계를 이루는 것이 반드시 필요하다.[31] 이는 공허한 이상주의 또는 추상적 진술처럼 들릴지 몰라도, 인권의 전체 역사에서 통시적으로 관찰되는 경향적 진실에 가깝다.[32]

4. 화해협력정책과 인권조건 형성 패러다임

상기한 두 유형의 패러다임과 관련하여 1998년부터 10년간 추진되었던 대북 포용·관여정책이 북한 인권 문제에 대해 어떤 접근방식을 취했던가를 분석할 필요가 있다.[33] 이 기간 중 국민의 정부와 참여정부의 대북 정책은 큰

---

31 조효제, 앞의 글(2016), 386~396쪽. 이를 다자적·다층적 접근을 통한 인권 거버넌스의 구축으로 설명하는 관점도 있다(서창록, 「북한 인권과 다자적 접근」, 윤영관·김수암 편, 『북한 인권 개선 어떻게 할 것인가: 평화적 개입전략과 국제사례』, 한울아카데미, 2010).

32 미셸린 이샤이, 조효제 옮김, 『세계인권사상사』, 길, 2005.

33 북한 인권문제를 햇볕정책과 연관하여 종합적으로 고찰한 연구로는 다음을 보라. Park, Kie-Duck and Sang-Jin Han eds, *Human Rights in North Korea: Toward a*

틀에서 화해협력정책(일명 '햇볕정책')의 기조를 유지했었다. 햇볕정책이 북한 인권에 관여한 바를 탐색하는 것은, 역으로, 그 후 등장한 '햇볕정책 대 북한 인권'이라는 프레임, 즉 햇볕정책이 북한 인권 개선을 도외시한 정책이었다는 일부의 인식을 재검토하는 일이 된다. 더 나아가 화해협력정책으로 북한 인권문제를 해결하는 것은 불가능하고, 대북압박정책만이 효과적이라는 일각의 주장을 비판적으로 고찰하는 일이기도 하다.[34] 주지하다시피 대북 화해협력 및 포용노선의 비판자들은 햇볕정책이 북한의 인권문제를 미필적 혹은 의도적으로 도외시했고, 햇볕정책과 대북 인권정책은 상호 배치(背馳)되는 것이며, 심지어 햇볕정책이 북한의 인권상황을 더 악화시켰다고 주장한다. 그런데 햇볕정책은 북한 인권문제에 관해 대체로 다음과 같은 입장을 취했던 것으로 정리할 수 있다.[35]

첫째, 권리 주체로서 북한 주민의 중심성을 인정한다. 북한 주민들과 빈번한 접촉 및 다방면의 교류(사회·문화·체육, 이산가족 등)와 인도적 지원을 통해 주민들의 의식변화를 유도하고 '아래로부터의 변화'가 가능한 여건을 조성한다.

둘째, 인권 의무 주체로서 북한 당국의 중심성을 인정한다. 북한 당국이 개방과 시장경제 개혁을 단행할 수 있도록 지원하고, 북한 당국이 스스로 변할 수 있게끔 하는 환경과 여건을 조성하며, 더욱 많은 접촉과 협력을 추진하면 평화가 만들어 질 것이고 사실상의 통일 상황이 도래할 것이라고 본다.

Comprehensive Understanding, Bundang: The Sejong Institute, 2007.

34 햇볕정책을 북한 인권 문제와 같은 차원에서 논하는 것은 여러 이론적 문제를 야기하며, 햇볕정책의 간접적 영향으로 북한 인권 상황이 개선되었다고 보는 제3의 시각도 있다(김동한·윤명석, 「햇볕정책과 북한의 인권」, 『한양법학』 제21집, 한양법학회, 2007, 136~164쪽)

35 임동원, 「김대중의 통일철학과 햇볕정책」, 한반도 평화포럼 편, 『통일은 과정이다』, 서해문집, 2015 통일부 북한정보포털 "햇볕정책", 『남북관계 지식사전』, http://nkinfo uni korea.go.kr/ nkp/term/viewKnwldgDicary.do?pageIndex=1& dicaryId=232 &koreanChrctr= &searchCnd=0&searchWrd(검색일: 2016. 4. 17.); 한반도 평화포럼, 『통일은 과정이다』, 서해문집, 2015.

이는 북한 당국을 신뢰해서가 아니라 신뢰를 조성하기 위한 사전 정지작업으로서 교류협력과 인도적 지원을 해야 한다는 논리에 근거를 둔다.

셋째, 국내외 연계 국가행위자로서 한국의 인권·평화 달성 의무를 강조한다. 미국 등 우방국이 북한과의 대화와 협상을 통해 북한을 개방·개혁하도록 유도하는 역할을 수행하고, 미국과 일본의 대북관계 정상화를 지지하는 것이 인권문제 해결의 타당한 길이라고 본다. 또한 햇볕정책이 추진되던 기간 중 한국 내의 인권 제도화가 확대되고[36] 시민적·정치적 자유가 대폭 신장됨으로써 한국의 인권 소프트파워가 증가한 것이 북한 인권 문제 해결에도 긍정적인 기여를 했다고 본다.

넷째, 이산가족 상봉을 인도적 의제이자 인권문제 해결 차원에서 접근하고, 의식주 등의 '생존적 인권' 문제를 해결하기 위해 식량, 비료, 의약품, 의류 등을 지원한다. 또한 탈북자를 한국 사회에서 적극 수용하여 그들에게 시민적·생존적 인권의 자유를 보장한다.

다섯째, 화해, 교류협력, 불가침을 통한 점진적 평화·통일론의 대전제는 인권을 개선할 수 있는 여건을 조성하는 것이다. 남북의 접근과 협력을 통해 경제적 상호의존도를 높이고 양측 경제의 균형적 발전을 도모하는 시도 역시 북한이 인권을 존중하는 체제로 변화할 수 있는 경제·사회적 여건의 조성으로 볼 수 있다. 이는 시장경제 활동에 따른 파급효과(spillover)로서 인권조건이 형성될 수 있다고 보는 관점과 유사하다.[37] 또한 주요 이해당사국들과의 관계 개선을 통해 북한 당국의 체제위협 인식이 줄면 대량살상무기 문제가 근원적으로 해결될 것이라고 기대한다. 아울러 정전상태를 평화체제로 전환하되 그것이 통일을 고착하는 것이 아니라 통일을 지향하는 인권·평화체

36 예: 2001년의 국가인권기구 설립.

37 Smith, Hazel, "Regional dialogue and institution-building: The necessary foundation for human rights regime in the DPRK", K. D. Park and S. J. Han eds, *Human Rights in North Korea: Toward a Comprehensive Understanding*, Bundang: The Sejong Institute, 2007.

제가 되도록 한국이 핵심적 역할을 수행한다.

지금까지 살펴 본 햇볕정책이 북한 인권에 대해 취했던 입장의 특징들을 종합적으로 평가하면 다음과 같다. 우선, 햇볕정책은 본고에서 다룬 인권의 이론적 원칙들과 여러 측면에서 부합된다. 예를 들어, 북한 인권 문제에 있어서 권리 주체 및 의무 주체에 관한 명료한 인식을 가질 수 있다. 그리고 국내외 연계 국가행위자로서의 한국의 역할을 비교적 정확하게 설정했다고 볼 수 있다. 특히 인권조건 형성 패러다임을 원용한 점이 두드러진다. 햇볕정책은 통일과 평화를 향한 노정과 인권 개선을 거의 동일선상에서 파악하며, 그것을 약자의 유화정책이 아니라 '강자의 공세적 포용정책'으로 설명한다. 따라서 햇볕정책은 북한 인권 문제를 그 자체로서 해결하려 했다기보다 그것을 평화·통일의 연관변수 혹은 하위변수로 간주하고, 인권달성을 위한 근본 차원에서의 우호적 조건을 형성하는 우회적 방식으로써 '해소'하려는 입장을 취했다고 볼 수 있다. 햇볕정책에서 특히 '환경과 여건'을 강조하는 점이 이를 방증한다. "화해협력을 통해 북한이 변화할 수 있는 환경과 여건을 조성하고……, 북한이 스스로 변할 수 있는 환경과 여건을 조성해 나가기 위해 더욱 많은 접촉과 교류협력을 추진"했다는 입장이 그것이다.[38] 북한의 유일지배체제 때문에 북한 당국의 직접적 변화보다 북한 내부에서 인권이 개선될 수 있는 여건을 조성하는 것이 대북한 인권 개입의 핵심전략으로서 더욱 현실적이기 때문이다.[39]

햇볕정책은 생존권과 생계권 그리고 인도적 지원 등을 우선적 인권 의제로 간주했는데 이는 경제적·사회적 권리를 적극적으로 지지하는 전일적 관점에 속하며, 국제적으로 통용되는 인권의 불가분성 원칙에 부합한다. 햇볕정책의 추진자들은 북한에서 언론·출판·집회·결사의 자유와 같은 시민적 인권이

38 임동원, 앞의 책,(2015), 23~24쪽.

39 윤영관·김수암 편, 『북한 인권 개선 어떻게 할 것인가: 평화적 개입전략과 국제사례』, 한울아카데미, 2010, 7쪽.

큰 제약을 받고 있음을 인정했으나, 그 문제를 외부 간섭과 압력으로 해결하려는 것은 실효성이 없다고 평가하고 북한을 개혁·개방의 방향으로 유도할 때 독재적 통제가 완화되고 종국에는 민주화로 이어질 수 있을 것으로 기대했다. 햇볕정책의 지지자들은 햇볕정책이야말로 장기적으로 인권문제를 해결할 수 있는 최선의 길이라고 확신했던 것으로 보인다. 이런 점을 종합적으로 고려해 보면, 햇볕정책은 현대 인권 담론에서 망각되었던 거시적 근본조건의 충족 필요성을 한반도 맥락에서 복원하려 했던 시도였다는 의미부여를 할 수 있다.

그러나 햇볕정책이 북한의 시민적·정치적 권리문제를 국제인권 규범에 부합하는 방식으로 의제화하는 것에 대체로 소극적이었던 점은 부인할 수 없는 사실이다.[40] 또한 햇볕정책이 인권조건 형성 패러다임과 유사한 정책이었다 하더라도, 그 정책을 북한 인권 신장을 위한 지원책의 지렛대로 적극 활용해야 한다는 인식이 부족했다고 할 수 있다. 이 점은 다음과 같은 비판에 잘 요약되어 있다. "단순히 남북관계의 접촉면을 확대하거나 경제적 이득을 추구한다는 관점을 넘어, 다양한 분야에서 남북한 접촉을 확대하고 북한 당국의 반발을 사지 않는 범위 내에서 북한 내부의 인권의식을 함양하기 위한 여건을 조성하는 정교한 전략을 수립해야 한다."[41] 이것의 연장선상에서, 햇볕정책은 북한 인권 문제에 관한 한 여타 의무 주체인 국제사회의 움직임에 적극 동참했다고 말하기 어려우며, 인도적 지원 단체들과는 협력했지만 인권을 전문적으로 다루는 국내외 인권 NGO들과 적극 협조했다고 보기도 어렵다. 이런 점은 유엔 보고서에서 지목된 북한의 광범위하고 조직적인 인권침해를 결과적으로 방관했다는 비판을 받을 수밖에 없는 결과를 초래했다. 그리고

40 박명림, 「한국의 북한 인권 문제에 대한 접근: 반성과 대안 모색」, 윤영관·김수암 편, 『북한 인권 개선 어떻게 할 것인가: 평화적 개입전략과 국제사례』, 한울 아카데미, 2010.

41 김수암, 「평화적 개입수준의 설정과 전략의 모색」, 윤영관·김수암 편, 『북한 인권 개선 어떻게 할 것인가: 평화적 개입전략과 국제사례』, 한울 아카데미, 237쪽.

현재 북한 인권문제에 관한 국제적 흐름 속에서 햇볕정책과 그 지지자들의 목소리는 크게 반영되지 못하고 있으며, 그 논의를 주도하고 있지도 않다. 정책 영역에서 영향력을 상실했다는 말은, 동기의 진정성과 상관없이, 정책의 실패를 의미할 수밖에 없다. 그러므로 북한 인권문제에 관한 한 햇볕정책은 그 세계사적 의의에도 불구하고 인권조건 형성 패러다임과 인권문제 해결 패러다임을 적절히 연계시키지 못함으로써 북한 인권 문제가 오늘날 중요한 국제 의제로 부각되고, 한반도 평화에 악영향을 미치는 쟁점이 되게끔 만든 전략적 한계를 초래했다고 평가할 수 있다.

5. 문제해결과 조건형성의 연계를 위한 고려사항

인권조건 형성 패러다임만으로 북한 인권 문제를 자연스레 '해소'할 수 있다고 가정한 점이 햇볕정책의 실책이었다면, 반대로 인권문제 해결 패러다임만으로—특히 대북압박정책으로—북한 인권을 '해결'할 수 있다고 보는 작금의 시각도 절반의 진실만을 반영한다. 현재 국내외를 막론하고 북한 인권에 있어 인권문제 해결 패러다임이 일종의 패권적 지위를 점하고 있다. 이것은 일반대중, 정책입안가, 연구자, 인권운동가, 인권전문가, 언론인에게 광범위하게 유포되어 있는 일종의 상식과 같은, 그러나 인권의 원칙으로 보아 대단히 미흡한 관점이다. 아래에서는 북한 인권문제에 있어 두 패러다임을 유기적으로 연계하기 위해 특별히 고려해야 할 사항들을 기술한다.

5.1. 권리주체로서 북한주민 중심성의 재조명

인권문제 해결 패러다임에서는 그 속성상 인권 의무주체인 북한 당국을 주된 활동 대상으로 삼는다. 유엔 프로세스에 의한 결의안과 규탄, 유엔 북한 인권특별보고관의 조사, 한국의 북한 인권법, 유엔 북한 인권사무소 개설,

대북 압박 및 국제형사재판소 제소 추진 등이 대표적인 방법론이다. 과거 햇볕정책이 취했던 인권조건 형성 패러다임에서도 명시적인 카운터파트는 북한 당국이었다고 할 수 있다. 그러나 두 패러다임 모두에서 권리주체로서 북한 주민의 중심성을 부각시키는 관점은 상대적으로 적었다. 북한 주민은 북한 당국을 통해서만 변화의 결실을 수혜할 수 있는, 억압받는 피해자로만 간주되었고, 북한 당국이 자행하는 인권침해의 잠재적 증언자로만 인식되었기 때문이다. 따라서 북한 인권에 관한 기존 논의들은 권리주체인 북한 주민을 주변화한 채 진행되었던 한계를 노정했다.

의무주체인 북한 당국에 압력을 가하는 것만큼이나 권리주체인 북한 주민에 관심을 기울여야 하는 이유가 무엇인가. 인권의 주요소 중 하나인 '자력화'를 통해 권리의 주체가 스스로의 권리 의식을 내면화하고 권리를 적극적으로 주창할 수 있는 주체로 성장하지 못하면, 설령 위로부터 혹은 외부로부터 권리가 주어진다 하더라도 그것이 안정적인 인권존중 정치체제로 발전할 가능성이 낮기 때문이다.[42] 북한 체제의 억압적 속성상 권리주체인 북한 주민에게 유의미한 정치적 운신의 공간이 전무하다는 인식이 지배적이었다.[43] 그러나 선진자본주의 사회인 남한의 발전된 시민사회의 잣대로 북한의 민간사회를 평가하기는 어렵고, 북한에서도 민간사회의 다양한 행위들이 북한 사회를 변화시키고 있을 가능성이 있다는 지적을 유의해야 한다.[44] 아무리 민간사회의 공간이 협애하다 하더라도 변화의 징조는 여러 경로, 여러 형태로 나타날 수 있고, 외견상 미소(微小)해 보이는 변화라 하더라도 주민들의 인

42 조효제, 앞의 책(2016), 46~48쪽.

43 이를 국제정치의 기능주의적 통합론으로 설명하는 시각도 있다. 즉 북한의 경우 국내정치 환경이 정부, 시민사회, 이익단체, 개인 등으로 분화되지 못하여 국가와 국가이익이 단일한 상태에 머물러 있으므로 햇볕정책과 같은 기능주의적 접근으로는 북한을 변화시키지 못한다는 것이다(황지환, 「북한문제 인식의 문제점과 새로운 접근의 필요성」, 『통일과평화』 제3집 제2호, 서울대학교 통일평화연구원, 2011, 3~32쪽.)

44 백낙청, 「포용정책 2.0과 시민참여형 통일」, 한반도 평화포럼 편, 『통일은 과정이다』, 서해문집, 2015.

지적·심리적 자력화에 유의미한 영향을 끼칠 수 있는 것이다.

국제 인도기구 활동의 일환으로 북한에 수년간 체류하면서 현지조사를 수행했던 국제정치학자 헤이즐 스미스는 2015년 『장마당과 선군정치』라는 저작을 출간했다. 이 책의 결론장 “북한의 변화주체인 북한 주민들”에서 스미스는 북한 변화의 단초를 북한 주민들에게서 찾아야 함을 역설한다. “북한이 냉전 당시의 강고한 명령경제 체제로부터 오늘날 장마당 사회로 변화한 것은 계획된 일도 예상된 일도 아니었다. 이 변화는 국내외 상황에 대응하여, 북한 당국이 아닌 북한 주민들 스스로에 의한, 그리고 스스로를 위한, 자발적 행동으로 이해할 때에 비로소 설명이 가능하다. 흔히 여성들이 주도한 수백 만 소상인들의 자구적 활동이 …… 북한 사회를 아래로부터 그리고 내부로부터 변화시켜왔다. 사회변동을 외부에서 주도할 수는 없는 법이다.”[45] 더 나아가, 스미스는 북한 주민들이 현 북한 체제의 모순과 문제점을 잘 인지하고 그것에 대해 큰 불만을 품고 있지만 1948년 이래 자기 손으로 건설해 온 ‘인민공화국’에 대해 양가적이고 잔여적인 충성을 유지하고 있다고 지적한다. 그렇다면 북한 주민들의 이러한 복합적 내면을 정확히 독해함으로써 이들이 스스로 선택한 변화의 노정으로 나아갈 수 있는 장기적 조건을 형성하는 것이 외부에서 개입할 수 있는 적절한 방책일 수 있다는 뜻이 된다. 스미스는 이러한 고려 없이 내정간섭으로 간주될 수 있는 노골적 인권 개입을 시도할 경우의 역효과를 경고한다. “북한의 정치변화는 내부로부터 비롯될 가능성이 훨씬 크다. 외부로부터의 개입은 북한 당국이 자신을 지키기 위해 민족주의 감정을 동원하는 방어기제를 발동시킬 것”이기 때문이다.[46]

이렇게 본다면 북한의 시장경제를 활성화하고 생활조건을 개선할 수 있는

45 Smith, Hazel, *North Korea: Markets and Military Rule*, Cambridge: Cambridge University Press, 2015, p.327. 이 책은 다음과 같이 한국어 역서가 출판되었다. 본 논문에서는 원서를 직접 인용하였다. 헤이즐 스미스, 김재오 옮김, 『장마당과 선군정치』, 창비, 2017.

46 Smith, Hazel, *op. cit.(2015)*, p.330.

직간접적 조치들이 구조적으로 북한의 사회변화와 인권상황의 개선으로까지 이어질 개연성이 훨씬 더 크다. 그러한 사회구조 변화의 메커니즘은 다음과 같다.[47] 시장이 활성화되면 북한 내 전통적 집단 간 서열관계가 변하고, 이념보다 물질을 중시하는 가치관이 등장한다. 삶의 질을 높일 수 있는 직업에 대한 선호가 늘면서 북한 노동당의 위상도 자연스럽게 상대적으로 하락한다. 배급제가 붕괴되면서 주민과 직장 간의 획일적 연결 관계가 분리되고 사회적 이동이 증가한다. 사회적 이동이 증가하면 필연적으로 정보유통의 활성화가 초래된다. 외국산 휴대전화 사용과 컴퓨터 저장매체의 접근성 제고는 외래문화에 대한 이해도를 높이고 정치적 비교의식을 강화한다. 이렇게 될 때 전통적으로 북한식 규범과 문화가 수행하던 사회통합의 기능이 줄고, 인권 가치를 포함한 새로운 규범과 문화에 대한 이해와 지향이 증가할 것이다. 이런 사회변화의 원인은 북한 체제의 구조적 모순과 북한의 장마당에서 남한산 문물이 대거 유통되는 현실로부터 찾을 수 있다. 또한 남북한 화해협력의 역량이 구축되면 북한주민의 남한에 대한 신뢰감, 그리고 남한의 인권 소프트파워에 대한 북한주민의 '인지와 동경'이 중요한 역할을 할 것임을 유추할 수 있다. 여기서 우리는 인권조건 형성 패러다임에서 '인권'이라는 용어의 사용 자체가 중요한 것이 아니라, 인권을 보장할 수 있는 환경과 맥락이 중요함을 재차 확인할 수 있다.[48]

47 이우영, 「북한 변화론, 어떻게 받아들여야 할까?」, 한반도 평화포럼 편, 『통일은 과정이다』, 서해문집, 2015.

48 Cho, Hyo-Je, "Lessons for global human rights movement: The response of South Korean human rights movement to the North Korean situation", Hans Harbers ed, *Strangeness and Familiarity: Global Unity and Diversity in Human Rights and Democracy,* Utrecht: Forum, 2010.

5.2. 실용적 자유주의에 의한 국제 차원에서의 연성규범적 인권 달성

인권문제 해결 패러다임에서는 흔히 인권을 법의 지배와 등치시키곤 한다. 그러나 법적 관할권과 법의 지배가 비교적 명확히 설정된 이른바 '선진 법치국'에서도 정치와 정책의 결정에 있어 권력의 계산이 작동하기 마련이다. 국내 정치에서도 이러한데 하물며 국제정치의 장—중앙권력이 부재하고 주권 원칙에 근거한 국가체제로 이루어진—에서 인권문제를 다룰 때에는 법치 원칙보다 연성규범에 의한 접근을 고려할 수밖에 없다. 이때 연성규범은 형사사법적 과정이 아닌 국가의 대외정책 방향, 엔지오 운동, 기업 활동, 일반시민의 여론 등으로 구성된다. 데이비드 포사이드는 국제정치에서의 인권은 경성 규범인 법치 원칙에 연연하지 말고, 연성규범에 기반을 둔, 맥락에 따른 최적화를 지향해야 한다는 이론을 제시한다.[49]

포사이드에 따르면 국제관계에서 인권을 다룰 때에 가장 경계해야 할 것은 법적 낭만주의(judicial romanticism)이다. 법적 낭만주의는 형사사법적 정의가 인권 문제 해결의 최선책이라고 믿으며, 인권침해 책임자에 대한 '불처벌'(impunity)을 결코 허용해서는 안 된다는 신념 때문에 국제정치적·외교적 측면을 배제하는 특징이 있다. 또한 법적 낭만주의는 법제도의 효과를 과신하고, 연성규범이 수행할 수 있는 역할과 인권·인도주의 규범 증진을 위한 정치적 해결방식의 효과를 경원시하거나 과소평가하곤 한다.[50] 그리고 법적 낭만주의에서는 정치 윤리에 근거한 법적 권리를 강조하는 경향이 있는데,

---

49 데이비드 포사이드 교수는 국제관계학에서 인권을 본격적인 탐구의 대상으로 삼은 1세대 학자군에 속한다. 포사이드는 이 분야에서 전 세계적으로 가장 많이 사용되며 현재 제3개정판까지 나온 교과서인 『인권과 국제정치』를 저술했으며(데이비드 포사이드, 최의철 옮김, 『인권과 국제정치』, 백산, 2003; Forsythe, David, *Human Rights in International Relations, Third Edition*, Cambridge: Cambridge University Press, 2012), 『옥스퍼드 인권백과사전』의 총괄 편집인을 역임하기도 했다(Forsythe, David ed, *Encyclopedia of Human Rights* Volume I–V, Oxford: Oxford University Press, 2009). 그는 이런 공로를 인정받아 2007년 미국정치학회의 인권부문 석학상을 수상했다.

50 Forsythe, *op. cit.(2012)*, pp.118~119.

이는 정확히 말해 인권 '정책'이라기보다 '도덕적 자세'(moral posture)에 가까운 것이다. 도덕적 자세를 견지하는 입장은 개인윤리 혹은 인권엔지오의 규범원칙으로는 의미가 있겠지만, 국제정치에서 그것을 곧이곧대로 적용한다면 자칫 인권을 기계적이고 근본주의적으로 다룰 위험이 초래된다.

법적 낭만주의를 넘어 국제관계에서 인권을 다룰 때 요구되는 정치적·정책적 지향을 포사이드는 '실용적 자유주의'(pragmatic liberalism)라고 칭한다.[51] 포사이드가 제안하는 실용적 자유주의 인권 정책의 특징은 다음과 같다. 첫째, 동기에 의한 신념윤리보다 결과에 따른 책임윤리를 중시한다. 예를 들어, 전쟁범죄나 반인도적 범죄에 대한 사법적 단죄를 할 것인가, 아니면 더 많은 생명을 구할 수 있는 평화구축의 타협책에 합의할 것인가 하는 기로에 섰을 때 후자를 선택해야 한다. 인간 존엄을 달성하는 데에는 여러 경로가 있을 수 있음을 인정해야 한다. 인권은 인간 존엄을 달성할 수 있는 여러 경로 중 하나의—중요하지만 유일하지는 않은—가치임을 기억해야 한다. 인권적 정의를 다소 유보하더라도 평화, 화해, 갈등해소, 치유, 인간안보와 같은 경로를 통해서도 인간 존엄을 달성할 수 있다는 유연한 인식이 필요하다. 형사사법적 정의만이 만병통치약이 아니며 '사회적·정치적 형태의 정의'도 있을 수 있기 때문이다.

둘째, 국제정치의 맥락을 감안한 인권정책을 추구한다. 인권에 관한 정책결정은 '제한적 합리성' 혹은 미래의 불확실성을 염두에 두고 특정한 맥락 속에서 평가하는 것이 합당하다. 맥락에 따라 인권 외의 여타 가치들을 우위에

51 실용적 자유주의는 양날의 칼과 유사한 측면도 있을 수 있다. 그것이 국제정치에서 인권달성을 위한 최적화의 여건을 조성하기 위해 활용될 때에는 건설적인 역할을 수행할 수 있다. 그러나 미국과 같은 강대국이 국제법상의 의무에 있어 이런 입장을 견지하면 자국에 유리할 때에는 인권을 지지하고 활용하면서도, 인권이 미국의 대외정책에 걸림돌이 될 때엔 그것을 쉽게 포기해 버리는 이중 잣대의 문제가 발생한다. 미국은 대외정책에서 인권을 흔히 강조하지만, 인권 가치보다 정책 결정의 자율성을 더 중시한다. 포사이드는 이것을 전략적 법률주의(strategic legalism)라 칭하며 실용적 자유주의와 구분한다(Forsythe, *Ibid.(2012)*, pp. 121~123).

두어야 할 경우가 생길 수 있으며, 인간 존엄과 사회정의를 증진하기 위하여 정치적 타협과 흥정(trade-off) 등, 어렵지만 반드시 필요한 결정을 내려야 할 때도 있다. 따라서 인권 담론이 여타 담론에 비해—윤리적으로 우월할 뿐만 아니라—정책적으로도 우월하다는 주장은 절대적 진술이 될 수 없으며, 맥락에 따라 상대적으로 평가되어야 할 진술이다. 인권을 둘러 싼 복잡한 국제·정치적 권력관계를 고려함에 있어 인권규범을 언제, 어떻게, 얼마나 강력하게 추구할 것인지는 결국 맥락을 고려한 복합적 판단에 달린 문제이다. 인권침해가 발생했을 때에 모든 경우에 무조건 적용될 수 있는 단일한 해결책은 존재하지 않으며, 사안별로 적절하게 고를 수 있는 다수의 선택지들이 존재할 뿐이다.

요약하자면, 데이비드 포사이드는 국내 인권운동과 국제 인권운동 사이의 결정적인 차이점을 구분해야 한다고 강조한다. 법적 관할권이 명확한 국내에서의 인권운동일 경우 형사사법적 접근이 비교적 용이하지만, 국제적 차원에서 인권을 달성하려면 인권규범의 절대적 충족을 지향하기보다는 상호 경합하는 여러 가치들 사이의 최적화를 통한 인간 존엄성의 극대화를 모색해야 한다는 것이다. "인권담론은 국제사회에서 인간 존엄을 증진할 수 있는 유일한 방법이 아니다. 사려 깊은 외교적·정치적 조처도 사람들에게 이로운 자유주의적 국제질서를 증진하는 데 있어 중요한 역할을 담당할 수 있다. 인권운동가들이 선호하는, 도덕적으로 순수하고 일관성 있는 접근방식이 [국제적 차원의] 정책결정이나 인권의 일반적 이해에 있어 반드시 적합한 방식이라고 볼 수는 없다. 장기적으로 인권을 신장시키기 위해선 여러 방법이 있을 수 있기 때문이다."[52] 실용적 자유주의의 핵심은, 인권문제 해결 패러다임과 인권조건 형성 패러다임 사이의 황금비를 찾는 데에 있다. 이를 위해서는 장기적으로 인권을 증진할 개연성이 큰 정책이 있다면 그것이 설령 인권원칙에

52 Forsythe, *Ibid.(2012)*, pp.146~149.

비추어 외견상 미흡하다 하더라도 '더 큰 선익'(greater good)을 위해서 과감하게 '어려운 결정'을 내릴 줄 아는 책임윤리적 안목이 필요하다. 이는 폴 그리디가 말한 '역동적·포괄적 인권정치'와 일맥상통하며 '인권의 진정한 목표와 동기를 아우르는 총체적 원칙'인 것이다.[53]

5.3. 북한의 인권 개선 인센티브 조성

북한 인권을 통상적인 문제해결 패러다임으로 접근할 때 북한 당국이 어떤 조건하에서 인권 개선을 향한 인센티브를 가질 수 있을 것인지를 고려해야 한다. 헬렌 델펠드는 국내 역량과 대외 역량이 결합되어 국가의 인권역량이 결정된다는 가설 하에 전 세계 국가들을 비교한다. 이 범주화에 따르면 북한, 이란, 코소보 등은 국내 통제력·장악력은 높지만 국제무역, 국제제도 노출도, 국제적 상호의존도는 낮은 수준에 있는 '고립국가'들이다. 이런 나라의 인권이 개선되려면 국제사회의 인권레짐에 더 긴밀하게 포함되도록 유도하고, 국내의 통제력 역량을 인권친화적 방향으로 재배치하는 조처가 필수적이다.[54] 문제는 이런 나라들일수록 외부의 제재를 통해 인권이 개선된 사례를 찾기 어렵다는 사실이다. 1990년대의 대이라크 제재 혹은 최근까지 지속되었던 대이란 제재가 보여주듯 외부압력은 주민들의 생활에 큰 불편을 초래하지만 지배 엘리트들의 행동변화에 큰 영향을 주지 못한다. 고립국가에 대해 외부의 인권 개입이 효과를 얻으려면 인권 개선 압력과 함께 다음과 같은 사항이 고려되어야 한다. 첫째 압력 호응에 대한 합리적 보상의 제시, 둘째 그러한 교환을 기대할 수 있는 국제관계의 신뢰 환경 조성, 셋째 압력에 대한 반응과 보상 인센티브 사이의 지속성에 관한 제도적 보장이 그것이다.

---

53 Gready, Paul, "The politics of human rights", *Third World Quarterly,* Vol. 24, No.4, 2003, pp.745~757.

54 Delfeld, Helen J, *Human Rights and the Hollow State,* New York: Routledge, 2014.

북한 인권문제에 있어 위의 세 조건을 충족시킬 수 있는 최선의 방책은 비핵화를 포함한 한반도의 긴장 완화, 평화 구축, 생활수준 향상에 대한 기대의 안정적 보장이다. 이런 조처가 없으면 제재 압력에 따르는 인센티브 자체를 설정할 수 없고, 그러한 교환을 기대할 수 있는 신뢰환경 조성도 있을 수 없으며, 그러한 관계의 지속성을 담보할 제도도 마련하기 어렵다. 북한에 대한 인권개선 요구와 함께 북한이 대내개혁과 대외개방을 성공적으로 추진할 수 있는 여건 형성을 위해 북한과 협력도 병행해야 하는 이유가 여기에 있다.[55] 이와 더불어 북한과 국제사회 사이의 상호의존적 '민감성'을 높여 상호 공동의 이익이 발생하는 지점을 더욱 많이 형성함으로써 국제사회 입장에서는 북한의 실질적 인권 개선을 도모하고, 북한 입장에서는 국제사회로부터 안보불안에 대한 취약성을 상쇄할 수 있는 보장을 받는 것이 필요하다.[56]

이런 측면에서 최근 논의되고 있는 평화체제 구축과 비핵화의 동시 추진방안은 북한 인권 개선에 있어서 문제해결 패러다임과 조건형성 패러다임을 수렴할 수 있는 유력한 잠재적 대안이라고 시사할 수 있다. 남북 간의 갈등이 극한에 달했고, 개성공단이 폐쇄되었으며, 모든 대화채널이 단절된 현 상황에서 북한을 압박하여 주민들의 인권을 개선할 수 있을 것으로 기대한다면 그것은 달성 불가능한 '국제정치적 낭만주의'라 할 수 있을 것이다.

고립국가에 인권 인센티브를 부여할 수 있는 또 다른 방법은 권리 주체들(북한 주민)에게 인권의 구체적인 경험을 인식하게 하는 것이다. 북한 주민들에게 한국의 인권 소프트파워를 실감할 수 있는 시그널을 전달하는 것이 북한 당국과의 갈등유발을 최소화하면서도 장기적으로 효과적인 인권조건 형성 방안이 될 수 있다. 이 지점에서 탈북자의 중요성이 부각된다. 탈북자들은

---

55 민경배, 「UN의 인권법제에 대한 북한의 시각과 대응」, 『법학연구』 제17권 제1호, 인하대학교 법학연구소, 2014, 109~138쪽.

56 이유진, 「북한과 국제사회의 상호의존도를 중심으로 살펴 본 북한인권 개선 연구」, 『국제정치논총』 제50권 제1호, 한국국제정치학회, 2010, 143~164쪽.

북한 주민이라는 정치체(body politic) 중의 일부가 지리적으로 위치이동을 결행한 사례이다. 탈북자는 정치적으로 충성의 대상을 전환했지만, 전적(前籍) 정치체의 구성원들과 정서적 분모를 공유하면서 비공식적으로 그들과 소통을 유지하고 있는 예외적인 존재들이다. 따라서 인류학적으로 표현하자면 탈북자들은 북한 주민 정치체의 연장된 신경줄기의 일부가 남한에까지 이어진 경우라 할 수 있다. 북한의 주민들은 탈북자들이 남한에서 경험하는 사회적 고통·배제·차별 등 인권침해 실상을 소상히 인지하고, 탈북자라는 말단 신경줄기에서 전해지는 자극을 통해 남한의 인권 상태를 생생하게 추체험한다. 탈북자가 남한 사회에서 2등 시민으로서 환멸과 후회를 느끼면서 살아야 한다면, 또는 탈북자가 남한을 떠나('탈남') 다시 제3국에서 자유를 찾아야 한다면, 한국의 그 어떤 인권 대외정책도 북한 주민에게는 프로파간다로 여겨질 수밖에 없다.[57] 한국의 인권상황이 국제 평가에서 수년 째 하락하고 있는 현실도 이런 점으로부터 자유롭지 않다. 만일 북한의 호전성에 따른 안보위협 때문에 남한 사회의 자유를 제한해야 한다는 논거를 댄다면 그런 인식이야말로 자유민주주의 체제의 역사적 항로에 대한 내적 신념과 자신감이 결여된 반(反) 자유민주주의적 태도밖에 되지 않는다.

이런 이유 때문에 탈북자가 남한에서 북한체제와 전혀 다른 인권체제를 인상 깊게 체험하고 그것이 북한 주민들에게 직·간접적으로 전해진다면 그것은 그 어떤 대북 인권개입보다 더 효과적인 정책이 될 것이다. 이는 탈북자들에게 인위적이고 선전 홍보적 성격의 처우를 강화하라는 의미가 아니다. 한국이 스스로 내세우는 자유민주주의 체제에 걸맞은 수준의 인권을 보장함으로써 탈북자를 포함한 한국 내 모든 사람이 보편적 자유를 만끽할 수 있을 때에 북한 주민들도 당연히 '남한식' 인권에 선망과 지향을 품게 될 것이라는 뜻이다. 북한 주민의 인권감수성 내면화는 장기적으로 북한체제 자체의 평화

---

57 김성경, 〈탈북자의 '자리'〉. ≪한겨레≫ (2016. 4. 26.), 31면 참조.

적 변화는 물론이고 한반도의 평화 조성에도 극히 중요한 기반이 된다. 만에 하나, 북한 주민들이 민주주의와 인권에 대한 인식의 부족 때문에 시민적 자유에 대한 이해와 선호 없이 물질적 조건 향상만 중시하게 된다면 그것 역시 바람직한 상황은 아닐 것이다. 동구 사회주의 체제가 붕괴했던 원인에 관해 여러 설명이 있지만, 시민적 자유와 보편적 인권에 대한 주민들의 강력한 욕구가 비폭력 무혈혁명을 가능하게 했던 중요한 요인이었음을 깊이 반추할 필요가 있다.[58]

6. 나오면서

본고는 인권학 전공자의 시각으로 북한 인권을 하나의 연구사례로 삼아 시론적(試論的) 고찰을 시도하였다. 북한 인권에 관한 모든 논의는 '권리의 주체'와 '의무의 주체'를 명확히 설정하는 것으로부터 출발해야 한다. 지금까지 외부의 북한 인권 개입론에서는 주로 의무주체인 북한 당국을 압박 대상으로 상정하였다. 그러나 중장기적으로 권리주체인 북한주민의 권리의식 개안(開眼), 자력화와 자존감의 제고, 생활조건 향상 이상의 효과적인 인권개입은 없다. 본고는 또한 한국이 국내외 연계 국가행위자로서의 다중적 정체성에 기반을 두고 행동해야 함을 주문하였다. 한국은 북한 인권을 둘러 싼 국제인권레짐 프로세스의 일부로서 반드시 참여할 뿐만 아니라, 그에 더하여 국제사회와 한반도 그리고 남한과 북한을 잇는 복합적 역할의 수행자가 되어야 한다. 북한의 인권문제로 인해 자국 내에서 정치와 인권상황에 즉각적인 영향이 가해지는 나라는 한국밖에 없기 때문이다.

그리고 본고는 20세기 국제 인권 담론에서 주류적 방법론으로 널리 인정되

58 Foot, Rosemary, "The Cold War and human rights", Melvyn P. Leffler and Odd Arne Westad eds, *The Cambridge History of the Cold War,* Volume 3: Endings, Cambridge: Cambridge University Press, 2010.

어 온 인권문제 해결 패러다임이 착근되기 이전부터 인권조건 형성 패러다임에 대한 인식이 선재(先在)했음을 밝히고, 그것을 복원하여 양자를 함께 추구해야만 전일적인 인권 달성이 가능하다고 주장했다. 햇볕정책은 전형적인 인권조건 형성 패러다임에 근거하여 북한 인권의 개선을 위한 여건과 환경을 조성하는 데에 초점을 맞추었다. 햇볕정책은 법적(de jure) 인권을 호명하지는 않았지만 사실상의(de facto) 인권 개선을 지향했던 정책노선이었다. 그럼에도 햇볕정책이 북한 인권에 소극적이었다는 비판을 받았던 이유는 인권조건 형성과 함께 추구했어야 할 인권문제 해결 패러다임을 경시한 데에 있었다.

양대 패러다임을 통합하는 방식은 특정 인권 쟁점의 성격과 맥락에 따라 달라진다. 본고는 북한 인권이라는 쟁점 영역에 있어 양 패러다임의 통합을 위해서는 실용적 자유주의 이론의 적용, 한반도의 특수한 맥락 고려, 교조적인 인권유일 원칙의 탈피가 요청된다고 제안하였다.[59] 더 나아가, 탈북자들이 남한에서 시민적·정치적·경제적·사회적·문화적 인권을 긍정적으로 경험할 수 있을 때에 북한 주민이 인권에 대해 강력한 내적 동경을 품을 수 있고, 그것이 북한의 전사회적(societal) 인권 향상을 위한 교육적 인센티브로 작용할 수 있을 것임을 강조했다. 이것은 장기적으로 인권친화형, 공동선 지향형 통일 한반도의 토대를 준비하는 길이 될 수 있을 것이다. 요컨대, 한국 정부와 시민사회는 북한에 대한 국제적 인권 프로세스에 적극 참여하되, 그것과 동전의 양면을 이루는 조건 형성을 위한 프로세스 역시 적극 모색해야 한다. 구체적으로 그것은 국내외 연계 행위자로서의 능동적 역할, 남북한의 평화와 공존, 북한 주민의 인권 자력화 지원, 남한의 인권 소프트파워 증진 등을 의미한다.

남한 내에서 북한 인권 이슈가 극도로 정치화된 탓에 인권문제 해결과 인

---

59 이런 태도가 '인권의 폭력'이 될 수도 있음을 여러 논자들이 지적하고 있다(정영철·손호철, 「'보편적' 인권의 역사와 북한 인권 문제」, 『현대정치연구』 제7권 제1호, 서강대학교 현대정치연구소, 2014, 259~283쪽.

권조건 형성을 제로섬 관계로 인식하는 풍토가 만연해 있다. 북한 인권을 거론하면 북한을 압박하자는 보수 강경론으로 치부되고, 우호적 여건 형성을 지지하면 북한 인권문제에 눈을 감는 진보 유화론으로 받아들여지는 분위기가 지배적이다. 그러나 이는 허위의 이분법이다. 인권문제의 근본적 해결은 문제 해결과 조건 형성 간의 양자택일에 있지 않고, 그 둘의 양자합일에 있다. 그러므로 북한 인권을 둘러 싼 논쟁의 핵심은 인권문제 제기냐 남북 협력이냐, 둘 중의 선택이 아니라 이 둘을 어떻게 '동시에 최적화하느냐' 하는 것이 되어야 한다. 외견상 상충되는 일처럼 보이겠지만 이러한 이성적 노선을 취하는 것이 북한 인권문제를 둘러 싼 정치적 선택의 본질이자, 한국 정부와 시민사회·인권운동의 총체적 역량을 가늠하는 바로미터가 될 것이다.

참고문헌

국제엠네스티, 『통제된 사회, 단절된 삶: 북한 내 휴대전화 사용 및 외부세계 정보제한 실태』, 국제엠네스티, 2016.

김동한·윤명석, 「햇볕정책과 북한의 인권」, 『한양법학』 제21집, 한양법학회, 2017.

김성경, 「북한이탈주민의 월경과 북·중 경계지역: '감각'되는 '장소'와 북한이탈여성의 '젠더'화된 장소 감각」, 『한국사회학』 제47집 제1호, 한국사회학회, 2013.

김성경, 〈탈북자의 '자리'〉, ≪한겨레≫, 2016. 4. 26.

김수암, 「평화적 개입수준의 설정과 전략의 모색」, 윤영관·김수암 편, 『북한 인권 개선 어떻게 할 것인가: 평화적 개입전략과 국제사례』, 한울 아카데미, 2010.

김양희, 「북한 식량권의 연구 동향 및 과제」, 『통일인문학』 제60집, 건국대학교 인문학연구원, 2014.

데이비드 포사이드, 최의철 옮김, 『인권과 국제정치』, 백산, 2003.

마이클 프리먼, 김철효 옮김, 『인권: 이론과 실천』, 아르케, 2005.

미셸린 이샤이, 조효제 옮김, 『세계인권사상사』, 길, 2005.

민경배, 「UN의 인권법제에 대한 북한의 시각과 대응」, 『법학연구』 제17권 제1호, 인하대학교 법학연구소, 2014.

박명림, 「한국의 북한 인권 문제에 대한 접근: 반성과 대안 모색」, 윤영관·김수암 편, 『북한 인권 개선 어떻게 할 것인가: 평화적 개입전략과 국제사례』, 한울 아카데미, 2010.

박성은, 「규범확산 메커니즘에 관한 연구: EU의 대북한 인권정책을 중심으로」, 『국제정치논총』 제54권 제2호, 한국국제정치학회, 2014.

박형중, 『북한의 개혁·개방과 체제변화: 비교사회주의를 통해 본 북한의 현재와 미래』, 해남, 2004.

백낙청, 「포용정책 2.0과 시민참여형 통일」, 한반도 평화포럼 편, 『통일은 과정이다』, 서해문집, 2015.

백범석·김유리, 「유엔 북한인권 조사위원회 설립의 이해와 전망」, *The Asan Institute for Policy Studies Issue Brief*, No. 50, 2013.

서보혁, 『북한 인권: 이론·실제·정책』, 한울 아카데미, 2007.

서보혁, 『코리아 인권－북한 인권과 한반도 평화』, 책세상, 2011.

서보혁, 「유엔 북한 인권 정책의 특징과 추세」, 『현대정치연구』 제6권 제1호, 2013.
서창록, 「북한 인권과 다자적 접근」, 윤영관·김수암 편, 『북한 인권 개선 어떻게 할 것인가: 평화적 개입전략과 국제사례』, 한울아카데미, 2010.
승재현·임예준, 『반인도 범죄로부터 북한주민 보호를 위한 국제사회의 보호책임(R2P)에 관한 연구』, 형사정책연구원 연구총서, 2014.
윤영관·김수암 편, 『북한 인권 개선 어떻게 할 것인가: 평화적 개입전략과 국제사례』, 한울 아카데미, 2010.
이무철, 「'북한 인권문제'와 북한의 인권관: 인권에 대한 북한의 시각과 정책에 대한 비판적 평가"」, 『현대북한연구』 제14권 제1호, 북한대학원대학교, 2011.
이우영, 「북한 변화론, 어떻게 받아들여야 할까?」, 한반도 평화포럼 편, 『통일은 과정이다』, 서해문집, 2015.
이유진, 「북한과 국제사회의 상호의존도를 중심으로 살펴 본 북한인권 개선 연구」, 『국제정치논총』 제50권 제1호, 한국국제정치학회, 2010.
임동원, 「김대중의 통일철학과 햇볕정책」, 한반도 평화포럼 편, 『통일은 과정이다』, 서해문집, 2015.
정영철·손호철, 「'보편적' 인권의 역사와 북한 인권 문제」, 『현대정치연구』 제7권 제1호, 서강대학교 현대정치연구소, 2014.
조효제, 『조효제 교수의 인권 오디세이』, 교양인, 2015.
조효제, 「인권달성의 근본 조건」, 『민주주의와인권』 제15권 제3호, 전남대학교 5.18연구소, 2015.
조효제, 『인권의 지평: 새로운 인권 이론을 위한 밑그림』, 후마니타스, 2016.
통일부 북한정보포털, "햇볕정책", 『남북관계 지식사전』, http://nkinfo.unikorea.go.kr/nkp/term/viewKnwldgDicary.do?pageIndex=1&dicaryId=232&koreanChrctr=&searchCnd=0&searchWrd (검색일: 2016. 4. 17.).
한반도 평화포럼, 『통일은 과정이다』, 서해문집, 2015.
허만호, 「국제인권법을 기준으로 바라본 북한의 정치범 수용소」, 『사회과학 담론과 정책』 제4권 제1호, 경북대학교 사회과학연구원, 2011.
황지환, 「북한문제 인식의 문제점과 새로운 접근의 필요성」, 『통일과 평화』 제3집 제2호, 서울대학교 통일평화연구원, 2011.
Ackerly, Brook, "Feminist and activist approaches to human rights", Michael

Goodhart ed, *Human Rights: Politics and Practice*. Second Edition, Oxford: Oxford University Press, 2013.

Ali, Fathi · Morten Koch Andersen · Ahlam Chemlali · Jens Modvig · Henrik Ronsbo · Mette Skar, *Consequences of Torture and Organized Violence: Libya Needs Assessment Survey*, Copenhagen: DIGNITY Danish Institute Against Torture, 2014.

Cerise, Somali and Francesca Francavilla, *Trafficking the Root Causes of Gender Inequalities in the Post-2015 Development Agenda*, Paris: OECD Development Centre, 2012.

Cho, Hyo-Je, "Lessons for global human rights movement: The response of South Korean human rights movement to the North Korean situation", Hans Harbers ed, *Strangeness and Familiarity: Global Unity and Diversity in Human Rights and Democracy*, Utrecht: Forum, 2010.

Davenport, Christian, *State Repression and the Domestic Democratic Peace*, Cambridge: Cambridge University Press, 2007.

Delfeld, Helen J, *Human Rights and the Hollow State*, New York: Routledge, 2014.

Deng, Francis M. · Sadikiel Kimaro · Terrence Lyons · Donald Rothchild · I, William Zartman, *Sovereignty as Responsibility: Conflict Management in Africa*, Washington DC: The Brookings Institution, 1996.

Foot, Rosemary, "The Cold War and human rights", Melvyn P. Leffler and Odd Arne Westad eds, *The Cambridge History of the Cold War, Volume 3: Endings*, Cambridge: Cambridge University Press, 2010.

Forsythe, David ed, *Encyclopedia of Human Rights Volume I-V*, Oxford: Oxford University Press, 2009.

Forsythe, David, *Human Rights in International Relations*. Third Edition, Cambridge: Cambridge University Press, 2012.

Gready, Paul, "The politics of human rights", *Third World Quarterly*, Vol. 24, No. 4, 2003.

Haas, Michael, *International Human Rights: A Comprehensive Introduction*.

Second Edition, New York: Routledge, 2014.
Hoffmann, Stefan–Ludwig ed, *Human Rights in the Twentieth Century,* Cambridge: Cambridge University Press, 2011.
Horowitz, Shale and Albrecht Schnabel eds, *Human Rights and Societies in Transition: Causes, Consequences, Responses,* New York: United Nations University Press, 2004.
Kelly, Tobias, "The UN Committee Against Torture: Human rights monitoring and the legal recognition of cruelty", *Human Rights Quarterly* Vol. 31, No. 3, 2009.
La Strada International, *Violation of Women's Rights: A Cause and Consequence of Trafficking in Women,* Amsterdam: LSI, 2008.
Manning, Bayless, "The congress, the executive and intermestic affairs: Three proposals", *Foreign Affairs* Vol. 55, No. 2, 1977.
Marks, Susan, "Human rights and root causes", *The Modern Law Review* Vol. 74, No. 1, 2011.
Monshipouri, Mahmood, *Islamism, Secularism, and Human Rights in the Middle East* Boulder: Lynn Rienner Publishers, 1998.
Nickel, James W., 조국 옮김, 『인권의 좌표』, 명인문화사, 2010.
Nye Jr., Joseph S., "Think again: Soft power.", *Foreign Policy* 23 February, 2016, http://foreignpolicy.com/2006/02/23/think-again-soft-power (검색일: 2016. 4. 16.).
Park, Kie-Duck and Sang-Jin Han eds, *Human Rights in North Korea: Toward a Comprehensive Understanding,* Bundang: The Sejong Institute, 2007.
Pollis, Nicholas P, "Conformity, compliance, and human rights", *Human Rights Quarterly,* Vol. 3, No. 1, 1981.
Poucki, Sasa, *The Quest for Root Causes of Human Trafficking: A Study on the Experience of Marginalized Groups, With a Focus on the Republic of Serbia.* Ph. D. Thesis, Rutgers University, 2012.
Smith, Hazel, "Regional dialogue and institution–building: The necessary

foundation for human rights regime in the DPRK", K. D. Park and S. J. Han eds, *Human Rights in North Korea: Toward a Comprehensive Understanding,* Bundang: The Sejong Institute, 2007.

Smith, Hazel, *North Korea: Markets and Military Rule,* Cambridge: Cambridge University Press, 2015.

Steiner, Henry J.·Philip Alston·Ryan Goodman·*International Human Rights in Context: Law, Politics, Morals.* Third Edition, Oxford: Oxford University Press, 2007.

UN General Assembly 2014, *Report of the Commission of Inquiry on Human Rights in the Democratic People's Republic of Korea,* Human Rights Council, A/HRC/25/63, 2014.

UN General Assembly 2016, *Resolution adopted by the Human Rights Council on 23 March 2016: Situation of human rights in the Democratic People's Republic of Korea,* Human Rights Council. A/HRC/RES/31/18, 2016.

공안의 헌정사와 그 통치술

한상희

The time is out of joint.
O cursed spite, that ever I was born to set it right.
—『햄릿』 1막 5장

1. 들어가기

현대사에 횡행하는 공안통치는 햄릿의 운명처럼 우리의 헌정사를 난장판 out of joint으로 만들어버린다. 70년 전의 4·3 사건은 무수한 양민을 학살하고 삶의 터전을 박탈하면서 공안의 논리로써 그 참상을 은폐하였고, 최악의 폭력체제를 헌법화한 유신정권 또한 공안적 사유가 그 밑바닥을 이루었다. 87년의 민주화가 이루어내었다는 그 비루한 "절차적 민주주의"의 체제 또한 공안의 통치로부터 전혀 자유롭지 못했다. 최악의 폭력으로서 국가보안법은 여전히 기세를 잃지 않았으며, 이제 테러방지법이라는 새로운 공안권력과 함께 국정원의 존재가치를 계속 유지시키고 있다. 공안검찰과 공안경찰도 마찬가지다. 예의 공안수요에 더하여 신자유주의라는 허위의식 하에 자본의 잉여이익을 극대화하여야 할 또 다른 임무까지 부여받으면서 정보경찰과 경비경찰과 함께 우리 사회의 적폐를 쌓아가고 있는 중이다.

우리 체제에서 공안이라는 말은 "공공의 안전"이라는 사전적 의미를 넘어선 초과개념으로 인식된다. 그것은 범죄단체 조직죄, 소요죄, 다중불해산죄 등 전형적인 사회적 법익에 관한 범죄에 대한 경찰체제의 수준에 한정되는 것이 아니라, 국가의 존립에 위해를 가하는 범죄와 함께 학원, 사회단체, 종교단체 등 시민사회에서 발생하는 반정부 활동과 민주화 활동을 포괄하며 노동관련 사건 또한 그 범주에 포함된다.[1] 그 활동 또한 수사에 한정되지 않고 정보의 수집과 분석까지 포괄함으로써 '국가안전 보장'이라는 명분하에 공안기관이 포괄적으로 시민사회에 개입하여 전방위적인 감시와 통제를 할 수 있는 여지를 마련하고 있다.

여기에 개발독재식 국가중심적 경제 체제가 신자유주의 담론들을 포섭하면서 이 공안 체제는 더욱 더 그 해악성을 더해갔다. 87년 체제의 후기라 할 수 있는 "1997년 체제"가 구축한 신자유주의 체제[2]는 쌍용, 용산, 현대차, 밀양 등의 자본제적 억압이나 비정규직의 문제, 그리고 역사상 최대의 사기 사건이라 할 4대강 사업에 이르기까지 우리 경제와 그에 유착된 우리 헌정 체제의 파행성을 은폐하고 엄폐하는 통치술의 첨병으로 작용하고 있다. 이들이 야기하는 "빨갱이" 담론 혹은 그 변형체인 "종북좌파"의 담론술은 "기울어진 운동장"을 비판하는 진보적 항의나 제안들은 하나같이 반체제의 일탈로 내몰

---

1 장영민, 「법치국가의 관점에서 본 문민정부의 공안」, 『한국사회의 법과 민주주의』, 민주주의법학연구회, 1994, 116~117쪽.

2 김대중 정부의 소위 4대개혁(금융개혁, 공공개혁, 노동개혁, 기업개혁)은 대부분 순기능보다는 역기능이 우세하게 드러나면서 경제력의 극단적 집중과 새로운 형태의 정·관·경 유착 현상, 그리고 노동의 질적·양적 퇴행 현상을 야기하였다. 이에 대한 개략적인 설명으로는 김대호, 『2013년 이후』, 백산서당, 2011, 167~206쪽 참조. 이후 계속되는 노무현 정부나 이명박 정부는 이러한 상황을 개선하는 데 역부족이었거나 혹은 되레 그것을 악화시키는 데 기여하였을 뿐이었다.

거나 혹은 정치적 의제로부터 배제해 버리는 기제로 이용되고 있는 것이다.

이 글은 87년 체제가 채 털어버리지 못한 이 공안-반공국가의 체제가 사용하는 통치술을 살펴보고자 한다. 먼저 헌정사의 관점에서 여전히 그 힘을 잃지 않고 있는 48년 체제의 형성과 그 문제점을 살펴보고, 그것이 87년 체제에서 어떠한 양상으로 확대·재생되고 있는지, 그리고 신자유주의의 원조를 받으며 어떠한 모습으로 변형되고 있는지를 간략히 정리해보고자 한다.

2. 현재의 상황

공안 체제는 반공주의를 그 본질요소로 하여 작동한다. 그것은 대한민국의 지배 이데올로기이자 "한국 지배집단의 이데올로기 정책을 집약한"[3] 반공주의와 이의 '헌법적' 표현인 자유민주주의를 그 이념적 토대로 하면서, 제도적으로는 국가보안법과 반공법을, 조직적으로는 중정(국정원)-공안검찰-공안경찰(여기에는 정보와 보안, 경비파트도 포함된다.)의 연합체를, 사회적으로는 각종 관변단체·보수단체들과 일부 종교단체까지도 포괄하며, 경제적으로는 재벌과 대기업 등의 거대자본의 지원체계에까지 확장되는 전방위적인 통치 체제를 구성한다. 그래서 이 공안 체제는 단순한 국가권력의 작동방식을 넘어 하나의 국가 체제—48년 체제—로까지 확장된다.

우리 헌정사에서 이 48년 체제는 단순한 국가폭력 내지는 억압기제의 수준에 그치지 않는다. 그것은 지금까지 대한민국의 정체성을 규정하는 핵심적인 통치 체제이자 동시에 제반의 정치과정을 통제하는 가장 강력한 지배이데올로기 중의 하나로 작동해왔다. 그러기에 반공주의가 구사 하는 폭력은 언제나 집단적·사회적 폭력의 형태를 취해왔다. 우리나라의 반공주의가 친일부역 활동을 했던 세력들의 생존논리 내지는 계급이 익의 보장논리로 형성되

3 김동춘, 「한국의 지배집단과 반공주의」, 김동춘 외, 『반공의 시대: 한국과 독일, 냉전의 정치』, 돌베개, 2015, 175쪽.

었거나 혹은 미군정을 중심으로 시민사회에 부과되었던 자유민주주의라는 정치노선의 형태로 구성되었다고 한다면, 한국전쟁 이후의 반공주의는 적어도 남한 대중에게는 생명과 운명을 건 엄청난 공포로 재구성되었다. 소위 레드 콤플렉스로 성격이 지워지는 이 집단적 히스테리아[4]는 한국전쟁의 상대방이었던 북한에 대한 무조건적인 거부반응과 한국전쟁의 원조국가였던 미국에 대한 맹목적인 의존 심리로 구체화되면서 공안권력의 정당화 논리라는 수준을 넘어 사회일반에까지 확장된 집단적 폭력으로 확장되었다. 그것은 소극적으로는 "빨갱이"로 규정된 자를 자신의 생활영역으로부터 배제하고 비국민화하는 집단 심리로 발현되는 한편, 적극적으로는 "반대파를 공격하고 제거하기 위해 '발작적인' 매카시즘"[5]적 폭력행동으로 발현되기도 하였다.

물론 그 작동방식은 시대에 따라 다르다. 이승만 독재 체제에서나 군사정권의 권위주의 체제에서는 공안기관들이 적나라한 물리적 폭력이나 형사 사법권이라는 법의 이름을 쓴 폭력을 행사하고 그 과정에서 레드 콤플렉스에 빠진 대중을 선동하여 집단적 지지를 동원하는 방식으로 이 체제를 운용해왔다. 특히 군사정권 이후에는 한편으로는 중앙정보부나 안전기획부와 같은 비밀경찰기구가, 다른 한편에서는 방첩대, 특무대, 보안사와 같은 군사기구가 그 폭력을 독점하는 전문기구로 기능하였다.

하지만 최근에 와서는 이런 물리적 폭력의 공간이 현저하게 줄어들면서 그 행사는 줄어든 반면, "빨갱이" 혹은 "종북 좌파"라는 담론체계를 중심으로 구성되는 정치적 기획이 새로운 형태의 국가폭력이 되어 통치술의 핵을 이루게 된다. 그러다보니 이 공안통치의 목표가 과거의 반대파 축출에서부터 정파적 이익을 위한 정치구조의 조작이라는 보다 거시적 전략으로 이동하게 된다.

---

4 이는 심리적 공포상태를 초과하는 집단 심리이다. 그것은 광기에 근거한 공격적인 성향과 공포심을 요소로 하며 경우에 따라서는 무자비한 인권탄압을 용인하고 정당화하는 사회심리로 까지 발전한다. 강준만 외, 『레드 콤플렉스: 광기가 남긴 아홉 개의 초상』, 삼인, 1997.

5 김동춘, 앞의 글, 192쪽.

2013년 이석기 전 의원 등에 대한 국정원의 내란음모혐의 수사 및 그에 대한 내란선동죄 유죄판결(이하 '내란선동사건')이나 통합진보당에 대한 강제해산 결정은 대표적인 사례에 해당한다. 내란선동 사건은 2012년 대통령 선거에 국정원이 개입한 혐의가 드러나고 그 반작용으로 국민들 사이에 국정원 개혁에 대한 요구가 거세지는 도중에 전격적으로 기소된 사건이다. 하지만 이 사건의 진행과정을 보면 이석기 전 의원을 중심으로 한 정치세력이나 혹은 통합진보당과 같은 급진적 정파를 제거한다는 목표는 그리 크게 작용하지 않았다. 오히려 국정원의 대선개입 사건 등으로 야기된 박근혜 정권의 위기를 극복하고 민주화의 동력을 되돌이킴으로써 정치지형을 집권세력에 유리하게 이끌어가기 위한 일종의 정치적 구조조정을 지향한다는 성격이 더 강했다.

그러기에 이 사건을 중심으로 "종북 좌파"에 대한 대대적인 공략이 이루어졌다. 일반적인 포털 사이트에서 소통되는 게시글에 "댓글"을 다는 행위까지도 "북한과 종북 세력의 선전, 선동에 대응하는 목적으로 이뤄진 것"[6]이라고 규정하거나, 국정원의 대공수사권 폐지논의에 대해 새누리당이 "그동안 국정원 무서워 회합도 비밀리에 했던 지하 종북 세력들이 대낮에 활개 치도록 놔두자는 말인가"라고 대응하는 것에 이르기까지 일련의 '종북몰이'가 이 사건을 추동하는 대표적인 동력이었다. 87년 체제에서 그나마 본격화되고 있었던 절차적 민주주의와 법치주의로의 전환국면을 '반공국가'라는 48년 체제로 되돌리는 한편, 촛불시위나 시민 단체의 활동 등으로 활성화되어온 시민사회의 정치화 국면을 다시금 (신)국가주의적 통제 체제로 퇴행시키고자 하는 집권세력의 전방위적 기도의 중심축을 이루고 있는 것이다.

박근혜 정권에서 나타난 이러한 양상은 그것이 항시적이고 전방위적으로 작동한다는 점에서 그 특이점을 보인다. 과거 김영삼·김대중·노무현 정권하에서 언론이나 검찰을 중심으로 등장하였던 반공주의는 그때그때의 정치적

6 국정원 "댓글녀" 사건의 당사자인 김하영 씨가 국회국정조사 청문회에서 한 답변. 〈국조특위 청문회 '치열한 공방'〉, ≪한국경제≫, 2013. 8. 19.

국면을 잠정 전환하기 위한 정치수단으로서의 성격이 강했다. 하지만 박근혜 정권이 복구하는 48년 체제의 작동방식은 거의 일상적 통치술로서의 성격을 가진다. 서울시 공무원에 대한 간첩조작 사건은 물론이고, 전교조에 대한 법외노조 선언이라든가, 2015년 11월의 민중총궐기에 대한 강제진압 및 소요죄 적용 검토, 파업 주모자를 체포 한다는 명분으로 민주노총 사무실을 압수수색한 것, 더 나아가 역사교과서 국정화 사태,[7] 국가보훈처의 5·18 행사 개입, 최근에는 블랙리스트 작성·운영에 이르기까지 거의 모든 영역에서 공안통치를 부활시키며 억압의 폭력을 강화해왔다. 그리고 이를 위하여 공안검사 출신의 인사들을 법무부장관·국무총리(황교안)로 임명하거나 대통령비서실장(김기춘), 청와대민정수석(홍경식) 등으로 임명하여 문자 그대로 공안 체제를 구축하기도 하였다. 그동안 박근혜 정권이 내세웠던 '헌법가치 부정세력 엄단', '국가안보 위해사범에 대한 엄정 대응과 안보위해사범 수사역량 강화', '불법시위 삼진아웃제 확대 실시 등 반복적 불법시위자 엄단방침' 등의 슬로건은, 서울남부지검과 의정부지검에 공안부를 신설하고 전자에 공안2차장의 직을 신설하는 등 검찰의 공안조직을 강화하는 것[8]과 함께 공안통치의 기조를 강화하는 대표적 사례였던 것이다.[9]

---

7 이는 현대사를 반공주의를 정당화하는 맥락에서 재구성하고 있다는 점에서 또 다른 방식의 공안 체제를 이룬다. 자세한 것은 김정인, 「역사 교과서 논쟁과 반공주의」, 김동춘 외, 『반공의 시대: 한국과 독일, 냉전의 정치』, 돌베개, 2015, 197~213쪽 참조.

8 더불어민주당, 「박근혜정부 4년 평가」, 2017. 2. 24., 29~30쪽.

9 여기에 김영한의 업무수첩으로 폭로된 청와대와 국정원의 연결고리는 공안통치를 일반 행정으로까지 끌어들이는 박근혜 정권의 폐습을 짐작하게 한다. 6월 18일자의 내용은 국정원 인사에 관한 것으로 "종북세력-수사국, 정보국", "신원검증-장차관, 공공기관장", "3급 국장(고공단)-보안군"이라 기재하면서 이를 총괄하여 "국내정보"로 엮어두고 있다. 「고 김영한전 민정수석 업무수첩 해석본」, ≪한겨레21≫, 217쪽. 청와대 민정수석실의 담당업무인 고위공직자에 대한 신원검증의 문제를 국내정보의 범주로 구성하면서 국정원의 또 다른 비밀정보대상으로 삼고자 하는 것이다. 이런 현상은 지난 정권들과는 달리 공안 체제가 대통령의 주요한 통치방침의 하나로 구성되어 있는 박근혜 정권의 특징을 잘 보여준다. 즉, 청와대가 공안 체제의 중심이 되어 국정원 등의 공안기구를 상시적으로 지휘, 통제하고 있는 것이다.

이렇게 부활되는 공안 통치는 필연적으로 정치의 영역을 현저히 위축 시킨다. 아직도 우리 정치에서 노동자의 이익이나 진보의 주장이 제자리를 확보하지 못한 채 항시적으로 배제되어 있는 모습은 이를 가리킨다.

심지어 사드 배치나 위안부 문제에 관한 한일합의와 같은 환경이나 평화의 문제까지도 정치의 경계선상에서 한계적 존재가 되어 배회할 따름이다. 혹은 최근 촛불집회로 마련된 19대 대통령 선거 과정에서조차 종북 좌파의 담론들이 정책선거를 가려버리면서 "보수"의 총결집을 도모하는 상황에까지 이르게 된다. 그리고 이 모든 억압은 표현의 자유를 옥죄는 방향으로 작동하거나 또는 표현의 자유 그 자체를 동원한 배제와 배척의 통치술로 현현한다.

3. 반공국가의 탄생: 자유민주주의라는 통치술

우리의 헌정사는 이러한 통치술로 점철된다. 자유민주주의라는 담론은 그 주요한 축이 된다. 그것은 전혀 실체를 갖지 못한 채 오로지 적과 우군의 경계를 설정하는 도구로서의 모습만 가진다.

해방 직후 우리의 민족국가형성(nation building) 과정은 국가건설(state building)을 둘러싼 권력싸움에 압도당하면서 좌익에서부터 민족주의, 보수우익 등에 이르기까지 다양한 정치이념들이 지극히 짧은 기간에 집중된 폭력에 의하여 일거에 정리되는 양상으로 진행되었다. 국가이념이 상호간의 투쟁과 합의를 거쳐 국민-국가의 경계를 설정하고 이를 바탕으로 견고한 헌법이념을 구성해내는 일련의 과정을 거치지 못하였다는 것이다. 오히려 미군정과 그의 후원을 받는 정치집단에 의해 폭력적인 방법을 통해 반공과 자유민주주의라는 두 축이 먼저 선택되고 그것으로 국가형성 과정이 종료되어버렸던 것이 우리의 헌정사였다.

문제는 이 "자유민주주의"는 전혀 실체가 없는 것 혹은 반공이라는 허사(虛辭)의 또 다른 표현으로만 상정되었다[10]는 점이다. 그것은 미군정이 외쳤던 "공산진영과의 전쟁"이라는 의미 이상은 갖지 못하였다. 그것은 미군정과 보수우익진영이 합의할 수 있는 최대공약수였을 뿐이며, 해방 공간을 통하여 좌익세력들을 폭력적으로 제거하고 난 후 잔존하는 세력들의 이념적 토대를 총칭하는 외피이자 집권세력들이 스스로를 정당화하기 위하여 사용하였던 허위의식에 지나지 않았다.

이러한 현상은 무엇보다도 우리 국가형성 과정의 파행성에서 연유한다. 근대 국민국가들은 활성화된 시민사회가 먼저 존재하고 그 속에서 정치권력들이 구성되고 그 결과 국가가 형성되었다. 하지만 우리의 경우는 4·3 사건이나 여순반란 사건 등 일련의 내전적 상황을 거쳐 미군정에 의하여 국가가 먼저 만들어져 외삽되고 이에 의하여 정치권력이 규정된 다음에야 비로소 대중이 동원되는 체제로 시민사회가 형성되었다. 제헌 의회를 구성하기 위한 5·10 선거의 선거권이 사실상 38선 이남 거주자에게만 한정됨으로써 헌법(국가)의 형성 이전에 국민의 범주가 선결되어버린 것이라든지, 국가보안법이 법률 제3호로 제정되면서 가차 없는 이념전쟁을 벌였다는 것은 이를 대변한다. 그리고 바로 이 때문에 "자유민주주의"는 물론 그 기본구조로서 "민주주의"조차 그 구체적인 실체를 확보할 수 없었던 것이다.[11]

소위 48년 체제 혹은 반공국가 체제가 형성되는 것은 이 지점에서이다. 유신헌법의 전문에서 처음 명문화된 '자유민주주의'라는 담론은 항상 반공이라는 틀 속에서 규정되며 냉전 체제에서 국가의 이념적 기초와 실천은 헌법이 아니라 반공법 내지는 국가보안법에서 구체화되는 구조가 이루어진 것이다.[12] 그것은 "'친일파(처단)정국'을 '반공정국'으로 상쇄시키고자 했던 국

10 박찬표, 『한국의 국가형성과 민주주의』, 후마니타스, 2007, 360쪽 이하 참조.

11 사실 당시에는 "자유민주주의"는 아예 헌법의 개념으로 규정되지도 않았을 뿐 아니라, 초기의 헌정 체제 속에서도 국가가 주도한 적산(기업)의 불하에 매달린 채 생산수단의 사유화 자체가 제대로 진행되지 못한 관계로 미국식의 "자유민주주의"가 실천될 수 있는 토대 자체도 거의 부재한 상태였다.

12 최장집, 『민주화 이후의 민주주의』, 후마니타스, 2005, 77쪽.

면"[13]이라는 설명에서도 잘 나타나듯 (정치적) 폭력을 법의 영역으로 포섭하고 이를 통해 일상화된 예외상태를 법의 형식으로 포장하였다. 한마디로 국가 내의 모든 규범적 가치판단의 기준은 헌법이 아니라 냉전 체제에서의 대결구조였고 민주주의든 자유주의든 모든 이념적 지향은 그 한계 안에서만 타당하였고 또 그 한도 안에서만 허용되었다. 더구나 냉전 체제가 국내화하는 과정에서 그에 반하는 이념이나 세력, 집단들은 폭력적·물리적으로 정치과정은 물론 시민사회의 영역으로부터도 배제되었을 뿐 아니라 아예 그 국민으로서의 자격까지도 부정당하여 호모 사케르로 전락하게 되는, 국민/비(非)국민의 이분법적 체제가 제도화되었다.[14]

예의 내란선동죄 수사와 재판, 통합진보당의 강제해산 등은 "공안"이라는 이름으로 끝없이 호모 사케르들을 만들어내고 그들을 통해 내부적 수용소를 만들어 국민들의 입과 눈과 귀를 가리는 통치의 기술로 삼는 대표적인 사례이다. 이 사건은 '종북'의 관념을 현실적인 (내란음모) 세력으로 가공한다는 점에서 특이성을 보인다. 이 사건들에서 이석기 일행과 통합진보당은 어떻게 죽여도 정당화되는 부정한 존재로 상정된다. 동시에 그들은 한편으로는 존재로서의 국가와 법을 신성한 존재로 정당화 시키면서 다른 한편으로는 새로운 호모 사케르에 대한 공포를 끊임없이 제기하면서 이 죽음의 권력에 대한 무조건적인 복종을 유발하는 존재[15]로 규정된다. 헌법도 민주주의도 아닌, 공안세력의 법이 곧장 주권적 권력으로 변이되면서 모든 시민들의 일상을 통제하는 반헌법적 상태를 창출하게 되는 것이다.

여기서 이 모든 통치술의 주체는 집권세력과 그 하위권력으로서의 공안세력—국정원, 공안검찰·경찰, 군공안기구 등—이었고 집권여당은 이의 대행

13 강성현, 「한국 국가 형성기 "예외상태 상례"의 법적 구조–국가보안법(1948, 1949, 1950)과 계엄법(1949)을 중심으로」, 『사회와 역사』 제94권, 한국사회사학회, 2012, 94쪽.

14 박찬표, 『한국의 48년 체제』, 후마니타스, 2010, 31쪽.

15 조르조 아감벤, 박진우 옮김, 『호모 사케르』, 새물결, 2008, 155쪽 이하.

자로 기생하였다. 이들은 법률의 안과 바깥에 모두 존재하면서 법규범의 효력을 정지시키면서 동시에 새로운 질서를 창출할 수 있는 능력을 확보하고 있다. 자유민주주의라는 개념은 이러한 권력이 헌법이라는 껍데기를 쓸 수 있는 포장재 역할을 한다. 권력의지가 그대로 헌법적 정당성을 획득할 수 있는 가장 손쉬운 통로로 작동하는 것이다.

이런 연유로 48년 체제는 여전히 우리 사회에 유효하게 군림한다. 그것은 지배 권력이 구사하는 일련의 폭력에 의하여 구성되었을 뿐 아니라, 국가가 지속적으로 가하는 일상적인 훈육으로 인하여 국민들의 생활 속에 쉽사리 체화(體化)되어 있어 너무도 지속가능한 것이 되어버렸다. 그리고 이 모든 사태의 결과로서 "남는 것은 아노미 지대뿐이며, 거기서는 어떤 법률적 가면도 쓰지 않은 폭력이 지배"[16]하는 사태가 초래될 수도 있는 것이다.

4. 공안 체제의 두 측면들

4.1. 종북담론: 대국민 심리전

그리고 이런 '통치술'의 전술은 크게 세 가지로 나뉜다.[17] 먼저 북한이 라는 "적"의 외연을 유추와 비약을 통해 확장함으로써 가상의 적(virtual enemy)을 창출하고 이를 통해 공안 체제를 구성해낸다. 실제 북한은 한국전쟁의 당사자였을 뿐 아니라 최근에는 핵무기나 미사일 실험 등으로 우리의 국방 체제에 상당한 위협이 되고 있기도 한다. 하지만 반공 체제가 기대는, 주적으로

16 조르조 아감벤, 위의 책, 115쪽.

17 현대사상연구회, 『반대세의 비밀, 그 일그러진 초상』, 인영사, 2009. 이 책은 현대사상연구회라는 가명Pseudonym으로 출판되어 국정원의 각종 강연교재로 사용되었다. 그것은 1987년 민중항쟁에 의하여 붕괴되어버린 권위주의 체제를 다시금 복원하여 자신의 영원한 숙주로 삼고자 하는 국정원의 염원과 함께, 시민사회의 대척점에서 48년 체제의 지속적인 특혜와 엄포를 받아왔던 주류 정치세력을 위한 전략적 지침을 제공하고 있다. 이하 본문에서 괄호 속의 표기는 이 책의 쪽수를 말한다.

서의 북한이라는 개념은 이런 실체조차 가지지 아니한다. 공안 체제의 존립 기반이 되는 "적"이란 "빨갱이"라는 담론으로 구성되는 일련의 관념체 내지는 의미관련체에 지나지 않기 때문이다. 이념이나 이익의 충돌이라는 실체가 아니라, 공안세력 내지는 집권세력 그 자체와의 적대라는 관계만으로 "적"을 규정하고 있는 것이다.[18]

그래서 "적"의 존재의미는 대외적이라기보다는 대내적이다. 공안기관이 주로 사용하는 좌익세력, 좌경세력, 좌성향세력, 종북세력, 좌파, 반대세(반대한민국세력) 등의 다양한 용어는 이 점을 잘 보여준다. 그 중 좌익세력은 "혁명이나 선거 등을 통해 대한민국 정권을 무너뜨리고 사회주의 체제를 수립하려는 노선을 분명히 하는"(72쪽) 세력으로 규정되며, 그 주위에 "반대세"와 "일부 좌경세력", "좌경세력", "좌성향세력" 등을 포진시킨다.(73쪽) 하지만 이들은 서로 혼용되거나 중복된 채 사용된다. 특히 "사회주의 체제"란 무엇을 의미하는지에 전혀 설명이 없다. 또한 민주화 이후의 시기와 관련하여서는 "좌익세력"이라는 용어가 "좌익·좌경세력"으로 바뀌었다가 다시 "좌성향세력"으로 바뀐다.(189쪽) 이런 개념적 모호성은 의도된 것으로 보인다. 체제개혁이나 체제개량을 추구하는 모든 주의·주장을 체제전복의 주장과 별 차이 없는 것으로 인식하게끔 개념을 조작하고자 하기 때문이다. 그래서 민주주의민족통일전국연합, 6·15남북공동선언 실현과 한반도 평화를 위한 통일연대, 전국민중연대, 한국진보연대 등은 "좌성향의 시민운동단체들"로 규정하며 민주노총, (구)민노당, 전농, 전교조, 참여연대 등의 정부 비판적 시민단체나 노조, 정당들은 이들과 연결되었기에 좌성향세력의 범주로 포섭되게 된다. '주적'으로서의 북한이 좌익세력으로 그리고 그것은 다시 일부 좌경세력으로 확장되었다가 급기야는 좌성향세력으로까지 급격하게 그 외연을 넓이고 결국 모든 진보적 단체나 세력까지도 포괄하면서, 이 모두가 대한

18 북한의 존재를 이용한 반공주의의 형성과 강화의 과정에 대하여는 황병주, 「1970년대 유신체제의 안보국가 담론」, 『역사문제연구』 제27호, 역사문제연구소, 2012, 109~139쪽 참조.

민국을 반대하는 "적"으로 간주되고 있는 것이다.

두 번째 전술은 위험을 상례화함으로써 공포를 야기하는 것이다. 적을 만들어놓고 이 적으로부터 잠재적 위험을 끝없이 파생시킴으로서 공안 세력의 존재근거를 확보하고자 하는 것이다. 이를 위해서는 북한의 존재를 부각시키고 그들의 전략·전술을 남한 내의 좌익·좌경세력과 연계 하는 것으로 충분하다. 적의 존재 자체가 가상적인 만큼 그로부터 위험을 창출하며 그 위험의 발생가능성과 강약의 정도를 산출해내는 것은 무한히 자유롭다. "현재의 상황이 계속된다면, 좌익이 나라를 지배하는 시기는 반드시 온다.", "처음에는 좌익세력과 제휴하는 정권이 들어서고, 그 다음 단계에는 좌익세력이 주도하는 연합세력의 정권이 들어서고, 궁극적으로는 완전한 공산정권이 들어설 것이다"(이상 101쪽) 등의 문구는 곧장 북한의 "사회주의 강성대국을 이룩하기 위해 투쟁에 나설 것"을 선동하는 장면으로 연계된다. 해방 공간에서 반대세력의 축출은 "빨갱이"라는 낙인으로 충분하였듯이, 현재의 공안세력이 말하는 위험은 북한의 존재와의 연계 가능성 하나만으로 충분한 것이다.

여기서 더 문제적인 것은 그 위험을 강조함으로써 우리나라에서의 진보적 정권의 등장 자체를 죄악시하고 따라서 그들의 집권을 차단하여야 한다고 주장한다는 점이다. '좌익세력과의 제휴정권 → 좌익세력주도 연합정권 → 완전한 공산정권'이라는 도식은 공산정권의 등장을 우려하는 서술이기보다는, 오히려 진보의 대체개념인 좌익세력 혹은 그와 제휴한 진보적 정권의 등장을 봉쇄하고자 하는 서술에 비중이 놓이기 때문이다.

즉, 이 서술은 위에서 언급한 바와 같이 "사회주의를 지향한 좌익운동권으로 분류되는 인사"들도 참여한 김대중 정부나 "주사파 출신 등 대한민국을 부정하는 좌익운동권 전력을 가진 것으로 평가받는 이"들도 참여한 노무현 정부가 다시는 재현되어서는 안 된다는 강한 "경고성 예언"인 것이다.

세 번째 전략은 대중들의 레드 콤플렉스를 자극하여 집단 히스테리의 대상이 되는 호모 사케르를 양산하고 이를 통해 진보진영을 분열시키는 것이다.

대한민국이라는 체제를 부정하는 좌익 혹은 좌편향의 진보와 그렇지 않은 진보를 구분하면서 전자의 전략·전술에 이용당할 뿐인 순진한 후자를 그때그때의 목적에 따라 자의적으로 규정하고 또 묘사하는 것이다.

물론 여기서 주된 전술은 진보의 전향이 아니라 진보의 분열이다. 진보를 약화시키는 것보다는 진보를 양분하고 그 어느 하나를 호모 사케르로 만들어 '수용소'에 차폐시키는 것을 지향한다. 그리고 이 수용소를 통해 나머지 진보 부분을 통제하고자 한다. "미군을 철수시키고 국가보안법을 폐지할 것을 거듭 주장"(64쪽)하는 반대세를 한 축으로, 이들과는 엄연히 구별되어야 하는 존재로서의 건전한 진보를 또 다른 축으로 분리시키면서, 후자로 하여금 전자를 단죄하게 만드는 일종의 이이제이(以夷制夷) 이간책을 지향하고 있는 것이다.

이 점은 예의 내란선동 사건에서 가장 극명하게 드러난다. 이 사건은 국정원이 내란음모라는 최상위의 국가터부를 위반한 국사범[19]의 수준을 규정하였다. 그리고 이 전략은 그대로 작동되어 당시 새누리당과 새정치민주연합의 가열찬 합작공격을 유도해내었다. 실제 이 전략은 진보진영을 분리시키고 그 분파 중 어느 하나를 선택적으로 배제하는 것에 멈추지 않는다. 오히려 더 나아가 정치이념의 지평에서 배제당한 분파(예컨대 통합진보당)와 공간적 유사성이 가장 강한 분파부터 차례로 제거하면서 살아남기 원하는 진보진영을 순치시키겠다고 하는 연속된 전략으로 진행된다. 하나를 배제함으로써 다른 분파를 견제하고 그 결과 전체로서의 진보진영의 활동공간을 최소한으로 위축시키고자 하는 것이다. 그리고 그만큼 정치의 가능성이 줄어들도록 만든다.

실제 새정치민주연합이 통합진보당에 대한 공격에 합세한 가장 큰 이유는

19 분단 체제의 형성과 그로 인한 전쟁 체제가 구성되던 해방 직후의 예외상황이 다시 반복되어 나타난 것이 이 내란선동 사건이라 할 수 있다. "내란"이라는 시니피앙을 사용하면서 그것을 통해 가상적인 수준에서 규정되던 '반대세'의 실체를 대중들의 머릿속에 각인시키는 한편 이에 대해 가해지는 대대적인 적대적 공격을 대중들이 수용할 수 있도록 만드는 것이다.

"종북" 논란에서 자유롭고자 한 것보다는 과거 진보당 사건에서 보수야당이 그러했듯 야당으로서의 활동공간을 독점하고자 하는 의지가 더 강한 것으로 보인다. 그리고 이 과정에서 마치 독과점 체제가 구축되면 그만큼 시장에서의 선택지가 줄어들듯이 마찬가지로 우리의 정치영역—그리고 표현의 자유영역—은 보다 더 보수인 진영과 보다 덜 보수인 진영 간의 경합 정도로 위축되는 양상으로 구성되어버리게 된다. 통합진보당의 해산 결정 또한 마찬가지의 틀을 가지며 이런 일련의 사건들은 가장 세속적 의미에서의 정치사건이 되어버렸다.

4.2. 신자유주의와 공안통치의 결합

이러한 종북담론은 최근에 와서는 새로운 동력을 확보하게 된다. 우리 사회에 부유하고 있는 신자유주의와 각별한 친연성을 보이면서, 그것은 오로지 정치적 반대자만 비체화시키는 것이 아니라 그와 동시에 자본의 자유로운 증식에 장애가 되는 모든 경우에 적용되는 만능통치의 폭력으로 작용한다.

신자유주의는 시장에 대한 국가규제를 완화·해소하고 경제주체들의 자율과 선택을 중시한다. 하지만 이를 다른 관점에서 정리하면, 신자유주의는 이익의 사유화, 손실의 사회화로 이어지며 이를 위해 시장을 시민사회와 분리시키고, 국가권력을 동원하여 전자를 위해 후자를 통제하는 전략—후자의 논리가 시장에 개입하는 것을 차단하는 전략—을 취함을 의미한다.[20]

그런데 우리 국가는 이미 개발독재식의 성장전략에 의하여 신자유주의가 요구하는 국가적 개입의 틀을 확보한 바 있다. 폭력적 노동수탈을 가능하게 만든 강력한 노동통제와 불균형성장정책에 의한 수탈적 시장 체제의 구축, 재정과 외환정책 조작을 통한 과도한 이윤수준의 보장, 대외 신용보증 및 국

20 현대사상연구회, 앞의 책, 248쪽. 그리고 이러한 위험의 전가를 정당화하기 위해 "국가, 민족, 가족 등의 가치를 강조하는 사상적 보수주의를 내세우는" 전략을 실시한다.

내시장 수탈방식에 의한 수출 기업의 보호 등은 그 대표적인 예이다. 하지만 1997년 소위 IMF 위기를 극복하는 과정에서 김대중 정부에 의해 진행되었던 4대개혁 전략[21]과 그에 이은 노무현 정부의 신자유주의 경제정책 노선은 이러한 상황에 더하여 그나마의 자본에 대하여 가해질 수 있었던 국가적 통제 가능성조차도 말소시켜버렸다. 여기에 이명박 정부에 들어 가속된 기업 친화적·시장 친화적 정책들은 그나마 시장을 통제하던 공법적 규율까지도 내팽개치는 양상을 만들었다. 재벌기업에 대한 출자총액 폐지, 법인세와 종합부동산세 인하, 공기업의 사유화, 의료·교육 등 사회 필수적 서비스에 대한 시장 체제의 도입 시도 등 다양한 방식으로 시장에 대한 국가적 개입의 가능성을 말소해버렸다.

그리고 이러한 "자유화"의 부담은 온전히 시민사회의 영역으로 전가 되었다. 노동의 유연화가 만든 노동의 질적·양적 악화 현상은 가장 두드러진 피해이다. 복지와 사회안전망의 해소 혹은 사유화에 따른 질적·양적 수준의 저하는 자본의 이익을 위하여 희생되어야 하는 또 다른 피해 부분이다. 비정규직 문제부터 청년실업 문제, 대형자본에 의한 골목시장·재래시장의 침식현상이나 하청기업의 착취현상 등은 대기업의 천문학적 규모의 순이익이 어떻게 조성된 것인지를 잘 보여주는 것이기도 하다. 더 나아가 용산참사 사건이나 밀양의 송전탑 사건, 쌍용자동차 사태 등에서의 국가폭력이나, 유성기업·SJM·만도 등에서 나타났던 용역경비업체에 의한 '사적' 폭력 현상 등은 국가가 자본의 이익을 위해 노골적인 청부폭력업자로 기능할 수도 있음을 자인한 것이 된다.

문제는 이러한 국가와 자본의 유착현상은 또다시 48년 체제의 반공이데올로기가 만들어놓은 공안 체제에 의해 엄폐되거나 은폐된다는 점에 있다. 실

---

21 그 중에서도 금융개혁정책은 제5공화국 정권에서 국제그룹의 해체를 가능하게 하였던 관치금융의 체제를 해소시킴으로써 국가가 과대성장한 재벌을 통제할 수 있는 수단을 상실하게 만들었다.

제 우리 현대사는 반공이데올로기와 경제성장을 아주 긴밀하게 결합시키고 있다. 제2공화국 및 그에 이은 군사정권에서 경제성장은 공산 체제와의 경쟁에서 승리하기 위한 가장 주요한 수단인 동시에 국가의 근대화를 위한 최우선적 정책사항이 된다. 즉, 그것은 "승공(勝共)"의 수단이자 "인간개조, 즉 국민개혁 혁명"의 토대가 된다. 그리고 이런 슬로건 하에 군사정권은 민생의 문제 위에 국가전략을 설정할 수 있었으며 인권과 민주주의에 터 잡은 시민사회 위에 관료적 효율성을 앞세운 통치 권력의 전횡여지를 구축할 수 있었던 것이다.[22]

우리 검·경의 공안부 관할 사건에 대공·간첩사건 외에 노동 사건도 포함되어 있음은 이러한 상황에서 연유한다. 반공국가의 축을 이루는 자유민주주의는 필연적으로 국가가 주도하는 혹은 국가에 의하여 관리되는 시장적 경제질서를 포함하는 것이며, 그것을 보위하기 위하여 강력한 국가권력을 행사할 수 있어야 한다. 그리고 바로 이 지점에서 헌법이 노동3권에서부터 집회의 자유까지 제대로 보장하고 있음에도 불구하고 노동자 농민들의 자본에 대한 저항은 언제나 공안 사건으로 분류되어 정보 경찰과 경비경찰의 집중적인 대응대상으로 전락하고 만다. 나아가 그 과정에서 항시적으로 동시 작동하는 것은 "빨갱이"나 "종북 좌파"의 담론 에서 나오는 비국민화 전략이다.

신자유주의가 사용하는 협박전략은 이에 상응한다. 그것은 우리나라와 같은 발전국가의 경우 매우 유효한 전략으로 등장한다. 기업 혹은 그것을 후견하는 정부는 시장 질서에 대한 시민사회의 견제가 거세어지면 투자의욕 위축 운운하는 일종의 자본파업이나 국외로의 공장이전과 같은 자본이탈의 협박을 통하여 시민사회를 협박하고 또 경제운용의 책임을 지고 있는 국가를 통제하고자 시도하게 된다. 그리고 자본에 취약한 대한민국 국가는 이러한 협박을 체제에 대한 위기로 변환하여 시민사회를 옥죄고 나선다. 노사 간의 문

22 박태균, 「1960년대 반공 이데올로기의 진화」, 김동춘 외, 『반공의 시대: 한국과 독일, 냉전의 정치』, 돌베개, 2015, 282쪽

제 혹은 자본과 시민 사이의 문제가 체제의 문제로 바뀌면서 공안권력의 작동영역을 확보하게 되는 것이다. 광우병이나 한미FTA를 계기로 한 촛불집회나 2015년 11월의 민중 총궐기는 이런 식으로 자본의 요구가 공안의 이해와 결합하면서 "빨갱이" 담론으로 이어진 대표적인 사례가 된다. 그 핵심에 있어서는 정책문제에 대한 갈등의 표출에 불과하였던 이 집회들이 정권의 차원에서는 공안문제로 비화되어 전력을 다하여 통제하여야 하는 체제문제로 전이된 것이다.

그리고 이 과정에서 발동되는 "빨갱이" 혹은 "종북 좌파"의 담론은 또 다른 협박의 수단으로 작용한다. 이미 신자유주의는 개인을 공동체로부터 떼어놓고 이렇게 단자화된 개인을 유동성(liquidity)이라는 명분으로 한없이 불안정한 삶으로 몰아넣는다. 개인은 "자기 자신의 경영자"여야 한다는 단언은 다른 면에서 보자면 그 적자생존의 경쟁 체제에서 경영자로 서의 적응을 하지 못하는 순간 그 어떠한 보호(혹은 보험)의 보장도 받지 못한 채 그대로 도태되고 만다는 위협이 그것이다. 여기서 공안 체제는 아주 의미심장한 기능을 수행한다. 시장과 자본에 대한 도전은 체제에 대한 도전이며 이는 결국 시장뿐 아니라 국가 사회에서도 도태될 수 있는 위험을 스스로 부담하는 것임을 인지하게 만드는 것이며, 그 도태에 대하여 국가는 아무런 책임도 지지 않을 것임을 확인하는 행위이기도 하다. 또 다른 호모 사케르의 협박이 작동하는 것이다.[23]

결국 정치적 공안 체제는 경제적 공안 체제와 중첩된다. 진보와 좌익을 동일시하고, 노동쟁의와 국가변란을 등치시키는 방식이나 모든 국민을 좌파와 비좌파로 구획하는 방식은 87년 체제에 들어와 더욱 심화되어 버린 지역주

23 이런 맥락에서 유범상, 「한국의 반공주의와 노동운동」, 김동춘 외, 앞의 책, 317~318쪽은 "반공규율사회 속에서 노동운동을 하거나 노동조합에 가입하는 것 자체가 빨갱이로 낙인찍힐지 모른다"는 그래서 "노동운동=빨갱이"라는 두려움을 야기한다고 서술한다. 그리고 이 과정에서 "노동자들이 계급으로 자본과 국가에 저항하기보다는 국민으로 민족과 국가 속에 통합될 것을 요구"받게 된다고 본다.

의 전략과 결합하면서 20대 80의 불균형을 1대 99로 고착시키고자 하는 자본의 구획방식과 그 맥락을 같이 한다. 그리고 이러한 이간적 분열정책은 경제 민주화나 복지국가의 문제 혹은 민생이나 취업의 문제, 환경과 교육의 문제 등에까지 작용하여 시민들의 쟁론을 차단하는 또 다른 목적에 기여한다. 시민사회를 탈정치화시키고 국회의 대의기능을 무력화시킴으로써 민주주의 자체를 형식적인 것으로 만들고 그 속에서 국민의 정치가 아니라 자본권력과 정치권력의 담합에 의한 과두정체를 구성해 내고자 하는 것이다.

5. 결론: 이중국가를 넘어

우리의 현대사는 반공 체제가 전횡하였다. 대한민국의 역사는 곧 공안 기관이 국가 위의 국가로 군림하는 "이중국가"의 상태라는 김동춘의 진단[24]은 정확하게 이 점을 대변한다. 민주화를 내세우는 87년 체제 하에서도 반공주의를 앞세운 공안 체제는 여전히 국가 바깥의 국가를 구성하면서 강력한 통치술을 구사해왔다. 2012년 대선 과정에서 발생한 국정원 댓글 사건에서부터 청와대 비서실의 공안라인들이 주도한 블랙리스트 사건에 이르기까지 박근혜 정권에 들어서 이러한 이중국가의 경향은 더욱 강화되기만 하였다. 국정원은 심리전단을 구성하여 자국민을 상대로 심리전쟁을 펼쳤으며, 검찰은 공문서를 조작하면서까지 한 공무원을 간첩으로 조작하였다. 촛불집회와 탄핵의 국면에서 등장하는 친박세력들의 탄핵반대집회는 시종일관 종북좌파 혹은 빨갱이라는 낙인을 휘둘렀고, 사드 배치와 한·일간의 위안부 관련 합의에 대한 반대 여론에조차 안보논리와 반공주의의 공격은 계속되었다. 국가와 안보라는 명분하에 현 체제에 대한 그 어떠한 도전도 불법화시키고 무력화시키고자 한 것이다. 노동자의 권리를 위한 주장들은 물론, 세월호 참사로 촉발

24 김동춘, 「박근혜 정권의 '국정원 정치'-'구조적 파시즘' 하에서의 국가주의의 재등장」, 『경제와 사회』 제101호, 비판사회학회, 2014, 3쪽, 39쪽.

된 안전사회의 요구조차도 종북 좌파의 낙인으로 배척해버리는 현재의 상황은 이를 대변한다. 그리고 이 모든 적폐들을 털어내고자 어렵게 마련된 제19대 대통령 선거 역시 예의 "빨갱이" 담론은 그 위력을 발하고 있다.

적어도 우리의 현대 정치에 관한 한 "종북 좌파"나 "빨갱이" 담론은 만능척도로 작동한다. 어떠한 사회현상이든 '종북'이라는 언급 하나만으로 그의 성격을 규정할 수 있는 상태가 되었다는 것이다. 그것은 국민을 두 편으로 갈라 끝없는 반목과 갈등의 상태로 몰아넣고 그 속에서 일부의 세력들만이 정치 권력과 경제 권력을 독점할 수 있게 만든다. 원세훈 전국정원장이 "인터넷 자체를 청소"할 것을 지시하였다는 사실은 이런 공안 체제의 폐해를 단적으로 보여준다. 그것은 특정한 정치집단의 이해관계를 마치 대한민국의 안보문제로 오인하게 만들고, 그에 비판적인 이념이나 주장들은 종북 좌파로 몰아가려는 가장 저질스런 통치술의 한 모습인 것이다. 그리고 이렇게 수많은 국민들의 머릿속에 내면화되어 그의 행동과 발언과 생각을 통제하는 48년 체제가 우리의 자유와 권리는 물론 민주주의와 법치주의까지도 그 근저에서부터 훼손해왔다.

하지만 이러한 적폐의 공안 체제 앞에서 우리가 할 수 있는 일은 경악스러울 정도로 적다. 70년에 걸쳐 누적된 반공주의와 이를 핑계로 강고 하게 구축되어 있는 공안 체제를 시민사회의 요청이나 대중의 요구에 대해 반응적(responsive)이지도 책무적(accountable)이지도 않은, 기득의 권력으로 고착되어 있는 현재의 정치과정을 통해 처리하는 것은 어쩌면 불가능한 일일지도 모르기 때문이다.

그래서 이 순간 필요한 것은 다시금 헌법화의 투쟁으로 들어서는 것일지도 모른다. 헌법의 해석투쟁이 아니라, 헌법의 입법투쟁이 필요한 국면일 수 있다는 것이다. 물론 그것은 새로운 헌법의 창출을 위한 변혁의 노력일 수도 있고, 경우에 따라서는 현재의 헌법에 새로운 의미를 부가 하는 헌법창조의 노력일 수도 있다. 1990년대에 세계적인 흐름으로 진행되었던 헌법화(con

-stitutionalisation)의 추세가 신자유주의적 사법화에 기여하였다고 한다면, 우리 시대에 요청되는 헌법화의 문제는 이를 넘어 입헌적 민주주의의 구축 즉, 헌법의 정치화를 통한 민주주의의 완성을 지향하여야 한다. 87년 체제의 미숙한 한계로 인하여 '그들'에게 박탈당한 헌법정치의 새로운 영역을 만들어나갈 필요가 있는 것이다.

참고문헌

강성현, 「한국 국가 형성기 "예외상태 상례"의 법적 구조-국가보안법(1948, 1949, 1950)과 계엄법(1949)을 중심으로」, 『사회와 역사』 제94권, 한국사회사학회, 2012.

강준만 외, 『레드 콤플렉스: 광기가 남긴 아홉 개의 초상』, 삼인, 1997.

김대호, 『2013년 이후』, 백산서당, 2011.

김동춘, 「박근혜 정권의 '국정원 정치'-'구조적 파시즘'하에서의 국가주의의 재등장」, 『경제와 사회』 제101호, 비판사회학회, 2014.

김동춘, 「한국의 지배집단과 반공주의」, 김동춘 외, 『반공의 시대: 한국과 독일, 냉전의 정치』, 돌베개, 2015.

김정인, 「역사 교과서 논쟁과 반공주의」, 김동춘 외, 『반공의 시대: 한국과 독일, 냉전의 정치』, 돌베개, 2015.

박찬표, 『한국의 48년 체제』, 후마니타스, 2010.

박찬표, 『한국의 국가형성과 민주주의』, 후마니타스, 2007.

박태균, 「1960년대 반공 이데올로기의 진화」, 김동춘 외, 『반공의 시대 : 한국과 독일, 냉전의 정치』, 돌베개, 2015.

유범상, 「한국의 반공주의와 노동운동」, 김동춘 외, 『반공의 시대 : 한국과 독일, 냉전의 정치』, 돌베개, 2015.

장영민, 「법치국가의 관점에서 본 문민정부의 공안」, 『한국사회의 법과 민주주의』, 민주주의법학연구회, 1994.

조르조 아감벤, 박진우 옮김, 『호모 사케르』, 새물결, 2008.

최장집, 『민주화 이후의 민주주의』, 후마니타스, 2005.

한상희, 「헌법과 정치 : 정치의 재구성을 위한 제언」, 『민주법학』 제53권, 민주주의법학연구회, 2013.

현대사상연구회, 『반대세의 비밀, 그 일그러진 초상』, 인영사, 2009.

황병주, 「1970년대 유신 체제의 안보국가 담론」, 『역사문제연구』 제27호, 역사문제연구소, 2012.

「고 김영한전 민정수석 업무수첩 해석본」, ≪한겨레21≫, 217쪽
〈국조특위 청문회 '치열한 공방'〉, ≪한국경제≫, 2013. 08. 19.

북한 인권 문제 접근 방법에 대한 인권적 조망

정영선

1. 문제의 제기

북한의 핵문제를 둘러싸고 한때 전운마저 감돌았던 동북아 정세는 2018년 들어서 평창 동계 올림픽을 계기로 남북 대화의 문이 열렸고, 4.27 남북 정상회담에 이어 6월 12일에 싱가포르에서 개최된 북미 정상회담이 더해지면서 화해 무드에 접어들었다. '북핵'이나 '북한 인권' 문제가 주요 뉴스로 등장했던 세계의 뉴스 시장에는 이제 남한은 물론 미국이 얼마만큼 북한과 가까워 질 수 있느냐 하는 문제가 주요 의제로 등장한 것이다. 이에 따라 1990년대 중반 이후 급증하기 시작한 탈북자의 규모와 더불어 세상에 알려지기 시작한 북한인권 문제는 잠시 수면 아래로 잦아들고 있는 듯하다. 그러나 그동안 국제사회의 인도적 지원 과정에서 생존 위기에 직면한 북한주민들의 열악한 생활상이 확인되고, 한편에서는 공개처형, 정치범 수용소, 송환된 탈북자의 처우 등 인권침해 문제가 지적되어 왔던 만큼 북한 인권 문제가 조만간에 다시 주요 의제로 등장할 가능성은 매우 높다. 2018년 6.13 지방 선거에서 참패한 국내 보수 야당의 '북한 관련' 목소리도 시간이 지남에 따라 서서히 커나갈 것임은 자명하다.

사실 그동안 끊임없이 지속된 안보딜레마 때문에 미국의 영향력으로부터 자유롭지 못했던 우리나라는 북한인권 문제로부터도 자유롭지 못했다. 북한인권 문제가 이른바 이데올로기 논쟁으로 인한 '남남갈등'의 한 축을 이루고 있었기 때문이다. 진보 진영에서는 북한인권 거론이 북한 인권 상황을 개선시킬 실질적인 효과가 없는데다 자칫 남북 화해·협력에 지장을 준다는 점을 우려해서 북한 인권 거론 자체를 꺼리거나 침묵해온 측면이 있다.[1] 반면에 보수 진영은 북한 인권 문제를 먼저 제기함으로써 도덕적 우월성을 내세웠지만, 북한 체제 전복을 통한 인권 개선을 목표치로 둠으로써 정치적 선전에 그치거나 결국 정쟁 수단으로 전락시킨 측면이 있다.[2] 요컨대, 어느 진영도 속 시원하게 북한인권 문제에 대한 해법을 내놓지 못하며 상당한 시간이 지나고 있다. 이제라도 진보·보수의 이분법적 틀을 깨고 북한 주민의 삶의 조건을 실질적으로 개선할 수 있는 고민을 다시 시작해야 하는 이유가 여기에 있는 것이다.

인권의 보편성, 한반도 평화와 통일, 한국 시민사회의 역량 확대라는 측면에서 볼 때, 북한인권 문제에 대한 국내외적 관심과 논의는 긍정적인 현상으

1 1998년 집권한 김대중 정부는 한반도 평화를 기치로 적극적인 대북 지원, 교류정책을 폈고 국내외에서 많은 공감을 이끌어냈다. 하지만 그즈음 북한에선 '고난의 행군' 시기를 거치며 엄청난 규모의 아사자가 발생하고 탈북자가 급증하는 등 북한 주민들의 인권침해에 대한 지적이 나오기 시작했으나, 진보세력은 침묵했다. 진보 진영은 북한인권 문제는 "사실관계 확인 불가", "내정간섭", "관할권 밖이라서 현실적 개입 수단이 없음", "남북관계에 부정적 영향", "북정권을 자극해 주민들의 인권에 악영향" 등의 논리를 내세웠다.

2 특히 노무현 정권이 들어선 뒤 보수의 위기감 속에 등장한 '뉴라이트'가 북한 인권 이슈를 대중화하는 데 기여했다. 특히 미국 국립민주주의기금(NED)이 한국 내 북한 인권 단체들에 지원되면서 북한 인권을 지속적으로 제기하는 단체들도 늘어났다. 그러나 일부 보수는 북한 인권을 색깔론과 정치공세에 활용해 진정성을 의심받았으며, 남북 화해협력 정책을 깎아내리고 대북 강경책, 반북 이념을 선전하는 수단으로 북한 인권을 활용하기도 했다.

로 볼 수도 있다. 그러나 다른 한편 이와 같은 논의는 남북관계의 특수성과 동북아 정세의 측면에서 볼 때 북한인권 관련 문제 제기는 자칫 사회적 갈등과 외교적 마찰을 야기할 소지를 안고 있는 '뜨거운 감자'이다.

문제는 그동안 국내외 사회에서 취해온 북한인권 대응책이 북한주민의 인권을 실질적으로 증진하는데 기여했는지 여부에 대한 진중한 평가는 없다는 점에 있다. 북한 인권 변화상에 대해 객관적 수치로 나타나는 요소를 평가하기에는 어려움이 있겠지만, 최소한 긍정적 효과가 나타나고 있는가의 여부에 대한 평가도 없이 압박을 계속하는 것은 인권의 기본 원칙에도 어긋나는 일이다. 북한 인권 결의안이나 북한인권법을 만들어 북한 지도층을 압박하는데 그칠 게 아니라 주민들의 생존을 보장하고 그들의 인권을 개선할 실질적 조건과 방법도 진지하게 고민해야 할 것이다.

한발 물러서서 냉엄한 권력정치(power politics)가 작동하고 있는 현실주의 국제정치 시각에 입각해서 보면, 한반도에는 북한인권 문제에 대한 대책은 물론이려니와 평화체제 수립과 남북관계 개선 및 통일 환경 조성 등 복합적으로 병행 추진해나갈 과제가 산적해 있다. 따라서 어느 한 과제의 중요성을 이유로 다른 과제를 유보하거나 도외시하는 자세는 경계되어야 하고, 북한인권 문제와 다른 복잡한 과제들이 선순환 관계 속에서 동시에 해결되고 발전하는 방향으로 접근할 방법을 찾을 필요가 있다.

본 글에서는, 이상에서 제기한 문제의식을 가지고, 유엔을 비롯한 국제사회의 북한인권 관련 대응과 동향, 한국과 미국 그리고 일본에서 제정된 북한인권법 제정 배경 및 내용 등 분석을 통해 인권적 실효성을 검토해 보는 한편, 향후 북한 인권 관련 대응 방법에 있어서 그 동안의 정책과 패러다임(paradigm)에 대한 비판적 고찰을 시도해 보고자 한다.[3] 특히 북한인권 대

---

3 여기서 패러다임(paradigm)이란 "어떤 한 시대 사람들의 견해나 사고를 근본적으로 규정하고 있는 테두리로서의 인식의 체계. 또는 사물에 대한 이론적인 틀이나 체계"로 규정되어진 사전적 의미를 그대로 쓰고자 한다. 출처, 네이버 사전.

응방법에 있어서, 인권의 기본원칙이라고 볼 수 있는 인권의 보편성과 상호 불가분성에 입각하여 접근해 보고, 북한주민의 인권을 증진할 수 있는 실질적 방법과 평화적 대응 방안, 그리고 역사적 관점의 고찰을 시도하고자 한다.

2. 북한인권결의안과 국내외 사회의 대응

2.1. 북한인권 문제에 대한 국제사회의 대응

1990년대 중반 이후 북한의 식량난, 탈북자 문제 등을 중심으로 북한의 인권상황이 국제사회에 알려지면서, 2000년대 들어서 유엔 차원에서의 북한에 대한 압력이 강화되었다. 유엔 인권위원회가 2003년부터 3년에 걸쳐 '북한인권 결의안'(UN Resolution on the Situation of Human Rights in the DPRK)을 채택하였고, 2005년 이후 유엔총회에서도 유럽연합이 중심이 되어 매년 북한인권 결의안을 채택하고 있다. 2004년 제60차 유엔 인권위원회에서는 북한 인권문제에 대한 보고를 전담하는 '북한인권특별보고관' 제도가 신설되기도 하였다.[4] 북한인권 결의안은 북한의 열악한 인권상황에 대한 우려와 함께 북한주민의 인권 개선을 위한 인도주의적 기술협력과 대화를 포함하고 있다. 주요 내용은 고문, 공개처형, 정치범 수용소, 영아살해, 외국인 납치 등 각종 북한 인권문제에 대해 심각한 우려를 표시하는 한편 북한 주민의 인권과 기본적인 자유 보장을 촉구하고 있다. 북한인권결의안은 북한 인권을 국제적 관심 사안으로 크게 부각시켰다는 점에서 의미가 있으며, 북한으로 하여금 국제사회의 비난을 피하기 위해서라도 자국 국민의 인권에 대한

---

4 북한인권 실태를 조사하고 개선 방안을 권고하는 임무를 수행하는 북한인권특별보고관의 임기는 1년이지만 최장 6년까지 연장이 가능하며, 초대 북한인권특별보고관으로 태국 출신 비팃 문타폰(2004~2010), 제2대 마르주키 다루스만(인도네시아, 2010~2016), 그리고 20016년 7월부터 임기를 시작한 제3대 토마스 오헤아 퀸타나(아르헨티나)가 임무를 수행중이다.

대응방안을 모색하도록 하는 기회를 제공하였다고 볼 수도 있다.[5]

유엔은 북한인권 결의안 채택 등을 통한 압박 외에도 북한인권 문제의 심각성을 인식하고 북한주민의 인권을 개선하기 위한 다른 조치도 병행하고 있다. 특히 유엔차원에서 구성된 북한인권조사위원회(Commission of Inquiry; COI)가 2014년 2월 북한당국의 조직적이고 광범위한 인권침해 행위가 인도에 반한 범죄에 해당한다는 보고서를 발표하였고,[6] 2014년 11월 18일 유엔 총회 제3위원회는 COI 보고서를 유엔 안전보장이사회에 제출하고 북한인권 침해 책임자 규명과 제재를 위해 북한인권 상황을 국제형사재판소(ICC)에 회부하도록 하는 내용을 담은 북한인권 결의안을 채택하기도 하였다.[7]

---

5 이런 차원에서 보면, 유엔 인권이사회에서 시행한 북한에 대한 제2차 보편적 정례검토(Universal Periodic Review; UPR) 심사(2014년 5월)에 응한 북한의 태도 변화는 주목할 만하다. 북한은 제2차 UPR에서 제기된 269개 권고안중 117개 수용 및 부분수용, 58개 검토, 10개 불수용, 83개 불인정 통보하였다. 2009년 제1차 UPR에 대해 전면 거부했던 것과는 달리 전향적 태도를 취하고 있는 것이다.

6 조선민주주의인민공화국에 대한 COI 보고서는 북한의 인권상황을 조사한 대표적인 유엔 문서로, 2013년에 유엔인권이사회의 결의안으로 결성된 조사위원회에 의해 작성되기 시작하여 2014년 발표되었다. COI 소속 조사위원 3명은 방한(2013. 8. 17~ 8. 27)하여 남한에서 파악할 수 있는 북한 인권상황에 대한 조사를 바탕으로 북한의 인권침해가 국가정책에 따라 자행된 '인도에 반한 범죄(crimes against humanity)'로 결론을 내렸다. (http://www ohchr.org/EN/HRBodies/HRC/CoIDPRK/Pages/CommissionInquiryonHRinDPRK.aspx).

7 COI는 북한의 인권 문제를 조사하기 위해 사상 처음 출범한 유엔 차원의 공식기구로, 2013년 3월 21일 스위스 제네바에서 열린 유엔 인권이사회 제22차 회의에서 이사국의 만장일치로 채택된 결의안을 바탕으로 구성되었다. 이 결의안은 유럽연합(EU)과 일본, 한국 정부가 공동 제안하고 미국 등이 지지했는데, COI 초대 위원장에는 마이클 커비 전 호주 대법관이 임명되었으며 북한인권 특별보좌관 등 3명으로 구성되었다. 이 위원회는 북한의 인권상황과 인권침해에 대해 1년간 활동하였으며 조사대상은 식량권 침해, 수용소 인권침해, 고문과 비인간적 대우, 자의적 구금, 차별, 표현의 자유 침해, 생명권 침해, 이동 자유 침해, 타국민의 납치와 실종 문제 등이었다.

2.2. 북한인권결의안에 대한 한국정부의 태도

북한인권 문제에 대한 관심과 우려가 유엔을 중심으로 한 국제사회에서 북한인권결의안 채택으로 이어지는 동안 국내사회에서도 관심이 크게 증가하였다. 특히 남북 간의 정치 관계 및 대화 당사자인 한국 정부의 입장은 복잡하게 전개되었다. 〈표1〉에서 볼 수 있는 바와 같이, 유엔의 북한인권 결의안은 인권위원회(2006년 이후에는 총회 산하 기구로 격상된 인권이사회가 승계) 및 유엔총회에서 매년 채택되었는데, 우리 정부는 2003년부터 2005년까지는 유엔의 북한 인권결의안 채택 표결에 불참하거나 기권하였다. 북한이 중장거리 미사일과 핵실험을 한 이후에 개최된 2006년 제61차 유엔총회에서는 처음으로 북한 인권결의안에 찬성표를 던졌으나, 2007년 남북정상회담 직후에 개최된 제62차 유엔총회에서는 다시 기권하였다. 이명박정부와 박근혜정부 시절인 2008년부터는 2016년까지, 그리고 문재인정부가 들어선 2017년에는 유럽연합, 일본 등과 함께 공동제안국의 하나로 참여해 오고 있다. 대한민국정부가 2003년부터 2005년까지 불참 또는 기권하였다가 2006년도에는 찬성하고 2007년도에는 다시 기권으로 입장을 바꾼데 대해서 많은 비판이 있었다.[8]

8 2007년 유엔총회의 북한인권결의안 투표 당시 우리 정부가 기권한 배경을 두고, 2016년 가을에 한국 정치권에서는 '김정일 결재론'을 둘러싸고 초미의 격론이 벌어졌는데, 주된 내용은 '2007년 기권을 한 배경은 북한 측의 입장을 물어본 후 결정'했다는 함의를 내포하고 있는 송민순(당시 외교부 장관)의 회고록에 담긴 내용 때문이었다. 2017년 11월 8일, 검찰은 송 전 장관 조사 결과를 발표하였는데 "당시 이미 기권 방침을 정하였고 북한에는 형식적으로 의견을 타진"한 것으로 결론 내렸으며, 송 전 장관도 무혐의로 처리하였다.

〈표1〉 「북한인권결의안」 표결 결과 및 한국 정부 입장[9]

구분	연도	표결 결과 (찬:반:기권)	한국입장
인권위원회	2003(59차)	28:10:14	불참
	2004(60차)	29:8:16	기권
	2005(61차)	30:9:14	기권
인권이사회	2008(7차)	22:7:18	찬성
	2009(10차)	26:6:15	공동제안, 찬성
	2010(13차)	28:5:13	공동제안, 찬성
	2011(16차)	30:3:11	공동제안, 찬성
	2012(19차)	무투표	공동제안
	2013(22차)	무투표	공동제안
	2014(25차)	30:6:11	공동제안, 찬성
	2015(28차)	27:6:14	공동제안, 찬성
	2016(31차)	무투표	공동제안
유엔총회	2005(60차)	84:22:62	기권
	2006(61차)	91:21:60	찬성
	2007(62차)	97:23:60	기권
	2008(63차)	95:24:62	공동제안, 찬성
	2009(64차)	97:19:65	공동제안, 찬성
	2010(65차)	103:18:60	공동제안, 찬성
	2011(66차)	112:16:55	공동제안, 찬성
	2012(67차)	무투표	공동제안
	2013(68차)	무투표	공동제안
	2014(69차)	111:19:55	공동제안, 찬성
	2015(70차)	112:19:50	공동제안, 찬성
	2016(71차)	무투표	공동제안

9 통일부, 『2016 통일백서』 128쪽 및 『2017 통일백서』 113~114쪽을 참조하여 필자 재구성. 2017년 유엔 결의안에도 한국 정부는 '공동제안국'으로 참여한다고 2017. 11. 01. 밝혔다.

그러나 유엔의 북한인권 결의안 채택 과정에서 보인 한국 정부의 찬반 관련 결정들은 당시 급변하던 남북관계의 맥락 속에서 이해되어야 한다. 2005년도(제61차 인권위원회 및 제60차 유엔총회) 투표에서 한국 정부가 기권한 배경에는 6자회담이 진행되는 유화적인 분위기 상태에서 결의안이 채택되었고, 2006년(제61차 유엔총회)투표에서 한국 정부가 결의안에 찬성한 배경에는 북한이 6자회담을 거부하고 핵실험 강행을 협박할 때에 이루어졌다. 그러다가 2007년에는 제6차 6자회담에서 '2.13 합의' 및 제20차 남북 장관급회담(2007. 2. 27.~ 3. 2. 평양)이 열리며 비핵화 초기 단계 조치 사항의 이행 등 구체적 협의가 시작되면서 남북관계가 다시 개선되었고, 외형적으로 볼 때 북한도 자체적으로 비핵화 작업을 순조롭게 진행하고 있었다.[10] 더구나 2007년 10월에 있었던 남북정상회담에서 10.4 공동선언 등을 통해 남북 간에 내부 문제 불간섭의 원칙 등에 합의했기 때문에 2007년 12월 유엔총회에서 진행된 북한 인권결의안 투표에 기권한 것은 당시 정부로서는 불가피한 선택이었다고 볼 수 있다.

3. 북한인권법 관련 국내외 사회의 대응

3.1. 미국과 일본의 북한인권법 제정 배경과 내용

1989년 독일 통일을 시발점으로 1990년대 초에 세계질서의 재편과 함께 미국이 초강대국으로 부상한 이후, 미국은 자국의 정책과 대립하는 다른 국가에 대하여 집요하게 관계개선을 요구해왔다. 미국의 영향력에서 벗어나 독자노선을 추구하려는 북한, 쿠바, 이라크 등은 미국으로부터 '악의 축'으로

10 이러한 조치의 연장선상에서 북한의 냉각탑 폭파(2008. 08)에 이어, 미국은 20년 만에 북한에 대한 '테러지원국' 지정에서 해제(2008. 10. 12.) 조치하였으며, 경제제재 완화, 대외무역 확대, 전략물자 거래 완화, 수출통제 완화, 외자유치/차관도입, 투자확대 등 유화 정책을 취한 바 있다.

분류되며 국제적 압력을 받아왔다. 그 중 동아시아 지역에서는 북한이 주요 대상이 되었는데, 특히 2000년대 들어와 미국이 노골적으로 드러낸 대북 메시지의 핵심 주제어는 '핵'과 '인권'이었다. 한국과 일본은 미국의 제안과 정책에 대해 적극적으로 협조적인 태도를 보였는바, 이렇게 하여 나타난 현상이 핵에 관하여서는 '6자회담'이고 '인권'에 관하여서는 '북한인권법'이다.

미국의 북한인권법 제정은 2002년 북한난민구호법에서 출발하였는데, 이후 북한의 인권문제를 해결하기 위한 법안으로 북한자유법(North Korean Freedom Act of 2003)이 제출되었고, 2004년에 이를 수정·보완한 북한인권법(North Korean Human Rights Act of 2004)이 통과되었다.[11] 이후 2008년에 북한인권법 재승인 법안이 통과되어 북한이탈주민의 미국 이주가 용이하게 되었고, 2012년에 다시 재승인 법안이 통과되어 2017년까지 그 효력이 연장되었다. 초기 미국 북한인권법의 주요 내용은 북한 주민의 인권 신장, 북한 주민의 인도적 지원, 탈북자 보호 등을 골자로 하며, 북한인권특사 임명과 북한의 인권 신장을 위하여 2005년에서 2008년까지 해마다 2400만 달러의 예산을 쓸 수 있도록 규정하였다.[12] 이밖에 탈북자들이 한국 국적을 취득하더라도 미국으로 망명이나 난민 신청을 하는 데 자격 제한을 받지 않고, 중국 내 탈북자에 대한 미국 정부와 유엔난민최고대표사무소(UNHCR)의 자유로운 접근을 중국 정부에 요구할 수 있는 권고안 등도 담겨 있다.[13]

---

11 북한자유법 초안이 통과되지 못한 이유는 미국 행정부와 미국의 종교 및 인권 단체를 중심으로 결성된 북한자유연합(North Korean Freedom Coalition : NKFC)과의 갈등 때문이었다. 미국의 북한인권법(North Korean human Right Act of 2004)은 2004년 3월 하원에 상정된 뒤 같은 해 7월 21일 만장일치로 하원을 통과한 데 이어 9월 28일에는 상원을 통과하였으며, 같은 해 10월 18일 조지 W. 부시 대통령이 서명함으로써 발효되었다.

12 예산은 미국의 소리(VOA)와 자유아시아방송(RFA) 등 대북 라디오 방송시간을 하루 12시간으로 늘리는 데 200만 달러, 북한의 인권과 민주주의·법치주의·시장경제 증진 프로그램을 활성화하는 데 200만 달러를 배정하고, 나머지 2000만 달러는 탈북자들을 돕는 인도적 단체나 개인을 지원하는 데 배정하였다. (http://terms.naver.com/entry.nhn?docId=1228255&cid=40942&categoryId=31720)

13 2006년 이후 미국에 재정착한 탈북자는 216명으로 보고되고 있다. Robert R. King, "The

한편, 일본은 2006년 6월에 북한인권법을 제정하였는데, 미국의 북한인권법과는 달리 일본의 북한인권법의 핵심은 일본인 납치문제를 핵심의제로 하고 있다. 일본 북한인권법 원래 명칭은 '납치문제와 기타 북한당국에 의한 인권침해문제 대처에 관한 법률'이다. 전문 7조로 이루어진 일본의 북한인권법은 일본인 납치문제 해결에 대한 최대한의 노력, 국제적 연계의 강화, 북한의 인권침해 상황이 개선되지 않을 경우에 선박 입항 금지와 외국환 및 외국무역법에 따른 제재 조치 등을 골자로 한다.[14] 일본의 북한인권법은 "북한당국에 의한 인권침해"라는 광범위한 표현을 쓰고 있기는 하나 '일본인 납치'에 초점을 맞춘 법이다. 7개 조항으로 선언적이고 여론계도적인 성격이 강하며, 따라서 북한과의 관계정상화를 위한 압박수단으로 활용될 가능성이 크다는 평가가 있다.[15]

미국의 북한인권법은 미국으로 온 탈북자에 대한 처리 문제에 역점을 두고 있었고, 일본의 경우는 일본인의 납치 문제를 해결하기 위한 법이었기 때문에 북한 주민의 인권 상황을 실질적으로 개선하기 위한 법으로 볼 수는 없다.[16] 결국 미국과 일본의 북한인권법은 진정한 의미의 인권 관련법이라기보다는 국제사회에서 선진국의 지위와 패권 강화를 관철시키기 위한 정치적인 성격이 강한 법이라고 간주할 수 있을 것이다. 즉, 미국과 일본의 경우에, 국제인권규범의 혜택을 북한 주민에게도 미치게 하려는 순수한 의도보다는 인권을 수단으로 하여 자국의 국제적인 지위 강화는 물론 내부의 정치적 문

Place for Human Rights in Policy toward North Korea", *International Seminar on the Promotion of North Korean Human Rights*, 2017. 11. 14., p.17.

14 http://terms.naver.com/entry.nhn?docId=1228255&cid=40942&categoryId=31720

15 일본인 납치자 문제에 대한 일본 정부의 관심은 집요하고 계속되고 있다. 2018년 북미회담 진행 과정에서 소위 '일본 패싱'을 경험한 일본 정부는 북미 정상회담을 진행하는 트럼프 미국대통령에게 일본의 입장을 대신 전달해 줄 것을 수차례 요구한 것으로 보도되었으며, 트럼프도 이를 수용해서 북한에 정식으로 이 문제를 요구했다고 밝힌 바 있다.

16 박광득, 「북한인권법 제정의 당위성과 향후 과제에 관한 연구」, 『통일전략』 제13권 제1호, 한국통일전략학회, 2013, 44~46쪽.

제들을 해결하려는 의도가 더 강했던 것으로 보인다.

〈표2〉 한·미·일 북한인권법 비교

구분	한국	미국	일본
명칭	북한인권법	북한인권법	납치 문제와 기타 북한 당국에 의한 인권침해 문제 대처에 관한 법률
제정 (시행)	2016.3.3. (2016.9.4. 시행)	2004.10.	2006.6.
주요 내용	- 북한인권자문위원회 - 북한인권기본계획 - 북한인권재단 - 북한인권대외직명대사 - 북한인권기록센터 - 북한인권기록보존소	- 대북 민간단체 지원 - 대북 라디오 방송 후원 - 북한인권 특사(대사) - 의회가 대북 인도적 지원 전달 감시 - 탈북 난민 보호 및 지원 - 북한인권 행사 지원	- 일본인 납치 문제 해결 노력 - 국제적 연계 강화 - 북한 인권 상황 개선 안 될 경우, 선박 입항 금지, 외국환 및 외국무역법에 따른 제재 조치

3.2. 한국 북한인권법 제정 배경과 과정

미국과 일본에서 북한인권법이 제정되는 동안 우리나라 국회에서도 그 동안 북한인권법을 제정하려는 시도가 계속되어 왔다. 지난 17대 국회에서 최초로 황진하 의원('북한주민의 인도적 지원 및 인권증진에 관한 법률안', 2005년 6월)과 김문수 의원('북한인권법안' 2005.8.11)이 북한인권 관련 법안을 각각 대표 발의한 바 있다. 그러나 법안의 쟁점에 대한 반대로 인해 제대로 논의가 되지 못하고 임기만료로 폐기되었다. 18대 국회에서 발의된 북한인권 관련 법안도 임기만료로 결국 폐기되었는데, 여당 측의 황우여 의원('북한인권법안', 2008.7.4), 황진하 의원('북한인권증진법안', 2008.7.21), 홍일표 의원('북한인권재단 설립·운영에 관한 법률안', 2008.11.11), 윤상현 의원('북한인권법안', 2008.12.26) 등이 북한인권 관련 법안을 발의하였으며, 법안의 내용과 성격은 상당히 다르지만 야당 측에서도 송민순 의원('북한

이탈주민지원기금법안', 2009. 9. 7), 강기갑 의원('북한에 대한 쌀 지원 특별법안', 2009. 9. 8), 김동철 의원('북한민생인권법안', 2011. 6. 14) 등이 북한인권 관련 법안을 대표 발의하였다.

19대 국회 들어서도 여당 측에서 윤상현 의원, 황진하 의원, 조명철 의원과 선진통일당의 이인제 의원이 모두 '북한인권법안'이라는 같은 이름으로 발의하였다. 이후에도 심재권 의원, 정청래 의원, 심윤조 의원, 윤후덕 의원, 인재근 의원, 김영우 의원 등이 '북한인권법' 또는 이와 유사한 내용을 가진 법안을 대표 발의하였으나, 2015년이 다가도록 법은 제정되지 못했다.

2015년 이후 북한에서 핵실험이 계속되면서 핵문제뿐만 아니라 북한인권 문제를 연계해서 압박하기 위해서 북한인권법을 제정해야 된다는 여론이 국내 사회에 확산되었고, 정치권의 논란 끝에 2016년 초에 이르러서야 북한인권법이 국회를 통과하게 되었다. 2016년 3월 3일 공포(법률 제14070호)되고 2016년 9월 4일부터 시행되고 있는 북한인권법은 북한주민의 인권 보호 및 증진을 위하여 유엔 세계인권 선언 등 국제인권규약에 규정된 자유권과 생존권을 추구함으로써 북한주민의 인권 보호와 증진에 기여함을 목적으로 제정되었다.

4. 북한인권 패러다임에 대한 입장 차이와 문제점

4.1. 북한인권 접근 방법에 대한 다양한 입장

유엔의 북한 인권결의안 채택과 미국과 일본의 북한인권법 제정 등으로 대변되는 국제사회의 북한인권 관련 대응은 국내 사회에서도 큰 파장을 불러왔으며, 그러한 파장은 십여 년 동안 북한인권법 제정 시도로 이어졌다. 그러나 국내에서 북한인권법 제정 시도가 시작된 후 11년의 진통을 겪은 끝에 가까스로 제정된 사연이 암시하는 바처럼, 그 동안 우리사회에서는 북한인권법

제정 문제를 둘러싸고 찬반양론이 첨예하게 대립되어 왔다. 북한인권법 제정에 대한 찬반양론은 〈표3〉에서 개략적으로 정리되어 있는 것처럼, 북한 인권에 대한 접근 방법을 두고 대립되어온 여러 가지 요인에 대한 각 진영의 입장 차이에서 비롯된 것이었다. 예를 들면, 북한 인권에 대한 문제 제기 강도에서부터 시작하여 북한인권에 대한 평가 기준, 북한인권 침해의 주요 원인에 대한 분석 차이, 인권의 우선 적용 순위, 북한 인권 제기의 궁극적 목적, 제로섬 게임이나 상호주의 적용 방식을 비롯하여 유엔의 북한인결의안에 대한 입장 차이까지 아주 다양하게 표출되었던 것이다.[17]

특히 북한인권법의 제정에 찬성하는 입장에서는, 국내적으로 북한인권 관련 기본계획 수립 및 국회보고 등의 절차를 통해 북한 인권문제의 공개적·공식적인 거론이 가능해 짐에 따라 국민적 관심이 높아지고, 향후 국정의 주요 과제로서 일관성 있고 체계적으로 추진될 수 있다는 점에서, 그리고 국제적으로도 유엔인권이사회 및 유엔총회의 연례적 북한인권결의안 등 북한의 인권을 개선하기 위한 국제사회의 노력에 동참하고, 국제사회와 유기적이고 실질적인 협력체계 구축이 가능해진다는 점에서 중요한 의미가 있다고 보았다.

그와 반면에, 북한인권법의 제정에 반대하는 입장에서는 법 제정으로 인해 북한 당국에 실질적으로 대북 정치적 압박의 요소로 인식될 수 있고, 이로 인한 북한 당국의 반발과 남북관계의 경색, 그리고 체제 위협을 의식한 북한 당국의 북한주민에 대한 내부 통제 강화 등으로 인해 결과적으로 북한 주민의 인권 상황을 악화시킬 가능성이 있다는 점, 궁극적으로는 북한인권법이 실효적으로 북한의 인권상황을 개선시킬 수 있을지 여부가 불투명하다는 점 등을 들어 법 제정에 반대 입장을 밝혀 왔다.

이처럼 북한인권법 제정 문제는 이데올로기 또는 정파적 이해에 따라 북한

---

17 종래의 북한인권법 제정 반대 입장과 관련된 논거는 정태욱(2005), 조백기(2009), 김동한(2008), 서보혁(2007), 정영선(2012) 참조; 찬성 입장과 관련된 논거는 김태훈(2012), 이승신(2011), 제성호(2004) 글 참조.

인권문제를 접근하는 방법과 방향이 다르기 때문에 입법 추진 과정에서 원활한 합의보다는 남남갈등을 유발하는 경향이 높았다.[18] 특히 근본적인 인권 문제에 대한 인식과 제도적 뒷받침도 일정 수준에 이르지 못하고 있는 남한사회의 현실도 갈등의 주요 원인으로 지적되어 왔다.

따라서 북한주민의 인권을 보호한다는 명목 아래 추진되었던 북한인권법 제정시도는 여러 차례 있었지만 그 때마다 여러 가지 이유를 들어 법제정 시도가 성공할 수 없었던 것이다.

〈표3〉 이데올로기 성향별 북한인권 관련 입장[19]

구분	보수적 입장	중도적 입장	진보적 입장
문제제기 강도	적극적	중도적	소극적
북한인권 평가 기준	보편성	보편성	상대성 감안한 보편성
인권침해 주원인	북한 정치체제 모순	북한 정치체제, 경제난	경제봉쇄, 경제난
우선순위 인권 분야	자유권	동시 접근	생존권, 평화권
북한인권법 제정	적극적 지지	소극적 지지	반대
개선방안	한국 정부 및 국제사회 적극 개입	적극적 개입 및 지원 병행	국제사회 합의 중심. 한국정부 간접 개입
궁극적 지향점	북한 정권 변화(붕괴)	평화 공존	평화 공존
게임방식	제로섬 게임(치킨게임)	사안별 절충	넌제로섬 게임
교류 수단 및 방식	상호주의	사안별 절충	포용주의(햇볕정책)

18 어떤 측면에서 보면, 분단 이후 한반도의 인권문제는 남한과 북한의 분계선을 기준으로 인권의 논리 대립이 아니라 이념과 정치 논리를 좇아 대립되어왔다. 특히 이른바 '남남갈등'을 대표하고 있는 남한의 보수 진영과 진보 진영의 인권에 대한 상황인식과 원칙에 대한 접근은 정반대로 역전된다. 이에 대한 좀 더 자세한 논의는 박명림, 「북한인권과 한반도 인권체제 – 보편과 특수, 가치와 현실의 결합」, 『다문화사회연구』 제9권 제2호, 숙명여자대학교 다문화통합연구소, 2016, 48~51쪽 참조.

19 이금순(2006), 서보혁(2006), 이정우(2011), 정영선(2012) 등을 참조하여 필자가 재구성함.

구분	보수적 입장	중도적 입장	진보적 입장
유엔북한인권결의안	적극 지지	소극적 지지	유보 또는 반대

4.2. 북한인권결의안과 현실주의 국제정치

앞에서 살펴본 것처럼, 2003년 유엔 인권위원회에서 시작되었던 '북한인권 결의안'은 2005년부터 유엔 총회 차원으로 확대되어 유엔 총회에서 2017년 말까지 14년 연속 결의안을 채택하였다. 2005년 채택된 북한인권 결의안은 3페이지 분량에 불과하였지만 2015년 결의안은 9페이지로 늘어나 내용의 강도는 물론 양적으로도 북한에 대한 국제사회의 우려와 요구사항이 높아진 것을 반영하고 있다. 또한 2005년 결의안에 찬성했던 국가가 80여 개국에 불과했으나 2012년, 2013년과 2016년에는 투표 없이 합의로 채택되었으며, 2014년과 2015년도에는 110여 개국이 찬성하여 북한인권 결의안에 대한 국제사회의 지지가 증가하는 추세이다.[20]

그러나 10년 넘게 유엔 차원에서 북한의 인권문제가 다루어지면서 북한의 인권상황에 대한 국제사회의 관심이 더 증가하였지만 북한 사회의 인권 관련 변화상은 더디게 흘러가는 것 같다. 북한은 최근 장애인, 아동, 여성 분야 국제인권협약에 대한 참여를 강화하는 등 변화를 보이고 있지만, 북한 주민의 실질적 인권개선이 이루어졌다 증거를 찾아보기는 힘들다.

이러한 인식에서 보면, 유엔의 북한 인권결의안 채택이 북한주민의 인권을 실질적으로 증진시키고 있는 지에 대한 세심한 고찰이 필요하다. 국제정치의

20 앞에서 언급한 유엔 북한인권조사위원회(COI)의 보고서에서 적시하고 있듯이 국제사회에서는 북한인권 문제의 심각성을 인식하고 북한주민의 인권을 개선하기 위한 활동이 구체적으로 전개되고 있다. 유엔 총회는 이 조사위원회의 조사 결과를 근거로 결의안 69/188호를 2014년에 채택하였는데, 이 결의안은 북한의 인권 유린 실태를 규탄하며, 유엔 안전보장이사회가 북한의 인권 상황을 국제형사재판소에 회부할 것을 요청하고 있다. http://www.ohchr.org/EN/HRBodies/HRC/CoIDPRK/Pages/CommissionInquiryonHRinDPRK.aspx).

현실주의 입장에서 바라본다면, 계속되는 유엔의 북한인권결의안 채택 목적은 결국 북한을 인권후진국으로 공식적으로 낙인찍어 국제적으로 고립시킴과 동시에, 강대국들의 요구에 순종케 만들려는 의도가 강한 것으로 보인다. 유엔의 북한 인권결의안 채택에 대해서 비판의 소지도 많이 있는데, 인권증진을 위한 목적에 적합하지 않은 수단일 수도 있다는 것이다. 즉 인권 문제를 다루는 데 있어서 대화와 협력, 상호 존중이 중요하며, 따라서 일방적 제재가 아닌 북한의 협력적 접근을 유도하도록 수정해야 할 필요성도 같이 검토되어야 한다.[21]

유엔을 통한 인권 문제의 압박이 때로는 정치적 강수를 초래하는 사태로도 이어진다. 예를 들면, 2018년 6월 19일 미국은 유엔인권이사회 이사국 탈퇴를 시사했다. 유엔인권이사회는 인권상황이 열악한 국가들까지 회원국으로 받아들여 거센 비난을 받은 과거 '유엔인권위원회'를 대체할 기구로 2006년 새로 출범했지만, 미국은 인권이사회 탈퇴 이유로 인권침해 지적을 받는 국가들이 여전히 포함돼 있음을 들고 있다.[22] 그러나 실질적인 가장 큰 이유는 이사회의 반 이스라엘 성향 때문으로 보인다. 2006년부터 유엔인권이사회는 이스라엘을 비판하는 결의안을 70회 이상 통과시킨 바 있는데, 이는 같은 기간 동안에 채택한 이란 결의안보다 무려 10배나 많은 숫자이다. 미국은 앞서 2017년 10월에 유네스코도 반이스라엘 성향이란 이유로 탈퇴한 바 있으며, 2018년 6월 미국의 인권이사회 탈퇴는 이 기구의 회원국 지위를 자발적으로 포기하는 첫 번째 사례로 기록되었다.[23] 세계 초강대국으로서의 독점적 지위

---

21 http://www.voakorea.com/content/article/2528048.html

22 니키 헤일리 유엔 주재 미국 대사는 인권이사회 탈퇴 결정 이유로 "인권이사회는 인권을 침해하는 자들의 보호자였고, 정치적 편견의 소굴"이라고 비난하며, 인권탄압국가인 중국, 베네수엘라, 쿠바, 부룬디 사우디아라비아 등이 이사국으로 계속 남아있는 현실을 비난하였다. ≪아시아경제≫, 2018. 06. 20.

23 193개 유엔 회원국 투표를 통해 47개 이사국을 선출하는 유엔인권이사회에서 이사국의 자발적 탈퇴는 이번이 처음이다. 미국은 2006년 조지 부시 W 행정부 시절 유엔인권이사회가 출범할 때부터 거부감을 보이며 이사국 선출에 나서지 않았다. 버락 오바마 정부 시절인

를 누리고 있는 미국으로서는 유엔을 중심으로 하는 다자주의가 미국의 재량권을 제한해 국익을 해친다고 보고 있는 것이다.

미국과 비교할 때 유엔에서의 입지가 매우 약한 북한도 유엔 인권이사회 및 총회에 의해 만들어지는 북한인권결의안에 대해 부정적 반응을 보여 왔다. 물론 북한에 대한 유엔의 인권결의안은 당장 실력행사를 할 수 있는 문서라기보다는 상투적인 경고용 메시지라고 볼 수도 있다. 그러나 문제는 국제사회에서 계속 채택되어지는 북한 인권결의안이 거듭될수록 우리 정부의 입장이 항상 편안할 수만은 없다는 점이다. 이미 과거에 북한인권 결의안에 기권과 불참, 그리고 찬성을 번복한 우여곡절이 시사했던 바를 참작해야 한다. 우리 정부로서는 유엔의 결의에 계속 동참하며 북한과의 적대감이 증가될 경우, 통일과정의 전제로서의 한반도의 평화 조성을 위한 상호 화해와 협력에 대해서는 상호 불신이라는 장애를 공고히 하는 결과를 가져올 수 있다. 아울러 현재 진행되고 있는 남북 관계의 해빙 무드에 편승하여 향후 북한과의 관계가 급속도로 가까워지고 획기적인 진전이 있을 경우, 계속해서 북한인권 결의안을 채택하는 유엔의 표결에 우리가 선뜻 동참할 수 있을 것인가에 대한 문제는 쉽지 않을 것이다.

4.3. 북한인권법과 북한주민의 인권

유엔의 북한인권결의안뿐만 아니라 국내에서 북한인권을 접근하는 방법도 여전히 어려운 과제들을 안고 있다. 2016년 9월 4일자로 북한인권법이 시행되었지만, 결코 그 시행 과정은 만만해 보이지 않는다. 제정된 북한인권법의 핵심은 '북한인권재단'과 '북한인권기록센터' 및 '북한인권기록보존소' 설치

2009년에야 합류했지만 이스라엘의 팔레스타인 난민 정책 등을 두고 끊임없이 갈등해왔다. 트럼프 행정부는 '미국 우선주의'(America First) 기치 아래 국제기구와 협정에서 발을 빼는 행보를 이어가고 있다. 지난해 환태평양경제동반자협정(TPP)과 세계기후변화협정(파리협정), 그리고 유네스코(UNESCO)에 이어 이란핵합의(JCPOA)를 탈퇴했다.

등이다. 북한인권증진기본계획 수립, 남북인권대화 추진 등도 포함되어 있다. 통일부에 설치되는 북한인권기록센터는 탈북자 등을 상대로 북한에서 벌어진 인권 범죄 정보를 수집·기록하며, 법무부에 설치되는 북한인권기록보존소는 이 기록을 이관 받아 보관하도록 하고 있다. 특히 그 동안 북한인권법의 내용과 관련하여 첨예하게 대립해온 쟁점이었던 '북한인권기록보존소'는 북한의 인권침해 사례와 자료를 수집하여 국내 및 국제사회에 알려 북한인권 문제를 공론화하고, 북한인권 개선을 위한 정책, 교육 및 연구 등에 활용함과 동시에 역사적인 기록으로 남겨 통일 이후 민족 간 화해를 위한 피해자 명예회복 및 복권, 후세들의 인권교육 자료 등으로 활용하는데 목적이 있다고 한다.[24] 이러한 방법을 통해 북한의 인권침해 사실을 공식 조사하고 기록을 남김으로써 북한 당국에 경각심을 고취시키고, 향후 형사처벌을 위한 증거자료로도 활용할 수 있다는 것이다.

그러나 이렇게 만들어진 북한인권법이 정작 북한주민의 인권 증진에 직접적인 도움이 될지에 대한 논란이 이어지고 있다. 실제로 우리나라 보수정권은 북한 인권 문제를 김정은 체제 문제로 직접 연결해 정치적 압박 수단으로 접근했다. 문재인 정부 출범 이후로 취해진 정책 발표의 내용을 참고해 보면, 새 정부의 북한인권 대응책은 달라질 것으로 전망된다.[25]

---

24 '북한인권기록보존소'는 구(舊)서독이 인권침해 가해자의 형사소추를 목적으로 운영한 잘츠기터(Salzgitter)의 Erfassungsstelle(중앙기록보존소)를 표방하고 있다. 1961년 서독 정부는 니더작센주 잘츠기터시에 주 법무부 산하기관으로 '중앙(법무)기록보존소'를 출범시켜 통일 전까지 동독의 반인권적 범죄 자료를 수집했다. 중앙기록보존소가 수집한 기록들은 정치적 폭력행위 혐의자에 대한 형사소추 증거, 통일 후 동독지역 내 판검사 재임용 선발의 기초자료, 동독 내 정치적 박해의 피해자에 대한 복권과 피해 배상, 부당 판결에 대한 재심절차상 필요한 증거 자료 등으로 활용되었다. 구(舊) 서독은 중앙기록보존소를 운영하여 41,390건의 자료를 수집하였는데, 독일 통일 이후 사법적 과거청산 과정에서 초기 혐의대상자 10만여 명 중 사실상 유죄판결이 이루어진 사례는 756명에 불과하며, 이중 약 92%는 고령 등을 이유로 형의 집행이 보류되었다. 국가인권위원회, "북한인권법 제정 권고 수용 촉구 의견표명 결정문"(2014. 12. 01.) 참조.

25 새 정부의 통일·대북정책의 방향성을 보여준 '신 베를린 선언(2017. 07. 06.)'에서 문재인대통령은 "북한 주민의 열악한 인권 상황에 대해서는 국제사회와 함께 분명한 목소리를 낼

한편, 북한 인권 제기에 대한 북한의 강경 대응도 문젯거리다. 북한은 연속되는 유엔 북한인권결의안 채택 및 미국의 북한인권법 시효 연장 시도 등에 대하여 강력하게 불만을 제기하고 있다.[26] 북한인권법을 '내정간섭'으로 받아들이고 있는 북한은 각종 매체 등을 통해 비난을 이어가며 강력 반발하고 있다.[27] 이러다 보니 북한인권법이 실제 북한 주민들의 인권 개선보다는 대북 압박을 위한 정치적 수단으로 쓰여 남북관계가 더욱 경색될 것이란 우려는 야권 및 시민사회를 중심으로 꾸준히 제기되어 왔다.

북한인권법 제정을 긍정적으로 보는 입장에서는, 북한인권법이 시행됨에 따라 정부가 직접 북한의 인권 실태를 조사·기록하게 됨으로써 이것이 북한 정권에 선언적·상징적 메시지를 줄 수 있고, 장기적으로는 북한 주민의 인권을 향상시킬 것으로 보고 있다. 또한 독일 통일 과정에서 활용된 '중앙기록보존소' 경험을 미루어 볼 때, 통일 후 반인권 행위의 처벌 혹은 과거사 청산에 쓰일 수 있을 것이라고 기대하고 있는 듯하다. 특히 통일부를 통해 북한실태

것입니다. 아울러, 북한 주민들에게 실제 도움이 되는 방향으로 인도적인 협력을 확대 하겠습니다"라고 언급했으며, 100대 국정과제에서도 북한인권 정책을 통한 기대효과로 "북한주민 인권상황 실질적 개선 및 이산가족 등의 분단고통 해소와 민족공동체 회복에 기여"를 명시하고 있다. 한동호, 「한국의 북한인권정책과 북한인권 및 북한이탈주민 인식」, 한국학중앙연구원 현대한국연구소·연세대학교 통일연구원 2017 공동학술회의, "통일의 역설적 상황에서 통일을 논하다" 2017. 10. 20., 207~208.

26 북한은 유엔에서 북한인권결의안이 채택되자, '조선인권연구협회'를 통해 공개질문장을 발표하며 결의안을 철회하라고 반발하였으며, 당시 오바마 행정부와 미국 의회가 북한인권법을 2022년까지 연장하는 방안을 논의 중인 데 대해서 북한 국제문제연구소의 공개질문장을 통해 "'전략적 인내' 정책에 허망한 기대를 품어온 오바마 패가 오늘에 와서 대조선정책이 총파산 된 앙갚음을 극단적인 인권공세로 만회해보려고 최후의 발악을 다 하고 있다"고 주장했다는 내용을 실은 북한 노동신문(2016. 12. 07.) 보도내용을 공개했다. ≪연합뉴스≫, 2016. 12. 07.

27 2017년 유엔 결의안에도 한국 정부가 '공동제안국'으로 참여한다고 발표(2017. 11. 01.)하자, 북한의 대외선전용 매체인 '우리 민족끼리'는 2017년 11월 13일 '보수패당을 닮은 인권결의안 조작 가담 책동'이라는 제목의 개인 필명 논평에서 "현 괴뢰 당국 것들(문재인 정부)이 유엔에서의 북인권결의안 채택에 찬성할 뿐 아니라 공동 제안국으로 참여할 것이라고 줴쳐대고(지껄이고) 있다"며 "우리 공화국에 대한 용납할 수 없는 정치적 도발"이라고 비난했다. ≪한국일보≫, 2017. 11. 13.

에 대해 체계적인 조사를 하고, 반인도적인 범죄 실상을 기록하고 이를 토대로 인권 개선을 추진해 북한 당국의 태도 변화와 정책 변화를 추진할 수 있을 것이라고 보고 있다. 이로 인해 한국사회와 국제사회가 북한 인권에 더 많은 관심을 갖게 되는 효과가 있게 되며, 북한 인권에 관심을 갖고 중요성을 환기시키면 북한 당국도 변화할 수 있고 긍정적 방향으로 나올 수 있다는 희망적인 시각을 견지하고 있다.[28]

반면 일각에서는 기존 민간의 북한인권기록 활동과 정부의 실태조사의 차별화가 적고, 기존 북한 인권 관련 단체들과 정부가 마찰을 빚을 것이란 우려도 나온다. 북한인권기록보존소를 통하여 축적할 것이라는 '범죄'의 직접 검증이 어려워 실효성이 낮을 것이라는 지적도 제기된다. 또한 북한인권법 시행에 따라 제3국 소재 탈북민 지원을 놓고 논란이 불거질 가능성이 있다. 북한인권법 제3조는 법 적용을 받는 북한 주민의 범위를 '군사분계선 이북지역에 거주하며 이 지역에 직계가족, 배우자, 직장 등 생활의 근거를 두고 있는 사람'이라고 제한적으로 규정하고 있다. 이 경우, 이미 북한을 탈출해 제3국에 머물고 있는 탈북자에 대한 적용 여부를 놓고 논란의 소지가 있다.[29] 사실 정부는 재외 탈북자들이 처한 심각한 인권침해의 현실을 개선하기 위해 적극적인 외교적 노력과 함께 이들의 인권을 보호할 수 있는 제도적 장치를 마련하여야 한다. 재외 탈북자들은 생존권의 위협과 자유권의 박탈을 피해 북한을 탈출한 인권 피해자이다. 정부는 탈북자 체류국 정부와 긴밀한 협의를 통해 탈북자들이 본인의 의사에 반하여 강제송환 되지 않도록 하는 외교적 노

28 문재인정부의 100대 국정과제 중 92번 「북한인권 개선과 이산가족 등 인도적 문제 해결」의 주요내용으로 "북한인권재단 조기 출범, 국제사회와 공조 및 남북 간 대화 시 인권문제 의제화 등을 통해 북한당국에 인권 친화적 방향으로 정책 전환 촉구"라는 항목이 포함되어 있어서 남북 대화가 개시되면 '인권문제 의제화'가 가능할 수 있을지 향후 조치가 주목된다.

29 이와 더불어 소위 '기획탈북'을 비롯하여 탈북민의 한국행을 도와주는 단체를 지원하는 것에 대한 반대 여론도 상당 부분 존재하는 상황 하에서 정부는 외교적·법적 문제를 고려해 적용 범위를 고심해야 한다는 지적도 계속해서 제기되고 있다.

력을 최우선적 과제로 설정해야 하는 것이다.

5. 북한인권 문제 관련 패러다임 전환을 위한 인권적 접근

국제 사회에서 북한 인권 문제가 계속 제기되면서 북한 정권을 압박하고 있고, 국내에서도 북한인권법 제정을 비롯하여 여러 가지 해결 방안이 강구되고 있지만, 이러한 대응 방안을 통해 실질적으로 북한주민의 인권이 개선될 가능성이 있는지, 어떻게 접근해야 가장 실효성을 갖추고 합리적인 방법일 지에 대한 의견이 다양하게 표출되고 있다. 북한 인권 문제를 제기하는 목적을 북한주민의 인권 보호와 실질적인 인권 개선에 초점을 둔다면 다음의 몇 가지 요소에 대하여 반드시 점검해야 된다고 판단된다.

5.1. 인권의 '상대적' 보편성에 입각한 접근

첫째, 북한 인권 문제 제기는 인권의 보편성에 대한 정확한 이해를 기반으로 하여야 한다. 인권의 보편성이 강조되는 현대사회에서 인권을 보장해야 할 국가의 의무는 무엇보다 중요하다. 개인의 시민적·정치적 권리와 경제적·사회적 권리를 포함하는 인권의 보호는 국가의 존재 의의이자 기본임무이다. 또한 국제사회는 인권을 보편적으로 구현하여야 할 책무를 지고 있다. 따라서 국제사회는 보편적인 인권의 보호 의무를 이행하지 않는 국가에 대해서는 객관적인 기준과 절차를 통해서 당해 국가의 인권상황의 개선을 촉구할 수 있다.

1948년 세계인권선언(UDHR)이 채택된 이후, 인권의 규범적 가치와 보편성을 실현하기 위해 국제기구와 세계시민사회는 제도적 노력을 기울여 왔으나, 국가 간 합의과정의 문제와 인권규범의 해석과 적용을 둘러싸고 지역 간·국가 간에 많은 논쟁이 계속되어 왔으며, 문화와 전통, 종교, 경제발전의 정도와 정치상황이 다양한 국가들 간에 첨예한 논쟁이 진행 중이다. 이러한 논쟁 중에 인간 본성에 기반한 존엄성은 어떠한 사회적 여건에서도 침해될 수 없다는 인권의 보편성(universalism)과 사회마다 독특한 역사 속에서 그들의 규범을 따르는 것이 진정한 인권실현이라는 상대성(relativism) 주장은 중요한 대립축이 되고 있다. 국제사회의 패권주의에 편승한 강대국이 힘의 논리를 앞세울 경우, 이는 인권의 보편성 실현에 오히려 장애가 되며, 자칫하면 '극단적 보편주의'(radical universalism)를 넘어서서 '문화제국주의'(cul-tural imperialism)로 인식되기도 한다는 것이다.[30]

그런데, 사실 '불변하는 고정된' 개념으로서의 인권의 보편성을 정의하기란 불가능하다. 지역, 인종, 종교나 기타 정치 문화적 배경에 관계없이 인권 기준이 전 세계적으로 동일하게 적용되어야 한다는 근거는 충분하지만 다른 한편에서 보면 각국의 역사와 전통, 그리고 문화적 특수성을 전혀 외면하거나 국가의 경제적 조건과 능력 등을 완전히 무시할 수도 없다.[31] 사회의 관습과 문화의 유지에 대한 중요도에 따라, 또는 보다 오래된 가치와 새로운 가치를 분리하여 전략적 타협을 시도함으로서 인권의 관념 사이의 갈등을 완화시켜 나가는 것이 바람직하다고 보는 것이다. 이러한 전략적 타협은 일종의 포용주의와 맥락을 같이 한다고도 볼 수 있다. 따라서 북한 인권에 대한 문제제기가 진정한 의미의 '보편성'을 갖추려면, 북한의 사회·역사·문화를 이해하는 상황에서 북한주민들 당사자의 입장을 위한 인권 문제 제기가 되어야 할 것이다.[32] 즉, 북한 정권이 주장하는 북한식의 인권개념이 실제 인권보장

30 Donnelly, Jack, *Universal Human Rights in Theory and Practice(2nd ed.)*, Cornell University Press, 2003, 89~92; 정영선, 「인권 홍정논리와 한국 민주주의의 재조명」, 『아세아연구』 제51권 제3호, 고려대학교 아세아문제연구소, 2008, 168~169쪽.

31 정영선, "북한인권법안에 대한 인권적 고찰", 『의정연구』 제37호, 2012. 268-272쪽 참조.

32 북한 사회주의헌법 제63조 "조선민주주의인민공화국에서 공민의 권리와 의무는 《하나는 전체를 위하여, 전체는 하나를 위하여》라는 집단주의원칙에 기초한다."로 규정하고 있다. 주체사상은 사람을 자주성, 창조성, 의식성을 가진 사회적 존재라고 규정하고 있으며, 주체의 인권론에서 제시하는 주요 인권 범주는 사회정치적 권리, 생존권, 불가침권, 평등권 등을

에서 커다란 결함과 위험을 안고 있다 하여도 북한 특유의 인권관을 별종의 것으로 이해하거나 국제사회에서 전혀 가당치 않은 것으로 타자(他者)화 하는 것은 인권의 정신에 부합하지 않는다고 볼 수 있다. 북한 인권 문제를 다룸에 있어서 서구 자유주의적 인권관에 사로잡히지 말고, 북한 인권 문제를 풀기 위해서는 북한 자체의 개선만이 아니라 북한 인권 문제에 개입하는 외부의 시각을 교정하는 것 또한 필요하다고 본다.[33] 젖을 먹는 아이에게 떡을 먹으라고 할 수 없으며, 초등학생에게 대학 수준의 수학문제를 풀라고 할 수는 없지 않겠는가!

5.2. 불가분성에 입각한 인권의 원칙 준수

둘째, 북한 인권 문제는 인권의 불가분성 원칙에 입각해야 한다. 모든 인권 항목이 동일하게 적용되어야 한다는 인권의 불가분성(indivisibility)은 인권의 보편성, 상호의존성(interdependence), 상호연관성(interrelation)과 더불어 인권의 절대적인 원칙이자 지향해야 할 목표이다. 1993년 비엔나 세계인권대회와 그 대회에서 채택된 행동 프로그램(Vienna Declaration and Programe of Action)은 어느 사회에나 인권 문제를 적용함에 있어서 인권의 4대 원칙을 준용할 것을 요구하고 있다. 이러한 원칙 수립의 배경에는 수십 년 동안의 냉전 체제를 종식시키고 전 세계가 인권을 중심으로 '화해와 타협'을 이루어 나가야 한다는 정신이 깃들어 있다. 양차에 걸친 세계대전 이후, 세계인권선언이 제정되었음에도 불구하고 세계는 동서 양 진영의 이데올로기 경쟁으로 인해 양분되었으며, 그로 인해 국제사회의 평화가 위협당해 왔다. 그런데 동서 양진영을 갈라놓은 정치이데올로기의 기저는 다름이 아니

포함하고 있다.

33 정태욱, 「북한의 법질서와 인권개념」, 『북한인권법제연구』, 국가인권위원회, 2006, 4~10쪽 참조.

라 '자유권이 먼저냐 (생존권 중심의) 사회권이 먼저냐'하는 우선순위 적용 대결이 내재해 있다 해도 과언이 아니다.[34] 이러한 시점에서 동서독 통일을 시발점으로 동구권이 무너지고, 새로운 세계질서가 재편된 후, 1993년에 비엔나에서 열린 세계 인권대회는 이러한 인권 논쟁을 종식시키고 일종의 합의점을 찾아야 한다는 의미를 부여하고 있으며, 이에 따라 인권의 보편성과 아울러 인권의 불가분성 등을 인권의 대원칙으로 천명하기에 이른 것이다.

인권은 자유와 평등을 핵심적 가치로 추구한다. 특히 인간이 존엄한 삶을 유지하기 위해서는 빵과 자유 모두를 필요로 하는데, 빵과 자유는 개인의 능력 여하에 따라 그 충족 여부가 달라져서는 안 되며, 사회와 국가가 일정한 질서와 자원의 분배를 통해 기본적으로 보장해 주어야 한다.[35] 이를 권리의 개념으로 표현하면 억압적 정치체제로 인한 공포나 인권침해로부터 자유로울 수 있는 권리와 자원의 불평등 및 빈곤상태에서 벗어나 생존을 유지할 수 있는 권리로 구체화 된다. 자유권과 생존권은 떼려야 뗄 수 없는 밀접한 연관성을 가지고 있는데, 자유없이 평등이 진척될 수 없고, 평등 없이 자유를 실현할 수도 없기 때문이다. 이것이 바로 인권의 기본 원칙 중의 하나인 상호불가분성을 대변하는 논리이다.

냉전 체제를 경험한 후, 1993년 비엔나 세계인권대회에서 인권에 관해 새롭게 정립된 국제기준이 인권의 우선순위 적용을 금하고 각 인권 영역 간에 불가분성을 원칙으로 세운 취지를 고려해 볼 때, 북한 인권 문제를 접근함에 있어서도 이 원칙은 준수되어야 한다. 따라서 북한의 인권상황을 이야기 하려면, 자유권만이 아니라 사회권과 더불어 평화적 생존권, 자결권, 연대권

34 예를 들면, 미국과 영국을 비롯한 서구 진영에서는 17세기경부터 정착되어온 인권 개념인 시민적·정치적 권리(civil and political rights; 이하 '자유권'이라 함)를 우선적 권리로 주장하여 왔으며, 소련 및 중국 등 사회주의권 진영에서는 경제적·사회적·문화적 권리(eco-nomic, social and cultural rights; 이하 '사회권'이라 함)을 자유권보다는 우선해야 되는 권리로 주장하며, 인권 문제를 중심으로 정치적 공방을 벌여 왔다.

35 조백기, 앞의 글, 178쪽.

등 제 3세대 인권 분야도 동시에 고려되어야 한다. 그것이 바로 인권의 기본 원칙에 충실한 접근인 것이다. 따라서 일각에서 주장하는 것처럼 궁극적으로 '체제 붕괴'를 추구하는 자유권 중심의 인권접근 논리만을 먼저 내세우거나 선진국도 제대로 이행 못하고 있는 사회권을 우선순위로 내세우는 것은 현재 전 세계적 합의를 이룬 인권의 대원칙에 어긋나는 것이다.

5.3. 북한주민의 실질적 인권 개선 지향

셋째, 북한인권 문제 제기는 북한주민의 실질적 인권 상황 개선이라는 실효성을 담보해야 한다. 특정국가에 대한 인권 문제 제기가 강대국의 문화적 우월주의를 앞세워 전개되거나 국제정치적 권력 다툼의 논리를 위장하며 전개되는 것은 지양되어야 한다. 인권은 어떤 모양새를 띠든 체제 우월적 선전이나 정치적 선전 구호가 되어서는 안 된다. 따라서 인권 문제 제기를 통하여 특정국가의 체제를 강제로 전환시키고자 하려는 의도나 제도붕괴를 획책한다면, 그 역시 순수한 인권의 범주에서는 벗어나는 처사라고 할 수 있는 것이다. 1986년 유엔의 '발전에 대한 권리 선언'이 채택된 이후 제3세대 인권으로 불리는 연대권 및 발전권의 개념에서 볼 때, 민족 자결권과 자주권 역시 존중되어야 할 하나의 권리 개념으로 자리를 잡아 왔다.

이러한 차원에서 볼 때, 북한인권 문제를 제기함에 있어서 북한 체제 전환을 직간접적으로 겨냥하거나 강요한다면, 이에 대한 북한의 강력한 반발만이 대두될 것이고, 이러한 상황은 인권 문제를 매개로 한 남북한 관계 개선, 나아가 평화적 통일에 장애요인으로 작용할 것이다. 더욱이 체제유지를 강화하려는 북한당국에 의해, 북한주민 당사자의 인권은 더욱 열악해 질 가능성이 오히려 더 많아지는 것이다.

그 동안에도 북한은 미국의 대북정책을 대조선적대시정책과 민족의 자주권 및 국가 안전에 대한 침해로 여겨 왔으며, 미국의 북한인권 개입 문제도 북한 체제붕괴를 위한 미국의 대북정책 수단이라고 주장하여 왔다. 특히, 2004년 미국의 북한인권법 통과 후 인권문제 제기는 '미국식 민주주의와 자유의 확산정책'과 연동된 대북압박정책의 또 다른 강압수단으로 인식하고 있으며, 이에 따라 미국의 북한 '인권문제' 제기에 대해 '국권문제'로 반응하면서 자주권 수호를 위해 모든 수단을 동원할 것이라고 반발하고 있다.[36] 그러한 선상에서 일본의 북한인권법 제정이나, 대북 강경정책 기조를 유지하고 있는 우리정부의 북한인권에 대한 문제제기 또한 미국의 대북압박정책에 편승하는 것으로 인식하고 있는 것으로 판단된다.

이러한 인식을 기초로 할 때, 북한인권 문제에 대한 논의와 접근은 북한의 인권상황을 실질적으로 개선시키는 데 목표를 두어야 한다. 그러기 위해서 우리는 국제정치적 힘의 논리에 편승하여 북한 인권을 바라보기 보다는 북한 주민의 실질적 인권 향상 방안에 대해 고민하여야 한다. 특히 북한 인권의 개선은 정확한 사실에 기초할 때 그 실효성이 담보되고, 또 북한인권 문제는 자칫 불확실한 정보로 인해 왜곡될 우려도 있으므로, 객관적이고 철저한 정보수집, 조사 및 평가 등을 통해서 북한인권의 실상을 정확하게 파악하는 것을 선행하는 작업이 필요하다.

한편, 국가인권위원회는 북한인권과 관련하여 헌법 제3조의 규정에도 불구하고 「국가인권위원회법」 제4조 및 제30조의 해석상 대한민국 정부가 실효적 관할권을 행사하기 어려운 북한지역에서의 인권침해행위는 국가인권위원회의 조사대상에 포함될 수 없다고 판단하고 있다. 그 동안의 대법원·헌법재판소 판례[37] 등을 고려해 볼 때, 우리의 통치권이 현실적으로 미치지

---

36 북한은 2014년 9월 「조선인권연구협회(1992. 08. 27 설립된 비정부기구) 보고서」를 공표, 북한의 각 영역별 인권상황을 소개(옹호)하는 한편 국제사회의 북한인권 관련 대응을 강도 높게 비판하였다. 조선인권연구협회보고서(2014. 09. 13.), 1장 2절 "인권에 대한 공화국의 견해와 립장", 부분 참조.

37 헌법재판소 (05. 6. 30. 선고, 2003헌바114) 결정례 및 대법원(04. 11. 12. 판결, 2004도4044.) 판례는 개별 법률의 적용 내지 준용에 있어서 북한지역을 외국에 준하는 지역으로,

못하는 북한지역을 적용범위로 할 수 없으며 이에 따라 국가인권위원회가 북한에 대해 인권문제를 직접 제기하는 것은 어렵다고 판단하였다.[38]

이상에서 논의한 바를 기초로 볼 때, 북한 인권 문제 제기는 북한을 압박하기 위한 정치적 수단이 아니라 북한주민의 실질적인 인권개선의 관점을 포함하여 전개되어야 한다.[39] 예를 들면, 북한과의 지속적인 인적·물적 교류와 인도적 지원, 그리고 상호 신뢰에 기반한 지속적 인권대화 등이 궁극적으로 북한의 인권 개선에 긍정적 효과를 줄 것이라고 믿는다.[40]

특히 '북한인권'의 범주에 북한지역 내 북한주민의 인권, 재외탈북자와 북한이탈주민의 인권 및 이산가족·납북자·국군포로 등 남북 간 인도주의적 사안과 관련된 인권도 포함되어 논의되어야 한다.[41] 북한인권 문제는 한반도 현실에 대한 냉철한 인식 하에 북한 사회와 인권에 대한 올바른 이해에 기초하여 평화적이고 체계적으로 접근해야 하는 것이다. 특히 〈표4〉와 〈표5〉 에서 각각 볼 수 있는 바와 같이 우리가 시급하게 대응하고 해결해야 할 인권 문제가 산적해 있음을 더욱 자각해야 한다. 이들의 인권 문제는 분단과 전쟁에 의해 발생했다는 점에서 다른 인권 문제보다 정부의 노력이 한층 더 요청되는 사안

북한주민을 외국인에 준하는 지위에 있는 자로 규정하고 있다.

38 국가인권위원회, "북한인권 문제에 대한 국가인권위원회의 입장", 2006년 12월 11일. 다만, 국가인권위원회는 국군포로, 납북피해자, 이산가족, 새터민 등의 문제는 대한민국 국민이 직접적 피해당사자이므로 위원회가 이들의 개별적 인권 사항을 다룰 수 있다고 보았다. 그러나 종래의 이러한 국가인권위원회의 기본입장은 이명박 정부가 들어선 후, '북한주민의 인권개선' 문제를 직접 거론하는 방식으로 바뀌었다.

39 남한이 북한에 물자를 지원했기 때문에 북한이 핵무기를 개발할 수 있었다는 의혹은 논리적으로 맞지 않는다. 북한은 남한이 물자 지원을 하기 훨씬 전부터 핵 개발을 해왔으며, 앞으로 남한이 지원하지 않더라도 핵무기 개발을 멈추지 않을 것이다.

40 이런 차원에서 문재인 정부가 세계식량계획(WFP)을 통하여 북한의 병원과 탁아소에 450만 달러를 지원하고, 유엔아동기금(UNICEF)를 통해 아동과 임산부에게 백신 공급 및 영양실조 치료 등 명목으로 350만 달러를 지원하기로 한 점은 매우 고무적인 정책이다.

41 참고로 2016년 말 현재 남한 내 생존 이산가족은 62,631명, 납북자 중 미귀환자는 516명이다. 또한 2017년 9월 말 현재 남한으로 입국한 북한이탈주민('신이산가족')은 31,093명으로 3만 명을 넘어섰다.

들이므로, 정부는 탈북자는 물론 이산가족, 국군포로, 납북자 문제 관련 사안들에 대하여 북한과 적극 협의하여 관련된 모든 사람들의 고통과 상처를 치유하는 데 노력하는 한편 당장 정부가 할 수 있는 일을 추진해야 할 것이다.[42]

〈표4〉 생존 이산가족 현황 (남한)[43]

구분	90세 이상	80-89세	70-79세	60-69세	59세 이하	계
인원(명)	10,001	27,258	15,234	5,725	4,413	62,631
비율(%)	16.0	43.5	24.3	9.1	7.1	100

〈표5〉 전후 납북자 현황[44]

구분		어선원	대한항공(KAL)납치	군경	기타		계
					국내	해외	
피랍자		3,729	50	30	6	20	3,835
귀환자	송환	3,263	39	-	-	8	3,310
	탈북·귀환	9	-	-	-	-	9
미귀환자		457	11	30	6	12	516

5.4. 비폭력적·평화적 방법과 수단

넷째, 북한 인권 문제는 비폭력적이며 평화적 방법으로 해결되어야 한다. 한반도의 '평화와 안정'이라는 한민족 전체의 생존권에 기초하여 접근하여야

42 문재인정부의 100대 국정과제 중 92번 과제의 주요내용으로 인도적 문제 해결 차원에서 "이산가족의 신청자의 전면 생사확인·상봉정례화·교류 제도화 추진, 국군포로·납북자 문제는 당사자의 의견을 존중한 다양한 해결책 마련"과 탈북민 정착 지원 차원에서 "지원체계 효율화, 맞춤형 지원을 통한 생활밀착형 프로그램 확충 추진, 탈북민 인식 개선 및 지역주민과 소통 활성화 노력" 등이 포함되어 있다. 남북 관계의 해빙무드에 따라 2018년에도 8.15 이산가족 상봉이 진행되었다.

43 통일부, 앞의 책, 2017, 116쪽.

44 통일부, 위의 책, 2017, 125쪽.

하며, 세계 유일의 분단 상태에 있는 남북관계의 특수성을 반영, 군사적 긴장완화를 통한 남북 화해·협력 및 한반도의 평화정착 실현과 조화롭게 전개되어야 한다는 것이다. 한국은 유엔의 회원국이자 국제사회의 일원으로서 '인권과 자유에 대한 보편적 존중과 준수를 촉진'시킬 유엔헌장 상의 의무와 기타 인권조약의 준수 의무를 갖고 있다. 또한 헌법은 국제평화주의와 국제법 준수주의를 명시하고 있으며, 정부는 이에 기반을 두고 북한 인권을 개선하기 위해 다양한 노력을 하여야 할 의무와 근거를 갖고 있다.

최근의 국제 정세를 보면, 일부 나라에서의 반인권적 사건이나 독재자를 응징하기 위해서 '인권과 민주주의 수호'라는 이름으로 '정의로운 전쟁'(just war)이라는 구호를 사용하는 경우가 있다. 그러나 '목적의 정당성이 있다고 해서 그 수단마저 정당화 할 수는 없다'는 헌법의 원칙처럼, 어떠한 이유를 막론하고, 전쟁이 용인되어서는 안된다. 전쟁이 벌어질 경우, 그 전쟁을 통해서 얻을 수 있는 결과적 평화마저도 전쟁 중에 벌어지는 반인권적 상황과 처참한 내용을 보상할 수 없다. 국가인권위원회가 2003년 반전·평화·인권의 관점에서 이라크 전쟁을 반대했던 주요한 이유도 여기에 있다.[45] 당시 국가인권위원회는 "동서고금의 인류역사가 반증하는 것처럼 인권 없는 평화와 평화 없는 인권은 모두 허망한 착각에 불과하다. 국가인권위원회는 이라크의 인권문제를 미국이 주도하는 방식으로 해결하려는 것에 반대하며, 향후 이라크인들이 국제법과 국제인권기구의 협약에 따라 자국의 문제를 평화적·인도적으로 해결하기를 희망한다"고 밝혔다.[46]

45 국가인권위원회는 2003년 3월 26일 보도자료에서 "1991년 걸프전 이후 수십만 명에 달하는 이라크 민간인들이 질병과 기아로 사망했다. 그해 2월 13일 미군이 바그다드의 한 공습대피소에 떨어뜨린 폭탄에 희생된 민간인 400명 가운데 300명은 어린이였다. 또한 9·11 테러에 대한 보복공격으로 시작된 아프가니스탄 전쟁에서도 무려 13,000여명의 민간인이 희생됐다"고 밝히며, 이라크 문제에 대해서 무력적 방법이 아닌 인도적 방법을 채택할 것을 촉구한 바 있다.

46 국가인권위원회, "이라크 전쟁에 대한 의견", 2003. 03. 26.

그 동안 북미 관계 진행 양태를 살펴보면, 북한의 '벼랑끝 전술'에 이은 양국의 '치킨게임'은 항상 위험수위를 넘나들고 있고, 이는 항상 한반도의 안정과 평화에 걸림돌이 되어 왔음을 상기해야 한다. 북한 인권 문제와 핵 문제를 연계하여 북한을 압박하는 것 또한 때로는 한반도에 긴장을 가중시킬 뿐 인권 문제 해결에도 별 도움이 되지 않는 역효과를 가져올 수 있다. 따라서 국제사회의 북한 인권 문제 개입은 북한 인권의 실질적 개선방향을 유도하도록 지향되어야 하며, 유엔 차원에서 논의되는 R2P(responsibility to protect, 보호책임) 의제도 강대국의 국익을 위한 것이 아니라 당사국(북한 및 남한) 국민의 실질적 인권 향상을 위해 신중하게 적용되어야 하는 것이다.

5.5. 남북 관계의 특수성과 역사성 감안

다섯째, 북한 인권 문제는 남북 관계의 특수성과 역사성을 감안하는 현실적 접근을 하여야 한다. 북한 인권 문제를 거론함에 있어서 남북 간에 처한 역사적 현실과 환경의 특수성을 감안한 접근이 이루어져야 하는데, 특히 그 동안 남북 사이에 이루어져 왔던 각종 선언문과 합의문에서 밝힌 역사적 경험을 존중하고 이를 계승하는 차원과 연계하여 해결되어야 한다. 그 동안 남북 사이에 중요한 역사적 전환점을 이룬 기록들을 대략적으로 보면, 7.4남북공동성명(1972), 남북기본합의서(1991), 6.15남북공동선언(2000), 10.4남북공동선언(2007) 및 4.27판문점공동선언(2018) 등이 있다. 남북 분단 이후 20여 년 만에 이루어진 7.4 공동성명, 그 후 19년 지난 후 가까스로 만들어진 남북기본합의서, 그 후 9년 지나서 만들어진 6.15남북공동선언, 다시 7년 후 만들어진 10.4 선언, 그리고 보수정권 집권기인 9년을 건너 뛰어 다시 만들어진 4.27선언 등 남북한 관계는 상당한 기간 동안 소중한 역사적 족적을 남기고 있다. 남북한이 합의한 선언문에서는 남북관계의 발전과 평화통일의 실현을 목표로 하는 당사자로서 남북한을 상호인정하고 존중하도록 되어 있다. 따라서 이 같은 남북관계의 특수성을 고려하는 가운데 북한인권의 개선을 위한 노력이 경주되어야 한다.

이러한 측면에서 볼 때, 동독의 인권 문제에 대해 인내심을 가지고 장기간에 걸쳐 노력하고 결국 통일을 이루어 낸 독일의 사례가 시사하는 바는 매우 크다. 서독은 1949년 정부 수립 직후부터 동독의 체제 붕괴를 위해 동독 국민들을 상대로 정치 선전활동 일변도 정책을 펼쳤으며 이러한 행태는 결국 동독의 베를린 장벽 설치로 이어졌다.[47] 그 후 서독에서는 동독을 고립시키고 규탄하는 방식만으로는 동독 내 인권이 개선되지 않는다는 자성이 일어났다. 이에 따라 그 이후 시도한 방식은 동독 정부와의 비공식 협상을 통해 경제적 대가를 지불하고 정치범을 데려오는 '프라이카우프(freikauf)'였다. 동독인들을 대상으로 한 선전활동과 체제전복 시도보다 구체적인 인간의 고통 해결을 위해 적국과 협상에 나선 것이다.[48] 1969년 이후 빌리 브란트의 사민당·자민당 연정은 동독의 에리히 호네커 정권과 대화를 시작하며 동방정책을 폈다. 서독은 동독 체제 전복에 관심이 없음을 분명히 하면서도 공식석상에서 인권문제를 계속 제기하면서 1972년 체결된 동·서독 기본조약에서 '인권보호'를 명문화하기도 했으며, 이러한 노력은 헬싱키 프로세스(Helsinki Process)로 이어졌다.[49] 중요한 것은 브란트 이후 1989년 베를린 장벽 붕괴

---

47 당시 서독 연방전독일문제부(한국의 통일부에 해당)는 선전물을 동독 국민들이 접할 수 있도록 전단을 살포하는 반공단체들을 재정적으로 지원했다. 이에 동독은 총격을 가하는 등 반격에 나섰고 동·서독 관계는 심각한 대결국면으로 치달았다. 결국 이러한 서독의 선전활동은 1961년 동독이 베를린 장벽을 건설하는 명분이 됐다.

48 프라이카우프(freikauf)는 '자유를 산다'는 의미로 당시 동독과 서독은 당국이 직접 나서지 않은 채 교회, 변호사 등 민간이 주도하는 사업으로 진행시켰고 언론도 협조해 철저하게 비밀리에 이뤄졌다. 또한 양국은 서베를린 시민들이 크리스마스를 맞아 동베를린의 가족, 친지들을 방문할 수 있도록 하는 통행증협정도 체결했다. 물론 이 당시에도 서독은 동시에 동독 내 인권침해 사건 기록을 모으는 잘츠기터 중앙기록보존소 설치 등 압박도 멈추지 않았다.

49 1975년 헬싱키에서의 유럽안전보장협력회의는 비동맹 중립국이 상설 기구화를 지지하였지만 서방측과 동측의 양방의 반대로 합의에 이르지 못하였다. 대신에 헬싱키 선언에 정해진 조항의 이행 상황을 재검토하기 위한 사후 검토를 베오그라드(1977~1978)에서 개최하는 것에

때까지 서독의 어떤 각료도 동독 체제 붕괴를 겨냥하거나 정치 선전 목적으로 인권문제를 언급하지 않았다는 점이다. 그 결과, 1960년대 중반 이후 시작된 동독 주민의 서독 합법 이주와 프라이카우프 방식의 정치범 거래는 꾸준히 늘어 1980년대 중반 최고조에 달했다.[50] 이에 덧붙여 서독 정부는 조건 없이 동독 정부에 1983년 10억 마르크, 1984년 9억5000만 마르크 등의 차관을 제공했는데, 반대급부를 요구하지 않았지만 계속되는 물질적 지원에 동독 역시 서독이 원하는 것을 내놓을 수밖에 없었고 결국 독일은 통일에 이르게 된 것이다.

〈표6〉 분단 이후 서독의 대동독 정책 변화와 내용

시기	교류 성격	내용 및 결과
1949~1961	정치적 대결 국면	동독, 베를린 장벽 설치
1960년대	규범적·실용적 방향 전환	프라이카우프(정치범 송환) 비공식 협상, 베를린 통행증 협정(1963)
1970~1980년대	실용적, 양독간 대화 확대	동독 주민의 서독 합법이주, 주민 간 이동 및 접촉 증대, 현물 및 현금 지원 증대
1989~1990	통일 분위기 성숙	베를린 장벽 해체 및 통일 완성

우선 합의 하였으며, 이후 마드리드(1980~1983), 비엔나(1986~1989)에서도 사후 검토 회의가 개최되었다. 신뢰양성조치와 인권 등 3개의 과제군 각각의 문제를 다루기 위한 전문가 모임과 아울러 이 사후 검토 체제를 헬싱키(또는 CSCE) 프로세스라고 하는데, 1980년대 전반의 신냉전이라고 불려 졌던 시기에도 가입국 간의 최저한의 대화를 유지하는 역할을 하였다. 냉전의 종결과 유럽의 신질서를 선언한 1990년 11월의 파리헌장에서 CSCE의 상설 기구화가 결정됨으로써 사후 검토 회의(그 후 재검토 회의라고 개칭)도 2년에 1번 정기적으로 개최되는 등 정식화가 진행되고 있다. 파리헌장의 주요내용은 인권·민주주의와 법의 지배, 경제적 자유와 책임, 참가국 간의 우호친선, 안전보장의 증진 등이다. 21세기정치학대사전, 참고.

50 프라이카우프는 1963년 첫 사업을 시작한 이래 베를린 장벽이 무너지던 1989년까지 이어졌는데, 서독은 3만 3,755명을 송환한 대가로 34억 6,400만 마르크에 해당하는 현물을 동독에 지불했다. ≪경향신문≫, 2012. 11. 13.

5.6. 신뢰구축을 통한 남북공동번영과 평화통일 대원칙 유지

마지막으로, 북한 인권 문제 제기는 쌍방의 신뢰구축을 바탕으로 남북공동번영과 평화통일의 대원칙에 입각해야 한다. 우리나라 헌법 제3조는 북한지역을 포함한 한반도를 대한민국 영토로 규정하고 있으며, 이에 따르면 북한은 독립 국가가 아니라고 본다. 그러나 국제사회에서 주권국가이자 유엔 회원국으로서 160여 개국과 수교를 맺고 있는 북한의 국제법적 지위도 무시할 수 없다. 그리고 헌법 제4조는 평화통일의 원칙을 천명하고 있으며, 「남북기본합의서」의 전문 및 「남북관계 발전에 관한 법률」(이하 '남북관계발전법')과 「북한인권법」 등은 남북한 관계를 통일과정의 '잠정적 특수 관계'로 규정하고 있다. 그런데 종래의 북한인권법안 및 현 북한인권법에서 북한주민을 대한민국 국민임을 전제로 헌법상 보장된 기본적 권리를 향유할 수 있도록 '국가의 책무'를 규정하는 것은 우리사회에 여전히 존재하고 있는 냉전적 사고를 반영하고 있는 것이다.[51] 종래의 북한인권법안들이 북한지역을 '미수복 지역'으로, 그 곳에 살고 있는 북한 주민들을 당연히 대한민국 국민이라고 전제하고, 북한인권 문제를 대한민국의 국내입법으로 다루겠다고 하는 주장은 그동안 남북 관계 발전의 역사적 산물이라고 볼 수 있는 1991년 남북기본합의서 이후 남북간에 체결된 모든 역사적 기록과 합의 사항을 백지화시키는 처사라고 볼 수 있다. 그런데 '남북관계발전법'에서는 입법목적으로 "「대한민국 헌법」이 정한 평화적 통일을 구현하기 위하여 남한과 북한의 기본적인 관계와 남북관계의 발전에 관하여 필요한 사항을 규정"(제1조)하고 있으며, 기본원칙으로 남북 관계의 발전이 "자주·평화·민주의 원칙에 입각하여 남북공동번영과 한반도의 평화통일을 추구하는 방향으로 추진되어야" 함을 명시하고

51 그동안 발의된 대부분의 북한인권법안 및 현행 북한인권법에서 공히 북한주민에 대한 '국가의 책무'를 규정함으로써 북한주민을 사실상의 대한민국 국민으로 간주하고 있지만, 군사분계선 이북에 거주하고 있는 북한주민에 대해 사실상의 통치권을 행사할 수 없는 현실을 고려하지 않고 있으며, 결국 남북관계의 갈등을 조장하는 주요 이유가 되고 있다.

있다. 신뢰구축이 우선되어야 한다. 북한은 평화통일의 대상이고 북한주민은 같은 동포요 민족이므로, 북한주민을 위한 '생활밀착형' 인권정책 패러다임으로 전환하여야 하는 것이다.[52]

6. 맺음말

북한 인권 문제는 분단체제의 핵심 요소 중 하나라는 점에서 민족적 특수성이 있지만, 동시에 민족을 넘어 국제적이고 보편적 차원의 문제이기도 하다. 그런데도 한국 사회는 아직 북한 인권이라는 하나의 문제에 대해 진보와 보수 두 개의 시선, 두 개의 접근법이 대립하는 분열적이고 갈등적인 상황에서 벗어나지 못하고 있다. 그러나 북한 인권문제는 정치적 이해관계를 저울질하는 이념 문제로 접근할 것이 아니라 합력하여 시급히 해결해야 할 절박한 인권 본연의 문제임을 자각해야 한다.

인권이 보편적인 가치라는 것을 인식한다면 진보진영은 좀 더 적극적으로 북한 인권 문제의 해결을 위해 노력해야 한다. 한편 보수진영의 북한 인권 문제 제기는 정당하고 필요한 것이었지만, 그 해법은 비현실적이고 급진적이었다는 점을 인정해야 한다. 국제사회는 인권을 보편적으로 구현하여야 할 책무를 지고 있다. 따라서 국제사회는 보편적인 인권의 보호 의무를 이행하지 않는 국가에 대해서는 객관적인 기준과 절차를 통해서 당해 국가의 인권상황의 개선을 촉구할 수 있다. 그러나 역사를 되돌아보건대, 폐쇄적인 국가에서 발생하는 인권 문제에 대해 외부에서 압력을 넣는 것만으로는 실질적 인권 개선 효과를 얻은 적이 없다는 점을 참고해야 한다. 북한 인권문제는 점진적·단계적으로 매우 신중하면서도 섬세하게 접근해야 할 주제인 것이다.

'통일은 준비하되 말하지 않는다'는 원칙하에 서독은 콘라트 아데나워의

52 동서독은 통일 전 98개 도시가 서로 자매결연을 하고 서독 지자체가 동독 파트너 도시를 지원했다.

‘서방정책’, 빌리 브란트의 ‘동방정책’, 헬무트 콜의 ‘통일 정책’으로 이어지는 통일준비용 정치적 행보들을 수십 년 간 조용하고 사려 깊게 진행했다. 서독은 1989년 11월 헬무트 콜이 10개 프로그램을 발표하기 전까지 역대 어느 정부도 통일을 공개적으로 말하지 않고 정책을 일관성 있게 진행해 왔다. 평화를 건너뛴 통일은 있을 수 없기 때문이다.

북한 인권문제를 다룬다는 것은 북한 주민들의 실제적 인권 증진을 이루기 위한 것이라는 점에 대해서 국제사회 및 국내사회의 사회적 합의가 필요하다고 본다. 북한체제를 인정하지 않고 체제 전환을 주장하는 ‘체제 붕괴론적 관점’이나, 북한의 특수한 상황을 인정하자는 견지에서 전개되는 북한 인권 침해에 대한 ‘무조건적 관용의 관점’을 극복하는 방법이 동시에 모색되어야 한다. 북한인권 문제에 대한 일방적 비난이나 옹호의 입장에서 벗어나 북한인권의 실질적 개선을 위한 공동 노력을 뒷받침할 수 있는 연구들도 더 많이 나와야 한다.

상당 기간 동안 한반도를 초긴장 상태로 몰아넣었던 북핵 위기를 넘어서, 2018년 진행된 남북 정상회담과 북미 정상회담의 후속 조치로 북한과의 다양한 협력 관계가 봇물 터지듯 열리고 있는 시점이다. 이러한 추세를 바탕으로 조만간에 제기될 북한인권 문제도 새롭게 조명되어져야 하고 대비되어야 한다. 우여곡절 끝에 제정된 북한인권법을 제대로 시행하기 위해서도 해결해야할 과제가 산적해 있다. 서두르지 말고 시간적 여유를 가져야 한다. 북한을 지나치게 압박하거나 자극하는 것은 금물이다. 먼저 인권 대화 창구의 문을 여는 것부터 시작해야 한다. 그 대화의 방향은 북한인권법이 그 제정 목적(제1조)에서 천명하고 있듯이 “북한주민의 인권 보호 및 증진을 위하여 유엔 세계인권선언 등 국제인권규약에 규정된 자유권 및 생존권을 추구함으로써 북한주민의 인권 보호 및 증진에 기여” 할 수 있는 방향이 되어야 할 것이다.

참고문헌

국가인권위원회, "북한인권 문제에 대한 국가인권위원회의 입장", 2006. 12. 11.

국가인권위원회, "이라크 전쟁에 대한 의견", 2003. 03. 26.

국가인권위원회, "북한인권 개선을 위한 중장기 정책 및 로드맵 구축", 연구용역 보고서, 2010.

국가인권위원회, "북한인권법 제정 권고 수용 촉구 의견표명 결정문", 2014. 12. 01.

국회외교통상통일위원회 전문위원, 북한인권법안 검토보고서, 2014. 11.

김동한, 「한·미·일 북한인권법 비교분석」, 『북한학연구』, 동국대학교 북한학연구소, 2008.

김태훈, 「북한인권법은 왜 국회에서 표류되고 있나 – 북한인권법의 제정 필요성과 방향」, 『한국논단』, 한국논단, 2012.

박광득, 「북한인권법 제정의 당위성과 향후 과제에 관한 연구」, 『통일전략』 제13권 제1호, 한국통일전략학회, 2013.

박명림, 「북한인권과 한반도 인권체제 – 보편과 특수, 가치와 현실의 결합」, 『다문화사회연구』 제9권 제2호, 숙명여자대학교 다문화통합연구소, 2016.

서보혁, 『북한인권: 이론, 실제, 정책』, 한울 아카데미, 2007.

서보혁, 「유엔 북한인권정책의 특징과 추세」, 『현대정치연구』 제6권 제1호, 서강대학교 현대정치연구소, 2013.

이금순, 「북한인권 개선을 위한 한국의 역할」, 국가인권위원회, 『북한인권법제연구』, 2006.

이승신, 「북한인권 관련 법안 주요 내용과 쟁점」, 『통일연구』 제15권 제2호, 연세대학교 통일연구소, 2011.

이정우, 「북한인권 문제에 대한 쟁점과 해법」, 『정치정보연구』 제14권 제2호, 한국정치정보학회, 2011.

조선인권연구협회, "Report of the DPRK Association for Human Rights Studies" (조선인권연구협회 북한인권 보고서), 2014. 09. 13.

정영선, 「인권 흥정논리와 한국 민주주의의 재조명」, 『아세아연구』 제51권 제3호, 고려대학교 아세아문제연구소, 2008.

정영선, 「동북아시아 탈북자에 대한 인권보호적 접근」, 『동북아법연구』 제2권 제2호,

전북대학교 동북아법연구소, 2008.
정영선, 「북한인권법안에 대한 인권적 고찰」, 『의정연구』 제37호, 한국의회발전연구소, 2012.
정영선, 「북한인권 관련 국내외 동향에 대한 비판적 고찰」, 『동북아법연구』 제10권 제3호, 전북대학교 동북아법연구소, 2017.
정태욱, 「북한의 인권문제에 대한 국제적 책임: 협력적 인권 개입을 위해서」, 『영남법학』 제11권 제12호, 영남대학교 법학연구소, 2005.
정태욱, 「북한의 법질서와 인권개념」, 『북한인권법제연구』, 국가인권위원회, 2006.
제성호, 「미국의 북한인권법 제정 – 의미 분석 및 정치적 파장」, 『중앙법학』 제6집 제4호, 중앙법학회, 2004.
조백기, 「한나라당의 '북한인권' 관련 법안에 대한 인권적 해석」, 『민주법학』 제39호, 민주주의법학연구회, 2009.
조선인권연구협회, 『조선인권연구협회 보고서』, 2014. 09. 13.
차동욱, 「북한인권법과 통일과의 관계에 대한 전략적 접근」, 『동아법학』 제66호, 동아대학교 법학연구소, 2015.
최은석, 「미국과 일본의 북한인권법 평가 및 성과와 과제」, 『유엔 인권메커니즘과 북한인권』, 통일연구원, 2013.
통일부, 『2016 통일백서』, 2016.
통일부, 『2017 통일백서』, 2017.
한동호, 「한국의 북한인권정책과 북한인권 및 북한이탈주민 인식 – 국정과제 및 관련 법률 검토를 중심으로」, 한국학중앙연구원 현대한국연구소·연세대학교 통일연구원 2017 공동학술회의, "통일의 역설적 상황에서 통일을 논하다" 2017. 10. 20.

≪경향신문≫, 2012. 11. 13.
≪아시아경제≫, 2018. 06. 20.
≪연합뉴스≫, 2016. 12. 07.
≪한국일보≫, 2017. 11. 13.

Clapham, Andrew, 2007, *A Very Short Introduction : Human Rights*, Oxford Univ., 박용현 옮김, 『인권은 정치적이다』, 한겨레 출판, 2011.

Donnelly, Jack, *Universal Human Rights in Theory and Practice(2nd ed.)*, Cornell University Press. 2003.

King, Robert R., "The Place for Human Rights in Policy toward North Korea", International Seminar on the Promotion of North Korean Human Rights, 2017. 11. 14.

제3부

통일의 민주적 실현 방향

남북통합의 이념적 토대로서 민주주의

: 해방 정국의 민주주의 담론 분석과 그 재구성을 중심으로

박민철

1. 해방정국의 민주주의'들'

일반적으로 민주주의가 한반도 통일의 지도이념이자 결과적으로 목적 자체가 된다는 사실은 어느 누구도 부인하지 않는다. 성숙된 민주주의는 통일의 전제 조건이고, 통일은 곧 한반도 민주주의의 진정한 실현인 것이다. 민주주의라는 이념은 한반도 통일과 결코 분리되지 않는 위상을 갖는다. 하지만 오늘날 민주주의 실현과 통일의 분리불가능성, 즉 분단이 민주주의 실현을 근본적으로 저해하는 구조적 제약으로 상정되어 있다는 인식은 비판을 받고 있다 냉전의 붕괴는 그러한 인식의 현실적 근거를 약화시켰으며, 절차적 민주주의를 확보하게 된 현재 상황은 그 실천적 유의미성을 상실케 했다는 것이다.[1] 과연 그러한가?

---

1 박찬표, 『한국의 국가형성과 민주주의』, 후마니타스, 2007, 18쪽 이하를 참조.

'자유민주주의 체제통일'은 정치지형의 어느 한쪽에서 단 하나의 신성한 원칙이 되고 있다. 그리고 그렇게 신성화된 원칙에 대항해 다른 한쪽에 서 있는 소수의 입장에선 소박한 이론적 반란을 꿈꿀 뿐이다. 하지만 여기서 문제는 한반도 통일과 관련해 당위적으로 형식화되거나 추상적으로만 선언되는 이러한 민주주의가 구체적인 현실 추동력을 상실할 뿐만 아니라 더 나아가 통일과 관련된 정치적 무관심을 불러온다는 점이다. '민주화 이후의 민주주의'를 고민하는 요즘의 담론 영역에서도 한반도 통일과 관련된 내용을 찾기 힘든 것도 이와 무관하지 않다.

주지하듯 1948년 남북에 독자적인 정권이 수립된 이후(정확히는 한국전쟁 이후), 자유민주주의는 통일과 관련되어 그 이념적 정당성을 갖춘 '단 하나'의 원리로 고착화되어왔다. 짧은 해방 국면이 끝나자 당시 집권세력은 자신들의 취약한 권력구조를 바꾸기 위해 반공이데올로기를 적극적으로 구축하고 북쪽과의 적대적 이념경쟁 속에서 이를 십분 활용했다. 민족주의와 사회주의의 이념적 스펙트럼을 지닌 중도계열까지도 포함된 일방규정의 '좌익'은 급속하게 제거되었다. 이때 자유민주주의는 반공이데올로기를 세련되게 만들기 위해 사용되었던, 결코 '유명하지 않았던' 하나의 이론이었다.[2] 하지만 분단세력은 자신들의 정당성을 냉전이라는 '토대'와 반공이라는 '상부구조'를 통해 강하게 구축시켜갔으며, 이로써 그들이 내세운 냉전적 자유민주주의는 남한 사회를 틀 짓고 재편하는 핵심 논리로 자리매김했다.[3]

---

2 한반도의 근현대 사상사적 흐름에 따를 때 '자유주의'는 결코 대중은 물론이고 지식인층 역시도 관심을 두지 않았으며 사용하지 않는 개념이었다. 이러한 자유주의가 표면화된 것은 1948년의 헌법에서 명시된 이후에서부터였다. 하지만 전쟁과 분단, 냉전에 의해 조성된 해방 이후의 상황에서 자유주의는 '보수주의를 위한 주장과 명분으로 동원되고 이용된', '구체적인 강령이나 프로그램으로 스스로를 실체화하지 못한' 이데올로기로 전락했다. 김경일, 『한국의 근대와 근대성』, 백산서당, 2003, 122~128쪽.

3 김봉국, 「이승만 정부 초기 자유민주주의론과 냉전담론의 확산」, 『한국사학보』 제66호, 고려사학회, 2017, 321쪽. 동시에 이것은 미군정이 정치적 의도에 따라 수행한 '자유민주주의 이념 및 제도'의 이식 과정이기도 했다. 박찬표, 앞의 책, 319~321쪽.

그런데 이와 같은 민주주의 담론의 배타적 완결성이 구축되기 직전, 우리는 '해방정국'으로 불리는 시기를 만날 수 있다. 해방정국은 일제 식민지 시대가 끝나고 새로운 시대가 도래 하는 역사적 전환기였다. 이 시기 민주주의라는 단어는 해방과 독립, 근대적 민족국가건설이라는 문제의식이 집약된 이념으로서 널리 사용되었다. 이른바 이 시기에 "민주주의는 조선의 구주(救主)이며 조선의 지침(指針)"[4]이기도 했다. 해방정국을 주도했던 정치세력은 크게 기득권 유지를 중심으로 새로운 국가건설을 지향했던 우파, 노동자·농민을 주축으로 새로운 국가건설을 추구했던 좌파, 좌우연합에 의한 통일민족국가를 지향한 중도파 등으로 나눠지지만, 시 세력 모두가 공유하고 내세웠던 이념은 '민주주의'였다.

이렇듯 해방정국은 민주주의에 대한 다양한 주장과 의견의 불일치가 동시에 등장했던 역동적인 시기였다. 동시에 그 시대를 이끌어가던 담론의 지향이 민주주의라는 표상에 집약되었지만 실제로는 그 모두가 민주주의로 포괄될 수 없는 흐름을 보였던 가능성의 시기이기도 했다. 뒤에서 다루겠지만 해방정국의 민주주의 담론을 이끈 한 축이었던 여운형은 일찍이 당대의 모든 정당이 그 강령에 민주주의를 내걸지 않는 당이 없다고 얘기하는 한편, 그 내용과 구체적인 실현방법에 있어서는 근본적인 차이점이 존재한다고 말한 바 있다.[5] 이렇게 식민지 해방 이후 '새로운 국가건설'이라는 시대적 문제의식 속에서 민주주의 담론은 폭넓게 구성되어져 갔다. 새로운 세상을 위한 이념, 운동, 제도들을 포섭하고자 했던 민주주의'들'은 그만큼 다채로웠고 다양하게 변주되었다.

해방정국 이후 70여 년이 지난 오늘, 한국은 반민주의 독재 시대를 거쳐 민주주의적 요소들이 형식적이나마 제도적으로 구현되어 있는 상태에 있다.

---

4 이강국, 『민주주의조선의 건설』, 朝鮮人民報社厚生部, 1946, 48쪽.

5 여운형, 「인민당의 기념」(1945.12), 몽양여운형선생전집발간위원회 편, 『몽양여운형전집 1』, 한울, 1991, 247쪽.

분명 지금의 민주주의는 해방정국에서와 같은 절박한 호소력과 대중적 관심을 갖지 못한다. 하지만 민주주의라는 이념은 분단체제의 억압성과 관련해 아직 미완의 과제로 남아 있으며, 여전히 우리들이 나아가야할 어떠한 지점들을 남겨주고 있다. 따라서 중요한 것은 한반도 분단극복과 통일 그리고 민주주의의 실현이 맺는 강한 상관성에 대한 인식이다. 분단체제는 민주주의의 위기를 불러오는 구조적인 조건이고, 민주주의의 축소는 역으로 분단체제를 강화시키는 이데올로기적 효과를 발생시킨다. 그렇다면 핵심은 전세계가 공통적으로 경험하고 있는 민주주의의 중대한 위기를 막아내고 그 이념적 편식성을 극복할 수 있는 민주주의의 한반도 식 재구성, 즉 한반도 통일의 이념적 원리와 그 온전한 목적이 될 수 있는 민주주의를 어떻게 재구성할 것인가이다.

이와 같은 문제의식과 관련해 해방공간에서 통일민족국가 건설을 위한 이념적 토대로 끊임없이 제기되었던 민주주의 논의를 다시금 살펴본다는 것은 의의를 갖는다. 이는 우선적으로 분단극복의 문제와 통일민족국가 건설의 과제가 여전히 남아 있는 '현재 지금'의 상황과 관련한 시대적 적실성이라고 할 수 있다. 또한 분단 이전의 상황에서 활발하게 발생했던 다양한 민주주의론의 자유로운 개진과 비판의 진면목을 살펴보는 것, 다시 말해 반공과 국가주의가 한반도 전체를 규정하기 이전에 있었던 '민주주의론의 민주주의적 교환과정'을 드러내는 것은 그것 자체로서 이론적 의의를 갖는다. 특히 해방정국의 민주주의 담론 내 이론적 주도권을 이끌었던 '좌우합작' 세력의 민주주의론은 그 의의가 각별하다.

좌우합작은 미국과 소련이라는 강대국이 한반도의 문제에 결정력을 행사하는 정치적 현실조건 속에서 좌우 통합의 힘을 통해 미소(美蘇)의 협조를 유도하는 한편, 이를 기반으로 미소공동위원회를 재개시켜 궁극적으로 통일민주임시정부를 수립하려는 노선에 입각한 정치운동으로 정의된다.[6] 이러한

6 유병용·김인식·남광규, 「해방 전후 중간파 민족주의의 성격」, 『한국정치외교사논총』 제29집 제1호, 한국정치외교사학회, 2007, 6쪽.

입장은 해방 직후 좌우합작에 기반한 새로운 민주주의를 내세우며 직접적인 현실정치에 참여했다는 점, 그리고 이념적 방향성이 분명했지만 동시에 그 극단과 일정한 거리를 유지하면서 통합을 모색했다는 점, 특정 외세에 친화적이라기보다 민족주체노선에 입각하여 통일정부를 수립하려고 했다는 점에서 공통적이었다. 따라서 좌우합작은 일제강점기의 민족해방운동 평가에 있어서 정당성과 현실성을 획득해왔다.

그 이유는 무엇보다 해방 이후 자주적 주권국가의 수립이 이념과 노선을 넘어선 연합전선의 구축이라는 유일한 대안을 통해서만 가능했을 것이기 때문이다. 또한 양극화된 민족 내 대립의 중화 및 해방 후 있을지 모를 좌우대립의 부작용의 최소화, 불가피한 분단 이후에도 유연성 있는 민주세력의 집권 가능성의 제고, 이후 민족재통합의 토대 마련 등의 비전이 함축되어 있기 때문이다.[7] 이런 점에서 강만길은 좌우합작의 흐름을 "좌우 대립을 해소하고 광복 후 통일민족국가를 건설해가고자 하는 방법론의 주요한 맥"[8]이라고 규정한 바 있다. 분명, 좌우합작은 한반도의 사상사적 측면에서 볼 때 식민해방과 민족국가 건설이라는 현실적 조건을 반영하고 있으며 이와 관련해 어떠한 미래적 비전을 내포하고 있는 사유흐름이자 운동노선이다.

다만 역사적 사건을 해석하고 기술하는 것을 넘어 정치철학적 관점에서, 나아가 한반도 통일과의 연관에서 민주주의의 원리적 측면을 초점화해 비교 고찰하고 있는 연구는 사실상 드물다. 본 논문의 문제의식은 바로 여기서 시작된다. 여운형, 백남운, 안재홍의 민주주의에 대한 연구는 역사학에서 이미 그 노선과 의의, 현실적인 전개와 변화 과정, 그 한계 등에 대한 폭넓은 연구들이 수행되어 왔다. 기존 연구를 통해 해방정국의 복잡한 정치환경 속에서 벌어졌던 이들의 정치노선과 활동에 대한 입체적인 조망이 이루어졌으며, 좌

7 서중석, 『한국현대민족운동연구』, 역사비평사, 1991, 617쪽.
8 강만길, 「좌우합작운동의 경위와 그 성격」, 『한국민족주의론 Ⅱ』, 창작과 비평사, 1983, 107쪽.

우합작을 중심으로 한 여러 정치집단의 결집과 해체를 연대기적으로 고찰함으로써 이들 민주주의론의 의미가 다각도로 해명되었다.

하지만 본 논문은 한반도 통일과 관련된 정치철학적 입장에서 좌우합작세력이 주장한 다양한 민주주의'들'의 의의를 조망해보고자 한다. 특히 좌우합작의 민주주의 담론에 존재했던 내적인 조화와 상호간의 긴장관계를 동시적으로 주목함으로써, 당시의 민주주의론이 갖는 의의를 입체적으로 조망할 것이다. 구체적으로 민주주의의 합의된 근본원칙과 합의되지 못한 원칙들은 무엇이 있는지, 이때 이러한 합의와 비합의의 원칙들이 한반도 통일 과정에서 어떻게 수정되거나 고수되어야 하는지를 민주주의의 원리 차원과 연관시켜 살펴볼 것이다. 이를 통해 본 논문이 의도하는 것은 결국 민주주의'들'의 도래와 경합, 여기서 만들어지는 차이와 공통성을 살펴봄으로써 한반도 통일과 관련된 민주주의의 이념적 포섭력을 어떻게 확대할 수 있는지, 나아가 통일 한반도에 맞는 민주주의의 미래적 비전과 추동력을 어떻게 구축할 수 있는지이다.

2. '자기통치의 주체'라는 문제의식: '인민(민족)'의 호명과 연대의 원리

일제강점기에 사상적 연원을 두고 있지만 해방정국에서 본격적으로 공식화되었던 여운형의 '인민민주주의' 또는 '진보적 민주주의', 백남운의 '연합성 신민주주의' 또는 '인민성 민주주의', 안재홍의 '신민주주의' 모두는 남한 내 좌우연합과 나아가 남북연합까지도 포괄하려는 민주주의론의 새로운 기획이었다. 여운형, 백남운, 안재홍에게 민주주의는 제국주의로부터의 해방과 통일국가를 만들어 가는 '이념적 지렛대'인 동시에, 현실의 변혁을 추동할 수 있는 '실천적 무기'였다. 이들은 남쪽에서 우선 좌우합작을 성공하고 이를 기반으로 미소공동위원회를 강하게 압박하여 임시통일정부를 수립할 것을 주장했다. 그들이 내세운 민주주의'들'은 바로 이러한 현실과 이념의 변증법적 관계를 반영한다. 즉, 사상은 당대의 역사적 상황에 구속되며 다시 역사적 상황은 사상의 개입을 허락한다. 실제로 여운형은 이념을 등한시하고 현실적 요청에만 얽매어 있는 것도, 이념에만 급급하여 현실적 과제를 무시하는 것도 모두 역사의 발전을 지연시키는 행위라고 지적했다.[9] 이렇듯 이념과 현실의 긴장관계에서도 그 종합을 위한 사상적 흔적은 고스란히 좌우합작의 민주주의론을 구성하고 있다.

그런데 어떤 연구는 해방 공간에서 제기된 다양한 민주주의 담론의 의미를 축소시킨다. 해방 직후 짧은 기간 동안 부르주아민주주의, 프롤레타리아민주주의, 인민민주주의, 신민주주의, 진보적 민주주의, 자유민주주의 등과 같은 이념 세례가 있었다. 하지만 그것은 한국사회 내부에서 자생한 것이라기보다 외부로부터 이입된 것으로서 민중 생활에 뿌리내리지 못했으며, 정치적 동원을 위한 이데올로기 이상의 의미를 획득하지 못한다는 것이다.[10] 과연 그러한가?

백남운과 안재홍 그리고 여운형은 모두 민주주의론의 정립을 조선의 특수한 역사적 조건으로부터 시작했다. 물론 좌우연합을 목적으로 한 여운형과 백남운의 민주주의론이 맑스주의적 관점에서 사회경제적 토대의 미성숙과

---

9 여운형, 「조선인민당의 선언, 강령, 정책」(1946), 몽양여운형선생전집발간위원회 편, 앞의 책, 237쪽.

10 김경일, 앞의 책, 168쪽. 그에 따르면 자생적 민주주의의 등장은 1950년대부터이다. 미국식 자유민주주의는 냉전체제의 성립을 배경으로 한국사회에서 지배적 이념으로 등장하게 되었으며, 이를 통해 한국의 역사적 전통 및 현실과의 상호작용이 수행되어 '민주주의의 한국적 형태'라고 할 수 있는 것들이 만들어졌다는 것이다. 물론 그의 의도는 당시 비민주주의적 시기라는 현실의 다른 한편으로 지식인과 엘리트에 의한 비판과 저항이 일어났고, 이러한 담론투쟁 속에서 민주주의의 한국식 의미가 확보될 수 있었다는 것이다. 하지만 1950년대의 민주주의 담론이 민주주의 실현을 위해 분투한 한반도의 역사적 토대를 부정하고 그 이념적 편향성을 확고하게 보였다는 점은 차치하더라도, 분명 민주주의에 대한 다양한 관점이 등장하였고 조선식 민주주의에 대한 치열한 논의가 있었던 해방정국 시기를 외면한다는 한계가 있다.

혁명주체 역량의 미성숙을 그 시작조건으로 한다면, 안재홍은 이와는 달리 해방 이후의 일제에 의한 계급대립은 이미 사라진 '초계급적 해방' 상태를 전제조건으로 한다.[11] 하지만 이들은 해방 조선에 있어 민주주의의 모델로서 미국식 민주주의와 소련식 민주주의 모두를 거부하였으며, '조선식 민주주의'를 주장했다는 점에서 공통적이었다. 특히 '당대의 시대현실'과 '주체적인 문제의식'의 결합이 돋보이는 그들의 민주주의론은 '민주주의의 주체 문제'와 관련해서 특이할 만하다.

'Democracy'는 인민을 뜻하는 그리스어 'demos'와 힘 또는 지배를 뜻하는 'kratos'의 합성어인 'democratia'에서 유래한다.[12] 이러한 어원에서 볼 때, democratia는 인민의 자기통치, 즉 "나 자신의 바깥에서 주어지는 것이 아니라 통치 받는 자기 자신에게 주어진 힘을 통해 원리와 근거를 만들어가는 것"[13]을 의미한다. 따라서 민주주의는 주체와 객체, 다른 말로 통치자와 피치자가 하나의 존재에게 동시에 머무는 역설적인 체계이다.[14] 민주주의를 만들어 낸 '장인'들이 민주주의를 확산시키려하기 보다 제한하고자 했던 것 역시 통치자와 피치자의 동일성에서 발생할 수 있는 어떠한 혁명성 내지 부작용을 두려워했기 때문이다.[15] 또한 오늘날 대의제라는 정치의 황금률에 민주주의의 의미를 축소시켜 인민의 직접적인 권력 행사를 막고자 했던 것 역시 데모스의 힘이 갖는 혁명성에 대한 거부가 담겨 있다.[16] 하지만 민주주의는, '데모스의 자기통치'라는 이념적 지향을 가지며 따라서 민주주의 담론은

11 안재홍, 「한민족의 기본진로」(1948.10), 안재홍선집간행위원회, 『민세안재홍선집 2』, 지식산업사, 1983, 347~349쪽.

12 데이비드 헬드, 박찬표 옮김, 『민주주의 모델들』, 후마니타스, 2013, 17쪽.

13 박솔지, 「민주주의적 통일론 연구: 민주주의와 통일의 변증법적 관계에 관한 고찰」, 건국대학교 대학원 석사학위논문, 2017, 11~12쪽.

14 고병권, 『민주주의란 무엇인가』, 그린비, 2011, 13쪽.

15 이와 관련해선 존 던, 강철웅·문지영 옮김, 『민주주의의 수수께끼』, 후마니타스, 2015, 33~127쪽을 참고.

16 기 에르메, 임미경 옮김, 『민주주의로 가는 길』, 한울, 1998, 21쪽.

필연적으로 자기통치를 실현시키는 정치적 주체의 문제를 핵심으로 삼을 수 밖에 없다.

실제로 해방정국에서 민주주의의 주체가 누구인지에 대한 논의는 활발했다. 일제 강점기와 해방정국에서 사회주의자로 살았던 박치우는 새롭게 탄생될 조선이 '민주주의 조선'이 아니면 안 된다는 점은 분명한 사실이라고 하면서도 민주주의를 맹목적으로 추구해서는 안 된다고 지적했다. 핵심은 '인민의, 인민에 의한, 인민을 위한' 그러한 국가가 민주주의국가라면 이 경우의 '인민은 누구여야 될 것인가', 즉 인민의 내포와 외연을 명백히 해야 한다는 데 있었다.[17]

역사적으로 '인민'이라는 단어는 조선시대 전반을 통해 다른 어떤 단어보다도 집합적인 사회구성원 일반을 지칭하는 말로 사용되었다. 이후 식민지이라는 엄혹한 조건 속에서 인민은 자유와 자율의 집단주체로 설정된다.[18] 나아가 해방공간 아래 인민이라는 기표는 현실정치 영역뿐만 아니라, 식민지배에 의해 송두리 채 무너졌던 당대 사회문화 영역을 재건하는 '기초'로서 제시되기에 이른다. 이런 점에서 "인민은 탈식민화라는 일제 식민주의 이후 한국의 정치사회적 의제와 밀접하게 연관되어 있는 '역사적 구성물'"[19]이었다. 즉 해방정국의 담론적 지형 속에서 인민은 '국가 존재의 목적'이자, '정부 기능의 목적', '국가·정부의 성격 판단 척도'라는 의미를 내포한 개념적 위상을 갖게 된다.[20] 여운형과 백남운의 인민 개념은 바로 여기에 기초한다.

---

17 박치우, 「민주주의의 철학적 해명」(『학술』 1, 1946.08)(박지영, 「복수의 '민주주의'들: 해방기 인민(시민), 군중(대중) 개념 번역을 중심으로」, 『대동문화연구』 제85호, 성균관대 대동문화연구원, 2014, 64쪽에서 재인용.)

18 이와 같은 조선-대한제국-일제강점기의 시기별 구분 속에서 인민 개념의 수용의 변화양상에 대해서는 박찬승, 『국민·인민·시민: 개념사로 본 한국의 정치주체』, 소화, 2014, 123~163쪽을 참고. 박찬승에 의하면 인민이라는 단어는 '국민', '백성', '시민' 등과 비교할 수 없을 정도로 '압도적이고 가장 빈번히' 사용되었다.

19 임종명, 「해방 공간과 인민, 그리고 민족주의와 민주주의」, 『한국사연구』 제167호, 한국사연구회, 2014, 194~200쪽. 인용은 200쪽.

민주주의의 주체로서 '인민'에 대한 관심은 여운형 정치사상의 일관된 기초이자 정치운동의 출발점이었다. 그가 추진한 조선인민공화국의 선포, 대중정당으로서 '조선인민당'과 '근로인민당'의 창당에서 알 수 있듯이, 민주주의의 주체는 그가 허용할 수 있었던 가장 넓은 범위의 인민으로 규정된다. 이때 인민은 노동자와 농민, 소시민과 지식인층, 양심적 자본가 및 친일세력이 아닌 지주계급까지 포괄한다. 여운형은 조선인민당에 대해서 '전 근로대중을 중심으로 진보적이고 양심적인 자본가나 지주까지도 포용하고 제휴하는 가장 대중적인 정당'이자, 이러한 인민당이 추구하는 민주주의는 '진정한 민주주의'로서 '경제적 민주주의를 그 전제로 하는 정치형태'이며, '국민의 대다수 근로층의 경제적 해방을 달성할 수 있는 정치방법'이라고 정의했다.[21] 이러한 인식은 이어져 그 스스로 자신의 이념을 진보적 민주주의라고 규정하는데[22], '진보적'이라는 수사(修辭)는 곧 "소수 자본가 지배를 거부하며 다수 민중의 이익, 당시 조선의 현실에서는 대다수를 차지하는 농민, 근로대중의 이익을 우선한다는 점을 강조"[23]하기 위한 표어이기도 했다.

민주주의의 주체를 인민이라는 개념으로 집약시켰던 것은 백남운 역시 동일했다. 백남운은 자신이 주장한 '연합성 민주주의' 이념에 대해 유산계급독재의 자유민주주의와 무산계급독재의 프롤레타리아민주주의를 포함하여 사회민주주의, 인민적 민주주의 등 모든 민주주의 형태와 차별시키고자 하였다. 대신 여기에 주체들의 혁명역량, 해방 조선의 사회역사적 조건과 국제적 상황에 맞는 좌우합작의 민주주의를 우선적으로 위치시켰다. 이때의 연합은 계급연합을 의미한다. 실제로 그는 농민을 중심으로 한 노동자와의 연합, 나

---

20 임종명, 위의 논문, 204~210쪽.; 김정인, 「해방 전후 민주주의'들'의 변주」, 『개념과 소통』 제12호, 한림대학교 한림과학원, 2013, 202~208쪽.

21 여운형, 「인민당의 기념」(1945.12), 몽양여운형선생전집발간위원회 편, 앞의 책, 247쪽.

22 여운형, 「인민을 토대로 하는 정치」(1946.01), 몽양여운형선생전집발간위원회 편, 위의 책, 259쪽.

23 유병용·김인식·남광규, 앞의 논문, 18쪽.

아가 무산계급과 유산계급의 연합까지도 가능하다고 보았으며, 이러한 연합에서 '유산자는 자금을, 인텔리는 지식을, 과학자는 기술을, 무산자는 노동력을 제공'하는 방식의 연합 민주정권이 실현되길 희망했다.[24] 시간이 흘러 백남운은 연합의 의미를 인민이라는 단어로 보다 집약시켜 '인민성 민주주의'를 주장했다. 백남운은 인민을 "농민 及 노동자를 주도체로 한 소시민층 기술자 及 인테리층 양심적인 일부 자산계급과 진정한 정의인사 등을 민주요소로서 포섭하고 집결되어 가는 통일적인 민족의 주체"[25]로 규정했다. 이러한 연합의 강조는 곧 계급사회에서 비계급사회로의 전환을 통한 사회해방을 추구하고자 하는 그의 국가건설론으로 이어진다.

한편 안재홍은 그가 명명한 '신민주주의'를 통해 '초계급적 통합'의 민족국가 건설을 시도했다. 초계급적 통합이라는 가치 아래에는 중소 지주, 종소 자본가와 노동자, 농민 등 모든 근로 인민층이 포함되었으며 이러한 연합과 함께 어떤 형태의 계급 독재도 거부하는 만민공화의 정치체제를 이루고자 하였다.[26] 이 속에서 안재홍은 민주주의의 주체를 '민족'과 연결시켰다. 안재홍은 민족을 혈연공동체, 지역공동체, 운명공동체로 규정한다. 이 중 안재홍이 특히 강조하고 있는 것은 '운명공동체'이다. 그는 혈연과 지역공동체에 비해 운명공동체에 대한 서술에 많은 분량을 할애하면서 이를 '생활협동체'·'공동문화체'·'생존협동체' 등으로 바꾸어 설명한다.

그가 보는 운명공동체의 핵심은 한반도뿐만 아니라 중국 만주, 일본 혹은 구미 각지에서 그 풍토를 기반으로 살아온 이들의 역사, 그러한 공통 역사를 경험한 조선인들이 서로에게 느끼는 유대감으로 결속되고 성립된 연대감이다. 특히 이러한 강조는 그가 민족주의의 국수주의적, 배타주의 경향 및 민족

24 백남운, 『조선민족의 진로』(1946.04), 하일식 편, 『백남운전집4 彙編』, 이론과실천, 1991, 325~349쪽.

25 백남운, 「조선민족의 진로 재론」(1947.05), 하일식 편, 위의 책, 391쪽.

26 안재홍, 「국민당 선언」(1945.09), 안재홍선집간행위원회, 앞의 책, 61쪽.

주의와 제국주의의 결합에 끊임없이 경계해야만 한다고 말하는 것과 동일한 맥락 속에서 발생한다.[27] 나아가 민족에 대한 강조는 민족 협동의 공동체에 대한 강조로 이어졌다. 진보적인 지주, 자본가, 농민, 노당자의 모든 계층의 통합은 민주주의 국가건설의 토대이자, 국제협동을 가능하게 함으로써 곧 민족국가 건설의 출발점이 된다.[28]

이렇게 볼 때 민주주의의 주체 문제와 관련해 여운형, 백남운, 안재홍이 내세웠던 표어는 인민과 민족 등으로 형식상 달랐으나, 일정하게 공명(共鳴)하는 이론적 공통성을 공유한다. 우선 이들 모두 '연합의 원칙'를 강조했다. 물론 이 연합이 대지주·대자본가와 소작인·노동자간의 계급 차이를 무화시키는 '기계적 연합'이나 친일세력과의 '무원칙적 연합'이 아니라는 점은 중요하다. 오히려 이들이 말한 '연합의 원리'는 식민지 억압과 착취, 민족해방을 공통적으로 경험하고 새로운 민족국가 건설의 미래가치를 공유하는 이들이 맺는 연대감으로 정의할 수 있다. 이러한 연대는 매우 중요한데, 오늘날 민주주의는 '연대의 원리'를 내포하고 이를 위해 작동하기 때문이다.

좁은 의미에서 연대는 '타자와의 관계에서 통일적인 주체로 행동하는 어떤 집단 구성원의 능력'을 나타내는 개념이자, '동등하고 공통적인 생활을 공유하는 사람들이 공동의 목표를 통해 사회적 적대자에 맞서 보이는 사회적 행위'를 의미하기도 한다. 하지만 오늘날 요구되는 넓은 의미에서 연대는 이러한 동등함의 경계를 넘어서 사회정의와 공정함을 위한 관계맺음이라고 할 수 있다.[29] 그럼에도 불구하고 어떠한 종류의 같음을 소유하는 집단과 사회에서 발생하는 연대감(즉, 일제강점의 공통경험)은 현실적으로 존재할뿐더러 그

27 안재홍, 「신민족주의와 신민주주의」(1945.09) 및 「국민당정강·정책해설」(1945.12), 안재홍선집간행위원회, 위의 책, 16~28쪽 그리고 75~77쪽.

28 안재홍, 「신민족주의와 신민주주의」(1945.09), 안재홍선집간행위원회, 위의 책, 58~59쪽.

29 라이너 촐, 최성환 옮김, 『오늘날 연대란 무엇인가』, 한울아카데미, 2008, 27~32쪽 그리고 189~219쪽.

욕망은 클 수밖에 없으며, 그 연대가 향하는 지향이 특정 집단과 사회의 이익만을 목적으로 하지 않을 때에(즉, 해방 이후의 새로운 국가건설) 그 정당성은 충분히 존중받아야 한다.

다시 말해 해방정국에서 좌우합작파가 주장한 민주주의는 연대의 원리를 내포하고 있었고, 그 의의는 분명 기억될 필요가 있다. 하지만 이들의 연합 개념은 당시 진영의 관점에 속박된 '과잉화된 해석' 속에서 끊임없이 비난받았고, 그들은 자신들의 밝힌 연대의 원리를 지속적으로 증명해야만 했다. 그리고 해방 이후 오늘날까지 분단체제에서 민주주의는 연대의 원리를 내포하고 있기 보다는 남북을 가르는 이념적 표지판이 되고 있다.

3. '주권'의 등장과 '공화주의'의 요구, 그리고 '평등'의 지향

여운형과 백남운, 안재홍의 민주주의론은 이렇게 식민공간 속에서 비가시적인 영역으로 추방되어 있었던 정치적 주체들을 다시금 불러냈고, 이들이 맺어야 할 연대의 원리를 표명했다. 이들에게 식민 해방은 민주주의의 새로운 주체들이 호명(呼名)되고, 그렇게 호명된 주체들이 자신의 권리를 통해 새로운 공동체를 건설하는 계기로 상상된다. 민주주의의 주체들로서 호명된 인민과 민족은 새로운 공동체 건설의 시대적 목표와 강하게 결합되면서, 주권이 인민(민족)에게 있으며 주권의 행사자가 곧 인민(민족)이라는 이념적 완결성을 이룬다. 인민주권은 식민지배가 끝나고 새로운 국가건설이라는 조건에서 도출할 수 있었던 최상의 요청일 수밖에 없었다.[30] 분명 인민이든 민족이든 정치적 주체의 호명과 함께 등장한 주권의 요청은 "1945년 8월 제국/식민지 체제의 붕괴가 가져다 준 '효과'"[31]로 보는 것이 타당하다.

'주권(主權, sovereignty)' 개념이 조선에 처음으로 소개된 것은 1880년 초

30 박찬승, 앞의 책, 136쪽.

31 임종명, 앞의 논문, 211쪽.

반 『한성순보』와 『한성주보』 였으며, 본격적으로 사용된 것은 유길준의 『서유견문』(1895)에서였다. 하지만 이때 주권은 '정부의 입헌적인 기능'을 의미하거나 독립과 평등의 원리에 따른 국가 '간' 관계맺음을 의미할 때 주로 사용되었고, 요즘 의미하는 자기지배의 권리로서의 의미는 매우 옅었다.[32] 하지만 해방은 주권이 그 정당성과 함께 현실 속에서 강하게 요청되는 계기가 된다. 해방 이후 좌우합작이 추진했던 민주주의의 핵심은 우선적으로 상실된 정치적 주체를 해방의 계기를 통해 다시금 호명하고, 이렇게 호명된 정치적 주체들의 권리를 공고화하는 것이었다. 이제 정치적 주체들의 권리는 해방정국에서 입헌과 의회제도, 넓게는 공화주의에 대한 지향까지 담게 된다.

인민이 스스로 정치적 주체가 되고자 했던 시도는 이미 대한제국 시기에 싹트고 있었다. 20세기 초 대한제국의 공론장에서 입헌과 대의제에 대한 요구가 등장하기 시작했고 여러 글들이 공식적으로 출간되기 시작했다. 더 나아가 1910년대 후반 한일강제병합에 대한 반대 및 3·1운동과 함께 자기지배라는 국민주권의 민주주의 원리 역시 구체적으로 제기되었으며 모든 인민의 평등과 자유가 공표되었다.[33] 20세기 전반기 일반 대중까지의 포섭력은 없었을지라도 식민지 지식인들에게 민주주의라는 이념, 입헌과 대의라는 방법, 대의기관으로서 정당이라는 정치제도 등은 폭넓게 받아들여지고 있었다. 해방은 그러한 포섭력을 일반대중에서 급속도로 넓히는 한편, 입헌과 대의제도는 물론이고 공동체적 평등과 민주적 문화 건설까지도 포함한 공화주의를 강하게 환기시킨 계기가 되었다.

32 강상규, 『19세기 동아시아의 패러다임 변환과 다중거울』, 논형, 2012, 162~169쪽. 강상규는 주권 개념이 국제 개념과 한 쌍의 개념어로 확립, 전파되었는데, 서구적 근대질서(자본주의+제국주의)의 보급에 따라 비서구지역(특히 동아시아)을 구분하고 포섭하는데 활용된 표어이자, 서구 중심의 새로운 근대 국제질서를 구축하는 데 활용되었던 대표적인 기준이었다고 주장한다.

33 서희경, 「대한민국 '민주공화제'의 기원」, 『시민과세계』 제9호, 참여연대 참여사회연구소, 2008, 55~65쪽.

여운형은 민주주의를 '보다 구체성을 갖는' 인민주권의 공화주의와 연결시켰다. 여운형은 "진정한 민주주의의 배를 만들어 이것을 공화호(共和號)라 명명"[34]한다고 말한바 있으며, 이 공화의 내용에는 입법·사법·행정의 삼권분립과 의회를 통한 민주적인 개혁의 목적을 채웠다.[35] 안재홍 역시 "의회제도의 수립은 민주주의 정치 실현의 필수의 방식"[36]이라고 주장함으로써 구체적인 공화제를 주장했다. 이처럼 그들에게 조선의 독립 후 가장 우선적으로 요구되는 것은 선거를 통한 의회의 성립, 즉 공화주의의 한반도식 정착이었다.[37]

백남운 역시 의회주의와 권력 분립에 입각한 근대적인 공화국의 건설을 목표로 하였다. 특히 백남운이 제창한 '연합성 신민주주의'는 '민주정치', '민주경제', '민주문화'를 내용으로 한다. 민주정치는 인민이 정치의 주체로서 인민의 복리를 위하여 인민의 의사와 요구를 수행하는 정치로서 구체적으로 인민의 공정한 여론과 내적 요구를 드는 여론정치, 인민의 경제생활을 보장하는 책임정치, 인민에 의한 대의정치를 포함한다. 나아가 민주경제는 인민 대중의 경제해방을 목적으로 하는 생산수단의 재분배(토지재분배)과 계획경제를 포함하고 있으며, 민주문화는 봉건적이고 계급적 문화가 아닌 인민 자신의 창의적 노동을 통한 민주적인 해방문화를 의미한다. 또한 민주도덕은 인민이 주체가 되어 인민을 위한 자기노동을 수행하고 있는 '민주시대'에 걸맞게 '인(仁), 효(孝), 충(忠)'과 같은 유교적 덕목을 바꾼 새로운 도덕률을 갖추는 것을 의미한다.[38]

---

34 여운형, 「나의 정견(1945.11)」, 몽양여운형선생전집발간위원회 편, 앞의 책, 267쪽.

35 여운형, 「우리나라의 정치적 진로」(1946.01) 및 「나의 정견」(1945.11), 몽양여운형선생전집발간위원회 편, 위의 책, 254쪽 그리고 264쪽.

36 안재홍, 「국민당 정강·정책 해설」(1945.12), 안재홍선집간행위원회, 앞의 책, 68쪽.

37 이정식은 건국준비위원회와 조선인민공화국 이후 여운형이 주도하여 창당했던 조선인민당 창당은 그의 정치이념이 가장 정확하게 투여되어 있는 활동이지만, 민족의 완전 독립과 민주주의 새국가 건설에 대한 지향을 담고 있는 창당 선언문에서조차 인민당의 성격과 노선은 너무 일반론적이었고 모호하기까지 하다고 지적한다. 이정식, 『여운형: 시대와 사상을 초월한 융화주의자』, 서울대출판부, 2008, 565~570쪽.

이러한 흐름에서 알 수 있듯이 여운형, 백남운, 안재홍의 공화주의적 민주주의는 다음과 같은 종합적 성격을 지닌다. 우선 여운형, 백남운, 안재홍의 민주주의론은 상실된 정치적 주체의 호명으로부터 시작했다. 이를 바탕으로 그들의 민주주의론은 입헌과 삼권분립, 선거와 의회제도 등 근대적 정치형태를 내용으로 하는 공화주의를 표명했다. 그리고 그들의 공화주의가 향했던 곳은 좌우연합 지향을 담고 있는 '평등의 지향'이었다. 칸트는 『영구평화론』(1796)에서 공화의 의미를 '자유의 원리', '입법의 원리', '평등의 원칙'의 결합으로 설명했다.[39] 이후 공화의 의미에서 자유와 평등은 결코 오늘날 익숙하게 발견되는 어떠한 긴장관계에 있지 않았으며 입법과 함께 항상 결합이 되는 공화의 공통 요소로 존재했다.

한반도에서 공화주의는 대체로 개화파에 의한 입헌공화국 제도의 소개, 독립협회 운동기와 애국계몽운동기에 입헌공화국의 지향, 1910년대 중국혁명의 영향, 1917년 신규식·조소앙·신채호·박은식 등의 「대동단결선언」에 의한 대외적 확고화를 거쳤으며, 그 지향은 1919년 대한민국임시정부의 공표로까지 이어진다고 정리된다.[40] 그리고 이러한 과정 속에서 공화주의의 지향은 평등에 대한 강조로 나아갔다. 1919년 「대한민국임시헌장」, 1925년 「대한민국임시헌장」, 1927년 「대한민국임시약헌」, 1944년 「대한민국임시헌장」 등은 모두 인민주권을 명시했고, 이때의 인민주권은 군주제의 특권을 타파한 인민의 평등을 전제로 하고 있었다. 이러한 헌법 원칙은 1948년 「대한민국

38 백남운, 「조선민족의 진로」 및 「조선민족의 진로 재론」, 하일식 편, 앞의 책, 323~325쪽, 347~362쪽, 390~393쪽.

39 임마뉴엘 칸트, 이한구 옮김, 『영구평화론』, 서광사, 2008, 26쪽.

40 신용하, 「19세기 한국의 근대국가형성 문제와 입헌공화국 수립 운동」, 『한국의 근대국가형성과 민족문제』, 문학과 지성사, 1986; 유영렬, 「한국에 있어서 근대적 정체론의 변화과정」, 『국가관논총』 제103호, 국사편찬위원회, 2003; 이승현, 「신민회의 국가건설사상: 공화제를 향하여」, 『정신문화연구』 제102호, 한국정신문화연구원, 2006; 윤대원 「한말 일제 초기 정체론의 논의 과정과 민주공화제의 수용」, 『중국현대사연구』 제21집, 중국현대사학회, 2001 등이 있다.

제헌헌법」 조항과 조문 전체를 지배하였다.[41]

여운형, 백남운, 안재홍의 민주주의는 이와 같은 한반도 공화주의의 수용사적 맥락을 충실하게 따라갔다. 동시에 공화주의의 체제 내에서 정치적 자유와 경제적 평등(균등)이라는 두 요인이 반드시 결합되는 방식을 추구했다. 그들 모두가 자신들의 민주주의에 '新'이라는 접두어를 붙인 이유 역시 미국식의 민주주의도, 소련식의 민주주의도 아닌 해방 조선이라는 역사적 조건과 현실적 상황의 맥락에서 추동되고 요구되는 새로운 민주주의의 모습을 그리기 위함이었다. 이를테면 이들에게는 '동전 한 푼을 지출할 때마다 결과를 따져야만 하는 사람은 가슴과 마음의 자유를 누릴 수 없다'[42]는 공화주의의 초창기 이념이 자리 잡고 있었다.

예를 들어, 백남운은 연합성 신민주주의를 요약하면서 몇 가지 목표를 제시하는 데, 그것은 '민주적 통일과 자주독립', '민주정치와 민주경제의 문제의 동시해결'이었다.[43] 전자는 진정한 식민지로부터의 탈피이자 인민이 주권자로서 정치의 자유로운 주체가 되는 민족해방이었으며, 후자는 인민이 생산수단을 가지게 됨으로써 인민의 생활문제가 평등하게 해결되는 계급해방이었다.[44] 안재홍은 진정한 민족주의는 민족구성원간의 완전한 평등과 민족 전체의 균등, 모든 계급이 친화 단결하는 민주주의적 민족주의여야 한다고 주장[45]하면서 이러한 민주주의를 '신민주주의'로 명명했다. 이때 평등과 균등이라는 지향은 각각 '자본적 민주주의의 정치 평등'과 사회주의의 경제 균등'에 해당하는 것이었다.[46] 이때 경제적 균등은 정치 권력의 평등이 전제되어 있

41 서희경, 앞의 논문, 69~70쪽.

42 데이비드 헬드, 앞의 책, 107쪽. 물론 공화주의의 모든 개념이 꼭 민주적인 것이 아니라는 사실 역시 분명했다. 이에 대해서는 같은 책, 66~116쪽 참고.

43 백남운, 『조선민족의 진로』(1946.04), 하일식 편, 앞의 책, 333쪽.

44 김인식, 「백남운의 연합성 신민주주의와 무계급성 단일민족국가 건설론」, 『중앙사론』 제27권, 한국중앙사학회, 2008, 201~201쪽.

45 안재홍, 「신민족주의와 신민주주의」, 안재홍선집간행위원회, 앞의 책, 42쪽.

었으며, 경제적 균등이라는 요구 속에 안재홍은 중요 산업의 국유화, 토지개혁(무상몰수와 유상매수의 절충)의 방안을 포함시켰다.[47]

이와 같은 흐름과 함께, 좌우합작의 공화주의적 지향은 민주주의를 통일국가의 체제 문제를 넘어 교육을 포함한 생활문화 전반으로 확대시켰다는 공통점을 갖는다. 분명 정치와 경제뿐만 아니라 생활과 문화 전 영역에 대한 민주주의의 영향력이 확대되고 심화될 경우에만 민주주의 사상과 실천은 보호받을 수 있다. 이러한 실질적 민주주의의 관점은, 해방조선의 새로운 민주주의 문화 건설이라는 공통성과 연결되었다. 여운형을 포함해 안재홍과 백남운 등 좌우합작론자들은 우리 문화를 중시하면서도 앞으로 건설할 조선사회의 생활문화, 도덕, 교육 전 영역에서 민주주의의 확대가 필요하며, 이러한 영역들이 민주주의의 실현 토대가 될 수 있다고 역설하였다.[48] 이를테면 여운형이 상호신뢰와 공동협력을 바탕으로 한 '진보적 문화건설'을 표방했던 것, 백남운이 '민주문화'와 '민주도덕'의 확립을 민주주의의 핵심 요소로 본 것, 안재홍이 민주주의 실현 조건으로서 '민족문화의 전면적 함양'을 주장했던 것이 바로 이와 연관된다.

4. 민주주의라는 이념, 그 안으로 포섭되는 민족주의·공산주의·자본주의

살펴본 것처럼 여운형, 백남운, 안재홍의 민주주의론은 미소가 아닌 당대 조선 현실에 기반한 민주주의 이론을 구성하였으며 이런 점에서 이들 모두는

46 안재홍, 「역사와 과학과의 신민족주의」(1947.12), 안재홍선집간행위원회, 위의 책, 228~229쪽.

47 안재홍, 「국민당 정강·정책 해설」(1945.12) 및 「합작과 건국노선」(1946.01), 안재홍선집간행위원회, 위의 책, 71~72쪽 그리고 155쪽.

48 서중석, 「국내 독립운동세력의 해방 후 국가건설방향」, 『대동문화연구』 제56권, 성균관대 대동문화연구원, 2006, 303쪽.

이론적 자생성을 확보하고 있는 '조선식 신민주주의'로 규정할 수 있다. 이들은 특히 어느 특정 외세의존에서 탈피하고 미소의 대립을 중간적 입장에서 적극적으로 활용하고자 했다. 이는 당시 이승만의 한민당과 박헌영의 조공이 각각 미국과 소련에 치우친 정치이론을 펼친 것과 대비된다. 이것과 연관해서 더욱 중요한 것은 좌우합작의 민주주의론이 계급과 민족의 공존 혹은 조화, 다시 말해 좌파의 논리와 우파의 논리를 결합시키고자 했다는 점이다. 물론 여운형·백남운과 안재홍이 각각 좌우에 가까운 이론적 태도를 보였지만 이들 모두는 좌우의 논리를 서로 모순적으로 바라보지 않았다. 이러한 모습은 오늘날 우리들에게 익숙하게 체화된 '민주주의 vs. 공산주의'라는 프레임에 비춰볼 때 이질적이다.

예를 들어, 여운형의 해외독립운동이 주로 사회주의진영 속에서 이루어졌고, 사회주의 서적의 번역까지 했다는 점에서 여운형은 사회주의자로 평가되는 입장이 많다. 여운형이 사상적으로 맑시즘과 가장 공명했던 지점은 경제적 측면이었다. 여운형은 공산주의를 "인류의 일상생활에 요하는 물건은 모두 개인의 사유를 허하지 않고 사회의 공유로 하며, 사회가 생산에 응하고 각 구성원은 그 물을 평등하게 분배하는 제도의 주의"로 이해했다. 하지만 여운형은 경제와 관련된 문제에 대해서는 공산주의와 공명했지만, 유물론으로 모든 무제를 해결하는 것에 대해서는 반대를 표했다.[49]

오히려 그의 관심은 언제나 민주주의 실현이었으며, 최고 이념지향은 민족해방이었다. 실제로는 자신이 창당한 인민당의 결당식 연설에서 '우리의 큰 길이 민주주의이고, 최고이념은 민족의 완전해방에 있다'고 하면서, 완전해방이 되려면 '사람이 사람을 부리고 사람이 사람을 속이며 착취하는 비인도적인 모든 기구가 없어져야 한다'고 주장했다.[50] 이렇듯 여운형의 민주주의론

49 「여운형 조서2」, 김준엽·김창순 편, 『한국공산주의운동사 자료편』, 1979, 고려대 아세아문제연구소, 308쪽(박찬승, 『민족주의의 시대: 일제하의 한국 민족주의』, 경인문화사, 2007, 238쪽에서 재인용).

은 민주주의의 실현을 위한 방법론으로서 맑시즘의 한국적 적용이라는 성격으로 이해되어야 한다. "러시아에 레닌주의가 있는 것처럼 중국에는 삼민주의가 있다. 조선에서는 여운형주의로써 하는 것이 조선해방의 첩경이라고 생각한다"[51]고 말한 의도에는 사회주의 혁명보다는 민족해방을 당면과제에 둠으로써 현실적 정당성을 확보하는 한편, 민족주의자들과의 연대 가능성을 높이고자 하는 전제가 깔려 있다.

민주주의라는 이념에 포섭되는 자본주의와 공산주의, 민족주의라는 전제는 백남운과 안재홍에게서도 공통적인 관점이었다. 오히려 이들은 엄밀하게 이론적 분석에 부합하는 관점에서 '민족주의 vs. 공산주의' 또는 '자본주의 vs. 공산주의'의 대립 구도를 인지하고 있었다. 백남운은 해방 조선이라는 당대의 현실 속에서 자본주의 경제의 재현이나 공산주의 경제의 수립은 모두 불가능하며, 조선에 필요한 것은 '민주경제'의 수립임을 역설했다.

이러한 맥락에서 백남운은 민주주의와 공산주의에 대한 일반적인 이해를 비판했다. 즉 민족주의와 공산주의는 민주주의를 공통요소로 갖고 있기 때문에 이 둘을 대립적으로 구별하는 것, 그리고 공산주의가 외국으로부터 수입된 것으로만 보는 것은 편협한 관점에 불과하다는 것이다. 구체적으로 그는 맑스와 레닌의 이론을 빌려와 공산주의가 민족을 무시한다는 것은 잘못된 편견이며, 만일 공산주의가 부주의로 그런 인상을 주었다면 반성할 일이라고 말한다. 결론적으로 백남운은 민족주의와 공산주의의 공통적인 측면을 부각시켜 연합을 강조했다. 더 나아가 그는 민주주의 이론 내 '근대적 부르조아민주주의 vs. 프롤레타리아민주주의'는 역사적 범주 속에서 가능하지만, 공산주의와 민주주의 자체의 대립은 절대적으로 있을 수 없으며 보편적 민주주의로서 공산주의가 있을 뿐이라고 주장한다.[52]

---

50 조선인민당 편, 『인민당의 노선』, 신문화연구소출판부, 1946, 4~5쪽.

51 「여운형 조서2」, 김준엽·김창순 편, 앞의 책, 349쪽(박찬승, 앞의 책(2007), 239쪽에서 재인용).

일제강점기로부터 이어진 그의 강한 민족주의적 성향에도 불구하고, 안재홍이 계급투쟁을 지양하고 민족적 균등사상에 입각한 신민족주의를 주창할 때 그 핵심은 민족주의와 사회주의 이념의 적절한 조합에 있었다. 특히 그는 이 둘을 변증법적 관계로 설명한다. 즉, 안재홍은 "민족주의와 공산주의가 대립 투쟁하는 형태로 됨은 불가능"[53]하며, "민족주의와 공산주의가 역사적 발전성에 따라 변증법적 자동성에 의하여 적정하게 지양회통"[54]한 것으로 신민주주의를 설명한다. 그가 봤을 때 민족주의와 사회주의는 각각의 영역과 문화전통, 기타 구체적인 객관정세에 따른 과정 속에서 결정될 일이기 때문에 영원히 대립할 이념은 결코 아니기 때문이었다.

민주주의가 갖는 정당성은 그것이 자유나 평등, 정의와 같은 여러 가치들을 대표하기 때문이 아니다. 민주주의의 정당성은 그것이 서로 경쟁하는 규범과 가치들을 연계하고 중재할 수 있다는 점에서 마련된다. 민주주의는 다양한 가치들 간의 합의를 미리 전제하지 않을뿐더러 그러한 가치들을 서로 연관시키며 충돌을 해결하는 방법을 제시한다.[55] 하지만 해방정국을 관통하면서 이러한 민주주의는 급속하게 획일적인 프레임으로 귀속되어 나갔다. 그것은 '미국식 민주주의 vs. 소련식 민주주의', '민주주의 vs. 전제(전체)주의', '자본주의 vs. 공산주의'라는 상식적인 구분이 아니라, '민주주의(선=자유) vs. 공산주의(악=독재)'이라는 구도였다. 결과적으로 1948년 8월 이후 정치사상의 이념지형은 반공주의 "이외에 어떠한 사상도 용납되지 않는 정치사회의 이념적 공동화(空洞化)"[56]로 접어들었다. 한국전쟁이란 기표에 '동족상잔'

52 백남운, 「조선민족의 진로」(1946.04) 그리고 「조선민족의 진로 재론」(1947.05), 하일식 편, 앞의 책, 346쪽. 그리고 385~396쪽.

53 안재홍, 「신민족주의와 신민주주의」(1946.04), 안재홍선집간행위원회, 앞의 책, 231쪽.

54 안재홍, 「역사와 과학과의 신민족주의」(1947.12), 안재홍선집간행위원회, 위의 책, 231쪽.

55 데이비드 헬드, 앞의 책, 492쪽.

56 정윤재, 「해방직후 한국정치사상의 분석적 이해: 안재홍·백남운 정치사상의 비교분석」, 『한국정치학회보』 제26집 제1호, 한국정치학회, 1992, 8쪽.

이라는 비극뿐만 아니라 '공산주의에 대한 민주주의 수호'라는 압도적인 표상이 자리 잡게 되면서, 이러한 이념적 공동화는 특정 이념에 대한 맹렬한 증오와 적대심으로 이행했다. 이후 분단국가체제 아래 '특정' 민주주의는 오늘날까지 신성불가침의 기표로서 자리 잡고 있다.

5. 분단국가와 '포스트민주주의'의 가능성: 민주주의'들'의 회복은 가능한가?

위에서 서술한 것이 민주주의의 원리적 측면에서 본 좌우합작파의 민주주의론이 갖는 의미였다고 한다면, 이러한 것들을 포함한 정치사상사적 의의는 결국 ① 민족주체노선의 확립, ② 계급과 민족의 공존 혹은 조화, 그리고 ③ 이러한 논의가 오늘날에 줄 수 있는 역사성 등으로 정리할 수 있다.

특히 한반도의 통일과 연관할 때 이들 논의의 의의는 오늘날 남북대화의 원칙 속에서 인권, 평화, 민주주의와 같은 보편이념을 분리시켜 논하지 않고 한반도 통일을 중심으로 논하는 방식에 있어서 의미를 갖는다. 나아가 이들의 민주주의론은 오늘날 남북한 간의 화해와 협력을 위한 기본 인식 혹은 관점, 나아가 양 체제를 존중하면서 서로의 공약수를 찾아나갈 수 있는 이론적 토대가 될 수 있다. 한반도 현대사에서 분단국가 형성의 원점이 되는 시기의 '통일국가를 위한 민주주의론'은, 오늘날 '통일국가를 위한 민주주의론'의 이론적 토대이자 '역사적 유산'이 될 수 있기 때문이다.[57] 또한 이들 이론을 고찰하는 것 자체가 이들의 이론적 태도와 입장(조선현실에 기반한 이론화)을 이어받는 것임은 물론이다.

민주주의가 확산되면서, 구체적으로 어떤 국가 내지 사회가 민주화되면서 발생할 수 있는 제약과 한계를 깊이 있게 천착하지 않는 민주주의론은 허구

57 정병준, 「해방 이후 여운형의 통일·독립운동과 사상적 지향」, 『한국민족운동사연구』 제39권, 한국민족운동사학회, 2004, 142쪽.

이다. 강정인은 민주주의를 정당한 이념으로 모두 승인하고 있지만 그 논의가 보수화된 자유민주주의에만 그치고 있는 현재 한국 상황을 빗대어, "한국의 민주주의는 인식론적 회의주의를 제외한 모든 요소가 발육부진이나 결핍에 시달리고 있는 것처럼 보인다."[58]고 지적한다. 해방정국의 다양한 민주주의들을 일거에 소거해버린 반공주의는 자기와 다른 이질성을 배척하고 제거해야 하는 것으로 인식하는 배타성을 공산주의에 대해서 뿐만 아니라, 민주주의 자체에서도 뿌리내리게 했다.

물론 반공주의는 비단 한반도에서뿐만 아니라 서구 국가들의 경우에도 민주주의의 강력한 걸림돌 또는 방해물로 작동해왔다. 하지만 분단 이후의 반공주의는 자유민주주의에 있어서 원래 과제인 전근대적인 사회정치 제도의 극복이라는 의미를 탈각시킨 채, 공산주의에 대항하고 이를 저지하기 위한 목적에서 활용되는 소극적이고 방어적인 위상만을 남겼다. 결과적으로 한국의 자유민주주의는 '인민의 자기지배'의 구현이라는 민주주의의 원칙을 외면하고, 헌법적 절차와 선거에 의한 공직자 선출 정도로 축소된 일종의 정부형태나 통치 방법으로 이해되는 현실 속에서 자리하고 있다.[59]

콜린 크라우치는 전 세계적으로 민주주의가 처한 위기에 비춰 '포스트민주주의'라는 개념을 내세운다. 그에 따르면 포스트민주주의란 선거 절차와 같은 민주주의의 형식적 조건은 그대로 남아 있지만 정치는 소수 엘리트의 통제권으로 미끄러져 가고 있는, 또한 공공사업이 상업화되는 반면 복지는 주변화 되어 사회경제적 약자들이 증가하는, 궁극적으로 데모스의 불평등이 확대되는 상태를 의미한다. 이 속에서 민주주의는 한쪽에선 '제한된 정부' 그리고 '규제받지 않는 자본주의 경제'와 등치되며, 다른 한쪽에선 '선거의 실시'로 축소·환원된다. 당연히 포스트민주주의는 선거권과 재산권과 같은 소극

58 강정인 외, 『민주주의의 한국적 수용: 한국의 민주화, 민주주의의 한국화』, 책세상, 2002, 57쪽.

59 강정인 외, 위의 책, 38쪽, 그리고 45~51쪽.

적 권리는 여전히 보호되기에 비민주주의 사회는 아니다. 반면 보편적 인권 실현과 결부된 권리, 조직을 만들고 참여할 권리, 다양한 정보를 습득하고 활용할 수 있는 적극적 권리는 형식적 차원에서만 보장될 뿐이다.[60]

하지만 그의 이러한 논의는 신자유주의 경제가 민주주의에 미친 영향을 추적하면서 이러한 현상을 개념화하는 것에 초점을 맞춘 것이다. 따라서 그가 말한 서구의 포스트민주주의와 '분단된' 한국의 포스트민주주의를 구조적으로도 절차적으로 동일시할 수 없다. 그럼에도 불구하고 포스트민주주의라는 문제의식이 결국 정치적 주체로서 데모스가 분열되어 가면서 그들이 만들어 가는 공공영역 역시 황폐화되어 버렸다는 점을 지적하는 한편, 나아가 민주주의의 새로운 재구성을 요청하고 있다는 점에서 분단국가의 민주주의 재구성 문제와 맥이 닿는다.

이때 민주주의의 핵심 지향은 분명 '통일'이라는 지향과 강하게 결합될 수밖에 없고, 결합되어야만 한다. 특히 그간 한국사회에서 '민주화 이후의 민주주의'와 '민주주의의 민주화'라는 테제가 이미 제기되었고 이를 통해 민주주의는 명백히 완성될 수 있는 형식적 틀이 아니라 끊임없이 개선되고 보완되며 재구성되어야 하는 것으로 규정되었다고 할지라도, 이 재구성의 방향성이 '자유민주주의'를 전제로 한 현실 정당체제의 개혁으로만 맞춰졌다면 '분단국가의 포스트민주주의'라는 문제제기는 여전히 유효하다.[61]

의미지평이 협소하게 규정되었고 그것이 갖는 미래적 지향과 대중적 추동력을 상실해버린, 또는 모든 이들이 자신의 의지와 희망을 투영하지만 구체적인 현실 속에서는 어떠한 힘을 갖지 못한 '텅 빈 기표'로서 전락한 민주주의를 다시금 분단이라는 현실 속에서 불러내 그 이념적 지위를 회복하기 위

60 콜린 크라우치, 이한 옮김, 『포스트민주주의』, 미지북스, 2008, 6~49쪽.

61 최장집의 '민주화 이후의 민주주의'와 '민주주의의 민주화' 및 이에 대한 다양한 반론 속에서 제기되고 있는 '포스트민주주의'의 다양한 대안들에 대해서는 김정한 편저, 『최장집의 한국 민주주의론』, 소명출판, 2013.을 참조.

해서는, 결국 민주주의'들'의 귀환이 필요하다. 해방정국의 현실에서 '민주주의'는 좌우뿐만 아니라 남북의 통합을 추구하는 가치였다. 하지만 오늘날의 현실은 반공주의를 기반으로 공산주의에 대한 철저한 안티테제로서 역할만을 수행하고 있는 민주주의이다. "타자에 대한 맹목적 증오와 그로 인한 파괴의 충동"[62]이 민주주의라는 이념보다 선차성을 가지게 된 이유는, 한국전쟁의 경험이 불러온 심리적 기제 외에도 냉전반공주의 체제 하 민주주의의 이념적 축소과정이 있었기 때문이다. 이러한 이념적 축소과정은 수많은 사람들의 인권과 기본권, 자유와 존엄, 나아가 생명 그 자체를 부정하는 구조적 폭력으로서 반공체제를 유지·강화시킨 과정과 일치한다. 따라서 중요한 것은 해방정국에서 논의되었던 민주주의들처럼 민주주의의 의미지평을 어떻게 한반도의 통일과 연관시켜 확대할 수 있는지라는 고민이다.

우선 상실된 주권자의 복원을 예로 들 수 있다. 이는 우선적으로 '인민'이라는 이름에 붙여진 '이념적 터부'와 '사회적 배제'를 극복하는 것이다. 인민은 곧 1948년 「대한민국제헌헌법」에서 '국민'이라는 용어로 순식간에 대치되었다. 임종명은 이러한 인민에 대한 배제와 국민에 의한 대치를 '인민 표상의 좌익 정치성에 대한 기피'로서 설명한다.[63] 실제로도 오늘날 정치적 주체로서 인민 개념은 더 이상 찾기 힘들다. 하지만 앞서 살펴본 것과 같이 인민이라는 이름으로 호명된 해방정국의 정치적 주체로서 호명된 인민이라는 이름은 단순히 좌익 측에서만 주장되는 용어가 아니었으며, 해방정국의 민주주의 담론에서 제기되고 통용되었던 민주주의의 출발점이자 목적이었다.

---

62 에티엔 발리바르, 최원·서관모 옮김, 『대중들의 공포: 맑스 전과 후의 정치와 철학』, 도서출판 b, 2007, 60~61쪽. 발리바르는 정신분석가 A. Green이 사용한 '증오의 이상화' 개념을 보다 발전시켜 민주주의 실현을 가로막는 심리적 기제들을 설명한다. 증오의 이상화는 "근본적으로 타자성에 대한 맹목적 증오와 그로 인한 파괴 충동이 하나의 이상 내지는 이념의 위상을 획득하게 된 상태"를 의미한다. 발리바르는 이러한 극단적 폭력이 주체의 차원을 넘어 사회구조적 차원에서 작동하고 있으며 이것이 결국 민주주의 실현을 가로막는 역할을 하고 있다고 지적한다.

63 임종명, 앞의 논문, 231쪽.

통일한반도가 요구하는 민주주의의 확장은 그 주권자로서 국민이라는 좁은 외연을 넘어, 해방정국에서 통용되었던 인민과, 분단이후 남한의 민주화 과정에서 그 중요성이 부각된 시민 등의 결합이 다시금 고려될 필요가 있다. 왜냐 하면 통일한반도의 형성은 분단국가의 국민으로부터 이전에는 없었던 새로운 국가(체제와 제도 및 방식을 포함하여)의 주권자로 재탄생하는 과정이기도 하다는 점에서, 주권자의 의미 확대를 요구하기 때문이다. 한반도 통일이 새로운 정치주체의 탄생과 맞물린 과정과 일치한다고 한다면, 국민, 인민, 시민의 이 세 개념의 새로운 결합과 종합적인 재구성은 필수적으로 요청된다. 통일국가의 국민이자, 천부인권과 평등권을 지닌 인민이자, 서로 다른 자율성과 개별성을 인정받는 주체로서 시민 모두는 어느 것 하나도 폄하될 수 없다.[64]

또 다른 한편으로 민주주의가 갖는 이념적 포용력의 복원을 예로 들 수 있다. 백남운의 연합성 신민주주의, 여운형의 진보적 민주주의, 안재홍의 신민주주의 모두는 좌우연합과 나아가 남북연합까지도 포괄하려는, 환언하자면 자본주의와 사회주의 이외에 조선식의 '제3의 길'이 가능할 수 있는지를 모색했던 민주주의론의 새로운 기획이었다는 점을 상기할 필요가 있다. 분단국가 체제의 극복과 함께 도래할 민주주의는 앞 선 2-4장에서 다루었던 과거의 민주주의'들'의 핵심 원리와 원칙을 일정하게 계승할 것이지만, 그것만으로 환원될 수 없는 또 다른 내용을 가지게 될 것이다. 따라서 분단국가의 포스트 민주주의는 남북통합이라는 가치를 포함하면서 동시에 새로운 정치제도와 경제제도의 도입을 사유할 수 있는 방법론이 되어야 한다.

지그문트 바우만은 민주주의를 사적인 문제와 공적 문제 사이에서 벌어지는, 즉 사적인 문제가 공적 문제로 변환되고 다시금 공공 안녕이 사적 기획과 과제로 변형되는 지속적인 '번역과정'의 실행이라고 말한다. 이때 이러한 번

64 박찬승, 앞의 책(2014), 270쪽.

역은 끝없이 순환하는 동심원으로 구성되어 있기 때문에 언제나 새로운 가능성을 제시한다. 결국 "민주주의 역시 결코 완벽하지 않으며 항상 개선될 수 있는 가능성을 갖고 있다."[65] 따라서 한 사회가 민주주의 사회인가를 알게 하는 것은 그 사회가 아직 충분히 민주주의적이지 않다는 의심 그 자체의 가능성이 존재하느냐이다. 하지만 번역이 멈추면 민주주의도 끝난다.

한반도 분단은 사적인 것과 공적인 것의 순환적 관계를 중단시키는, 다시 말해 민주주의에 대한 다양하고 끝없는 번역을 가로막고 있는 역사적 실체이다. 앞서 말한 그러한 번역의 가능성은 사회와 그 구성원들의 자율성에 달려 있다. 자신들의 견해를 자유롭게 형성할 수 있고 다른 사람들과 공동으로 자신의 견해를 검토할 수 있을 때, 또한 사회는 선, 자유와 평등이라는 이념을 위해 어떠한 법을 만들고 이것들의 실행을 진지하게 검토할 수 있을 때 민주주의는 가능하다. 따라서 분단체제의 포스트민주주의는 모든 구성원들의 의사나 이해의 상대성과 다양성을 전제로 사적문제와 공적 문제의 지속적인 번역과정이 온전하게 제도화되는 것을 의미한다.

물론 민주주의의 실현과정은 불확실성과 딜레마에 부딪힐 수밖에 없다. 인간의 실존적 조건은 언제나 양면적이어서, 권력에 맞서 자율을 갈망하면서 반대로 안전을 지키기 위해 비싼 대가를 치르고서라도 국가의 보호를 받으려 한다. "민주주의는 국민이 억압에서 풀려나 정치의식을 갖추는 쪽으로 가게 하는 세찬 충동과, 국민의 복종을 유지시키는 불안감, 이 둘 사이로 난 벼랑길을 아슬아슬하게 가고 있는 것이다."[66] 분단체제라는 조건은 이러한 불확실성과 딜레마를 증폭시킨다. 하지만 역으로 민주주의만이 분단체제의 균열을 가져오는 조건이 될 수 있다. 1945-1948년 해방정국의 민주주의'들'이 보다 선명하게 귀환되어야 할 이유가 바로 여기에 있다.

---

65 지그문트 바우만, 이승협 옮김, 「최전선의 민주주의」, 토마스 아스호이어·베르너 A. 페르거 편, 『세계화 이후의 민주주의』, 평사리, 2006, 42쪽.

66 기 에르메, 앞의 책, 172쪽.

참고문헌

강상규, 『19세기 동아시아의 패러다임 변환과 다중거울』, 논형, 2012.
강만길, 「좌우합작운동의 경위와 그 성격」, 『한국민족주의론 Ⅱ』, 창작과 비평사, 1983.
강정인 외, 『민주주의의 한국적 수용: 한국의 민주화, 민주주의의 한국화』, 책세상, 2002.
고병권, 『민주주의란 무엇인가』, 그린비, 2011.
기 에르메, 임미경 옮김, 『민주주의로 가는 길』, 한울, 1998.
김경일, 『한국의 근대와 근대성』, 백산서당, 2003.
김봉국, 「이승만 정부 초기 자유민주주의론과 냉전담론의 확산」, 『한국사학보』 제66호, 고려사학회, 2017.
김인식, 「백남운의 연합성 신민주주의와 무계급성 단일민족국가 건설론」, 『중앙사론』 제27권, 한국중앙사학회, 2008.
김정인, 「해방 전후 민주주의'들'의 변주」, 『개념과 소통』 제12호, 한림대학교 한림과학원, 2013.
김정한 편저, 『최장집의 한국 민주주의론』, 소명출판, 2013.
김준엽·김창순 편, 『한국공산주의운동사 자료편』, 고려대 아세아문제연구소, 1979.
데이비드 헬드, 박찬표 옮김, 『민주주의 모델들』, 후마니타스, 2013.
라이너 촐, 최성환 옮김, 『오늘날 연대란 무엇인가』, 한울아카데미, 2008.
몽양여운형선생전집발간위원회 편, 『몽양여운형전집 1』, 한울, 1991.
박솔지, 「민주주의적 통일론 연구: 민주주의와 통일의 변증법적 관계에 관한 고찰」, 건국대학교 대학원 석사학위논문, 2017.
박지영, 「복수의 '민주주의'들: 해방기 인민(시민), 군중(대중) 개념 번역을 중심으로」, 『대동문화연구』 제85호, 성균관대 대동문화연구원, 2014.
박찬승, 『민족주의의 시대: 제하의 한국 민족주의』, 경인문화사, 2007.
박찬승, 『국민·인민·시민: 개념사로 본 한국의 정치주체』, 소화, 2014.
박찬표, 『한국의 국가형성과 민주주의』, 후마니타스, 2007.
서중석, 『한국현대민족운동연구』, 역사비평사, 1991.
서중석, 「국내 독립운동세력의 해방 후 국가건설방향」, 『대동문화연구』 제56권, 성균관대 대동문화연구원, 2006.
서희경, 「대한민국 '민주공화제'의 기원」, 『시민과세계』 제9호, 참여연대 참여사회연구소, 2008.
신용하, 「19세기 한국의 근대국가형성 문제와 입헌공화국 수립 운동」, 『한국의 근대국가형성과 민족문제』, 문학과 지성사, 1986.
안재홍선집간행위원회, 『민세안재홍선집 2』, 지식산업사, 1983.
에티엔 발리바르, 최원·서관모 옮김, 『대중들의 공포: 맑스 전과 후의 정치와 철학』, 도서출판 b, 2007.
이강국, 『민주주의조선의 건설』, 朝鮮人民報社厚生部, 1946.
이승현, 「신민회의 국가건설사상: 공화제를 향하여」, 『정신문화연구』 제102호, 한국정신문화연구원, 2006.
이정식, 『여운형: 시대와 사상을 초월한 융화주의자』, 서울대출판부, 2008.
임마뉴엘 칸트, 이한구 옮김, 『영구평화론』, 서광사, 2008.
임종명, 「해방 공간과 인민, 그리고 민족주의와 민주주의」, 『한국사연구』 제167호, 한국사연구회, 2014.
유병용·김인식·남광규, 「해방 전후 중간파 민족주의의 성격」, 『한국정치외교사논총』 제29집 제1호, 한국정치외교사학회, 2007.
유영렬, 「한국에 있어서 근대적 정체론의 변화과정」, 『국가관논총』 제103호, 국사편찬위원회, 2003.
윤대원 「한말 일제 초기 정체론의 논의 과정과 민주공화제의 수용」, 『중국현대사연구』 제21집, 중국현대사학회, 2001.
정병준, 「해방 이후 여운형의 통일·독립운동과 사상적 지향」, 『한국민족운동사연구』 제39권, 한국민족운동사학회, 2004.
정윤재, 「해방직후 한국정치사상의 분석적 이해: 안재홍·백남운 정치사상의 비교분석」, 『한국정치학회보』 제26집 제1호, 한국정치학회, 1992.
조선인민당 편, 『인민당의 노선』, 신문화연구소출판부, 1946.
지그문트 바우만, 이승협 옮김, 「최전선의 민주주의」, 토마스 아스호이어·베르너 A. 페르거 편, 『세계화 이후의 민주주의』, 평사리, 2006.
콜린 크라우치, 이한 옮김, 『포스트민주주의』, 미지북스, 2008.
하일식 편, 『백남운전집4 彙編』, 이론과실천, 1991.

한국사회변혁이론과 민주-통일 변혁론의 재정립

박영균

1. 들어가며: 한국사회구성체논쟁의 현재성

한국사회에서 사회변혁이론에 관한 관심이 절정에 이르렀던 시기는 1980년대 중·후반이었다. 그 당시 한국의 지식인 사회는 사회구성체논쟁에 최대의 관심을 쏟았다. 하지만 1990년대 중반 이후 1980년대 운동의 이념적 급진화가 한계를 드러내면서 한국의 사회구성체논쟁도 역사의 뒤안길로 사라졌다. 물론 그 후로도 몇몇은 이 논쟁을 다루었지만 대부분은 1980년대 한국사회구성체논쟁을 시대착오적인 이념적 급진화[1] 또는 서구중심적인 오리엔탈리즘의 산물[2]로 평가했다. 하지만 현실사회주의권이 해체되었다고 해서 마

1 이와 같은 평가는 정성기, 「80년대 한국사회구성체논쟁, 또 하나의 성찰적 재론」, 『역사비평』 제71호, 역사비평사, 2005를 참조하시오.

2 이와 같은 평가는 금인숙, 「마르크스주의 사회과학에서의 오리엔탈리즘—1980년대 사회구성체논쟁 중심으로」, 『담론 201』 제9권 제3호, 2006을 참조하시오.

르크스주의적 방법론까지 틀렸다고 할 수는 없다.

게다가 현실을 분석하는 이론이 단순히 서구에서 만들어진 이론이라고 해서 그것을 오리엔탈리즘의 산물이라고 말할 수도 없다. 이런 식으로 이야기한다면 오늘날 대부분의 학문은 오리엔탈리즘에 빠져 있다고 해야 할 것이다. 따라서 이런 평가들은 너무나 단순화된 흑백논리에 빠져 있으며 적절한 평가라고 할 수 없다. 그러나 이들과 달리 최장집은 1980년대 한국사회구성체논쟁을 단순한 이념의 산물 또는 서구적 일반화의 산물이 아니라 한국의 역사와 그 당시 당면한 문제들에 대한 고민 속에서 나온 산물로 파악하고 있다.

그가 말했듯이 "이념은 이데올로기의 성격보다는 현실을 축약하고, 그 축약 속에 사회의 구성 원리와 가치, 규범, 신념의 요소들을 함축하는 개념"이다. 이에 그는 1980년대 한국사회구성체논쟁을 주도했던 NL/PD논쟁에 대해 "국가가 형성되고 경제가 발전되는 과정에서 한국사회의 내부로부터 제기"된 것으로, "민주주의의 근본가치라고 할 민중성을 관심의 중심에" 두고 있는, "그야말로 매우 한국적인 해방의 이념"이라고 평가하고 있다.[3] 물론 1980년대 한국의 사회구성체논쟁은 마르크스의 역사유물론과 경제적 사회구성체론이라는 방법론에 근거하여 한국사회를 분석하고자 한 논쟁이기 때문에 서구적 이론을 방법론으로 사용하고 있다.

하지만 그것이 한국적인 것인가 아닌가는 그것을 분석하는 이론이 아니라 그 이론을 통해서 오늘날 우리가 살고 있는 현실을 얼마나 잘 분석해내고 있는가에 있다. 1980년대 한국사회구성체논쟁은 한국의 자본주의를 분석하기 위해 서구자본주의에서 일반화되어 있는 자본주의의 보편적 발전법칙을 그대로 한국사회에 적용한 것이 아니다. 오히려 그것은 '자유경쟁자본주의→독점자본주의→국가독점자본주의'라는 서구적 법칙을 벗어나 한국적인 독특성

---

3 최장집, 「해방 60년에 대한 한 해석: 민주주의자의 퍼스펙티브에서」, 『다시 대한민국을 묻는다–역사와 좌표』, 참여사회연구소 주최 해방60주년기념 심포지엄 발표 자료집, 2005. 10, 21쪽, 17쪽.

이라고 할 수 있는 자유경쟁단계의 부재 및 비월, '조속한 독점'과 같은 현상들을 과학적으로 해명하고자 했다.

게다가 1980년대 한국사회구성체논쟁의 출발점이 되는 문제의식 또한 서구의 문제의식을 한국사회에 그대로 적용하여 한국사회를 분석하거나 미래의 비전을 찾고자 한 것이 아니다. 최장집이 정확하게 지적하고 있듯이 1980년대 한국사회구성체논쟁을 주도했던 NL/PD의 문제의식은 기본적으로 해방 이후 수립된 "강력한 반공권위주의국가"와 "권위주의적 산업화"를 "민주화의 중심적인 두 의제"로 삼고 있다.[4] 따라서 한국의 사회구성체논쟁은 1980년대 한국 민주화의 역사와 궤적을 같이 하고 있다.

그것은 1987년 6.10민주항쟁 이전에 시작되어 1987년 대통령선거와 노태우 정부 출범을 거치면서 본격화하고 1988년부터 1991년까지 한국의 지식인 사회에서 가장 '뜨거운' 이슈로, 매우 격렬한 논쟁의 중심에 있다가 1991년대를 기점으로 서서히 사그라졌다.[5] 물론 1980년대 한국사회구성체논쟁의 생성-소멸 과정에는 1990년대 초반 진행된 소비에트연방과 동유럽사회주의권의 해체라는 국제적 배경도 있었다. 하지만 한국사회구성체논쟁에 보다 중요한 계기는 '5.18광주민중항쟁'과 '6.10민주항쟁'이었다.

'5.18광주민중항쟁'의 경험은 격렬한 사회구성체논쟁의 역사적 배경이 되었으며 '6.10민주항쟁'은 논쟁의 본격화와 소멸에 직접적 계기가 되었다. 6.10민주항쟁 이후 진행된 '수동혁명'은 "피지배계급의 헤게모니를 배제하기 위해서 지배계급이 지속적으로 국가권력을 재조직화하는 행위"[6]로, 6.10민

---

4 최장집, 위의 책, 12쪽.

5 1980년대 사회구성체논쟁의 해체 및 소멸과정에 대한 평가는 다음의 글을 참조하시오. 1980년대 한국사회구성체론의 이론 내적 문제 및 신자유주의 지구화와 관련된 평가는 박영균, 「한국변혁운동의 전망과 전략」, 『현장에서 미래로』 제103호, 한국노동정책연구소, 2004를 참조하고 노동자계급의 주체성 및 이념적 지도력과의 관계와 관련된 평가는 안현효, 「한국사회성격논쟁의 현재성: NLPDR에서 신자유주의까지」, 『현대사상』 제9권, 대구대학교 현대사상연구소, 2011를 참조하시오.

6 조희연, 「87년 이후의 '수동혁명'적 민주화와 시민운동의 구조적 성격」, 맑스코뮤날레조직위

주항쟁에서 폭발한 민주화의 열기를 체제 내화했다. 그러나 이와 같은 혁명성의 거세 및 재조직화에 저항했던 사람들은 6.10민주항쟁으로 쟁취한 직선제 개헌을 진정한 민주주의의 실현을 위한 초석으로 삼고자 했다. 따라서 1980년대 한국의 사회구성체논쟁은 "형식적 민주주의를 넘어서는 실질적 민주화"를 모색하고자 했다.[7]

그런데 그로부터 30여년이 흐른 오늘날에도 한국의 정치는 여전히 '보수독점의 정당체제'에 의해 지배되고 있으며 "현재까지 모든 정권은 권위주의체제와 마찬가지로 노동문제와 같은 사회경제적 이슈를 정치로부터 배제"[8]하고 있다. 따라서 최장집은 "앞으로 한국 사회가 어디를 지행해 나아가야 할 것인가 하는 문제"를 다루기 위해서는 "NL/PD의 문제"를 다시 불러올 필요가 있다고 하면서[9] PD적 문제의식을 중심으로 NL적 문제의식의 결합을 주장하고 있다. 그럼에도 불구하고 최장집은 '민주주의의 가치를 민중에 두는 것'으로만 1980년대 한국사회구성체논쟁을 다루고 있다.

물론 87년 민주화 이후, 한국의 정치가 "성장=효율성=기술 관료적 경영주의의 등식"[10]을 따르는 "신자유주의적 민주주의"[11]로 바뀌었고 시장과 인민을 동일시하고 기업인이 오히려 인민을 대변하는 "시장포퓰리즘"[12]이 전면화되고 있다. 따라서 "일상적인 삶의 현실에서 인간의 기본적인 사회경제적 삶을 유지할 권리"인 "사회적 시민권"을[13] 확보하는 '민주화'가 오늘날 가장 중요한

원회 엮음, 『지구화시대, 맑스의 현재성2』, 문화과학사, 2002, 241쪽.

7 전재호, 「자유민주주의와 민주화운동: 제1공화국에서 제5공화국까지」, 『민주주의의 한국적 수용』, 책세상, 2002, 158~159쪽.

8 최장집, 『민주주의의 민주화』, 후마니타스, 2006, 137쪽.

9 최장집, 앞의 책(2005), 16~17쪽.

10 최장집, 앞의 책(2006), 66쪽.

11 최장집, 위의 책(2006), 48쪽.

12 최장집, 「민주주의는 '내 갈 길 가는 대통령' 원치 않는다」, 최장집·이정우·최영기·장하준·임동원·도정일·김우창, 『우리는 무엇을 할 것인가』, 프레시안 북, 2008, 33쪽.

13 최장집, 『민중에서 시민으로-한국 민주주의를 이해하는 하나의 방법』, 돌베개, 2009, 124쪽.

의제가 되었다고 할 수 있다. 하지만 그는 1980년대 한국사회구성체논쟁을 '민주화'의 차원, 그것도 '정당민주주의'의 차원에서만 다룰 뿐, 그것의 가장 중요한 특징인 한국사회의 독특성에 대한 해명이라는 차원에서 NL/PD논쟁을 다루지 않고 있다.

2. 한국사회구성체논쟁의 문제의식과 전개과정

1980년대 한국사회구성체논쟁은 대략 세 번의 시기로 나누어볼 수 있다. 첫째는 'CNP논쟁'에서 시작하여 '창비, 산사연 논쟁'으로 발전하는 '논쟁의 도입과 출발기'이며 둘째 시기는 '논쟁의 본격적 확산기'로, PD의 정립 및 NL/PD간의 논쟁이 '벼리논쟁'이나 『현실과 과학』(1988–1991) 등을 통해 본격화하는 시기이다. 셋째 시기는 1989년 『노동해방문학』(1989–1991)이 창간되고 나서 1991년까지 전개되는 ND/PD 간의 논쟁 및 '종속의 강화냐 약화냐'와 같은 PD 내부에서 이루어진 논쟁으로, '논쟁의 해체와 파산기'이다.

이 당시 한국사회구성체논쟁은 1980년대 운동을 특징 지웠으나 그것을 이끌었던 정신은 1980년대의 산물이 아니었다. 1960년대부터 한국의 운동세력이 암묵적으로 공유해왔던 이념은 '삼민(三民)'으로, 1974년 '민청학련(전국민주청년학생총연맹)'은 유신체제를 반대하는 집회에서 《민중, 민족, 민주 선언》이라는 제하의 유인물을 배포했다. 그 후, '삼민'은 1980년대 한국의 운동에서 기본적인 지표가 되었다.[14] 이것은 1985년 출범한 '삼민투위(민족통일·민주쟁취·민중해방을 위한 투쟁위원회)'라는 명칭이 보여주는 바이기도 하다. 여기서 '삼민'은 '민족통일·민주쟁취·민중해방'이라는 세 가지의 슬로건으로 다시 표현되었다.

게다가 1980년대 한국사회구성체논쟁의 역사적 기원이 되었던 'CNP논쟁'

14 서중석, 「3선개헌반대, 민청학련투쟁, 반유신투쟁」, 『역사비평』 제3호, 역사비평사, 1988, 84쪽.

또한 삼민의 정신 속에 존재했다. CNP논쟁이란 말은 그 당시 운동권 내부에 존재했던 'CDR(Civil Democratic Revolution, 시민민주주의혁명론)', 'NDR(National Democratic Revolution, 민족민주혁명론)', 'PDR(People's Democratic Revolution, 인민민주주의혁명론)'의 첫 글자를 따서 만든 조어이다. 그런데 여기서의 핵심 키워드는 '민족, 민주, 민중(인민)'이다. 조희연이 말했듯이 "80년대 전반의 시기는 60, 70년대와 80년대 초의 역사적 경험을 토대로 하여 변혁운동이 이론과 실천에서의 방향전환이 모색되는 시기"[15]로, 한국의 사회구성체논쟁은 이와 같은 전환의 산물이었던 것이다.

특히, 한국사회구성체논쟁은 기본적으로 한국사회의 구조적 모순을 다루는 '모순론'과 변혁주체를 찾는 '계급론', 그리고 대안사회의 비전을 실현하기 위한 '전략전술론'으로 구성되어 있다는 점에서 보듯이 그것은 한국사회를 변혁하는 운동을 '과학적이고 전문적으로' 만들어가려는 노력의 산물이었다.[16] 1984-1985년 사이에 이루어진 '민청련(민주화운동청년연합)' 내부 세미나에서 이들은 CDR를 "소시민적 사회관, 낭만적 운동관에 기초하고 있는 것"으로 비판하고 '계급모순'과 '민족모순'의 결합 및 "변혁의 계급적 전망(탈자본주의적인 변혁)"이라는 관점[17]을 제시함으로써 한국사회구성체논쟁을 공식화했다.

---

15 조희연, 「80년대 사회운동과 사회구성체 논쟁」, 박현채·조희연 편, 『한국사회구성체 논쟁(Ⅰ)』, 죽산, 1989, 14쪽.

16 1980년 서울의 봄에서 시작하여 5.18광주민중항쟁까지 이들 반성적 논의들은 '단계적 투쟁론(주화론) 대 전면적 투쟁론(주전론)'에서 시작하여 1981년까지 진행된 '무림 대 학림', 그리고 1982년 '〈야학운동비판〉 대 〈학생운동의 전망〉' 간의 논쟁으로, 이들 논쟁은 "①선도적 정치투쟁, ②민중지원투쟁, ③전위적 인자배출이라는 세 가지로 정식화됨으로써 대체로 통일·정리"되었다. 조희연, 위의 책(1989), 16쪽.

17 조희연, 위의 책(1989), 19쪽. CDR를 소시민적 운동으로 규정한 점에서 보듯이 1980년대 운동에서 '민중'은 1970년대 '민중'과 동일한 어휘로 표현되었지만 계급론적인 의미에서의 민중이라는 점에서 1980년대의 민중주의적인 '민중'과는 그 의미가 다르다고 할 수 있다. 하지만 이와 같은 계급적 관점으로의 전환 및 변혁론의 과학화가 1970년대 삼민의 정신의 구체화라는 점에서 연속성 또한 가지고 있었다.

더불어 학계에서도 1985년 '창비논쟁(창작과 비평 논쟁)'[18]과 1986년 '산사연논쟁(산업사회연구 논쟁)'[19]이 이어졌다. 여기서 논쟁을 주도한 것은 박현채로, 그는 이대근이나 안병직과 같은 식의 '제3세계사회구성체론'과 '식민지반(半)봉건사회구성체론'을 비판하고 한국을 국가독점자본주의로 규정했다. 하지만 그러면서도 그는 다른 한편으로 이와 같은 국가독점자본주의를 민족경제론의 하위 범주로 다루었다. 따라서 박현채의 민족경제론은 '계급모순'에 기초한 자본주의라는 보편성을 '민족모순' 속에서, 즉 "국민경제와 민족경제의 불일치"라는 한국적 특수성 속에서 다루고자 했다.[20]

바로 이런 점에서 박현채의 민족경제론은 '사회구성체-국가독점자본주의, 사회성격-식민지반(半)봉건'이라는 이중구조를 가지고 있었고 그것은 이후 한국사회구성체논쟁의 기반이 되었다. 1987년 이전까지 NL의 전사를 이루었던 '식민지반봉건사회론'은 박현채의 '사회성격론'을 발전시켰으며 1987년 이후 주도적으로 발전한 '신식민지국가독점자본주의론'은 "민족경제론과 국가독점자본주의론의 결합(혹은 그러한 결합에 의한 민족경제론의 비판적 계승)"[21]을 주장했다. 또한, ND는 한국자본주의의 '봉건성'을 '낮은 생산력'으로

---

18 '창비논쟁'은 창작과 비평사가 특집을 기획하면서 이루어졌던 논쟁으로, 그 당시 진행되었던 논쟁은 다음의 두 가지 논문으로 발간되었다. 이대근, 「한국자본주의의 성격에 관하여-국가독점자본주의론에 붙여」, 『창작과 비평』 제57권, 창작과 비평사, 1985; 박현채, 「현대 한국사회 성격과 발전단계에 관한 연구(Ⅰ)-한국자본주의의 성격을 둘러싼 종속이론 비판」, 『창작과 비평』 제57권, 창작과 비평사, 1985.

19 '산사연' 논쟁은 산업사회연구회를 중심으로 기획되어 이루어진 논쟁으로, 당시 안병직의 입장에 대한 박현채의 비판으로 진행되었다. 안병직의 원래 발표 논문은 「조선에 있어서 (반)식민지·반봉건사회의 형성과 일본 제국주의」(한국사 연구회 편, 『한국근대사회와 제국주의』, 삼지원, 1985)이었으며 이에 대해 박현채는 「식민지 반봉건 사회론의 쟁점」(『산업사회연구』 제1집, 산업사회연구회, 한울, 1986)이라는 글을 통해 비판을 전개했다.

20 박현채, 『민족경제론의 기초이론』, 돌베개, 1989, 23쪽. 이런 점에서 손석춘은 박현채의 민족경제론에 대한 재독해를 통해서 통일된 나라의 하부구조로서 "민족경제의 균형적 발전"을 모색하는 "통일 민족경제론"을 제안하고 있다(손석춘, 「남북 통일사상의 '하부구조'에 관한 시론: 흡수통일론과 통일 민족경제론을 중심으로」, 『통일인문학』 제59집, 건국대학교 인문학연구원, 2014).

개념화했다. 따라서 이들 논쟁은 기본적으로 '계급모순과 민족모순의 결합'이라는 문제의식을 공유하고 있었다.

하지만 1987년을 경과하면서 이와 같은 대립은 NL/PD 간의 본격적인 대립으로 발전했으며 여기에는 이념적 급진화라는 또 다른 '사상적' 배경이 존재했다. '식민지반봉건사회론'은 주체사상을 수용하면서 '식민지반자본주의론'으로 나아간 반면 다른 한쪽은 '마르크스-레닌주의'를 기반으로 하여 '벼리논쟁'(1988)[22]을 기획하고 『현실과 과학』을 창간하면서 오늘날 PD라고 알려진 정파의 출현을 본격화했다. 따라서 한국사회구성체논쟁의 2단계를 규정하는 NL/PD의 대립은 다른 한편으로 본격적으로 이념적 급진화의 산물이기도 했다.

한국사회구성체논쟁의 세 번째 시기는 1989년 『노동해방문학』이 창간됨과 동시에 진행된 ND/PD간의 논쟁과 1985-1988년 3저 호황과 관련한 '종속심화냐 약화냐'의 PD내부논쟁을 거치면서 해체되고 역사의 뒤안길로 사라져간 시기이다.[23] 원래 PD가 내세운 신식민지국가독점자본주의론을 최초로 정식화한 팸플릿은 1987년 대선 당시 '후보 단일화'나 '비판적 지지론'을 비판하고, '제헌의회 소집'을 외쳤던 CA(Constituent Assembly, 제헌의회)그룹에서 나온 《한국사회의 성격과 노동자계급의 임무》였다. 하지만 1988년 '벼리논쟁'에서 보듯이 PD는 이 팸플릿이 제출한 NDR(National Democratic

21 윤소영, 「80년대 한국경제학계의 연구동향과 신식민지 국가독점자본주의론」, 박현채·조희연 편, 『남한사회구성체 논쟁(Ⅰ)』, 죽산, 1989, 613쪽.

22 '벼리논쟁'은 1998년 벼리출판사가 『신식민지 국가독점자본주의 논쟁Ⅰ』라는 제하의 책을 기획하면서 《한국사회의 성격과 노동자계급의 임무》(이정로, 본명 백태웅)에 제시된 내용을 초점화하여 '낮은 생산력' 개념을 비판하면서도 NL의 식민지반봉건사회론에 맞서 신식민지국가독점자본주의론을 옹호하고 이를 비판적으로 계승한 논쟁을 가리킨다. 이에 대한 논쟁은 이진경 외, 『신식민지 국가독점자본주의 논쟁Ⅰ』, 벼리, 1988을 참조하시오.

23 당시 '종속심화'를 대표하는 논자는 김형기였으며 '종속약화'를 대표하는 논자는 이병천이었다. 당시 신식민지국가독점자본주의론을 대표했던 '독점강화 종속심화' 테제를 둘러싼 논쟁 및 안병직의 중진자본주의론과 이에 대한 논쟁은 박현채·조희연 편, 『한국사회구성체 논쟁(Ⅲ)』, 죽산, 1991의 3부를 참조하시오.

Revolution, 민족민주혁명)의 근거가 되는 '낮은 생산력→봉건적 유제'를 비판하면서 다른 한편으로 '독점강화 종속심화'라는 정식화에 근거한 PDR를 제시했던 것이다.

그런데 《한국사회의 성격과 노동자계급의 임무》의 저자를 중심으로 하여 『노동해방문학』이 창간되면서 신식민지국가독점자본주의론은 PD/ND간의 논쟁으로 비화되었으며 논쟁의 지형은 NL/ND/PD간의 논쟁으로 분화하게 되었던 것이다. 여기서 『노동해방문학』은 당시 '사노맹'(남한사회주의노동자동맹)의 입장을 대변했다. 특히, 이들은 '벼리논쟁'에서 가장 많은 비판을 받았던 '낮은 생산력' 개념을 고수했을 뿐만 아니라 '국가독점'을 독점자본주의 이후의 '단계'[24]라고 주장하면서 레닌의 '노동자·농민에 의한 혁명적 민주주의 독재'라는 2단계 변혁론을 고수했다.

그러므로 1980년대 한국사회구성체논쟁에서 이루어진 ND를 포함한 NL/PD간에 이루어진 논쟁의 핵심적 문제의식은 '민족모순이냐 계급모순이냐' 또는 '민족해방(NL)이냐 계급해방(PD)이냐'가 아니었다. 이들에게 오히려 문제가 되었던 것은 '민족모순과 계급모순의 결합방식'이었다. 그런데도 대부분의 사람들은 'NL=민족해방/PD=노동해방'이라는 도식을 전제하며 이를 따라 1980년대 한국사회구성체논쟁을 다루고 있다. 하지만 이 경우, 1980년대 한국사회구성체논쟁을 이끌었던 정신적 기반이었던 '민족통일 민주쟁취 민중해방'이라는 삼민의 정신은 '민족해방 대 노동해방'의 대립으로 이원화되며 '민족통일'은 '민족해방'으로, '민중해방'은 '노동해방'으로 단순화될 수밖에 없다.

---

24 ND/PD논쟁은 국가독점자본주의에서의 국가독점을 독점자본주의 내부에 존재하는 경향이자 '특성'으로 볼 것이냐 아니면 독점자본주의 이후의 '단계'로 볼 것인가를 중심에 놓고 이루어졌다. 많은 사람들이 이 논쟁을 현학적인 논쟁으로 치부했으나 이것은 ND/PD논쟁의 핵심으로, 당시 한국사회구성체논쟁을 국제적인 수준으로 올려놓았다. 그럼에도 불구하고 한국사회구성체논쟁을 NL/ND/PD논쟁이 아니라 'NL/PD'논쟁으로 일반화하는 것은, ND그룹 스스로 이후 자기비판을 통해 NDR을 철회했을 뿐만 아니라 내용상 PDR 내부에 존재하기 때문이다.

3. NL/PD 논쟁의 핵심 쟁점과 1980년대 한국사회구성체논쟁의 한계

아직까지도 사람들은 'NL'하면 민족해방을 추구하며 통일운동을 중심에 놓고 활동하는 운동세력인 반면 'PD'는 노동해방을 추구하며 노동운동을 중심에 놓고 활동하는 운동세력이라고 생각하는 경향이 있다. 물론 'NL/PD'는 '민족해방(National Liberation)'과 '인민민주주의(People's Democracy)'라는 말의 약자이다. 하지만 NL/PD의 변혁론은 본래 NL도 PD도 아닌 'NLPDR', 즉 민족해방 인민민주주의혁명(National Liberation People's Democratic Revolution)'론이었다. 따라서 NL/PD는 '민족해방이냐, 민중해방이냐'는 식으로 나눌 수 없는 것임에도 불구하고 통상적으로 'NL/PD'라는 약칭을 사용하다보니 잘못된 오해를 낳고 있는 것이다.

하지만 NL과 PD가 가지고 있었던 변혁론의 이름이 '민족해방 인민민주주의혁명'론이라는 점에서 보듯이 그들은 모두다 당시 한국사회를 종속 또는 예속된 사회로서 보면서 '민족해방'의 과제 및 인민민주주의라는 새로운 사회의 비전을 제시하고 있었다. 그럼에도 불구하고 그 둘은 서로 달랐는데, 그것은 NL이 당시 한국사회를 '식민지반(半)봉건사회'로 보고 '반(反)제'에 '반(反)봉건'을 결합한 '반제반봉건인민민주주의혁명'을 주장했다면 PD는 당시 한국사회를 '신식민지국가독점자본주의'로 보고 '반(反)제'에 '반(反)독점'을 결합한 '반제반독점인민민주주의혁명'을 주장했던 것이다.

바로 이런 점에서 'NLPDR'의 진정한 쟁점은 '반제(NL)'가 아니라 오히려 '인민민주주의혁명(PDR)'에 있다고 할 수 있다. 왜냐 하면 NL/PD는 동일하게 'PDR(인민민주주의혁명)'을 주장했지만 NL의 혁명은 '반봉건'이라면 PD의 혁명은 '반독점'이었기 때문이다. 물론 NL과 PD는 '반제민족해방'뿐만 아니라 방법론까지 서로 견해를 달리했다. NL은 '정권의 소유관계'가 '생산수단의 소유형태'보다 더 규정적이라고 주장하면서 '종속성'을 미제국주의에 의한 정치군사적 지배로 보았다면[25] PD는 신식민지를 경제적 종속으로, '독점적 초과이윤+α(식민지 초과이윤)으로 정식화했기 때문이다.[26]

물론 이론적으로 보면 '종속성'에 대한 이와 같은 이견이 한국사회에 대한 규정에까지 영향을 미치고 있다. NL은 제국주의에 의한 식민지적 지배가 국내에서 '봉건성'을 잔존시키는 '반쯤 봉건적인 사회'로의 퇴행을 가져왔다고 본 반면 PD는 제국주의에 의한 경제적 지배가 자유경쟁자본주의를 비월한 '조속한 독점'의 형성이라는 '국가독점자본주의'를 만들었다고 생각했기 때문이다. 하지만 이와 같은 이견은 '반봉건이냐 반독점이냐'의 쟁점에 비하면 부차적이었다. NL이 주장한 PDR은 봉건적 유제를 청산하는 '부르주아혁명'인 반면 PD가 주장하는 PDR은 독점자본을 극복하는 '사회주의혁명'이었기 때문이다.

바로 이런 점에서 NL/PD논쟁은 '민족해방이냐 노동해방이냐'의 차원이 아니라 'PDR(인민민주주의혁명)'이라는 차원에서 분석해갈 필요가 있다. 또한, NL/PD논쟁의 역사적 유효성도 '민족모순과 계급모순의 결합' 및 '반미자주화–반독재민주화'의 이념을 재발견하는 차원뿐만 아니라 한국의 분단현실이라는 차원에서 평가할 필요가 있다. 왜냐 하면 "NL는 '종속성'을 정치군사적 지배라는 '정치주의'로 환원하면서 '분단극복의 과제'를 '반미투쟁'으로 일면화한 반면 PD는 이를 'α=신식민지 초과이윤'이라는 '경제주의'로 환원하면서 '계급

25 편집부 엮음, 『민족과 경제』, 대동, 1988, 14쪽.

26 '독점강화 종속심화'라는 테제를 독점적 초과이윤+α로 정식화하고 이를 처음으로 법칙화한 글은 윤소영, 「식민지반봉건사회론과 신식민지국가독점자본주의론」, 『현실과 과학』 2, 새길, 1988이다. 여기서 그는 '독점의 강화'를 '평균이윤율과 독점이윤율의 편차의 확대'로, '종속의 심화'를 '국내독점자본과 외국독점자본의 이윤율의 격차'의 확대로 규정했다. 하지만 윤소영의 가정대로, '비경제적 이득=정치·군사적 지배를 통해 얻는 이득'인 α가 커진다고 가정한다면 이 법칙이 궁극적으로 향하는 지점은 '식민지적 지배'이다. 왜냐 하면 '제국주의에 의한 경제적 수탈'을 의미하는 '신식민지적 지배'보다 '정치·군사적 지배에 의한 수탈'을 의미하는 '식민지적 지배'가 더 강화되어 '신식민지적 지배'를 압도해버릴 것이기 때문이다. 따라서 이런 법칙화의 궁극적 결론은 아이러니하게도 당시 NL이 주장하는 정치군사적 지배를 의미하는 '식민지 지배'의 도래였다.

해방의 과제'와 '분단극복의 과제'를 사실상 분리"[27]시키고 있기 때문이다.

하지만 '분단극복과 통일'은 '반제민족해방' 또는 '반외세자주화'와 등치될 수 있는 것이 아니다. 통일은 '분단된 두 국가 체제나 상태'를 극복하는 것이라면 '반제민족해방'이나 '반외세자주화'는 제국주의 지배로부터 벗어나 자주적인 국가주권을 확립하는 것이기 때문이다. 따라서 삼민의 정신 중 '민족'을 미국에 의해 지배당하고 있는 남쪽 국가의 '반제민족해방' 또는 '반외세자주화'로만 보게 되면 오히려 '분단극복'이라는 '통일'의 문제설정은 사라질 수밖에 없다. 바로 이런 점에서 1980년대 '선민주후통일'이라는 문제설정은 'PD'만의 문제가 아니었다. 'NL' 또한 사실상의 '선자주(민주)후통일'론이었다.

백낙청은 이를 정확하게 간파하고 있었다. 그래서 그는 "먼저 민중이 주인되는 세상 후 통일"이라는 PD적 관점도 비판하지만 "민족 대다수 대 외국세력+매국세력 사이의 대립으로 규정하고 민족자주화를 우선"시 하는 NL적 관점도 비판하고 있다.[28] 게다가 삼민은 1970년대를 넘어 1980년대 학생운동의 이념화 및 이념논쟁의 정신적 토대가 되었던 것은 우연이 아니다. 삼민은 분단 이후 진행되어왔던 한국 사회의 내적 모순을 집약적으로 반영하고 있었으며 이중에서도 '민족'은 '반제민족해방'이나 '반외세자주화'보다는 '분단극복'이라는 '통일'의 과제와 더 밀접한 관련을 가지고 있었다. 4.19혁명 이후, 이어진 당시 통일을 둘러싼 논의들은 이를 정확하게 보여주고 있다.

1960년 9월에 있었던 고려대 정경대학생회 토론회에서 학생들은 이승만정권의 북진통일론을 비현실적이라고 비판하고 남과 북의 자주적 해결 및 중립화라는 입장을 제시했다. 또한, 4.19혁명 1주년을 맞이하여 발표한 서울대 민족통일연맹의 시국선언문에서도 학생들은 남의 자본주의와 북의 사회주의 모두를 비판하고 국내의 냉전 청부세력의 존재 및 반외세를 주장했다. 여기

27 박영균, 「1980년대 학생운동의 이념논쟁」, 10.28건대항쟁계승사업회 기획, 『학생운동, 1980: 10.28건대항쟁을 중심으로』, 오월의 봄, 2016ㄱ, 179쪽.

28 백낙청, 『분단체제 변혁의 공부길』, 창작과 비평사, 1994, 115쪽.

서 '자주'와 '반외세'는 모두 '통일'이라는 목적에 종속적이었다. 그러나 1980년대 논쟁이 이끌었던 NL/PD논쟁에서 통일은 더 이상 이와 같은 위상을 차지하지 못했다.

게다가 NL/PD은 '민족해방/노동해방' 또는 '통일운동/노동운동'이라는 식의 이분법으로 고착화되었다. 하지만 이런 NL/PD의 이분법적 대립은, 당시 독재정권과 싸워야 했던 민주화운동이 분단체제 하에서 직면해야 했던 공격들, 즉 '분단국가주의'의 산물이기도 했다. 1980년대의 모든 민주화운동은 기본적으로 '5.18광주민중항쟁'에 대해 원죄의식과 당시 군부정권에 대한 원한감정을 가지고 있었다.[29] '5.18광주'에서 자행된 학살은 5월 15일 서울역 광장에 모였던 10만의 학생들이 자진 해산한 이후 3일 만에 일어났기 때문이다. 그런데 '광주학살'의 배후에는 5.18 당시 군사작전지휘권을 가지고 있었던 미국의 승인 또는 묵인이 있었으며 이로부터 시작된 미국에 대한 이식은 한국에서 미국의 정치-군사적 지배라는 '반제-반미'에 대한 인식으로까지 발전하게 되었다.

또한, 광주학살에 대한 진상규명 요구를 '좌익·용공세력'으로 단죄하는 군부독재정권의 '용공몰이'에 대항하여 그들은 역으로 '그래 나는 용공 맞아'라는 식을 대응을 했으며 이전까지 금단의 영역이었던 '공산주의'와 '북의 역사와 체제'를 전유하기 시작했다. 따라서 그들은 마치 이념적 순결성에 대한 경쟁을 벌리고 있는 것처럼 더 반제적이거나 더 계급적인 이념적 급진화를 추구했다.[30] 즉, 1980년대 군부독재정권의 분단현실을 활용한 폭압적인 이데올로기 공세 및 이에 저항했던 운동은 이에 맞서 경쟁적으로 이념적 급진화를 추구했고 그런 급진화는 한편에서 '반제환원론적 과잉이념화'를, 다른 한

29 그 당시 운동들은 모두 "광주의 기억을 환기시키려는 세력과 그 기억을 지워버리려는 세력 간의 역사적 고지를 점령하기 위한 투쟁"을 전개했다(김동춘, 「1980년대 민주변혁운동의 성장과 그 성격」, 한국학술단체협의회 편, 『6월 민주항쟁과 한국사회 10년』 I, 당대, 1997, 99쪽).

30 박영균, 앞의 책(2016ㄱ), 153~154쪽.

편에서 '계급투쟁환원론적 과잉이념화'를 낳았던 것이다.

하지만 바로 그랬기 때문에 한국사회구성체논쟁은 1980년대 중반을 거치면서 이루어진 이념적 급진화와 더불어 그들이 극복하고자 했던 분단체제에 오히려 말려드는 역설적 결과를 초래했다. 분단체제는 기본적으로 "거울이미지효과(mirror image effect)"를 통해 서로의 적대성을 강화하고 그런 적대성을 통해서 남 또는 북 내부의 일체성을 만들어내는 "적대적 의존관계"를 통해 재생산된다.[31] 따라서 여기서 작동하는 논리는 송두율이 말하고 있듯이 '남이냐 북이냐'는 양자택일적 배중률이다. 그런데 1980년대 이념의 급진화는 이런 양자택일적 배중률을 따라 움직였으며 그 결과 '분단국가주의라는 덫'에 말려들었던 것이다.

4. 민주–통일 변혁론의 고유한 자리, 분단모순과 분단체제론

'분단극복과 통일'이라는 고유한 자리를 설정해주기 위해서는 무엇보다도 먼저 '남이냐 북이냐'의 양자택일적 선택으로부터 벗어나 한반도라는 전체성으로의 인식론적 전환이 필요하다.[32] 백낙청은 통일운동이 아직까지 뚜렷한 이념과 노선을 정립하지 못하고 있는 원인은 "무엇보다도, 두 개의 분단된 사회이면서 동시에 하나의 민족사회인 한반도 전체의 현실을 구체적으로 파악하지 못하고 있기 때문"이라고 평가하고 있다. 따라서 통일운동의 이념과 노선을 정립하려면 "분단이라는 중대한 모순을 공유"하고 있으면서도 "내부적으로 작용하는 방식이 다른 두 개의 사회"를 볼 필요가 있다.[33]

---

31 이종석, 「남북한 독재체제의 성립과 분단구조」, 역사문제연구소 엮음, 『분단 50년과 통일시대의 과제』, 역사비평사, 1995, 146~148쪽.

32 송두율, 『민족은 사라지지 않는다』, 한겨레신문사, 2000, 128쪽.

33 백낙청, 『민족문학의 새 단계: 민족문학과 세계문학Ⅲ』, 창작과 비평사, 1990, 95쪽.

하지만 1980년대 한국사회구성체논쟁에서 다루어왔던 '민족모순과 계급모순의 결합'은 이와 같은 한반도라는 전체성에 근거해 있지 있다. 물론 어떤 사람들은 'NL'의 경우에는, 한반도라는 전체성을 사유하고 있다고 말할지도 모른다. 대표적으로 김지형은 1980년대를 "통일 없는 민주화 없다"는 사고로의 전환을 가져온 시대로 평가하고 있다.[34] 그가 보기에 4.19혁명 때의 '분단극복과 통일'이라는 문제설정이 사라지고 '선(先)민주후통일'론이 출현한 것은 1970년대 분단을 통치수단으로 삼았던 유신체제에 저항했던 민청학련[35] 세대이다. 따라서 그는 이들 세대를 "분단극복론과 통일운동을 잃어버린 세대"[36]라고 단정한다.

하지만 그가 이야기하는 '반미주의'나 NL의 통일운동은 결코 한반도 전체를 대상으로 한 것이 아니다. 반미자주화라는 변혁론을 도출하는 NL의 경우, '민족모순'을 오로지 미국이 미치는 영향력에 대한 것으로 환원하는 경향이 있다. 하지만 이 경우에도 "이런 모순이 어떻게 분단체제를 통해 한반도 전역에 걸쳐 작동하는지, 다시 말해 북쪽의 자주성도 제약하며 그 내부 모순을 심화시키는지"도 함께 보아야 한다.[37] 그런데 NL은 남쪽만을 변혁의 대상으로 보았으며 남북을 '한반도라는 전체성' 속에서 함께 다루지 않았다.

게다가 PD도 신식민지라는 경제적 '종속'으로부터 벗어나는 '민족해방'을

---

34 백낙청, 위의 책(1990), 130쪽.

35 김지형, 「민주화운동 세대별 분단극복론의 추이」, 『역사와 현실』 제77권, 한국역사연구회, 2010, 123쪽. 하지만 홍석률은 1970년대에도 '분단시대론'(강만길), '분단체제론'(장준하) 등과 같이 민주주의와 통일의 관계를 탐색하면서 "민주화와 통일의 우선순위"를 둘러싼 논쟁이 있다고 말하면서 "민청학련의 성명서와 1976년 《민주구국선언서》에 담긴 분단문제에 대한 입장을 '선민주후통일론'으로 단정하는 것은 문제가 있다"(홍석률, 「1970년대 민주화 운동세력의 분단문제 인식- 분단시대론과 분단체제론」, 『역사와 현실』 제93권, 한국역사연구회, 2014, 485쪽)고 올바르게 지적하고 있다. 하지만 그 또한, "민족해방 우선론"을 "민족해방을 전제로 한 민주주의를 주장했기 때문에 당연히 선통일후민주"라는 식으로 이야기를 하고 있다(홍석률, 위의 책, 482쪽)는 점에서 이와 같은 논점의 오류를 완전히 벗어난 것은 아니다.

36 김지형, 앞의 책, 129쪽.

37 백낙청, 앞의 책(1994), 21~22쪽.

주장한다는 점에서 미제국주의와 한반도의 관계를 다루고 있지 않은 것은 아니다. 따라서 '분단극복과 통일'이라는 문제설정을 제대로 위치지우기 위해서는 '민족모순'이라는 문제설정 이외에 한반도의 전체성이라는 차원에서 모순을 독자적으로 설정해야 한다. 백낙청은 이와 관련하여 1980년대 중반 사회구성체논쟁 과정에서 '계급모순, 민족모순' 이외에 '분단모순'이라는 새로운 차원의 문제의식을 제기한 바 있다. 이 당시 창작과 비평사에서 이루어진 토론회에서 백낙청은 '분단모순'을 포함한 3대 모순론은 제안했다. 그러나 그를 제외한 토론자들은 이것을 거부했다.[38] 특히, 윤소영과 정윤형은 남쪽이 독립적인 국가이자 체제라는 점에서 분단을 변혁에 있어서 외적 조건으로 간주했다.[39]

하지만 이런 관점 자체가, 그들이 '한반도 전체성'이 아니라 '분단국가체제'적 관점을 가지고 있었다는 것을 보여줄 뿐이다. 남과 북은 일반적인 의미에서 외교적 관계를 가지고 있는 '두 국가 간의 관계'가 아니다. 거기에는 일반적인 외교관계로 환원할 수 없는 '특수성'이 존재한다. 송두율이 말했듯이 '휴전선'은 전쟁을 쉬고 있다는 것, 따라서 언젠가는 통일로 갈 것이라는 남과 북의 특수 관계를 표현하고 있다. 1991년 체결된《남북기본합의서》가 남과 북을 '나라와 나라의 관계'가 아닌 '특수 관계'로 규정한 것도 바로 이 때문이다.

그런데 이렇게 한반도라는 전체성에서 보았을 때, '분단모순'은 분단의 성립에서부터 시작하여 통일까지의 과정 전체를 이끌어가는 모순으로 개념화될 수 있다. 분단모순은 '남이거나 북이거나'가 아니라 남과 북이 서로 대립 속에서 분단 그 자체를 어떻게 재생산하는 모순이다. 따라서 주권에 대한 제국주의적 침해 또한 이런 분단모순을 통해서 작동하며 남과 북이라는 두 개

38 백낙청은 이 논쟁 이후 점차적으로 "분단현실"에 대한 해명의 방편으로, "분단모순이라는 개념을 앞세우는 것이 여러모로 비생산적이라는 생각"을 하면서 이 개념보다는 "분단체제"라는 개념을 중심적으로 사용하게 되었다고 밝히고 있다(백낙청, 위의 책(1994), 14~15쪽).

39 백낙청·정윤형·윤소영·조희연, 「좌담: 현단계 한국사회의 성격과 민족운동의 과제」, 『창작과 비평』 제2호, 창작과 비평사, 1987, 60~63쪽.

의 분단국가가 자행하는 국가폭력 또한 분단모순을 통해서 작동하는 "분단폭력"이 될 수밖에 없다.[40] 즉, 한국사회에서의 '민족모순'과 '계급모순'은 민족모순과 계급모순의 결합 차원에서만 작동하는 것이 아니라 '분단모순'에 의한 '분단체제'의 재생산과정과 결합해서 작동하는 것이다.

그러므로 '민족모순'과 '계급모순' 이외에 '분단모순'이라는 새로운 차원에 대한 모순론적 문제설정이 필요하다. 분단모순은 남과 북 어느 한쪽의 분단국가 또는 분단된 체제 차원에서 작동하는 민족모순이나 계급모순과 달리 한반도라는 전체성이라는 차원에서 '분단'이 어떻게 다른 모순들과 관계를 맺고 작동하는지를 포착하도록 만든다. 물론 백낙청은 "통일과 변혁이 우리가 '동시에' 떠안는 두 개의 과제가 아니라 '분단체제의 변혁'이라는 하나의 과제"[41]라고 이야기하면서 "나의 분단모순론은 자주화와 민주화를 동시에 포용하는 개념"[42]으로 설정하는 등, 통일 및 분단모순에 방점을 두면서도 내적인 계급모순을 제대로 다루지 않는 경향이 있다.

하지만 자꾸만 이와 같은 혼란이 일어나는 것은 '자주, 민주, 통일'이라는 의제를 '민족모순'이나 '계급모순', '분단모순'에 직접 단선적으로 연결하기 때문이다. 민족모순이 '민족해방'이나 '반외세자주화'를 함축하고 분단모순이 '분단극복과 통일'을 함축하지만 '민주화'는 계급모순에 의해서만 도출되는 것이 아니다. 게다가 1980년대 사회구성체논쟁에서 등장했던 NL과 PD의 NLPDR뿐만 아니라 NDR도 변혁론의 차원에서 모두다 'DR(민주주의혁명)'으로 표현되었던 것은 사실, '민주'라는 의제가 가지고 있는 특별한 위치 때문이다. 따라서 민족모순으로부터 '분단극복이나 통일'이라는 과제를 직접적

---

40 분단체제 하에서 국가폭력의 어떻게 전화하는지에 대한 연구는 박영균, 「한반도의 분단체제와 평화구축의 전략」, 『통일인문학』 제68집, 건국대학교 인문학연구원, 2016ㄴ; 이병수, 「한반도 평화실현으로서 '적극적 평화'」, 『시대와 철학』 제28권 제1호, 한국철학사상연구회, 2017을 참조하시오.

41 백낙청, 앞의 책(1994), 27쪽.

42 백낙청, 앞의 책(1990), 169쪽.

으로 도출하여 혼동을 불러왔던 것처럼 계급모순으로부터 '민주화'라는 과제를 도출하는 혼란으로부터 벗어날 필요가 있다.

또한, 민주화와 통일이 서로 불가분의 관계에 있다면서 양자의 우열관계를 따지는 것을 거부했던 문익환이 굳이 우열관계를 따진다면 자신도 '어쩔 수 없이 선(先)민주론자'라고 말했던 것은 '민주주의'가 '민족모순'과 '계급모순', 그리고 '분단모순'이 중첩되는 지점이자 그것을 해결해 가는 핵심고리이기 때문이다. 그러므로 NL/PD의 이분법적인 논쟁이 놓치고 있는 '통일'이라는 문제를 제대로 설정하기 위해서는 '민족모순, 계급모순, 분단모순'을 따라 '자주, 민주, 통일'이라는 과제를 도출하는 방식에서 벗어나 '민주'를 중심으로 하여 각 부문별 운동을 배치해야 한다.

5. 나가며: 민주-통일 변혁론의 재정립을 위한 제언

일반적으로 사람들은 민주주의를 단순히 대의제적 차원에서 사고하지만 민주주의는 선거절차나 제도정치로 한정할 수 없는, 보다 역동적인 계급적이고 사회적인 투쟁으로, 그런 과정을 통해서 오히려 정치의 경계와 내용이 규정된다. 특히, 근대 민주주의는 기본적으로 대표자에 의해 주권이 대리 행사되는 대의제이다. 따라서 근대 민주주의에서 제도정치는 기본적으로 인민의 주권을 국가 안으로 포섭하고 그 안에 가두는 경향이 있다. 그리고 이 경우, 제도정치는 주권자의 직접적인 자기-통치를 제도 밖으로 외부화하기 때문에, 이에 저항하는 투쟁은 그것이 어떤 문제들이었든 간에 '운동정치'의 형태로 나타날 수밖에 없다.

이런 점에서 조희연은 오늘날 민주주의를 "제도정치와 운동정치의 각축" 속에서 구성되어가는 것이라고 말하면서[43] '정치의 국가화'와 '정치의 사회화'

43 조희연, 『투 트랙 민주주의 1권: 제도정치와 운동정치의 병행접근』, 서강대학교출판부, 2016, 5~7쪽.

라는 상호 전화 속에서 민주주의를 바라보고 있다. 즉, 민주주의는 "정치라고 하는 장, 특히 제도정치를 국가 지배에 대한 동의가 창출되는 장으로 기능하도록 하려는 시도"인 "정치의 국가화"와 "정치를 사회와 일치시키도록 하는 실천, 즉 정치를 사회적 요구를 실현하는 장으로 전환시켜 민주주의가 인민들의 직접적인 자기통치가 되도록 만들려는 시도"인 "정치의 사회화"의 상호 전화 속에서 존재한다는 것이다.[44] 따라서 오늘날 한 사회가 안고 있는 모든 문제들은 기본적으로 '민주적 권리'를 둘러싼 투쟁일 수밖에 없다.

하지만 1980년대 한국사회구성체논쟁은 민족모순 대 계급모순이라는 과잉이념화로 말미암아 '환원론'적 관점에서 사회모순을 다룸으로써 '분단모순'이라는 가장 한국적인 현실을 실천적 의제로 설정해 들어가는 데 실패했을 뿐만 아니라 1990년대 중반 이후 다양하게 전개되었던 사회운동들을 민주화 투쟁으로 전화시키는 데 실패했던 것이다. 따라서 오늘날 한국사회를 변혁하는 운동이 활성화되기 위해서는 무엇보다도 먼저, 이와 같은 특정 모순을 중심으로 특정 의제를 뽑아내고 이에 따라 특정운동을 부당하게 특권화하는 방식을 벗어나 모순의 중층적 구조 속에서 제기되는 다양한 운동과 의제들을 '제도정치와 운동정치'의 상호 병행적 전략 속에 배치될 필요가 있다.

예를 들어 국가 간의 관계에서 나타나는 '자주'의 문제조차 그것을 실현할 수 있는 길은 오직 주권자들의 권리 강화를 통해서이며 빈부격차를 포함한 계급적인 문제에서도 그것의 실현은 '자본을 통제할 수 있는 인민의 권리'를 강화하는 것을 통해서만 가능하다. 마찬가지로 분단 문제에서도 남북의 평화 및 통일은 남과 북에 살고 있는 주민들이 그 스스로 이에 대한 결정 권한을 강화하는 것을 통해서만 가능해질 수 있다. 따라서 모든 사회변혁은 기본적으로 '자기-통치'라는 인민의 주권을 강화하면서 이를 구현해가는 민주주의 투쟁이라는 관점에서 의제화해야 하며 '정치의 사회화'를 통해서 '정치의 제

---

44 조희연, 위의 책(2016), 67~68쪽.

도화'를 재구축하고 '운동정치'를 통해서 '제도정치'를 변화시키는 과정으로 나아가야 한다.

둘째, 바로 그렇기 때문에 특정 정세에서의 민주변혁운동의 이슈와 전선은 모순의 중층결정이라는 관점에서 탐색되어야 한다. 오늘날 우리 사회가 안고 있는 문제들은 1980년대 한국사회구성체론에서 제기되었던 민족모순이나 계급모순, 더 나아가 분단모순에만 기초하고 있는 것은 아니다. '인간에 의한 자연의 지배', 및 '가부장제적 성적 억압' 등의 문제들 또한 가지고 있다.[45] 게다가 특정 정세를 결정하는 것은 어느 하나의 모순이 아니다. 오히려 정세는 다양한 모순들의 중첩에 의해 결정되기 때문에 전체 정세를 결정하는 하나의 모순이 있는 것이 아니라 각 정세마다 그것을 결정하는 모순은 달라질 수밖에 없다. 따라서 오늘날 변혁론에서 보다 중요한 전략은 이런 모순들의 중층적 결정을 따라 각 시기의 주요모순을 파악하고 이들 사이의 접합을 통해서 '민주적 헤게모니'를 구축해가는 것이다.

셋째로, 이 때 이들 이슈와 문제들을 접합하고 '민주적 헤게모니'를 구축하도록 하는 것은 '인륜적 보편성'이다. 따라서 민주-통일 변혁론은 '한반도의 전체성'을 회복하는 통일을 '분단모순'의 해결에서 목표로 삼고 있지만 이 때 이것이 만들어가는 통일은 단순히 분단 이전의 상태로의 회귀이거나 민족적 전통의 복원을 의미하는 것이 되어서는 안 된다. 그것은 남과 북의 분단 상태를 극복하고 통일국가를 향한 운동을 생산하는 것을 목적으로 삼지만 이때 건설되는 통일국가는 보다 보편적인 인륜적 가치들을 구현하고 있는, 그러면서도 보다 자기-통치적인 민주주의 국가가 되어야 한다.

45 바로 이런 점에서 급진민주주의 전략이라는 관점 하에서 이런 모순들의 접합 및 사회변혁과 정치변혁의 결합, '적-녹-보라의 연대'를 주장해 왔는데 이에 대한 글은 다음을 참조하시오. 박영균, 「오늘날 맑스주의적 관점에서 적·녹·보라의 연대를 어떻게 모색할 것인가」, 『진보평론』 제40호, 메이데이, 2009ㄱ; 박영균, 「구성과 연대의 정치학: 주체형성과 헤게모니 전략을 위한 제언」, 『문화과학』 제60호, 문화과학사, 2009ㄴ; 박영균, 「자본주의의 내·외부와 대안주체의 형성」, 『세계자본주의의 위기와 좌파의 대안』 한울, 2013.

일반적으로 사람들은 '통일'이 '민족적 동일화'의 욕망에 근거하기 때문에 보편적 가치의 실현을 저해한다고 생각하는 경향이 있다. 하지만 한반도에서 남북의 적대적 분단체제는 끊임없이 남북의 주민들을 국가주의적 정체성에 일치시키도록 하면서 그들의 상호 연대를 가로막고 있을 뿐만 아니라 문화적 다양성과 차이를 억압하고 인권을 파괴하는 국가주의적 테러리즘을 작동시키는 주요한 요인이었다. 따라서 문제는 분단모순을 설정하고 이를 해결해 가는 통일운동 그 자체가 아니라 그와 같은 운동을 "분단으로 인한 우리 민주주의의 한계를 극복하는 계기"[46]이자 보다 보편적 가치를 구현한 과정으로 만들어가는 것이다.

46 강원택, 『통일 이후의 한국민주주의』, 나남, 2011, 7쪽.

참고문헌

강원택, 『통일 이후의 한국민주주의』, 나남, 2011.

금인숙, 「마르크스주의 사회과학에서의 오리엔탈리즘-1980년대 사회구성체논쟁 중심으로」, 『담론 201』 제9권 제3호, 2006.

김동춘, 「1980년대 민주변혁운동의 성장과 그 성격」, 한국학술단체협의회 편, 『6월 민주항쟁과 한국사회 10년』 Ⅰ, 당대, 1997.

김지형, 「민주화운동 세대별 분단극복론의 추이」, 『역사와 현실』 제77권, 한국역사연구회, 2010.

박영균, 「1980년대 학생운동의 이념논쟁」, 10.28건대항쟁계승사업회 기획, 『학생운동, 1980: 10.28건대항쟁을 중심으로』, 오월의 봄, 2016.

박영균, 「한반도의 분단체제와 평화구축의 전략」, 『통일인문학』 제68집, 건국대학교 인문학연구원, 2016.

박영균, 「자본주의의 내·외부와 대안주체의 형성」, 『세계자본주의의 위기와 좌파의 대안』 한울, 2013.

박영균, 「오늘날 맑스주의적 관점에서 적·녹·보라의 연대를 어떻게 모색할 것인가」, 『진보평론』 제40호, 메이데이, 2009.

박영균, 「구성과 연대의 정치학: 주체형성과 헤게모니 전략을 위한 제언」, 『문화과학』 제60호, 문화과학사, 2009.

박영균, 「한국변혁운동의 전망과 전략」, 『현장에서 미래로』 제103호, 한국노동정책연구소, 2004.

박현채, 『민족경제론의 기초이론』, 돌베개, 1989.

박현채, 「식민지 반봉건 사회론의 쟁점」, 『산업사회연구』 제1집, 산업사회연구회, 한울, 1986.

박현채, 「현대 한국사회 성격과 발전단계에 관한 연구(Ⅰ)-한국자본주의의 성격을 둘러싼 종속이론 비판」, 『창작과 비평』 제57권, 창작과 비평사, 1985.

박현채·조희연 편, 『한국사회구성체 논쟁(Ⅲ)』, 죽산, 1991.

백낙청, 『분단체제 변혁의 공부길』, 창작과 비평사, 1994.

백낙청, 『민족문학의 새 단계: 민족문학과 세계문학 Ⅲ』, 창작과 비평사, 1990.

백낙청·정윤형·윤소영·조희연, 「좌담: 현단계 한국사회의 성격과 민족운동의 과제」,

『창작과 비평』 제2호, 창작과 비평사, 1987.
서중석, 「3선개헌반대, 민청학련투쟁, 반유신투쟁」, 『역사비평』 제3호, 역사비평사, 1988.
손석춘, 「남북 통일사상의 '하부구조'에 관한 시론: 흡수통일론과 통일 민족경제론을 중심으로」, 『통일인문학』 제59집, 건국대학교 인문학연구원, 2014.
송두율, 『민족은 사라지지 않는다』, 한겨레신문사, 2000.
안병직, 「조선에 있어서 (반)식민지·반봉건사회의 형성과 일본 제국주의」, 한국사연구회 편, 『한국근대사회와 제국주의』, 삼지원, 1985.
안현효, 「한국 사회성격논쟁의 현재성: NLPDR에서 신자유주의까지」, 『현대사상』 제9권, 대구대학교 현대사상연구소, 2011.
윤소영, 「80년대 한국경제학계의 연구동향과 신식민지 국가독점자본주의론」, 박현채·조희연 편, 『남한사회구성체 논쟁(Ⅰ)』, 죽산, 1989.
이대근, 「한국자본주의의 성격에 관하여-국가독점자본주의론에 붙여」, 『창작과 비평』 제57권, 창작과 비평사, 1985.
이병수, 「한반도 평화실현으로서 '적극적 평화'」, 『시대와 철학』 제28권 제1호, 한국철학사상연구회, 2017.
이종석, 「남북한 독재체제의 성립과 분단구조」, 역사문제연구소 엮음, 『분단 50년과 통일시대의 과제』, 역사비평사, 1995.
이진경 외, 『신식민지 국가독점자본주의 논쟁Ⅰ』, 벼리, 1988.
전재호, 「자유민주주의와 민주화운동: 제1공화국에서 제5공화국까지」, 『민주주의의 한국적 수용』, 책세상, 2002.
정성기, 「80년대 한국사회구성체논쟁, 또 하나의 성찰적 재론」, 『역사비평』 제71호, 역사비평사, 2005.
조희연, 『투 트랙 민주주의 1권: 제도정치와 운동정치의 병행접근』, 서강대학교출판부, 2016.
조희연, 「87년 이후의 '수동혁명'적 민주화와 시민운동의 구조적 성격」, 맑스코뮤날레 조직위원회 엮음, 『지구화시대, 맑스의 현재성2』, 문화과학사, 2002.
조희연, 「80년대 사회운동과 사회구성체 논쟁」, 박현채·조희연 편, 『한국사회구성체 논쟁(Ⅰ)』, 죽산, 1989.
최장집, 『민중에서 시민으로-한국 민주주의를 이해하는 하나의 방법』, 돌베개, 2009.

최장집, 「민주주의는 '내 갈 길 가는 대통령' 원치 않는다」, 『우리는 무엇을 할 것인가』, 프레시안 북, 2008.

최장집, 『민주주의의 민주화』, 후마니타스, 2006.

최장집, 「해방 60년에 대한 한 해석: 민주주의자의 퍼스펙티브에서」, 『다시 대한민국을 묻는다-역사와 좌표』, 참여사회연구소 주최 해방60주년기념 심포지엄 발표 자료집, 2005. 10. 21.

편집부 엮음, 『민족과 경제』, 대동, 1988.

홍석률, 「1970년대 민주화 운동세력의 분단문제 인식- 분단시대론과 분단체제론」, 『역사와 현실』 제93권, 한국역사연구회, 2014.

미완의 역사로서의 독일 통일과 '아래로부터 헌법' 만들기

이계수

1. 광장과 헌법–아래로부터 헌법 만들기

1.1. 2016년 가을의 광화문 광장과 헌법

2016년 가을 이래 한국사회에서 헌법은 재차 '정치적인 것'의 중심이 되고 있다. 직업정치가들의 리그인 '정치권'은 2016년 12월 이후 2017년 상반기의 어느 시점에 개헌을 할지를 두고 갑론을박하고 있다. 2017년의 '조기 대통령 선거'(예상)와 맞물려 이런 얘기는 매우 정략적인 냄새까지 풍긴다. 이런 논의와 별개로 광화문과 전국 곳곳의 광장에서 대중들은 '국정파탄'에 항의하고 있다. 이번만큼은 정치적 독재만이 아니라 경제적 독재("재벌도 공범이다!")를 혁파하자는 목소리도 거세다. "이게 나라냐?"라는 외침은 한국사회의 '혁명적 혁신'(revolutionäre Erneuerung)[1] 필요성을 말하고 있다. 여기에는

1 "혁명적 혁신"은 본문에서 소개할 동독 원탁회의 헌법초안의 전문(前文)에 들어가 있는 표현

새로운 헌법 만들기도 당연히 포함된다. "헌법(만들기)는 국민의 일"[2]이기 때문이다.

헌법(개정)을 향한 두 개의 큰 물줄기가 있다. 하나는 위로부터의 헌법 작업이고 다른 하나는 아래로부터 헌법 만들기(constitution making)이다. 이 두 개의 운동은 상호작용할 수도 어느 한쪽이 다른 한쪽을 사실상 지배할 수도 있다. 헌법(개정) 논의가 권력 공학적 계산 하에 제도 정치가들만의 리그 안에서만 전개되어서는 안 된다는 점은 분명하다. 그러나 어떻게? 아래로부터의 헌법 만들기가 배제되고, 1987년에 그랬던 것처럼, 여의도의 밀실협상에서 위로부터의 헌법 작업이 압도하는 상황을 막을 방도는 있을까? 분명한 것은 우리사회의 혁신과 변화는 광장에서 시발(始發)해야 한다는 사실이다.[3]

국민이 주체가 되는 헌법 만들기는 의지와 준비 없이는 가능하지 않다. 광장의 저항이, 거리의 목소리가 헌법으로 녹아들어가려면 어떠한 프로세스와 합의가 있어야 할까? 여러 고민이 필요하다. 이와 관련하여 최근 우리사회는 아일랜드, 아이슬란드, 남아프리카 공화국 등에서 실험된 아래로부터의 헌법 제정 운동에 주목하고 있다.[4] 여기에 더해 필자는 독일 재통일 시기(1989

이다. 동독의 작가였던 크리스타 볼프(Christa Wolf)가 집필한 것으로 알려진 위 전문은 '혁명'이라는 단어 대신 혁명적 '혁신'이라는 표현을 사용했다. 혁명적 혁신은 동독(DDR) 체제를 전복하지 않고 혁명적으로 혁신한다는 의지를 드러내는 표현이라고 평가된다. 広渡清吾, 統一ドイツの法変動: 統一の一つの決算, 有信堂, 1996, 302頁.

2 Kuratorium für einen demokratisch verfassten Bund deutscher Länder(Hrsg.), Denkschrift zum Verfassungsentwurf, in: Bernd Guggenberger/Ulrich K. Preuß/ Wolfgang Ullmann, *Eine Verfassung für Deutschland: Manifest Text Plädoyers*, München, 1991, S. 21~98 수록, S. 24.

3 박노자, 〈광장, 역사의 원동력〉, ≪한겨레신문≫, 2016. 12. 28. 참고. http://www.hani.co.kr/arti/opinion/column/776349.html 검색일: 2016. 12 .29.

4 〈'아래로부터의 헌법' 시대…시민참여형 개헌이 답이다〉, ≪한겨레신문≫, 2017. 01. 01. http://www.hani.co.kr/arti/politics/politics_general/776846.html 검색일: 2017. 02. 09.;
〈아일랜드 보통시민 99명, 풀뿌리 개헌을 논하다〉, ≪한겨레신문≫, 2017. 02. 09. http://www.hani.co.kr/arti/politics/politics_general/781923.html 검색일: 2017. 02. 09.

–1991년) 전개된 아래로부터의 헌법 제정 운동을 소개하고 싶다.

이 후자의 운동은 광장의 헌법권력이라는 쟁점은 물론 통일헌법의 만듦새를 고민할 때에도 특별한 의미가 있다. 독일의 (재)통일과 동독의 서독 기본법으로의 편입은 "우리는 주권을 가진 국민이다(Wir sind das Volk)"라고 외치면서 시작되었던 구동독의 온건한 혁명이 급속히 "우리는 하나의 민족이다(Wir sind ein Volk)"로 전환되는 과정–민주주의혁명이 자본주의적 통일로 전환 혹은 수렴되는 과정–을 보여준다.[5] 이 과정에서 어떠한 열망과 기대들이 충돌했고 어떠한 논쟁들이 오고 갔는지를 살펴보는 것은 우리에게도 시의적(時宜的)이다. 왜냐 하면 통일헌법을 포함한 '헌법논의와 헌법제정과정은 필시 향후 한국정치의 가장 중요한 과제가 될 것'이기 때문이다.

1.2. 1989년 가을의 라이프치히 광장과 헌법

독일 재통일 시기에 전개된 '아래로부터 헌법 만들기' 운동은 우리에게는 조금 낯설다. 당시 이 운동의 과정에서 두 개의 헌법안이 만들어졌다. '독일의 모든 주(州)에 의해 민주적으로 구성된 연방을 위한 평의회'(Kuratorium für einen demokratisch verfassten Bund deutscher Länder; 이하 '평의회'라 함)의 '독일을 위한 하나의 헌법'(Eine Verfassung für Deutschland)과 이 헌법안의 전신에 해당하는 구동독 중앙원탁회의(이하 원탁회의라 함)의 '독일민주주의공화국 헌법 초안'(Entwurf Verfassung der Deutschen De–mokratischen Republik)이 그것들이다. 이들 헌법안이 작성되던 시기는 독일 통일이 숨 가쁜 속도로 전개되던 때였다. 전자는 전적으로 아래로부터 성안된 헌법안이고, 후자는 (국내 문헌상) 모드로우 정부와 동독의 반체제 시

5 귄터 그라스, 「싸구려 물건 동독」, 『논쟁: 독일 통일의 과정과 결과』, 창작과비평사, 1991, 299쪽 참고; 독일 통일이후 동독인들은 동독 정권의 정치적 독재에서는 벗어났지만 서독 자본의 경제적 독재로 고통받아왔다. 김누리, 『알레고리와 역사: 귄터 그라스의 문학과 사상』, 민음사, 2003, 198쪽.

민단체들, 그리고 새로 생긴 정당들의 연합 협의기구로 소개되는 원탁회의의 안이라는 점에서 절반의 시민참여헌법안이지만, 실제로 이 안을 작성한 세력은 서독의 비판적 법률가 그룹의 조력을 받은 동독 시민단체라는 점에서 '아래로부터 헌법 만들기'의 또 다른 사례로 보아도 무방하다.[6]

표층적으로만 보면, 1990년 10월 3일의 독일 통일은 길게는 1985년 고르바초프 서기장의 개혁 개방정책 추진 선언 이래 5년여 만에,[7] 짧게는 1989년 가을 이후 라이프치히 등 구동독 지역에서의 대규모 시위[8] 이래 1년여 만에, 1989년 11월 9일의 베를린 장벽의 개방으로부터 기산하면 10개월 남짓 만에 이루어진 사건이었다. 그 사이 1990년 3월 18일의 동독 인민의회선거가 있었고, 이 선거에서 서독 수상 헬무트 콜이 지원하는 동독의 기독교 민주연합

---

6 원탁회의가 만들어 발표한 헌법은 흔히 동독인들의 평화혁명의 유언장이라고 일컬어지지만, 초기에 원탁회의 헌법 제정 논의에 참여했던 리하르트 슈뢰더는 이 헌법안을 동독의 유산이라고 보는 것은 온당치 않다고 보았다. 그는 서독 헌법학자들이 개입하기 전까지 (원탁회의) 제헌위원회는 혼돈 속에 있었으며, 여기서 완성된 헌법안은 결국 서독의 진보적 헌법학자들이 과거 40년간 서독에서 관철시킬 수 없었던 헌법에 대한 소망을 담은 것에 불과하다고 평가했다. Richard Schröder, *Die Wichtigsten Irrtümer über die deutsche Einheit*, 2 Aufl, Freiburg, 2007, S. 160~161; 한운석, 「독일 통일 20년의 성과와 한계」, 『역사와담론』 제54집, 호서사학회, 2009, 241쪽. 서독의 헌법학자들이 원탁회의 헌법안의 작성에 중요한 기여를 한 것은 사실이지만, 동 헌법안은 주도적으로 만든 것은 어디까지나 당시 동독의 대표자인 원탁회의이다. 헌법제정 국면에서 동독 인민과 원탁회의의 역할을 낮게 평가하려는 의도에서 나온 평가가 아닌가 생각된다.

7 1988년에 고르바초프는 '동구권 유럽 공산세력 국가에 대해 간섭하지 않겠다.'고 선언한다. 이 선언의 맥락을 보려면 소련의 국제법에 대한 선이해가 필요하다. 소비에트 국제법은 부르주아 국제법상의 자유, 평등, 독립의 형식적 성격을 비판한 나머지, 형식적 자유, 평등, 독립이 갖는 역사적 진보성을 정확히 평가하고 계승할 수 없었다. 松田竹男, "ソビエト国際法の挑戦と挫折–G.トゥンキンの学説を手掛かりに", 世界法年報 第20号, 世界法学会, 2000, 132頁. 고르바초프의 선언은 바로 이러한 소비에트 국제법 체제 및 이에 기초한 브레즈네프 독트린의 종언을 의미하고 있다. 브레즈네프 독트린의 폐기에 대해서는 김영희, 『베를린장벽의 서사』, 창비, 2016, 277쪽.

8 라이프치히의 월요데모는 동 시기 다른 지역의 시민 데모에 비해 그 규모와 영향력이 컸다. 월요데모의 슬로건을 분석한 문헌으로 다음을 참고할 것. 星乃治彦, "1989年東ドイツ民衆の意識変遷–ライプツィヒ月曜デモのスローガンを中心に", 熊本女子大学学術紀要 43号, 熊本女子大学, 1991, 16~38頁.

(CDU, 이하 기민련이라 함)이 승리했다.[9] 독일 통일은 이 승리의 결과물이다.

그러나 독일 통일의 심층을 들여다보면 이야기는 달라진다. 1953년의 동독, 1956년의 헝가리, 그리고 1968년의 프라하에서의 역사적 좌절 후, 동유럽 국가의 민주화세력은 전술을 변경하여 밑으로부터의 점진적인 구조 개혁 노선을 밟아나가게 된다. 특히 폴란드의 '연대노조운동'의 경우, 1970년대 및 1980년대 당시 민주화 투쟁을 전개하면서 권위주의적 공산주의적 '정당국가'에 대한 대안으로 '시민사회' 개념을 제시했었다.[10] 동유럽의 반체제 지식인은 '자립, 사적 이해, 참가주의' 하에서 '입헌적 공화국과 제한국가라는 오래된 자유주의 개념', 즉 자유주의적 시민사회론의 재생에 의해 공산당 일당독재국가에 제한을 가하려고 하였지만, 출현한 것은 시민사회가 아니고 '자본주의의 부활'이었다.[11] 특히 동독의 지식인 및 시민운동 그룹은 사회주의 이념과의 결별을 공공연히 내건 체코, 폴란드, 헝가리의 '시민사회' 운동과 달리 '진정한 사회주의', '인간의 얼굴을 한 사회주의'의 건설을 운동의 목표로 하고 있었다는[12] 점에서 1990년의 독일 통일과 그에 따른 기본법 개정은 밑으로부터의 사회주의 개혁과 새로운 헌법 제정운동의 패배를 의미했다.

지금까지의 통설적 연구에 의하면 베를린 장벽 개방 직후의 시위 시점부터 동독 시민들은 일관되게 독일 통일을 요구했고, 시민 데모를 주도한 시민운동가들이 목표로 한 동독 개혁과 새로운 동독 헌법 제정을 거부한 것으로 되어 있다.[13] 그러나 이러한 통설의 이해와 달리, 통일에 반대하면서 동독의 민

---

9 이 선거의 핵심쟁점은 통일의 찬반과 완급이었다. 선거결과는 충격적이었다. 서독 기본법 제23조에 따른 신속한 통일을 주장한 '독일을 위한 연합'(Allianz für Deutschland)이 48%를 얻어 기본법 제146조에 의거한 점진적 통일을 주장한 사민당(21.9%)과 동독의 개혁과 존속을 공약으로 내건 재야시민단체 선거연합인 '동맹 90'(2.9%)을 밀어내버렸다.

10 千葉眞, "市民社會·市民·公共性", 佐々木毅, 金泰昌(編), 公共哲學 5, 東京大学出版会, 2002, 119~120頁.

11 존 에렌버그, 김유남 외 옮김, 『시민사회, 사상과 역사』, 아르케, 2002, 361~362쪽.

12 고상두, 『통일독일의 정치적 쟁점』, 오름, 2007, 138쪽.

13 이러한 통설적 연구를 대표하는 이가 독일사 연구자인 빙클러이다. Heinrich Augusut

주화와 개혁이 우선이라고 말하는 이들도 분명 존재했다는 사실을 강조해둘 필요가 있다. 그들은 분명 다른 '선택지'를 원했다. 그들은 동독 사회주의의 민주적 변혁이 곧바로 통일에 의한 자본주의화로 귀결되는 것에 대해 이의를 제기하거나 저항했다.[14] 동독의 서독체제로의 일방적인 흡수가 아니라 통일의 정세를 두 체제의 동시적인 변혁을 위한 기회로 잘 활용해야 한다는 목소리도 작지 않았다.[15] 그러나 세력은 충분히 규합되지 못했고 운동은 '잠정적으로' 실패했다. 그리고 헌법안만 덩그러니 남았다.

1.3. 독일 통일 이후 닫히고 잊힌 광장

필자가 살펴본 바로는 이 아래로부터의 헌법안들에 대한 국내의 선행연구는 없다.[16] 한국의 주류 법학계가 이런 래디컬(radical)한 기획에 관심을 가질 이유는 없었던 것으로 보인다.[17] 한국법학의 연구들은 세계적으로도 모범

Winkler, *Der lange Weg nach Westen,* zweiter Band, München, 2000, S. 520~521. 그러나 베를린 장벽 개방 후의 동독 시민의 의사를 독일 통일 요구로만 한정하는 것은 동독 시민의 의사 혹은 동독 시민 데모의 성격을 지나치게 단순화하는 것이다. 村上悠, "東ドイツのライプツィヒ月曜デモに関する歴史的考察", 学生法政論集 6号, 九州大学法政学会, 2012, 18頁.

14 広渡清吾, 앞의 책, 24頁 참고.

15 김누리, 앞의 책, 193쪽.

16 필자가 문헌검색을 해본 결과 위 초안들을 하나의 단행논문이나 책으로 연구한 국내문헌은 존재하지 않는다. 원탁회의 헌법안에 대해서는 간략히 소개한 선행연구가 있으나 평의회 헌법안에 대해서는 내용은 물론 그 존재 자체를 소개한 글도 보이지 않는다. 원탁회의 헌법안을 간략히 소개한 것으로는 전광석, 「독일 통일관련 조약과 독일 헌법의 발전」, 『한림법학 FORUM 제1권』, 한림대학교 법학연구소, 1992, 17-18쪽. 반면 일본 학계는 위 헌법안들을 번역하여 잡지에 소개하는 등의 기초적인 연구를 일찌감치 진행해오고 있다. 원탁회의 헌법안의 번역은 大川睦夫, 前原清隆, "草案：ドイツ民主共和国憲法", 平和文化研究, 第14集(1991), 168~204頁에 수록되어 있다. 평의회 헌법안을 번역한 것으로는 クラトーリウム(編集), ドイツ国法研究会グルッペ'94(翻訳), 21世紀の憲法-ドイツ市民による改正論議, 三省堂, 1996, 92~228頁.

17 독일 튀빙겐 대학 한국학과의 강의전담교수인 한운석은 법학계 내의 통일 독일 연구와 관련하여 "법률적 통합은 체제통합의 근간이 되기 때문에 독일통일 직후부터 한국에서 법학자들에

적인 서독 헌법으로 동독의 헌법과 법체계가 흡수된 것을 자연스럽게 받아들였다. 이는 당시의 독일 통일을 흡수통일로 이해하면서 독일 통일과 관련한 법 통일을 기능주의적 관점에서 바라보려고 했기 때문이다. 즉, 한국의 법 연구자들과 통일법제 연구 기관들은 독일의 예에 따라 조속한 통일을 기대하면서, 남북한 법제 통일, 소유권 처리 방안 등을 실용주의적으로만 연구해온 경향이 강하다.[18] 또한 최근 일부 연구자들에 의해 진행되어온 통일헌법 제정 방안 연구도 대한민국헌법, 즉 남한 헌법의 확대재편이라는 방향성에서만 검토되고 있다.[19]

과연 이러한 연구태도는 온당한가? 신자유주의적[20] 자본주의적 통합이 남긴 부정적 결과를 연구하는 것은 법학 이외의 사회과학에만 맡겨둘 것인가?

의해 많은 연구와 분석이 이루어졌다. 독일의 법률적 통합에 대한 그들의 평가는 긍정적인 경우가 지배적"이라고 평하고 있다. 한운석, 「독일 통일에 대한 한국에서의 인식」, 『내일을 여는 역사』 제58호, 내일을 여는 역사재단, 2015, 339쪽.

18 몇 개의 논문을 대표적으로 거론해본다. 장명봉, 「통일관련법 연구의 성찰과 방향」, 『국제법학회논총』 제49권 제3호, 대한국제법학회, 2004, 249~275쪽. 장명봉은 독일통일 관련 법제 연구가 "독일기본법과 관련한 헌법 개혁과 구동독의 재산사유화와 관련한 연구"만을 주 대상으로 삼고 있다(251쪽)고 평가하고 있다. 그는 연구 분야가 한 방면으로 치우친 감이 없지 않다(260쪽)고 비판하고 각론적 문제점(261쪽 이하)을 지적하고 있지만, 그 자신 또한 '남북한 법제 통일, 소유권 처리 방안 등의 전문성 부재 혹은 연구 수준의 담보 상태'만을 문제시하고 있어 필자의 문제의식과는 결을 달리한다. 법무부도 통일법무과를 중심으로 통일법 관련 연구를 하고 있는데, 이와 관련해서는 이천세, 「법무부의 통일 법제 연구 성과와 향후 과제」, 『통일과 법률』 창간호, 법무부 통일법무과, 2010, 33~49쪽이 그간의 연구동향을 어느 정도 정리하고 있다. 이천세는 이 글에서 북한의 법제, 분단국 내지는 체제전환국에서의 법제 등을 건조하게 서술하고 있다. 박정원 교수가 위의 잡지에 함께 게재한 글인 박정원, 「통일법제 연구 현황과 향후 과제」, 『통일과 법률』 창간호, 법무부 통일법무과, 2010, 151~196쪽은 위의 장명봉의 논문이후의 관련 연구 동향을 정리하고 있다. 박정원은 좀 더 직접적으로, 이상적인 통일 프로세스를 단계별로 구분하는 한편, 남북한 법제 정비와 법제 통일을 기능주의적인 관점에서 서술한다. 또한 북한의 체제 급변 시 남한이 주도하여 문제를 해결하는 것을 전제로 논의를 전개하고 있다는 점에서 시각의 편중을 드러내고 있다.

19 최근의 연구로는 김철수, 「통일헌법안에 관한 연구(요약): 통일헌법안과 제정이유」, 『대한민국학술원논문집(인문·사회과학편)』 제54집 제2호, 대한민국학술원, 2015, 33~115쪽.

20 이해영은 독일 통합 10년의 정치경제학을 신자유주의와 독일 '통일'이라는 관점에서 조망하고 있다. 이해영, 『독일은 통일되지 않았다: 독일 통합 10년의 정치경제학』, 푸른숲, 2000, 179쪽 이하.

그렇지 않다. 잠시 열렸다가 곧 다시 닫혀버린 광장(동독)과 처음부터 열리지 않은 채 닫혀있는 광장(서독)에 대해 아무 말도 하지 않아도 되는 것인가? 독일의 재통일과 헌법을 말할 때에는 동독 주민들의 자기 결정권을 주로 얘기하지만, 사실 헌법을 스스로의 힘으로 제정할 기회를 얻지 못한 것은 서독 주민도 마찬가지였다.[21]

독일이 재통일된 지 25년을 넘기고 있는 현시점에서 당시의 상황을 조금 더 객관적으로 복원해보는 작업을 하는 것은 꼭 필요하다. 객관적 복원이란 당시 전개되었던, 새로운 독일 공화국과 헌법을 향한 의미 있는 시도 모두에 대해 정당한 평가를 내리는 일이다. 통일을 주도한 세력의 기획과 그 성과를 정리한 국내 문헌은 적지 않다. 그러므로 이제는 단계적 통일과 헌법 만들기를 지지한 세력의 기획과 성과도 소개하고 비평해야 한다. 이 작업을 한 번의 연구논문 집필로는 끝낼 수 없으므로 이하에서는 아래로부터 헌법 만들기의 경위를 자세히 살펴보는 데 집중하겠다.

2. 1989–1991년의 헌법 논쟁

2.1. 자유민주주의 하에서의 헌법투쟁

헌법은 새로운 '체제'(constitution)가 등장할 때 항상 새로운 옷을 입었다. 프랑스 혁명과 미국 독립전쟁 이후의 헌법 제정과정은 매우 극적으로 이러한 사실을 보여주었다. 헌법은 왕권과 과거의 역사와 단절한 후 새로운 국가를 조직하는("rem publicam constituere")[22] 선언이자 규범적 주장이었

---

21 Uwe Günther, "Verfassungsreform, Verfassungslyrik und Politik", *Kritische Justiz* Jahrgang 24, Heft 3, Nomos Verlag, S. 369.

22 테오도르 몸젠은 이 '국가를 조직하는 것'(res publicam constitueree)이라는 표현에서 18세기 이후 비로소 일반적으로 사용되기 시작한 Konstitution이 생겨났을 것으로 보고 있다. 게오르그 옐리네크, 김효전 옮김, 『일반국가학』, 법문사, 2005, 413쪽.

다.[23] 이 새로운 체제가 권력 없이 만들어질 수는 없다. 라쌀은 "헌법의 문제는 권력의 문제"(1862)라고 말했다.[24]

권력의 문제란 곧 권력관계의 문제를 말한다. 헌법은 권력관계를 반영하고 권력관계에 의해 변화한다. 그리고 "권력관계(relations of power)의 존재와 그것들을 변형시킬 필요성을 아는 것, 그러면서 우리자신이 권력으로부터 완전하게 자유로울 수 있다는 환상을 버리는 것"[25], 이것이 헌법투쟁이다.

자유, 평등, 박애 혹은 (재)분배, 인정(Anerkennung), 대표를 변형하고 재구성해가는 역사적 투쟁의 어느 시점에서 하나의 헌법이 정초(定礎)된다.[26] 헌법은 위의 관념들을 둘러싼 논쟁의 일시적 잠정적 종결, 잠정타협이다. 그러므로 구 사회주의 국가의 헌법을 위시하여, 논쟁들을 영원히 종결하려고 한 모든 시도들은 실패로 끝났다.

헌법의 정초과정, 즉 헌법이 만들어지고 또 변형되어가는 과정, 헌법의 요구가 제기되고 그것이 거부되거나 체제내로 수용되는 과정을 제대로 들여다보려면 우리는 조문과 선례의 해석으로만 시종(始終)하는 헌법의 정학(靜學)

---

23 왕권이 타도되지 않았던 영국에는 선언도 헌법(Verfassung)도 없는가? 그렇지는 않다. 헌법률(Verfassungsgesetz)이 없는 것이지 헌법은 당연히 존재한다. 특히 영국의 명예혁명 이후 만들어진 의회법률과 결의, 법원의 판결 중에서 국가의 성격과 관련된 기본적인 사항들은 '헌법'으로 간주되고 있다.

24 Peter Steinbach, "〈Verfassungsfragen sind Machtfragen〉: Lassalles Verfassungsanalyse-aktive Demokratisierung durch Konfliktbereitschaft", Peter Brandt /Detlef Lehnert (Hrsg.), *Ferdinand Lassalle und das Staatsverständnis der Sozialdemokratie,* Nomos Verlag, 2014, S. 66~89. 페르디난트 라쌀의 이 유명한 문구를 서독 기본법의 성립사를 설명할 키워드로 사용한 것으로 다음을 참고하라. Nancy Grützbach, *"Verfassungsfragen sind Machtfragen": Die Interessen und Einflüsse im Rahmen der Londoner Sechsmächtekonferenz und dessen Auswirkungen auf die Entstehung des Grundgesetzes,* Grinverlag, 2012.

25 샹탈 무페, 이행 옮김, 『민주주의의 역설』, 인간사랑, 2006, 42~43쪽.

26 낸시 프레이저, 김원식 옮김, 『지구화 시대의 정의: 정치적 공간에 대한 새로운 상상』, 그린비, 2010, 173쪽 이하에서 프레이저는 정의의 모색을 "재분배에서 인정으로 다시 대표로"라는 제목 아래 설명하고 있다.

이 아니라 자유 민주주의 안에서 작동하는 헌법의 동학(動學)을 공부해야 한다. 자유 민주주의(liberal democracy)는 프랜시스 후쿠야마의 말과 달리 역사의 종언(終焉)이 아니다. 자유 민주주의를 구성하는 자유주의와 민주주의는 자유, 평등, 박애 혹은 (재)분배, 인정, 대표를 둘러싼 역사적 투쟁을 계속하고 있다.[27] 그러므로 양자가 자유 민주주의로 결합하는 것은 "결코 순탄한 과정이 아니라 치열한 투쟁의 결과라는 점을 상기하는 것이 중요하다."[28]

지금도 진행되고 있는 유럽연합의 헌법 만들기를 생각해보라. 자유주의 연합의 자본가 계급과 민주주의 연합의 노동자 계급의 대립이 단일한 헌법안의 상정을 방해하고 있다는 평가는 과히 지나친 것은 아닐 것이다.[29] 유럽헌법의 미완은 양자 간의 투쟁이 아직은 타협 단계에 이르지 못했음을 의미한다. 여기에 민족국가(national state)간 갈등이라는 해묵은 난제가 더해지면 '하나의 헌법'은 상당 기간 불투명해진다.

---

27 카를 슈미트는 개인을 중심으로 하는 도덕적 담론으로서의 자유주의적 개인주의와 본질적으로 정치적이며 동질성에 기초한 정체성을 창조할 것을 목표로 삼는 민주주의적 이상 사이에는 극복할 수 없는 대립이 존재한다고 지적한다. 카를 슈미트, 나종석 옮김, 『현대 의회주의의 정신사적 상황』, 길, 2012, 9쪽 이하; 샹탈 무페, 앞의 책, 66쪽.

28 샹탈 무페, 위의 책, 15~16쪽; 한상희는 "민주주의는 단순히 '반대가 없음' 또는 '다수가 찬성함'을 지향하는, 그래서 통일된 결정에 이르는 것을 추구하는 것이 아니라, 그러한 결정을 통한 인간성 실현을 목표로 하기 때문에 민주주의란 자유와 대립하는, 또는 자유주의와 독립된 것이 아니다. 민주주의는 인권의 외적 구현 형태"라고 설명한다. 한상희, 「민주화시대의 헌법」, 함께하는 시민행동 엮음, 『헌법다시보기』, 창비, 2007, 113~114쪽. 그러나 민주주의와 자유주의를 이렇게 쉽게 화해시킬 수 있는지 혹은 화해시켜도 되는 것인지는 의문이다. 필자는 이러한 민주주의 이해를 자유주의 좌파의 시각으로 평가한다.

29 예컨대 유럽헌법을 둘러싼 계급대립상황을 설명한 다음 글을 참고하라. "유럽연합 회원국의 시민(citoyen)들이 누리는 정치적 참여권과 종속노동자들이 누리는 사회적 이익은 모두, 경제인(homo oeconomicus)인 부르주아지들이 가진 (유럽공동체 조약에 보장된) 4대 기본 권리에 눌려 그 힘을 잃고 있다. (…) 유럽연합의 동쪽으로의 확대가 추진되고 있는 지금이야말로 이러한 흐름에 제동을 걸고 '시민들이 주체가 된 민주적이고 사회적인 유럽'의 건설이라는 요청을 전면에 내세울 중요한 시기로 우리 앞에 다가온다." 마르틴 쿠차, 이계수 옮김, 「유럽연합의 확대: 줄어든 주권=줄어든 민주주의?」, 민주주의법학연구회 2001년 심포지움 자료집, 민주주의법학연구회, 2001, 16쪽, 19쪽.

2.2. 타협문서로서의 '서독' 기본법?

그러므로 서독 기본법의 잠정 헌법적 성격을 지나치게 강조하는 것은 사태를 호도할 수 있다. 1949년의 서독 연방헌법은 기본법이라는 명칭을 통해,[30] 경제헌법 부분을 공백으로 남겨둔 것을 통해, 그리고 통일시의 헌법제정 문제를 과제로 남겨둔 것을 통해 스스로 '잠정헌법'(="과도기의 국가생활에 새로운 질서를 부여하기 위하여" 제정된 헌법: 1949년 기본법 전문)의 성격을 분명히 했다는 저간의 이해는 반은 맞고 반은 틀린 것이다. 오히려 서독 기본법은 전체 독일민족의 "자유로운 결정으로" 새로운 헌법이 제정될 때까지 효력을 갖는(제146조) 잠정적 성격과 독일의 종국적 질서의 핵심이라는 이중적 성격을 띠고 출발했다고 보는 것이 맞을 것이다.[31] 이 이중적 성격 중 어떠한 측면이 우세를 점할 것이냐는 필경 권력투쟁에 의해 결정될 것이었다.

재통일 국면에서 분출된 헌법투쟁의 결말, 즉 기본법 제146조에 기한 절차에 따라 독일민족의 자유로운 결정으로 새로운 헌법을 만들어야 하는지, 아니면 구동독에 새로이 5개의 주를 편성하고 이들을 독일 연방공화국에 편입하는 방식(기본법 제23조[32])으로 통일은 완성되고 기본법 개정도 그것에 맞춰 필요한 범위 내에서만 하면 되는지를 결정할 열쇠는 현실의 권력관계와 투쟁에 의해 판가름 날 것이었다.

결론이 어떻게 났는지는 누구나 알고 있다. 주류 헌법학에서는 지금도 '제146조의 길은 현실적으로 가능하지 않았다'고 평가한다. 그러나 과연 그랬던

---

30 독일의 교과서들은 강요되었으나 종국적이지는 않은 것으로 본 독일의 분단과 이 분단을 심화시키지 않으려는 노력의 결과물이 기본법이라는 명칭과 연방영토 규정의 미채택으로 나타났다고 평하고 있다. 대표적으로 Konrad Hesse, *Grundzüge des Verfassungsrechts der Bundesrepublik Deutschland*, C.F. Müller, 1999, Rn. 92.

31 Klaus von Beyme, *Das politische System der BRD nach der Vereinigung*, Piper, 1993, S. 48; 이종수, 「동서독통일의 이상과 현실」, 허영 편, 『독일통일의 법적 조명』, 박영사, 1994, 278쪽에서 재인용.

32 기본법 제23조는 기본법의 적용범위를 바덴 등 11개주에 한정하고, "독일의 그 밖의 지역은 연방국가에 가입한 후에 기본법이 효력을 발생한다."고 규정하고 있었다.

가? 필자는 제146조에 의한 통일과 신헌법 제정도 하나의 선택지가 될 수 있었다고 본다. 그러나 가능성이 현실성이 되려면 정치적 지형이 갖추어져 있고, 이 지형 위에서 활동할 세력과 역량이 있어야 한다.[33] 제146조 지지자들은 자신들이 원하는 통일과 헌법을 관철할 수 있는 정치적 세력과 역량을 만들어내지 못했다. 반면 제23조 지지자들은 잠정헌법을 영구적인 것으로 만드는 데 성공했다. 그들은 "가입의 형식에 의한 재통일은 결코 강제된 것이 아닌, 독일민주공화국 국민의 자유로운 결정의 표현"[34]이었으므로 서독 기본법의 "규범적 안정성", "가변적인 다수의사를 넘어선", "지속성"은 "근본적인 정치적 가치"로 인정받았다고 선언했다.[35]

논쟁은 '조문 논쟁'(Artikelstreit)으로 기억되고 있지만 이건 표층적인 것이다. 심층에는 유럽의 세력재편, 자본주의 대 사회주의의 대결, (계급)투쟁이 작동하고 있었다. 조금 더 구체적으로 말하면 당시의 헌법논쟁 혹은 헌법투쟁은 중부유럽 및 동유럽에서의 혁명 및 구 동유럽 블록의 붕괴와 함께 시작된 새로운 시대를 어떻게 재구성할 것인가 하는 싸움이었다고 하겠다.[36]

동독과 동유럽의 참담한 경제 상황과 재앙적인 인프라 구조를 개선하고 법제도 및 민주적 경험의 결함을 보완하기 위해서는 '국가와 사회를 완전히 새롭게 설계하고 재구성하는 일'(Aufbauarbeit)이 필요했다. 이러한 상황에 비추

33 1990년 3월의 동독 인민의회 선거를 앞둔 시점에서 서독의 연방법무부는 "짧은 시간에 기본법과 동등한 가치를 가지는 헌법을 제정하는 정치적 세력이 존재한다는 것"은 생각할 수도 없다는 식으로 '자신 있게' 발언하고 있다. 클라우스 비히만·위르겐 토마스, 박진완 옮김, 「독일통일과정에서의 헌법적 문제: 헌법, 국가조약의 구조」, 『법학논총』 제30집 제2호, 전남대학교 법학연구소, 2010, 569쪽.

34 카르스텐 알렉산더 칼라, 박진완 옮김, 「부분헌법으로서 기본법에서 전체독일의 헌법으로: 실정성(Positivität)과 정당성(Legitimität)의 사이에서」, 『통일법연구』 제1권, 헌법이론실무학회, 2015, 75쪽.

35 클라우스 슈테른, 갈봉근 옮김, 「지속과 개혁의 균형 속의 통일독일의 헌법」, 『동아법학』 제22호, 동아대학교 법학연구소, 1997, 244쪽 참고.

36 Kuratorium für einen demokratisch verfassten Bund deutscher Länder(Hrsg.), 앞의 책, S. 21~98 수록, S. 25.

어볼 때, 논쟁의 심층을 형성하고 있었던 것은 그 사업의 설계를 기득의 국가권력과 자본에 맡길 것인가 아니면 "종래의 척도로는 측량할 수 없는 실제적인 연대(praktische Solidarität)"에 위탁할 것인가를 둘러싼 싸움이었다.[37] 그러므로 조문 논쟁에서 논의의 핵심은 통일의 '형식'이 아니라 통일의 '내용'이었다. 헌법이 부분 혹은 전면 개정되건 아니면 새로운 헌법이 제정되건 근본적인 문제는 통일된 국가가 어떠한 '사회적 실체'를 갖느냐 하는 것이다.[38]

2.3. 제23조 vs 제146조[39]

통일과 새로운 헌법을 향한 두 개의 길에서 제23조파와 제146조파는 충돌했다. 양편의 주장은 다기(多岐)했지만 그것은 결국 기득의 자본주의 질서를 그대로 확대 재편할 것인가 아니면 사회주의적 프로그램을 포함하여 새로운 헌법질서를 과감히 설계할 것인가 하는 논쟁으로 수렴될 수 있다.

우선 제23조파는 다음과 같이 주장하였다.

첫째, 제23조의 길을 선택한다면 독일 역사상 가장 성공적인 헌법인 기본법을 계속 유지할 수 있다.[40]

둘째, 기본법이 주는 안정감은 전체 통일과정에서 매우 중요한 의미가 있

---

37 Kuratorium für einen demokratisch verfassten Bund deutscher Länder(Hrsg.), 앞의 책, 같은 곳 참고.

38 김누리, 앞의 책, 202쪽 참고.

39 이 절은 다음 문헌을 참고하여 작성하였다. Christopher Banditt, "Das 'Kuratorium für einen demokratisch verfassten Bund deutscher Länder' in der Verfassungs diskussion der Wiedervereinigung", Deutschland Archiv, Bundeszentrale für Politische Bildung, 2014.10.16. http://www.bpb.de/ geschichte/ zeitgeschichte /deutsch landarchiv/ 193078/das-kuratorium-fuer-einen-demokratisch-verfassten-bund-deutscher-laender

40 "Der Beitritt über Artikel 23 ist der richtige Weg zur deutschen Einheit.", Die Erklärung von einhundert Staatsrechtsprofessoren an deutschen Universitäten, *Die Welt*, 1990, S. 5.

다. 왜냐 하면 바로 이러한 헌법적 기초 위에서 통일을 진행해야 경제정책과 통화정책, 그리고 입법상의 특단의 노력들이 제대로 효과를 발휘할 수 있기 때문이다. 처음부터 새로 모든 문제에 대한 규범적 기초를 세워야 한다면 이런 효과는 기대하기 어렵다.[41]

셋째, 기본법 하의 정치 참여(서독)와 1990년 3월 18일의 인민의회선거(동독)로 이미 기본법에 대한 동의는 확보된 것이다. 그러므로 기본법은 처음부터 독일(인) 전체를 위해 입안된 것으로 볼 수 있다.[42] 연방 가입이라는 동독인의 자유로운 결정은 그 당시 할 수 없었던 헌법제정에 대한 참여와 동의를 사후적으로 추완(追完)하는 것이다.[43]

넷째, 대외정책의 지속성 면에서도 바람직하다. 독일 통일을 우려의 눈-행여 예전처럼 공격적인 모습을 보이는 독일 민족국가가 탄생하지 않을까 하는-으로 바라보는 주변국과 동맹국을 안심시키려면 헌법 정책적 면에서 외교정책의 지속성을 확실하게 보여주는 것이 옳다. 게다가 현재의 외교 정치적 상황은 독일 통일에 매우 유리하게 전개되고 있으므로 이를 신속히 통일의 길로 연계해나가야 한다. 그러려면 제23조의 길을 선택하는 것이 옳다.

반면 제146조파의 주장은 다음과 같았다.

첫째, 제146조는 제23조의 특별법이다. 즉, 기본법은 전체 독일민족의 자유로운 결정으로 새로운 헌법이 제정될 때까지만 효력을 갖는다는 제146조는 통일의 실행이라는 측면에서 제23조에 우선하여 적용되어야 할 특별법이다.[44]

---

41 Christian Starck, "Deutschland auf dem Wege zur staatlichen Einheit", *Juristen Zeitung*, Jahrgang 45, Heft 8, 1990, S. 354.

42 Josef Isensee, "Staatseinheit und Verfassungskontinuität", in: Jochen Abraham Frowein, Josef Isensee, Christian Tomuschat und Albrecht Randelzhofer, *Deutschlands aktuelle Verfassungslage. Berichte und Diskussionen auf der Sondertagung der Vereinigung der Deutschen Staatsrechtslehrer in Berlin am 27. April 1990*, Berlin 1990, S. 56.

43 Eckart Klein, "An der Schwelle zur Wiedervereinigung Deutschlands", *NJW*, Jahrgang 43, Heft 17, 1990, S. 1069.

둘째, 1945년 소집된 의회평의회(der Parlamentarische Rat)가 만든 것은 분단 상황이라는 이행기를 위한 임시헌법일 뿐이다. 당시에는 헌법을 제정하기 위한 제헌의회도 소집되지 않았고, 만들어진 기본법초안에 대해 동의의 의사를 표시하는 국민투표절차도 없었다. 현대 민주주의 헌법이론의 관점에서 보면, 이는 기본법이 헌법으로서 갖추어야 할 정당성을 결여했다는 것을 의미한다.[45]

셋째, 따라서 이러한 정당성의 공백은 "기본법의 상당 부분을" 기초로 하되, 그 내용을 수정·보완한 전 독일 헌법을 새롭게 의결함으로써만 제거될 수 있는 것이다.[46]

넷째, 나아가 이렇게 해야 재통일이 민주주의적으로 담보될 수 있고 양 독일이 함께 성숙할 수 있는 동력을 얻을 수 있다. 지금이야말로 "'국가를 주체적으로 구성하는 시민의 집합으로서의 국민'(Staatsbürgernation)을 구성한다는 분명한 정치적 의식 하에 국가 통일의 절차를 진행해야 할" 역사적 순간이므로 이 기회를 놓치면 안 된다.[47] 사실, 동권적인 새로운 출발이 가능해야 자유를 위해, 그리고 참여의 권리(das Recht auf Teilhabe und Mitsprache)를 쟁취하기 위해 평화혁명을 통해 싸워왔던 동독 시민들의 피와 땀(Leistung)이 헛되지 않게 될 것이다. 바로 이러한 길, 즉 공통의 제헌회의의 길을 선택해야만 동독의 제도와 체제 중 보존할 가치가 있는 것들이

---

44 Werner Thieme, "Fragen einer gesamtdeutschen Verfassung", *DÖV*, Jahrgang 43, Heft 10, 1990, S. 401.

45 Bernd Jeand'Heur, "Weitergeltung des Grundgesetzes oder Verabschiedung einer neuen Verfassung in einem vereinigten Deutschland?", DÖV, Jahrgang 43, Heft 20, 1990, S. 878.

46 "Plädoyer für eine verfassunggebende Versammlung", veröffentlicht in: Öffentliche Aufrufe für eine verfassunggebende Versammlung, *Kritische Justiz*, Jahrgang 23, Heft 2, 1990, S. 265.

47 Jürgen Habermas, "Der DM-Nationalismus. Warum es richtig ist, die deutsche Einheit nach Artikel 146 zu vollziehen, also einen Volksentscheid über eine neue Verfassung anzustreben", *Die Zeit*, Nr. 14, 1990, S. 62.

살아남을 기회도 확보할 수 있게 된다.

조문 논쟁은 곧 '종교전쟁'(Glaubenskrieg)으로 비화될 상황이었으므로, 갈등을 완화시키려고 절충설이 여러 상이한 입장에서 제기되기도 하였다. 예컨대 제23조로 신속히 통합하고 이후 제146조에 따라 제헌회의를 소집한다는 안이 그런 것이다.[48]

기민련 등은 제23조의 길을 지지했다. 헬무트 콜은 모스크바를 다녀온 직후인 1990년 2월 11일에 제146조에 따른 새 헌법 제정을 주장했지만 이는 동독 측과의 협상을 위한 제스처였을 것이라는 추측이다.[49] 그 직후 그 자신 제23조가 왕도라고 주장했기 때문이다. 1990년 3월 선거에서 서독의 집권당인 기민련의 전폭적인 지원을 받게 된 동독의 기민련은 선거를 앞에 두고 천천히 통일하기를 원했던 기존 입장을 버리고 서독 헌법 제23조에 의한 조기 통일방식을 수용하였다.

반면, 사민당(SPD)은 이와 다른 길을 지지했다. 동독 사민당은 선거패배 후 제23조 지지로 (어쩔 수 없이) 선회했다. 통독협상에서 소외되지 않으려는 고육책이었다. 반면 서독 사민당은 복잡한 심경이었다. 당시의 사민당 총재인 오스카 라퐁텐은 통일에 반대하지는 않았지만 장기적인 프로세스로서의 통일을 염두에 두고 제146조의 길을 지지하였다. 서독의 자민당(FDP)은 기민련의 연정파트너답게 제23조의 길을 지지했다.

한편, 서독 녹색당은 통일을 할지말지(ob)하는 논의 말고 통일을 어떻게 할 것인가(wie) 하는 논의가 제대로 되기 전까지는 통일된 독일민족국가의 등장

48 Peter Häberle, "Verfassungspolitik für die Freiheit und Einheit Deutschlands–Ein wissenschaftlicher Diskussionsbeitrag im Vormärz 1990", *Juristen Zeitung*, Jahrgang 45, Heft 8, 1990, S. 358~363.

49 헬무트 콜의 당초 입장은 단계적 통일을 지지하는 것이었다. 베를린 장벽 개방 당시 콜은 이른바 10개항의 제안(Zehn Punkte)을 통해 독일 통일을 향한 단계적 프로그램을 표명하였다. 그러나 이 10개항의 제안은 장래의 방향성을 제안한 것에 불과하여 구체성이 없었다. 村上悠, 앞의 논문, 17頁. 그러나 달리 평가하는 견해도 있다. 이동기, 「더 나은 통일안은 없었는가?」, 『독일연구』 제20호, 한국독일사학회, 2010, 91쪽 이하, 특히 94쪽.

에 반대한다는 입장이었다. 관련 의안인 "동독의 편입이 아니라 두 독일 국가의 통일 및 헌법제정회의 소집을 위한 국민투표에 대하여" (Volksabstimmung zur Vereinigung der beiden deutschen Staaten und verfassunggebende Versammlung statt Anschluß der DDR)[50]도 제출했고 1990년 10월 3일 이후에도 제146조에 의한 헌법 제정을 주장했다. "통합의 민주주의적 형성을 위한 헌법적 프로세스를 왜 두려워하느냐? 국민과 민주주의를 왜 못 믿느냐?"[51]는 것이 그들의 항변이었다. 동독주민들에게는 "이렇게 하면 당신들이 통일을 위해 기여한 것이라고는 거의 아무 것도 없게 될 것"[52]이라고 단언했다. 그리고 이러한 우려는 현실이 되었다.

동독 녹색당과 동독의 시민운동그룹은 평화적 혁명의 과정에서 그들이 기여한 부분 혹은 그들이 확보했던 성과들이 보존되어야 한다고 보았다. 그래서 여러 시민운동그룹[53]은 동맹 90(Das Bündnis 90)을 결성하여 동독 인민의회 선거를 위한 합동후보자명부를 작성하고, 동독 녹색당과 함께 공통의 구호를 내걸었다. 그에 따르면 먼저 동독을 민주화해야 하며, 통일은 제146조에 따라 동권적인 협상 파트너 사이의 협상의 결과여야 한다는 것이었다.[54]

---

50 Deutscher Bundestag, 11. Wahlperiode, Drucksache 11/6719(Volksabstimmung zur Vereinigung der beiden deutschen Staaten und verfassunggebende Versammlung statt Anschluß der DDR).

51 Joschka Fischer, "Hurra, Deutschland!", *Der Spiegel*, Nr. 40, 1990, S. 44.

52 Joschka Fischer, 위의 논문, 같은 곳.

53 Demokratie Jetzt, Neues Forum und Initiative Frieden und Menschenrechte für die Volkskammerwahl 등이 이에 해당한다.

54 동맹 90과 동독 녹색당의 선거공약은 Bündnis 90, Wahlprogramm, Helmut Müller-Enbergs(Hg.), *Was will die Bürgerbewegung*, 1992, S. 156~163과 S. 164~172에 수록되어 있다.

3. 아래로부터 헌법 만들기 운동과 좌절

3.1. 1990년의 동독 헌법사

표층의 시간 흐름만 놓고 보면 1989년 가을 이후의 정세는 급박했다. 통일을 주도한 세력들은 새로운 헌법안을 성안하고 논쟁할만한 시간이 없다고 못박았다. 아이러니하게도 이러한 급박성에 대한 강조는 독일 통일에 반대할 세력이 없다는 것이 분명해진 1989년 12월 이후에 오히려 더 두드러졌다.[55] 콜과 그의 정부는 1990년 3월 18일의 선거 승리를 즉각 조기통일에 대한 승인으로 받아들이고, 서독 기본법 제23조에 의한 신속한 통일(가입방식에 의한 조기통일[56])을 밀어붙였다. 그러니 그러한 상황에서 새로운 헌법을 제정하자는 논의도 급격히 그 동력을 상실할 터였다. 실제로 1990년 4월 26일 동독 인민의회는 그때까지 원탁회의가 작업하여 인민의회에 송부해온 헌법 초안을 정식의 심의대상으로 삼는 것을 부결하였다.[57] 이후 동독을 위한 새로운 헌법 제정 작업은 사실상 무대에서 사라진다.

애초 4월 중순, 새로 구성된 인민의회의 자유토론에 회부된 위 초안에 대해 녹색당, 동맹 90, 민주사회주의당(PDS)은 지지의 의사를 표명했다. 사민당은 초안이 광범위한 기본권 목록을 갖고 있는 것을 평가하면서 앞으로 심의해볼 만하다는 입장이었다. 반면 기민련, 자민당 등의 보수3파는 초안은 '시의에 맞지 않으며', 이 안을 심의하면 '조기 통일에 장애가 된다'는 이유를 들어 초안의 의의를 인정하지 않았다.[58] 당시의 표결은 근소한 차(197대

---

55 김영희는 독일 통일이 시간과의 싸움이었다는 점을 강조하면서도 1989년 12월과 1990년 1월 사이에 정세는 확연히 독일 통일 쪽으로 기울어 "유럽에 독일 통일을 막을 세력이 없다"는 사실을 인정하고 있다. 김영희, 앞의 책, 263, 282쪽.

56 広渡清吾, 앞의 책, 25頁; 한국인의 인식 속에 독일 통일은 '흡수통일'로 인식되고 있다. 최근에는 이와 같은 잘못된 인식을 수정하기 위해 '편입통일'이라는 표현을 써야 한다는 주장이 제기되고 있다. 한운석, 「독일 통일 20년의 성과와 한계」, 2009, 235쪽. 한편 전광석, 앞의 논문, 15쪽은 흡수통일이라는 표현대신 '가입통일'이란 말을 쓰고 있다.

57 広渡清吾, 위의 책, 302頁.

167)로 부결되었는데,[59] 제23조에 따른 통일을 가결한 1990년 8월 23일 인민의회의 표결이 찬성 294대 반대 62, 기권 7이었다는 사실에 비추어보면 이때까지만 해도 동독 자체의 신헌법을 만드는 과정이 현실적으로 불가능하지 않았음을 알 수 있다.

그렇다면 원탁회의는 어떠한 조직이고, 이 기구에 의한 헌법작업은 어떠한 과정을 거쳤는가? 앞서도 잠깐 언급하였지만, 국내 문헌에서 원탁회의는 통상 동독정권과 시민사회세력이 결합한 기구로 소개된다. 그러나 실상을 자세히 들여다보면 원탁회의, 특히 중앙원탁회의는 사회주의통일당(SED)을 근간으로 하는 국가권력과 '사회적 제 세력의 정치기관으로서의 원탁회의'의 이중적 지배라는 혁명 전기(前期)적 국면에서 민중의 권력을 대변하던 임시적인 최고 권력기관임을 알 수 있다.[60] 구체제가 정당성을 상실하고 실효적인 지배력을 상실하고 있으나 국민으로부터 정식의 신임을 얻은 새로운 정치기구는 아직 등장하지 않은 시점에서 원탁회의는 권력의 공백을 메울 기구로 기능했다. 1989년 가을 이후 동독의 혁명이 평화롭게 진행될 수 있었던 데는 1989년 12월 7일에 소집된 원탁회의의 역할과 활동을 빼놓을 수 없다.[61]

원래 원탁회의는 인민대표(지방의회를 포함)와 행정을 통제할 기구로 등장했다. (중앙)원탁회의[62]는 이들 기관들을 통제할 권능을 철저히 행사했고, 임시적인 인민의회와 이행기 정부인 모드로우 정권을 대신할 권력기관으로 점차 그 힘을 키워갔다. 인민의회와 모드로우 정부는 원탁회의의 뜻과 어긋나

58 広渡清吾, 위의 책, 302頁.

59 Erich Fischer, "Verfassungsgeschichte der DDR 1990", *Kritische Justiz*, Jahrgang 23, Heft 4, Nomos Verlag, 1990, S. 413.

60 Erich Fischer, 위의 논문, S. 414; 고상두, 앞의 책, 144쪽; 広渡清吾, 앞의 책, 301頁. 원탁회의를 구성한 사회, 정치 제 세력에 대해서는 김영윤, 양현모 편, 『독일, 통일에서 통합으로: 문답으로 알아보는 독일 통일』, 통일부, 2009, 92쪽.

61 Erich Fischer, 위의 논문, S. 414.

62 원탁회의는 하나만이 아니고 각지에서 결성되었지만 특히 주목해야 하는 것은 중앙원탁회의다. 이 글에서 원탁회의라고 한 것은 모두 중앙원탁회의를 지칭한다.

는 결정을 할 수 없었고, 원탁회의의 결의들을 존중해야 했다. 공식적인 국가권력이 권력의 상당 부분을 상실한 상태였으므로 원탁회의는 자신의 임무를 새로운 인민의회를 구성하고 정통성을 확보한 신정부가 활동을 개시하기까지 이행기를 관리하는 것으로 설정했다.[63]

이 과정에서 원탁회의가 모드로우 정부와 합의한 것은 동독 체제의 개혁을 통한 진정한 사회주의의 건설이었다. 급진적 민주주의를 실현하고 서독에 의한 동독의 흡수 통일을 막기 위하여 원탁회의는 여러 시책을 강구하고 실천했다. 선거법 개정을 통해 정당뿐만 아니라 제 사회단체 및 국민의 정치참여를 가능하게 했고, 경제적 평등과 복지를 구현하기 위한 조치를 취했다. 이와 관련해서 주목할 점은 국영기업에 대한 국가소유권의 일정 비율을 국민 모두의 공동소유로 돌리는 사회법안의 제정이다. 또한 국영기업 경영의 민주화를 실현하기 위해 기업 내에 행정위원회를 설치하여 노동자 대표, 외부 전문가 등이 참여하도록 했다. 여기에, 또 하나 빼놓을 수 없는 것이 헌법초안의 작성이다. 원탁회의는 점증하는 통일의 가능성에 대비하여 서독의 그것에 못지않은 헌법의 초안을 만들고자 했는데, 이 작업이 순조롭게 진행되어야 동서독 간의 통일이 법적으로 대등한 입장에서 이루질 수 있다고 보았다.[64]

이 중에서 가장 중요한 안건이 바로 헌법초안 작업이었다. 원탁회의는 1989년 12월 7일 첫 번째의 회의, 즉 중앙원탁회의를 구성하는 회의 자리에서 곧바로 신헌법 초안 작성을 위한 즉각적인 활동개시를 의결했다. 중앙원탁회의의 첫 번째 결정이자 가장 중요한 의결이었다. 원탁회의에서 시민의 이익을 대변했던 이들은 헌법제정이 결정적이고 혁명적인 규범적 새 출발이 될 것이라고 보았다. 이로써 기존의 헌법질서는 폐지되고 지금까지 실현된

63 Erich Fischer, 앞의 논문, S. 414.

64 Dieter Rücht, *German Unification, Democratization and the Role of Social Movement : A Missed Opportunity*, Berlin, 1995, S. 14~15; 고상두, 앞의 책, 144~145쪽에서 재인용.

사회적 변화를 반영한, '규범들 중의 규범'인 공동체의 현실적인 기본 법률이 효력을 발휘하게 될 터였다.[65]

새 헌법은 자의적 국가권력에 맞서 인간의 자유와 권리를 지켜야 하며, 수평적/수직적 권력분립과 법질서에 대한 구속을 통해 국가권력을 제한해야 하며, 권력행사의 안정성과 예측가능성을 담보해야 한다.[66] 그러면서 동독 사회의 사회경제적 기초를 지켜나가야 한다. 개인적 소유권 외에 협동조합적 소유권을 헌법상 보호·촉진하고, 사적 독점을 금지하며, 토지와 기업을 법률에 기초하여 사회화하는 것, 여기에다 법률에 기초한 공적 독점을 허용하는 조항이 초안에 들어가게 된 것은 이런 맥락에서였다.[67] 이런 내용을 담은 헌법안을 만드는 역사적인 과제가 모든 당파와 세력이 동등한 자격으로 참여한 워킹그룹에 위임되었다. 워킹그룹의 개별 당파나 그룹은 헌법초안 작업에 대해 자문과 조력을 해줄 전문가들을 임명할 수 있었는데, 여기에는 울리히 프로이스 등 서독 헌법학자들이 포함되었다.[68]

원탁회의는 1990년 3월 18일 동독 인민의회 선거를 앞둔 3월 12일의 회의에서 헌법초안을 위한 워킹그룹 및 편집그룹에 대한 위임을 동년 3월 18일 이후로까지 연장한다는 결정을 내렸다. 이 결정에 따라 동년 4월 4일의 워킹그룹 회의에서 의결된 초안이 새로 선출된 인민의회에 송부되었다.[69] 그러나 앞에서도 보았듯이 새로 구성된 인민의회는 이 헌법초안을 정식의 심의대상으로 삼는 것을 거부하였다.

---

65 Erich Fischer, 앞의 논문, S. 415.

66 Erich Fischer, 위의 논문, S. 415.

67 広渡清吾, 앞의 책, 303頁.

68 Erich Fischer, 앞의 논문, S. 416. 당시 브레멘 대학 교수였던 프로이스 외에 전문가로 참여한 서독 학자로는 한스 페터 슈나이더(하노버 대학)와 베른하르트 슐링크(본 대학) 등이 있었다.

69 U. K. Preuß, "Dokumentation: Der Entwurf der Arbeitsgruppe 'neue Verfassung der DDR' des Runden Tisches für eine Verfassung der Deutschen Demokratischen Republik", *Kritische Justiz*, Jahrgang 23, Heft 2, Nomos Verlag, 1990, S. 222.

이러한 결정은 1989년 가을 이래 성장하고 있던 시민들의 민주주의 관념에 찬물을 끼얹는 "반칙과도 같은 타격"(Tiefschlag)[70]이었다. 12년의 파시즘과 40년의 사회주의통일당 지배 등 60년(3세대) 가까운 세월 동안 민주주의와 법치주의를 현실 속에서 구체적으로 경험하지 못했던, 그러나 민주주의 관념과 법 의식상의 공백을 새로운 제도 속에서 건설적으로 메워가기 위해 기꺼이 배우고자 했던 모든 시민들에게 이러한 결정은 민주주의 과정의 느닷없는 중단을 의미했다.[71]

3.2. 미완으로 끝난 평의회의 헌법 만들기 운동

1990년 3월의 인민의회 선거로 통일의 방법이 제23조 방식에 의한 가입통일로 사실상 결정되었다고 해서 헌법제정문제가 완전히 해소(解消)된 것은 아니다. 1945년 독일의 패전 이후 헌법 제정을 위해 소집된 의회평의회(der Parlamentarische Rat) 상임위원회 위원장이었던 카를로 슈미트(Carlo Schmid)는 "독일의 모든 부분은 기본법에 가입할 수 있다. 그러나 독일의 모든 영토가 기본법에 가입한다고 하더라도 기본법이 전 독일의 헌법이 되는 것은 아니다. 이런 일은 독일민족이 자신의 정치적 삶의 내용과 형태를 자유로운 결의 하에서 규정하게 될 때에만 일어날 수 있다."[72]고 분명히 말했다. 그러므로 1990년 3월 선거 이후에도 계속해서 헌법 초안 작업을 하여 동독을 위한 신헌법을 만들려고 했던 원탁회의와 워킹그룹의 노력은 그 자체로 정당한 것이었다.[73] 또한 앞서도 보았듯이 새로 소집된 동독 의회에게는 분명 이에 대해 결단할 기회가 있었다. 그러나 그렇게 하지 않았다.

---

70 Erich Fischer, 앞의 논문, S. 413.

71 Erich Fischer, 위의 논문, S. 413.

72 Parlamentarischer Rat, Stenographischer Bericht Nr. 9 vom 6. 5. 1949. S. 171; Erich Fischer, 위의 글, S. 417에서 재인용.

73 Erich Fischer, 위의 논문, S. 417.

이것으로 모든 것이 끝난 것은 아니다. 아래로부터 헌법 만들기라는 시도가 적어도 동독의 영역에서는 실패로 끝난 것이 분명해진 시점이 되자 원탁회의 워킹그룹은 즉각 독일 전체를 위한 아래로부터 헌법 만들기 운동에 돌입한다. 그 결과 구성된 것이 '독일의 모든 주에 의해 민주적으로 구성된 연방을 위한 평의회'이다. 동 평의회는 1990년 6월 17일[74] 전야에 최초의 전 독일 시민운동단체로 결성되었다. 약 200명으로 구성된 이 회의체에는 동독의 개혁파 시민그룹과 서독의 좌파 법률가 외에 정치, 경제, 과학, 문화 분야의 유력인사들이 다수 참여하였다.[75]

평의회는 창립선언문에서 "헌법에 대한 논의가 널리 공론의 대상이 되도록 하고, 논의의 결과가 제헌의회로 흘러들어갈 수 있도록" 할 것임을 분명히 했다.[76] 그러면서 새로운 헌법은 서독의 헌법전통과 동독의 헌법관념을 융합해야 한다고 했다. 여기서 말하는 동독의 헌법관념이란 당연히 1968/1974년의 동독 헌법이 아니라 원탁회의가 제안한 헌법초안을 의미한다. 새로운 헌법안이 고립된 일부 그룹, 분파에 의해서 성안되지 않도록 하기 위해 평의회는 다수의 소규모 집회를 개최했을 뿐 아니라 바이마르(1990년 9월), 포츠담(1990년 12월), 프랑크푸르트(1991년 6월)에서 세 번에 걸쳐 대규모 국민의회를 개설했다. 2,000명이 넘는 시민들이 참여하여 자신들의 안을 제안했다. 이런 과정을 거쳐 제안된 헌법안이 1991년 7월에 공개되었다.[77]

---

74 6월 17일은 1953년 6월 17일 동베를린과 동독지역에 발발한 노동자, 시민봉기를 기념하는 날이다.

75 하버마스, 오토 쉴리(통일 후 사민당 정권 하에서 내무장관을 지냄) 등이 여기에 포함되어 있다. 이 회의체의 구성에 1999년 노벨 문학상을 수상한, 〈양철북〉의 작가 귄터 그라스가 핵심적인 역할을 했다. 그라스의 통일관에 대해서는 다음을 참고하라. 김누리, 앞의 책, 190~204쪽. 한편 '평의회'는 자신이 어떤 조직인지를 '헌법초안에 대한 각서'(Denkschrift zum Verfassungsentwurf)에서 밝히고 있다. Kuratorium für einen demokratisch verfassten Bund deutscher Länder(Hrsg.), 앞의 책, S. 21~98 수록, S. 31~32.

76 Kuratorium für einen demokratisch verfaßten Bund deutscher Länder in Zusammenarbeit mit der Heinrich-Böll-Stiftung(Hg.), *In freier Selbstbestimmung. Für eine Gesamtdeutsche Verfassung mit Volksentscheid*, 2. Aufl., Berlin 1990, S. 22.

평의회는 "헌법초안이 상정되었다고 해서 헌법토론이 끝나는 것이 아니다. 오히려 이 안을 계기로 비로소 제대로 된 헌법토론은 시작되는 것이다. 이 안을 통해 헌법토론은 더 넓은 공론의 장으로 나아가게 될 것"이라는 입장을 분명히 했다.[78] 평의회 측은 1990년 3월 이후 사실상 돌이킬 수 없게 된 동서독일의 정치적 통일을 받아들인다고 하더라도, 사회경제적 통합은 결국 헌법 만들기를 통해서 비로소 달성될 수 있을 것으로 보았다. 그러면서 1990년 9월 23일 개정된 기본법 제146조의 문언을 재차 강조했다.[79]

개정된 제146조는 기본법이 "독일의 통일과 자유의 완성에 따라서 전체 독일 국민에 대하여 효력을 가지"게 되었음을 분명히 하면서도 이 기본법조차도 "전체 독일국민에 의하여 자유로운 결정으로 의결된 헌법이 효력을 발휘하는 날로 그 효력을 상실한다."고 했다. 기본법 제146조가 이런 식으로 개정된 것은 서독 국내정치적 타협의 산물이다. 기민련 등은 통일이후 기본법 전문, 제23조, 제146조 등 기본법의 임시적 성격을 드러내는 모든 조문을 삭제하려고 하였다. 그러나 사민당을 위시한 야당은 기본법 제146조를 존치시켜 근본적인 기본법 개혁의 불씨를 살리려고 했다.[80]

그 점에서 개정된 제146조는 모호하다. 더 이상의 헌법제정논의를 봉쇄하려는 입장에서는 제146조는 무의미한 조항, 하나마나한 말에 불과하다.[81] 국민이 헌법제정권자인 이상 이러한 조항이 없어도 국민은 새로운 헌법을 만들 수 있기 때문이다. 반면, 어떻게든 (아래로부터) 헌법 만들기라는 프로젝트를 가동시키려는 입장에서는 이 조항이 여전히 하나의 가능성을 제시하는 것

---

77 Christopher Banditt, 앞의 자료, 같은 곳.

78 Kuratorium für einen demokratisch verfassten Bund deutscher Länder(Hrsg.), 앞의 책, S. 21~98 수록, S. 35.

79 Christopher Banditt, 앞의 자료, 같은 곳.

80 전광석, 「동서독통일의 방법론에 대한 헌법논의」, 『독일통일의 법적조명』, 박영사, 1994, 35쪽.

81 전광석, 「동서독통일의 방법론에 대한 헌법논의」, 35쪽은 이렇게 보고 있다.

이 된다. 어느 쪽이든 말이 된다. 따라서 이 경우 어느 해석이, 어떤 이해가 관철될 것인가 하는 점도 역시 권력관계에 의해 결정될 것이었다. 주지하듯이 이후로 아래로부터 헌법 만들기는 더 이상 작동하지 않았다. 이제 헌법을 고치거나 수정할 권한은 의회의 손으로 넘어가고(1991년 11월 28일의 연방의회 결의와 11월 29일의 연방참사원의 결의), 이를 위해 공동의 헌법심의위원회(Gemeinsame Verfassungskommission) 구성하는 선에서 논의는 종결되었다.[82]

4. 미완의 역사로서의 아래로부터 헌법 만들기

하나의 헌법안이 제안되고 좌절되는 과정을 그 순간만의 스냅 샷으로만 포착할 수는 없다. 1987년 6월 28일의 교회의 날(Kirchentag) 행사에서 '아래로부터의 교회 운동'(Kirche von unten)이 요구한 국가와 공인교회의 개혁(Glasnost in Staat und Kirche)은 오랫동안 동독 시민사회에서 저항의 중심이었던 교회의 운동성을 보여준다.[83] 1988년 1월 17일, 사회주의통일당이 주최한 로자 룩셈베르크/칼 리프크네히트 추모 집회에 참석하려던 다수의 시민운동가들이 노상에서 슈타지에 의해 체포되었다. 그들은 "자유란 언제나 생각을 달리하는 자의 자유를 의미한다."(로자 룩셈베르크)는 손 펼침막을 들고 있었다.[84] 라이프치히 월요집회의 중심이었던 니콜라이 교회는 1989년

82 허영, 「독일통일과 기본법의 개혁문제」, 『독일통일의 법적 조명』, 박영사, 1994, 251쪽 이하.

83 "체제붕괴 이전에 정치개혁을 시도한 소련, 폴란드, 헝가리 등과 달리 동독 정권은 체제 붕괴 직전까지 개혁과 자유화를 거부하였다. 따라서 동독의 지식인들은 공식적 정치영역이 아닌 교회라는 보호벽 안에서 형성된 비공식적 영역에서 제한된 정치행위를 하였다." 고상두, 앞의 책, 138쪽.

84 그들이 사회주의통일당의 일당독재를 비판하기 위해 로자 룩셈베르크의 문구를 들고 나온 것은 적절했다. 러시아 혁명 이전부터 레닌의 전위당론에 반대해온 로자는 프롤레타리아트 독재는 계급의 독재이지 일당 일파의 독재가 아님을 분명히 했다. 이런 맥락에서 그는 혁명 후의 민주적 자유를 옹호했다. Rosa Luxemburg, *Die russische Revolution. Eine*

10월 이전에도 저항세력이 숨을 수 있는 유일한 도피처였다.[85] 크고 작은 저항이 1989년의 위기 국면 이전부터 존재했다. 원탁회의 헌법안은 이러한 저항들을 제도 속에서 전진(Marsch durch die Institutionen)시켜보려는 시도였고, 그것을 이어 받은 것이 평의회 헌법안이었다.

동독의 역사에서 헌법은 지배자들조차 진지하게 생각하지 않았던 정치적 선언이었거나, 영향력 있는 헌법학자들조차 오랜 내적 망명 상태 하에서 숨죽인 채 비판을 자제했던 스탈린주의식 '민주 집중제'의 강령이었다. 그것은 1789년 프랑스 인권선언 제16조의 의미에서의 헌법이 아니었다. 1989년 이전의 동독역사에서 헌법문제는 한 번도 제대로 된 공적 논의대상이 되지 못했다. 그러나 1989년 가을 이래 동독사회는 프랑스 혁명과 19세기 이래 독일에서의 헌법투쟁의 역사를 기억하며 새로운 헌법을 향한 출발을 모색하기 시작했다.[86] 동독의 시민과 전투적인 시민운동가들의 '작은 시작'은 여러 갈래의 발전 가능성을 안고 있었지만, 주지하듯이 상황은 서독 정권과 자본의 잠정적인 승리, 동독신헌법의 좌절 및 동독헌법의 소멸로 끝났다.

1990년 3월 18일의 인민의회 선거는 통일의 방법과 속도를 놓고 벌어진 한판 격돌이었다. 신속한 통일을 결정한 것은 동독 주민이었고 이 결정은 외형상 민주적 외관을 띈다. 그러나 서독 마르크화와 동독 화폐의 1대1 통합이라는 콜 정부의 경제적 약속을 도외시하고 '민주주의 혁명이 자본주의적 통합'으로 전환되는 과정을 설명할 수 있을까?[87] 1989년 당시 구동독 사회의 경제적 위기, 궁핍은 심각했다. 그러나 그러한 궁핍이 서독 자본주의 사회로의 즉각적인 편입을 곧바로 정당화할 수 있는가? 그것은 대중의 즉자적인

---

kritische Würdigung, Berlin, 1922, S. 109.

85 권터 그라스, 「내가 무슨 말을 하든 누가 내 말을 들어줄까」, 창작과비평사, 『논쟁: 독일 통일의 과정과 결과』, 1991, 105쪽.

86 Erich Fischer, 앞의 글, S. 414~415.

87 1989년 12월 19일과 콜과 모르도 사이의 회담에서 합의된 서독 마르크와 동독마르크의 교환비율은 1:3이었다. 김영희, 앞의 책, 280쪽.

"물질적 소망"[88]을 이용한 "돈을 주고 하는 통일"[89]이 아니었던가?

"만약 서독이 동독혁명에 적극적으로 역사적 의미를 부여하고, 동독 주민들을 통일의 당당한 주역으로 받아들였다면, 통일독일은 생동감 넘치는 새로운 공화국으로 탄생했을 것"[90]이라는 평가가 있다. 이러한 과정에서 빠질 수 없는 것이 새로운 헌법 만들기였다. 그러나 그 작업은 한편으로는 억압되었고 한편으로는 실패하였다. 동독이 마치 싸구려 물건(ein Schnäppchen)처럼 헐값에 매각되는 사이에 새로운 공화국, 새로운 헌법 만들기 운동은 억압되거나 야유를 받았다.[91]

시간이 촉박했던 것은 사실이다. 그러나 그 다급한 순간에도 집단지성과 민중들의 열망, 오랜 시간 연구되어온 비판적이고 대안적인 헌법 사고가 놀라운 집중력을 발휘하고 있었다. 시간이 문제가 아니라 의지가 문제였고, 의지의 형성이 관건이었던 것이다. 표층의 세계만 놓고 보면 '도둑 같이 찾아온 해방'[92]이고 벼락처럼 내리친 역사였다. 그러나 심층의 세계에서는 새로운 헌법을 향한 민중의 저항이 꿈틀거리고 있었고, 용암은 결정적인 순간이 오면 폭발할 터였다.

역사뿐만 아니라 역사의 기억도 승자에 의해 조작되고 편집된다. 서독정부와 콜의 역할은 과도하게 강조되었고,[93] 동독의 원탁회의와 시민들의 몸부림

---

88 귄터 그라스, 「싸구려 물건 동독」, 프리데만 슈피터, 임정택 공편, 앞의 책, 299쪽.

89 귄터 그라스, 위의 글, 308쪽.

90 김누리, 〈흡수통일은 신화다〉, ≪한겨레신문≫, 2016.10.3. http://www.hani.co.kr/arti/opinion/column/763777.html 검색일: 2016.12.14.

91 그라스는 숱한 야유를 받았다. 귄터 그라스, 「조국을 모르는 어떤 녀석의 짧은 연설」, 프리데만 슈피터, 임정택 공편, 『논쟁: 독일 통일의 과정과 결과』, 창작과비평사, 99쪽.

92 김기협, 『해방일기1: 해방은 도둑처럼 왔던 것인가』, 너머북스, 2011 참고.

93 독일 통일에 대해 서술하고 있는 국내 문헌들은 거의 예외 없이 콜의 '탁월한' 능력을 높이 칭송한다. 〈독일 통일이야기〉를 쓴 황의서는 책의 첫머리를 '통일을 주도한 서독 콜 수상'이라는 장(章)으로 시작하고 있다. 황의서, 『독일 통일이야기』, 야스미디어, 2009, 19쪽 이하;. 이러한 칭송은 최근 출간되는 독일 통일 관련 책에까지 이어지고 있다. 김영희, 앞의 책, 295쪽 이하.

은 축소되거나 망각되었다. 1990년 시점의 원탁회의, 1990-1991년 시점의 '평의회'가 널리 자신들의 생각을 대중들에게 전파하고 그들의 지지를 얻어내는 작업에서 실패한 것은 틀림없다. 시간은 부족해 보였고 사람들은 조급했다. '동독 원탁회의의 민주적 사회주의의 꿈은 금세 서독화(BRDigt)의 물결 속으로 휩쓸려 들어갔고 서독 좌파들의 민주주의 헌법을 향한 열망도 서둘러 '매장(beerdigt)되었다.'[94]

이 매장된 역사를 복원하는 일은 미래를 위해서도 매우 중요하다. 과거를 지배하는 자가 미래도 만들어낸다. 이행기의 역사에서 국민이 주인이 되는 역사를 만들지 못하고 패배하고 말았던 뼈아픈 과거를 현재의 시점에서 재평가해야 한다. 그러면서 아래로부터 헌법 만들기의 본질과 관련된 질문도 아울러 제기해 보아야 한다. 정당정치가 지배하는 현실 정치에서 아래로부터의 헌법제정은 하나의 환상에 불과한가? 민중의 정치 참여가 꼭 헌법제정이라는 형태로 발현되어야 하는가? 헌법에 집중함으로써 민중의 정치적 상상력이 규범적 논의에 갇혀버리는 일이 발생하지는 않을까? 아래로부터 헌법 만들기가 (헌)법전문가들의 '놀이 공간 혹은 사고(思考) 공간'이 되지 않게 하려면 어떤 고민들이 필요한가?

헌법을 만드는 일은 우리가 어떠한 사회를 원하는지를 고민하는 것에서 시작해야 한다. 우리에게 제대로 소개되지 않은 독일 통일 당시 (동)독인들의 헌법에 대한 고민과 투쟁은 헌법 개정과 통일을 과제로 안고 있는 한국사회에도 많은 자극과 시사점을 주고 있다. 동독 원탁회의의 '독일민주주의공화국 헌법 초안'과 평의회의 '독일을 위한 하나의 헌법 초안'에 담긴 원망(願望)과 내용,[95] 양 초안의 공통점과 차이점[96]에 대한 연구 등 세부적으로 다루어

---

94 귄터 그라스는 독일 통일의 본질을 두 가지 의미에서 사실상 동독의 서독화로 표현했다. 그는 동독은 서독화(BRDigt)되었고, 다른 한편으로는 '매장(beerdigt)되었다고 평가했다. 김누리, 앞의 책, 197쪽.

95 평의회 헌법안의 취지와 내용을 설명한 '헌법초안에 대한 각서'(Denkschrift zum Verfas sungsentwurf)에 따르면 동 헌법안의 기본사상(Leitgedanken)은 다음 네 가지이다. 첫째,

야 할 쟁점은 많다. 필자는 이번 연구를 통해 미완의 역사로 끝나버린 독일

민주주의의 확장과 심화이다. 이 초안의 기초자들의 출발점은 공동의 책임 하에 스스로 현재와 미래를 만들어가는 성숙한 시민으로 이루어진 시민사회상이다. 이를 위해 모든 시민들은 자신들에게 공동으로 관련된 결정에 동권적이며 동등하게 개입(mitwirken)할 기회를 갖고 있어야 한다. 그러려면 정보획득, 협력, 참가에 대한 민주주의적 제 권리가 근본적으로 강화되어야 한다. 이런 권리들을 강화하는 것, 권력분립을 확고하게 하는 것, 권력을 분산시키고 통제하는 것, 집행권의 우위와 경제 권력·단체 권력의 존재로 인해 위협에 빠진 민주주의를 구제하고 이들 권력을 제어하는 것, 이것이 초안의 제1의, 아마도 가장 중요한 근본사상이라고 할 수 있다. 둘째, 자유와 자기결정권의 확장이다. 성숙한 사회라는 관념에는 개인 권리의 확장, 즉 개인의 자유 및 형성력이 갖는 가능성을 확대하는 것도 포함된다. 정치적 의사 형성을 개혁하고 국가의 의사결정절차를 민주화하는 것이 중요하지만, 동시에 국가에게 장악되어 있는 결정영역을 재탈환하여 개인의 존엄과 자유를 강화하고 개인의 자기형성과 자기관리가 가능한 자율적인 영역을 확보하는 것도 중요하다. 이러한 자유와 자기결정의 권리는 혈통, 신조, 신앙, 성별에 관계없이 모든 인간에게 주어져야할 뿐만 아니라 획기적으로 강화되어야 한다. 그러므로 여성의 권리를 강화하는 것, 인권과 시민권, 그리고 자유권 일반을 확대하는 것은 이 헌법초안의 또 하나의 중점이다. 셋째, 사회적 기본권의 채택이다. 자유권 및 인권의 확보와 적극적 행사는 사회정의의 강화 없이는 불가능하다. 이런 맥락에서 볼 때, 기본권은 국가에게 사회적인 의무를 지우는 것의 출발점이기도 하다. 기본적인 사회적 권리 및 욕구의 확보 없이는 정치적 및 사회적인 배분참여(Teilhabe) 권리도, 해방 및 자율을 구할 권리도 현실적으로 해결되지 못한다. 따라서 개인의 사회적 기본권과 국가 및 공동사회의 사회적 의무를 강화하는 것이 세 번째 중심사상이 된다. 넷째, 생태적 가치의 수용이다. 초안은 연대가 되었건 사회적 책임이 되었건 이런 말은 이제 자연과의 연대 및 지구 생명의 장래에 대한 책임을 의미하는 것으로 보았다. 이로써 평의회 헌법안은 위의 세 기본사상 외에 자연적 생활기반을 보호하고 생태적 연결고리를 존중하는 것이 앞으로의 정치적, 경제적 결정에서 최고의 원리가 되어야 한다는 것을 분명히 했다. 앞의 세 기본사상이 어떤 의미에서는 자유, 평등 및 우애라는 프랑스 혁명 이후의 3대 요구를 시대의 실정에 맞게 새롭게 실정헌법상의 원리로 채택한 것이라면 생태적 가치의 강화라는 기본사상은 기본법은 물론 과거 독일 헌법 어디에서도 존재하지 않았던 새로운 헌법 구성요소라는 의미를 갖는다. 각서는 이상의 기본사상을 구체화하여 평의회 헌법안의 핵심내용을 ① 인권 및 시민권의 확장과 재구성, ② 여성과 남성의 법적, 사실적 평등 실현, ③ 결혼과 무관한 생활공동체의 인정과 아동의 보호 및 아동의 권리 보장, ④ 생태학을 헌법상의 원칙으로 격상, ⑤ 국민발안, 국민결정제도의 도입 및 국가와 사회에 대한 민주주의적 참여권 보장, ⑥ 의원 개개인의 지위 강화 및 의회의 권한 강화, ⑦ 연방주의적 요소의 강화 및 주의 권한 강화, ⑧ 평화국가주의 추구 등으로 세분하여 설명하고 있다. Bernd Guggenberger/Ulrich K. Preuß/Wolfgang Ullmann, 앞의 책, S. 23ff.

96 평의회 헌법안은 기본사상과 핵심내용에서 원탁회의의 헌법안을 계승 발전시키고 있지만 양자사이에는 차이도 존재한다. 예컨대 원탁회의 헌법안에는 "1949년 독일민주주의공화국 헌법 제24조에 의해 공식 확인된 토지개혁 및 소유권 박탈은 불가침이다."(제131조)라는 조항이 들어가 있지만 평의회 헌법안에는 이런 조항이 없다.

통일과 아래로부터 헌법 만들기를 비판적 시각으로 개괄해 볼 수 있었다. 이 연구를 출발점으로 하여 향후 관련 쟁점을 조금 더 구체적인 형태로 살펴볼 예정이다.

참고문헌

1. 단행본

게오르그 옐리네크, 김효전 옮김, 『일반국가학』, 법문사, 2005.

고상두, 『통일독일의 정치적 쟁점』, 오름, 2007.

김기협, 『해방일기1: 해방은 도둑처럼 왔던 것인가』, 너머북스, 2011.

김누리, 『알레고리와 역사: 귄터 그라스의 문학과 사상』, 민음사, 2003.

김영윤, 양현모 편, 『독일, 통일에서 통합으로: 문답으로 알아보는 독일 통일』, 통일부, 2009.

김영희, 『베를린장벽의 서사』, 창비, 2016.

낸시 프레이저, 김원식 옮김, 『지구화 시대의 정의: 정치적 공간에 대한 새로운 상상』, 그린비, 2010.

샹탈 무페, 이행 옮김, 『민주주의의 역설』, 인간사랑, 2006.

이해영, 『독일은 통일되지 않았다: 독일 통합 10년의 정치경제학』, 푸른숲, 2000.

존 에렌버그, 김유남 외 옮김, 『시민사회, 사상과 역사』, 아르케, 2002.

카를 슈미트, 나종석 옮김, 『현대 의회주의의 정신사적 상황』, 길, 2012.

프리데만 슈피커, 임정택 공편, 『논쟁: 독일 통일의 과정과 결과』, 창작과비평사, 1991.

황의서, 『독일 통일이야기』, 야스미디어, 2009.

広渡清吾, 統一ドイツの法変動: 統一の一つの決算, 有信堂, 1996.

クラトーリウム(編集), ドイツ国法研究会グルッペ'94(訳), 21世紀の憲法-ドイツ市民による改正論議, 三省堂, 1996.

Bernd Guggenberger/Ulrich K. Preuß/Wolfgang Ullmann, *Eine Verfassung für Deutschland: Manifest Text Plädoyers*, München, 1991.

Bündnis 90, Wahlprogramm, Helmut Müller-Enbergs(Hg.), *Was will die Bürgerbewegung*, 1992.

Dieter Rücht, *German Unification, Democratization and the Role of Social Movement: A Missed Opportunity*, Berlin, 1995.

Heinrich Augusut Winkler, *Der lange Weg nach Westen, zweiter* Band, München, 2000.

Klaus von Beyme, *Das politischde System der BRD nach der Vereinigung*, Piper, 1993.

Konrad Hesse, *Grundzüge des Verfassungsrechts der Bundesrepublik Deutschland*, C.F. Müller, 1999.

Kuratorium für einen demokratisch verfaßten Bund deutscher Länder in Zusammenarbeit mit der Heinrich-Böll-Stiftung(Hg.), *In freier Selbst bestimmung. Für eine Gesamtdeutsche Verfassung mit Volks entscheid*, *2*. Aufl., Berlin 1990.

Nancy Grützbach, *"Verfassungsfragen sind Machtfragen": Die Interessen und Einflüsse im Rahmen der Londoner Sechsmächtekonferenz und dessen Auswirkungen auf die Entstehung des Grundgesetzes*, Grinverlag, GRIN Verlag 2012.

Richard Schröder, *Die Wichtigsten Irrtümer über die deutsche Einheit*, 2 Aufll, Freiburg, 2007.

Rosa Luxemburg, *Die russische Revolution. Eine kritische Würdigung*, Berlin, 1922.

2. 학술지

김철수, 「통일헌법안에 관한 연구(요약): 통일헌법안과 제정이유」, 『대한민국학술원 논문집(인문·사회과학편)』 제54집 제2호, 대한민국학술원, 2015.

박정원, 「통일법제 연구 현황과 향후 과제」, 『통일과 법률』 창간호, 법무부 통일법무과, 2010.

이동기, 「더 나은 통일안은 없었는가?」, 『독일연구』 제20호, 한국독일사학회, 2010.

이종수, 「동서독통일의 이상과 현실」, 허영 편, 『독일통일의 법적 조명』, 박영사, 1994.

이천세, 「법무부의 통일 법제 연구 성과와 향후 과제」, 『통일과 법률』 창간호, 법무부 통일법무과, 2010.

장명봉, 「통일관련법 연구의 성찰과 방향」, 『국제법학회논총』 제49권 제3호, 대한국제법학회, 2004.

전광석, 「독일 통일관련 조약과 독일 헌법의 발전」, 『한림법학 FORUM』 제1권, 한림대학교 법학연구소, 1992.
전광석, 「동서독통일의 방법론에 대한 헌법논의」, 허영 편, 『독일통일의 법적조명』, 박영사, 1994.
카르스텐 알렉산더 칼라, 박진완 옮김, 「부분헌법으로서 기본법에서 전체독일의 헌법으로: 실정성(Positivität)과 정당성(Legitimität)의 사이에서」, 『통일법연구』 제1권, 헌법이론실무학회, 2015.
클라우스 비히만/위르겐 토마스, 박진완 옮김, 「독일통일과정에서의 헌법적 문제: 헌법, 국가조약의 구조」, 『법학논총』 제30집 제2호, 전남대학교 법학연구소, 2010.
클라우스 슈테른, 갈봉근 옮김, 「지속과 개혁의 균형 속의 통일독일의 헌법」, 『동아법학』 제22호, 동아대학교 법학연구소, 1997.
한상희, 「민주화시대의 헌법」, 함께하는 시민행동 엮음, 『헌법다시보기』, 창비, 2007.
한운석, 「독일 통일 20년의 성과와 한계」, 『역사와담론』 제54집, 호서사학회, 2009.
한운석, 「독일 통일에 대한 한국에서의 인식」, 『내일을 여는 역사』 제58호, 내일을 여는 역사재단, 2015.
허영, 「독일통일과 기본법의 개혁문제」, 허영 편, 『독일통일의 법적 조명』, 박영사, 1994.
大川睦夫, 前原清隆, "草案：ドイツ民主共和国憲法", 平和文化研究, 第14集(1991), 168~204頁.
星乃治彦, "1989年東ドイツ民衆の意識変遷ーライプツィヒ月曜デモのスローガンを中心に", 熊本女子大学学術紀要 43号, 熊本女子大学, 1991.
松田竹男, "ソビエト国際法の挑戦と挫折ーG.トゥンキンの学説を手掛かりに", 世界法年報 第20号, 世界法学会, 2000.
村上悠, "東ドイツのライプツィヒ月曜デモに関する歴史的考察", 学生法政論集 6号, 九州大学法政学会, 2012.
千葉眞, "市民社會·市民·公共性", 佐々木毅, 金泰昌(編), 公共哲學 5, 東京大学出版会, 2002.
Bernd Jeand'Heur, "Weitergeltung des Grundgesetzes oder Verabschiedung einer neuen Verfassung in einem vereinigten Deutschland?", *DÖV*, Jahrgang 43, Heft 20, 1990.

Christian Starck, "Deutschland auf dem Wege zur staatlichen Einheit", *Juristen Zeitung*, Jahrgang 45, Heft 8, 1990.

"Der Beitritt über Artikel 23 ist der richtige Weg zur deutschen Einheit.", Die Erklärung von einhundert Staatsrechtsprofessoren an deutschen Universitäten, *Die Welt*, 1990.3.28.

Eckart Klein, "An der Schwelle zur Wiedervereinigung Deutschlands", *NJW*, Jahrgang 43, Heft 17, 1990.

Erich Fischer, "Verfassungsgeschichte der DDR 1990", *Kritische Justiz*, Jahrgang 23, Heft 4, 1990.

Joschka Fischer, "Hurra, Deutschland!", *Der Spiegel*, Nr. 40, 1990.

Josef Isensee, "Staatseinheit und Verfassungskontinuität", in: Jochen Abraham Frowein, Josef Isensee, Christian Tomuschat und Albrecht Randel zhofer, *Deutschlands aktuelle Verfassungslage. Berichte und Diskussio nen auf der Sondertagung der Vereinigung der Deutschen Staatsrech tslehrer in Berlin am 27. April 1990*, Berlin 1990.

Jürgen Habermas, "Der DM-Nationalismus. Warum es richtig ist, die deutsche Einheit nach Artikel 146 zu vollziehen, also einen Volksentscheid über eine neue Verfassung anzustreben", *Die Zeit*, Nr. 14, 1990.

Kuratorium für einen demokratisch verfassten Bund deutscher Länder (Hrsg.), Denkschrift zum Verfassungsentwurf, in: Bernd Guggenberger /Ulrich K. Preuß/Wolfgang Ullmann, *Eine Verfassung für Deutsch land: Manifest Text Plädoyers*, München, 1991.

Peter Häberle, "Verfassungspolitik für die Freiheit und Einheit Deutschlands-Ein wissenschaftlicher Diskussionsbeitrag im Vormärz 1990", *Juristen Zeitung, Jahrgang 45*, Heft 8, 1990.

Peter Steinbach, "〈Verfassungsfragen sind Machtfragen〉: Lassalles Verfassung sanalyse-aktive Demokratisierung durch Konfliktbereitschaft", Peter Brandt/Detlef Lehnert (Hrsg.), *Ferdinand Lassalle und das Staatsverstän dnis der Sozialdemokratie*, Nomos Verlag, 2014.

"Plädoyer für eine verfassunggebende Versammlung", veröffentlicht in: Öff

entliche Aufrufe für eine verfassunggebende Versammlung, *Kritische Justiz*, Jahrgang 23, Heft 2, 1990.
U. K. Preuß, "Dokumentation: Der Entwurf der Arbeitsgruppe 'neue Verfassung der DDR' des Runden Tisches für eine Verfassung der Deutschen Demokratischen Republik", *Kritische Justiz*, Jahrgang 23, Heft 2, 1990.
Uwe Günther, "Verfassungsreform, Verfassungslyrik und Politik", *Kritische Justiz*, Jahrgang 24, Heft 3.
Werner Thieme, "Fragen einer gesamtdeutschen Verfassung", *DÖV*, Jahrgang 43, Heft 10, 1990.

3. 자료집 및 보고서
마르틴 쿠차, 이계수 옮김, 「유럽연합의 확대: 줄어든 주권=줄어든 민주주의?」, 민주주의법학연구회 2001년 심포지움 자료집, 민주주의법학연구회, 2001.

4. 신문기사
김누리, 〈흡수통일은 신화다〉, ≪한겨레신문≫, 2016. 10. 03. http://www.hani.co.kr/arti/opinion/column/763777.html 검색일: 2016. 12. 14.
박노자, 〈광장, 역사의 원동력〉, ≪한겨레신문≫, 2016. 12. 28. http://www.hani.co.kr/ arti/opinion/column/776349.html 검색일: 2016. 12. 29.
박노자, 〈'아래로부터의 헌법' 시대 … 시민참여형 개헌이 답이다〉, ≪한겨레신문≫, 2017. 01. 01. http://www.hani.co.kr/arti/politics/politics_general/776846.html 검색일: 2017. 02. 09.
박노자, 〈아일랜드 보통시민 99명, 풀뿌리 개헌을 논하다〉, ≪한겨레신문≫, 2017. 02. 09. http://www.hani.co.kr/arti/politics/politics_general/781923.html 검색일: 2017. 02. 09.

5. 웹자료
Christopher Banditt, "Das 'Kuratorium für einen demokratisch verfassten Bund deutscher Länder' in der Verfassungsdiskussion der Wiedervereinigung",

Deutschland Archiv, Bundeszentrale für Politische Bildung, 2014.10.16. http://www.bpb.de/geschichte/zeitgeschichte/deutschlandarchiv/193078/das-kuratorium-fuer-einen-demokratisch-verfassten-bund-deutscher-laender

원문 출처

- 박솔지의 「포스트 통일 담론의 이념형, 민주주의」는 『통일인문학』 제72집, 건국대학교 인문학연구원, 2017에 실린 글이다.

- 박영균의 「통일의 민주주의적 비전과 주권의 정치」는 『시대와 철학』 제29권 제2호, 한국철학사상연구회, 2018에 실린 글이다.

- 이병수의 「한반도 통일과 인권의 층위」는 『시대와 철학』 제29권 제1호, 한국철학사상연구회, 2018에 실린 글이다.

- 정태욱의 「한반도 평화와 북한인권 개선-민주적 다원주의의 제안」은 이전의 필자의 글들, 특히 「북한 인권 문제의 현황과 전망: 유엔 안전보장이사회 상정을 계기로」, 『민주법학』 제57호, 2015, 55~90쪽; 「북한 인권 관련 법안에 대한 의견」, “북한인권법 관련 국회 외교통일위원회 공청회 진술(2014. 12. 19)”; 「북한의 인권관과 인권정책」, “북한인권정보센터 아카데미 강연(2013. 5. 22)”; 「한반도 체제에 대한 제언: 자유민주적 통일에 대한 최소주의적 접근」, 『법철학연구』 제15권 제2호, 2012, 109~138쪽 등의 글들에 기초하여 쓰인 것이다.

- 조효제의 「인권 패러다임 이론과 북한인권 문제」는 『다문화사회연구』 제9권 제2호, 2016에 실린 글이다.

- 한상희의 「공안의 헌정사와 그 통치술」은 『황해문화』, 2017, 06에 실린 글이다.

• 정영선의 「북한 인권 문제 접근 방법에 대한 인권적 조망」은 『동북아법연구』 제10권 제3호, 2017에 실린 글을 중심으로 수정·보완한 글이다.

• 박민철의 「남북통합의 이념적 토대로서 민주주의: 해방 정국의 민주주의 담론 분석과 그 재구성을 중심으로」는 『통일인문학』 제72집, 건국대학교 인문학연구원, 2017에 실린 글이다.

• 박영균의 「한국사회변혁이론과 민주―통일 변혁론의 재정립」은 『통일인문학』 제72집, 건국대학교 인문학연구원, 2017에 실린 글이다.

• 이계수의 「미완의 역사로서의 독일 통일과 '아래로부터 헌법 만들기'」는 『일감법학』 제36호, 건국대학교 법학연구소, 2017에 실린 글이다.

저자 소개

박솔지 건국대학교 통일인문학연구단 HK연구원

통일인문학을 전공하고 있으며, 현재 건국대 통일인문학연구단에 HK연구원으로 있다. 연구 관심분야는 통일인문학, 통일·분단과 민주주의, 분단공간과 분단의 사회적 신체 등으로 연구논문으로 「포스트 통일 담론의 이념형, 민주주의」를 썼다.

박영균 건국대학교 통일인문학연구단 HK교수

정치사회철학을 전공했으며 현재 건국대 통일인문학연구단 HK교수로 있다. 연구 관심분야는 현대정치철학, 통일인문학 등이며 주요 논문으로는 「분단의 트라우마에 관한 시론적 성찰」, 「분단의 아비투스에 관한 철학적 성찰」, 「남북의 통일원칙과 통일과정의 기본가치」, 「위험사회와 통일한반도의 녹색비전」 등이 있다.

이병수 건국대학교 통일인문학연구단 HK교수

한국근현대 지성사를 전공했으며 현재 건국대 통일인문학연구단 HK교수로 있다. 연구 관심분야는 20세기 한반도지성사, 통일인문학 등이며 주요 논문으로는 「민족공통성개념에 대한 성찰」, 「한국근현대철학의 사상사적 이해」, 「통일과 평화의 길항관계」, 「한반도 평화실현으로서의 적극적 평화」 등이 있다.

정태욱 인하대학교 법학전문대학원 교수

법철학을 전공했으며 전쟁과 평화, 자유주의를 세부 전공하였다. 현재 인하대학교 법학전문대학원 교수로 재직하고 있다. 저서로 『정치와 법치』, 『한반도 평화와 북한인권: 법철학적 기록』이 있으며 주요논문으로는 「북한 인권 문제의 현황과 전망」, 「한반도 평화협정 관련 논의의 전개과정과 시사점」, 「플라톤 헌정철학의 역사적 맥락」 등이 있다.

조효제 성공회대학교 사회과학부 교수

정치학, 국제정치학, 사회학을 공부했고, 현재 성공회대학교 사회과학부 교수로 재직하고 있다. 저서로 『인권의 지평』과 『인권의 문법』 등, 편서로 『Contemporary South Korean Society』 등, 역서로 『세계인권사상사』 등이 있다.

한상희 건국대학교 법학전문대학원 교수

건국대학교 법학전문대학원 교수로 헌법학과 법사회학을 공부하였고 사법개혁과 로스쿨, 법률전문직에 관심을 가지고 정책자문과 연구에 임하였다. 최근 헌법과 정치의 관계에 관한 연구를 하고 있다. 쓴 글로는 『변호사 적정수』, 『헌법과 정치: 정치의 재구성을 위한 제언』, 『우리 변호사체계의 문제점—법치와 경쟁력 확보를 위한 실태분석』 등이 있으며 『헌법은 왜 중요한가』를 번역하였다.

정영선 전북대학교 법학전문대학원 교수

인권정책과 국제인권법을 전공했으며 현재 전북대 법학전문대학원 교수로 있다. 연구 관심분야는 국내외 인권제도와 인권정책, 북한 인권 등이며, 주요 논문으로는 「인권중심 지방행정 구현을 위한 인권제도화 방향」, 「북한인권법안에 대한 인권적 고찰」, 「Regional Human Rights Mechanism and the Alternatives for Asia」, 「국가폭력에 대한 저항과 아시아 민주화운동」 등이 있다.

박민철 건국대학교 통일인문학연구단 HK연구교수

철학을 전공했으며 현재 건국대 통일인문학연구단 HK연구교수로 있다. 「헤겔철학의 한국적 수용」으로 박사학위를 받았으며 연구 관심분야는 한국근현대철학, 한국현대사상사, 통일인문학 등이다. 주요 논문으로는 「한반도 통일과 민족정체성 문제: 1990년대 이후 남북 철학계의 민족·민족주의의 이해」, 「통일의 동력으로서 민족이라는 새로운 '환상체계'」 등이 있다.

이계수 건국대학교 법학전문대학원 교수

공법학을 전공했으며 현재 건국대 법학전문대학원 교수로 있다. 연구 관심분야는 통일헌법, 도시법, 환경법, 법과 문학 등이며 주요 논문으로는 「민주법학 20년의 좌표와 기획」, 「도시민의 불복종과 도시법의 도전」, 「법적 상상력과 공상의 사용법에 대하여」, 「신자유주의 국가권력과 용역폭력: 소유 권력 폭력에 대한 법정치학적 고찰을 중심으로」 등이 있다.